현장삼장 한역

유가사지론
瑜伽師地論

1

(제1권 - 제10권)

현장삼장 한역

유가사지론
瑜伽師地論

1

(제1권 - 제10권)

신현승 역주

도서출판 **묘광**

머리말

 미륵보살彌勒菩薩께서 설하신『유가사지론』이 인도에 출현한 지 천칠백 년이 넘었고, 현장삼장玄奘三藏께서 한역하신 지는 천삼백 년이 넘었다. 그리고 고려 현종顯宗 연간에 초조대장경初雕大藏經으로 판각된 지는 천년이 넘었다. 이십 세기가 되어 일본의 국역일체경본으로 완역된 지는 백 년이 넘었고, 한글대장경본으로 번역된 지는 오십 년이 다 되어 간다.

 본 역주자가『유가사지론』한역본을 처음 접한 것은 박사 과정에서『성유식론』을 연구하면서였다.『성유식론』은 중국 법상종의 소의 경전으로 알려졌는데,『성유식론』을 해득하다 보니 정작『성유식론』은『유가사지론』의 설명에 근거해서 각종 교의를 구성하고 있었다. 그래서 박사학위를 취득한 뒤 역주자의 관심은『유가사지론』을 향했다.

『유가사지론』산스크리트 본은 여러 사정으로 지금은 전체의 절반에 해당되는 본지분本地分 오십 권만 전해지고 있는 데 반해, 티벳 본과 한역본은 논서 전체가 전해지고 있다. 따라서 원본인 산스크리트 본이 논서 전체가 전해지고 있지 않은 이상 그 전모를 알기 위해서는 티벳 본이나 한역본이 중요하다. 그런데 티벳으로 불교가 처음으로 전래된 시기가 7세기 경인데, 이때에는 이미 현장 삼장이『유가사지론』을 한역하였다. 또한 그 당시 중국 불교 교학의 발전 단계는 성숙 단계였다. 그런 점에서 한역본의 중요성을 짐작할 수 있다.

 그러나『유가사지론』한역본은 문장을 전개해 나가는 데 있어서 병렬과 비약이 심하고, 교학용어나 고유명사 표현이 다른 경론과 달라서 내용 해

득이 쉽지 않다. 더구나 문맥 내부에서 단어들 간의 상관관계로 그 의미를 추측할 수 없는 단어들도 곧잘 출현해서 내용을 전개해가는 데에 커다란 장애를 준다. 일본의 국역일체경본이나 한글대장경본은 정교한 축자 번역이기는 하나, 여러 사람이 나누어 번역한 것이다 보니 같은 뜻의 말을 서로 달리 번역하기도 하고 문맥이 잘 연결되지 않는 부분도 눈에 뜨인다.

본 역주자는 이러한 여러 가지 어려움에 주목하여 역주본의 서술 방향을 정하였다. 첫째, 한자어 중심의 교학용어보다는 가급적이면 지금 사용하는 우리말로 번역한다. 둘째, 같은 한자라 하더라도 문맥에 맞추어 번역어를 달리 쓰는 경우가 있으나, 가능하면 번역어를 일치시켜서 일관성 있게 번역하고 괄호를 사용하여 원문의 표현을 병기 한다. 셋째, 문장 구조가 난해한 경우에는 단순한 문장 구조로 바꾸어 표현하고, 문맥이 이어지도록 괄호 안에 생략된 내용을 삽입한다. 넷째, 문맥 내에서 의미가 드러나지 않는 단어는 『유가사지론』 안에 있는 정의나 다른 주석서를 근거로 하여 번역어를 정하고, 각주에 학술적 인용 가치가 있게 주석의 출전 문헌과 그 소재를 정확하게 기재한다.

고심 끝에 각주 출전 문헌은 『유가사지론』의 한역 시기에 가까워 한역자의 번역 의중을 알 수 있고, 『유가사지론』 전편에 걸쳐 여러 논사의 견해를 수록한 둔륜遁倫논사 저술인 『유가론기瑜伽論記』로 정하였다. 그리고 한글 주석문에는 반드시 대정신수대장경 상의 소재를 밝히고, 번역문 말미에는 한문 원문을 병기하여 한역문 본래의 형태를 참조할 수 있도록 하였다.

불교에 관심이 있는 이들이 대개 알고 있는 것처럼 『유가사지론』 일백 권은 유식유가행파의 근본 논서이다. 크게 보아 다섯 부분으로 나누어져 있다. 내용 순서대로 보면 본지분本地分, 섭결택분攝決擇分, 섭석분攝釋分, 섭이문분攝異門分, 섭사분攝事分이다. 이 가운데 본지분은 오십 권, 섭결택분은 삼십 권이나 된다. '관행하는 이'[瑜伽師]의 영역[地]에 관한 말씀[論]이라는 제목이 보여주듯이 본지분 오십 권에서는 관행하는 이들이 이해해야 할 열일곱 영역에 관해 자세하게 설명하고 있다. 그리고 이에 이어지는 섭결택분 삼십 권은 본지분의 내용 가운데 의문인 것에 대해 답을 하는 내용으로 되어 있다.

이 책[유가사지론 1]은 한역본 유가사지론 가운데 제1권에서 제10권까지의 내용을 담고 있다. 다시 말해 본지분 가운데 맨 앞 열 권의 내용을 역주한 것이다. 지地 별로 보면 오식신상응지(제1권에 속함), 의지(제1권에서 제3권 끝까지), 유심유사등삼지(제4권에서 제10권 끝까지)를 다루었다.

이 책[유가사지론 1]은 우선 오식신상응지와 의지에서 사람의 오관을 중심으로 한 직각[現量] 체계, 그리고 추리[分別] 등 여러 가지 마음의 작용과 이를 중심으로 사람의 죽음, 중유中有, 출생의 순환과정을 보여준다. 그러고는 산천초목 등 자연 환경부터 우주까지 우리 생활의 '기반이 되는 세상'[器世間]의 생성과 소멸의 순환원리를 다루고, 나아가 욕망의 세계[욕계], 보이는 세계[색계], 보이지 않는 세계[무색계] 등 삼계三界에서 살아가는 '유정의 세상'[有情世間], 보다 자세히는 사람 세상의 세대 전승, 언어 등 여러 특징을 보여 준다.

다음으로는 물질의 여러 가지 특성과 이들을 만들어 내는, 심소心所 등 마음의 여러 가지 작용 요소를 설명한다. 이어서 사람에게 있어 가장 중요한 점이라 할 수 있는, 눈, 귀, 코, 혀, 몸 등 오관과 마음[意], 그리고 이 오관과 마음의 대상 여섯 가지에 대해 설명한다. 특히 '마음의 대상영역'[法界]은 마음의 세부 작용[心所], 언어, 공간과 시간, 추상 관념 모두를 포함한다는 점에서 중요하다고 할 수 있다.

다음으로는 유심유사지 등 세 가지 지地를 통해 삼계[이 책 pp.144-145 도표 참조]의 여러 속성에 대해 설명한다. 욕계의 맨 아래 나락[지옥]부터 색계 맨 처음인 제일정려지까지를 유심유사지라고 하고, 제일정려지와 제이정려지 사이를 무심유사지라고 하며, 제이정려지부터 무색계의 맨 꼭대기인 비상비비상처까지를 무심무사지라고 한다. 다시 말하자면 삼계를 심尋과 伺라는 마음 작용을 중심으로 설명한 것이다. 심은 대상을 찾아 헤매는 작용이고, 사는 발견했다싶은 대상을 찬찬히 살피는 작용이다. 여기 유심유사등 세 가지 지에서는 삼계에서 살고 있는 유정들의 상태를 자세히 묘사한 뒤 그들의 번뇌, 그로 인한 여러 가지 도덕적 그리고 비도덕적 행태, 더 나아가 사람들 '생사 유전의 인과 원리'[緣起]에 대해 자세히 설명함으로써 유가사지론 1의 내용은 마무리 된다.

본 역주본은 모든 부처님, 보살님, 신장님의 가피로 출판하게 되었다. 선친이신 묘광당妙光堂 대사님께 감사한다.

그럼, 삼계의 모든 중생에게 회향하며
2020. 가을
도서출판 묘광 장경실에서
신현승 합장 배상

일러두기

본 역주본을 읽을 때 유의할 점을 몇 가지 적는다.

1. 본 역주본 본문의 저본은 대정신수대장경大正新脩大藏經 제30책, 유가사지론瑜伽師地論이다. 그리고 각주의 저본은 대정신수대장경 제42책, 유가론기瑜伽論記이다.

2. 번역에 참고한 저술은 다음과 같다.

　(1) 한글대장경 128-131권, 유가사지론 1-4(1976-1980년).

　(2) 국역일체경國譯一切經 인도찬술부 유가부1-6(1981-1982년).

　(3) 국역일체경 화한찬술부 논소부9-12(1981년).

3. 부호 사용 방식

　(1) 번역어 뒤의 [ ] 안에 원문의 한자어, 또 다른 번역어를 병기하여 내용을 이해하는 것을 도왔다. 두 단어 이상으로 번역된 경우는 ' '로 묶어 지시하는 범위를 나타냈다.

　　　보기) '보이는 것'[色]

　　　　　 '이숙과를 받는'[태어나는]

　(2) 번역어와 원문의 한자어가 같은 경우 번역어 뒤에 병기하였고, 간략하게 의미를 설명할 경우 괄호를 하고 그 설명을 추가 하였다.

　　　보기) 일체종자식一切種子識

　　　　　 구유의(俱有依: 항상 함께하는 근거)

　(3) 원문에는 없지만 문맥 이해에 필요한 경우 주석서를 감안하여 역주자가 단어나 구절을 괄호 안에 넣어 삽입하였다.

　　　보기) 소라[螺貝](로 만든 악기 부는)소리

(4) 번역어가 보다 일반적인 것일 경우에는 괄호 안에 우선 그 번역어의 발음과 일치하는 한자어부터 표기하고, 그 다음으로 원문의 한자어를 표기하였다.

    보기) 정거천(淨居天: 淨天)

(5) 산스크리트어를 음사한 한역어의 경우, 번역어부터 표기하고 괄호 안에는 원문의 한자어, 산스크리트어 철자 순으로 표기하였다.

    보기) 니민달라산(尼民達羅山: nimiṃdhara)

(6) 각주에서 출전 근거는 보기와 같이 표시하였다.

    보기) 유가론기 제2권상(대정장 42. p.343b10)

위에서 '대정장 42'는 대정신수대장경 제42책을 의미하고, 'p.343b10'는 343페이지의 b단 제10행을 의미한다.

4. 각주는 전반적으로 유가론기에서 가져왔으며 각주마다 번역문 말미에 한문 원문을 병기하였다.

목차

머리말 · 5
일러두기 · 9

제 1 오식신상응지五識身相應地

1. 십칠지十七地 개요 · 21 ··[논 제1권]
2. 오식신상응五識身相應 · 23
   2.1 안식眼識 · 23
   2.2 이식耳識 · 25
   2.3 비식鼻識 · 27
   2.4 설식舌識 · 27
   2.5 신식身識 · 28
   2.6 오식五識 발생 · 29

제 2 의지意地

1. 의意의 다섯 가지 모습五相 · 33
2. 의意의 특징적 작업作業 · 35
   2.1 추리分別 · 36
   2.2 정교하게 헤아림審慮 · 37
   2.3 취함醉·미침狂·꿈夢·깸覺·기절悶·깨남醒 · 38
   2.4 동작身業·말語業 · 40
   2.5 욕망을 떠남離欲·욕망으로 물러남離欲退 · 40
   2.6 선근善根에 대한 작용 · 41
   2.7 유정有情의 죽음과 삶 · 41

2.7.1 사유死有: 죽을 때 · 41
　　　　　(1) 죽음의 종류 · 42　　　(2) 죽음의 과정 · 44
　　　2.7.2 중유中有: 죽음과 삶의 사이 · 47
　　　2.7.3 생유生有: 생길 때 · 54 ·················[논 제2권]
　　　2.6.4 본유本有 · 56
　　2.7 기세간器世間의 붕괴와 조성 · 63
　　　2.7.1 기세간의 붕괴 · 63
　　　2.7.2 기세간의 조성 · 69
　　2.8 유정세간有情世間 · 77
　　　2.8.1 유정세간의 조성 · 77
　　　2.8.2 유정세간의 특징 · 80
　　　　　(1) 세상五趣 · 83　　　　(2) 생겨나기四生 · 83
　　　　　(3) 기반依持 · 83　　　　(4) 챙겨주는 대상攝受事 · 84
　　　　　(5) 몸에 갖추는 것身資具 · 85
　　　　　(6) 자주 따르는 행동數隨行 · 85
　　　　　(7) 세상 일世事 · 85　　　(8) 말語言 · 85
　　　　　(9) 화 뻗치는 일發憤 · 86　(10) 유정부류有情類 · 86
　　　　　(11) 단계位 · 90　　　　　(12) 태에 드는 것入胎 · 90
　　　　　(13) 생계를 유지하는 일活命 · 91
　　　　　(14) 보호해 주는 것守護 · 91
　　　　　(15) 괴로움七苦 · 91　　　(16) 으스댐慢 · 91
　　　　　(17) 자부함憍 · 91　　　　(18) 설명言說 · 92
　　　　　(19) 설명하는 구절言說句 · 92

3. 물질色聚諸法 · 97 ·······························[논 제3권]
　　3.1 대종大種 · 97
　　3.2 14가지 물질色聚 · 99

3.3 물질의 유전流轉 · 102

   3.4 물질의 육처六處 · 103

4. 심소心所 · 104

   4.1 53 심소心所 · 104

   4.2 식識 발생 · 106

   4.3 심心 발생 · 109

   4.4 변행遍行·별경別境 심소心所 · 111

5. 삼세三世 · 112

6. 사상四相 · 112

7. 사연四緣 · 113

8. 삼성三性 · 114

9. 육근六根·육경六境 · 117

   9.1 눈 · 117

   9.2 귀·코·혀·몸 · 120

   9.3 의意 · 121

   9.4 보이는 것色 · 123

   9.5 소리聲 · 125

   9.6 냄새香 · 127

   9.7 맛味 · 128

   9.8 감촉觸 · 129

   9.9 존재 영역法界 · 130

10. 정교한 것善巧 · 135

11. 구사九事 · 135

제 3 유심유사지등삼지有尋有伺等三地

1. 계界 · 139 ··· [논 제4권]
    1.1 욕계欲界·색계色界·무색계無色界 · 139
    1.2 머무는 곳處所 · 141
    1.3 유정 크기量 · 146
    1.4 유정 수명壽 · 147
    1.5 받아씀受用 · 150
        1.5.1 고락苦樂을 받아씀 · 150 ······················· [논 제5권]
        1.5.2 음식을 받아씀 · 173
        1.5.3 성욕婬欲을 받아씀 · 174
    1.6 생生 · 175
    1.7 자체自體 · 177
    1.8 원인·조건·결과因緣果 · 178
        1.8.1 원인·조건·결과의 모습 · 178
        1.8.2 원인·조건·결과의 의지하는 것依處 · 181
        1.8.3 원인·조건·결과의 구별 · 181
        1.8.4 원인·조건·결과의 성립 · 182
            (1) 의지하는 것依處에 의한 열 가지 원인十因 · 182
            (2) 의지하는 것依處에 의한 네 가지 조건四緣 · 188
            (3) 의지하는 것依處에 의한 다섯 가지 결과五果 · 188
            (4) 원인의 여러 가지 모습 · 189

2. 심尋·사伺의 모습 · 191

3. 여리작의如理作意 · 194

4. 불여리작의不如理作意 · 201 ····························· [논 제6권]
    4.1 인중유과론因中有果論 · 202

  4.1.1 주장 · 202

  4.1.2 반론 · 204

 4.2 종연현료론從緣顯了論 · 205

  4.2.1 주장 · 205

  4.2.2 반론 · 206

 4.3 거래실유론去來實有論 · 209

  4.3.1 주장 · 209

  4.3.2 반론 · 210

 4.4 계아론計我論 · 216

  4.4.1 주장 · 216

  4.4.2 반론 · 218

 4.5 계상론計常論 · 229

  4.5.1 주장 · 229

  4.5.2 반론 · 231

 4.6 숙작인론宿作因論 · 236 ···[논 제7권]

  4.6.1 주장 · 236

  4.6.2 반론 · 238

 4.7 자재등작자론自在等作者論 · 239

  4.7.1 주장 · 239

  4.7.2 반론 · 240

 4.8 해위정법론害爲正法論 · 243

  4.8.1 주장1 · 243

  4.8.2 반론1 · 243

  4.8.3 주장2 · 244

  4.8.4 반론2 · 244

 4.9 변무변론邊無邊論 · 246

      4.9.1 주장 · 246

      4.9.2 반론 · 247

   4.10 불사교란론不死矯亂論 · 247

   4.11 무인견론無因見論 · 249

      4.11.1 주장 · 249

      4.11.2 반론 · 250

   4.12 단견론斷見論 · 250

      4.12.1 주장 · 250

      4.12.2 반론 · 251

   4.13 공견론空見論 · 252

      4.13.1 주장 · 252

      4.13.2 반론 · 255

   4.14 망계최승론妄計最勝論 · 257

      4.14.1 주장 · 257

      4.14.2 반론 · 258

   4.15 망계청정론妄計淸淨論 · 260

      4.15.1 주장 · 260

      4.15.2 반론 · 262

   4.16 망계길상론妄計吉祥論 · 263

      4.16.1 주장 · 263

      4.16.2 반론 · 264

5. 번뇌에 물듦煩惱雜染 · 265 ················[논 제8권]

   5.1 번뇌의 본성 · 266

   5.2 번뇌의 종류 · 266

      5.2.1 살가야견薩迦耶見 · 268

      5.2.2 변집견邊執見 · 269

5.2.3 사견邪見 · 270

        5.2.4 견취見取 · 270

        5.2.5 계금취戒禁取 · 270

        5.2.6 탐냄貪 · 270

        5.2.7 분노恚 · 271

        5.2.8 으스댐慢 · 271

        5.2.9 무명無明 · 271

        5.2.10 머뭇거림疑 · 271

    5.3 번뇌의 원인 · 272

    5.4 번뇌의 단계 · 273

    5.5 번뇌의 부문 · 273

    5.6 번뇌 가운데 강한 종류 · 274

    5.7 전도된 것 · 275

    5.8 번뇌의 구별 · 277

    5.9 번뇌의 잘못 · 280

6. 업에 물듦業雜染 · 281

    6.1 업의 본성 · 282

    6.2 업의 종류 · 282

        6.2.1 보특가라補特伽羅모습의 종류 · 283

            (1) 불선不善한 업도業道 · 283

            (2) 선善한 업도業道 · 298

        6.2.2 존재의 모습法相 · 300

    6.3 업의 원인 · 302

    6.4 업의 단계 · 303

    6.5 업의 부문 · 304 ···[논 제9권]

        6.5.1 결과를 받게 하는 부문 · 304

  6.5.2 손해·이익 부문 · 309
 6.6 업 가운데 강한 것들 · 309
 6.7 업이 전도됨 · 311
 6.8 업의 구별 · 312
 6.9 업의 잘못 · 319

7. 태어남에 물듦生雜染 · 321
 7.1 태어남의 구별 · 321
 7.2 태어남의 힘들고 고생스러움 · 323
 7.3 태어남의 정해지지 않음 · 323
 7.4 태어남의 유전流轉: 연기緣起 · 325
  7.4.1 연기의 체성 · 325
  7.4.2 연기의 부문 · 332
  7.4.3 연기의 의미 · 332
  7.4.4 연기의 구별 · 335 ················[논 제10권]
  7.4.5 연기의 차례 · 347
  7.4.6 연기에 대한 비판 · 351
  7.4.7 연기에 대한 풀이 · 351
  7.4.8 조건의 성질緣性 · 352
  7.4.9 조건緣의 설명 · 354
  7.4.10 경經의 설명 · 374

제 1 오식신상응지五識身相應地

1. 십칠지十七地 개요

유가사지瑜伽師[1]地란 십칠 지地[2]를 말한다. 십칠 지를 요약[嗢拕南: udāna][3]하자면 아래와 같다.

오식상응五識相應, 의意,

유심사有尋伺 등 셋,

삼마지三摩地를 갖춤, 갖추지 않음,

유심有心, 무심지無心地,

문聞, 사思, 수修로 이룬 것,

이리하여 삼승三乘,

유의有依 및 무의無依까지를 모두 하여 십칠 지地라고 한다.

첫째, 오식신상응지五識身相應地.[4] 둘째, 의지意地. 셋째, 유심유사지

---

1) 유가사지론 제28권(대정장 30. p.438a13-14)에 의하면 정려靜慮를 부지런히 수행하는 여러 비구는 바로 유가사이다. 그리고 유가사지론 제12권(대정장 30. p.335b6) 등에서는 '관행하는 이'[觀行者]라고 부른다.
2) 유가론기 제2권상(대정장 42. p.343b10): 지地란 근거[所依]를 이른다.
地謂所依。
유가사지론석(대정장 30. p.884c22-23): 지地란 대상영역[境界]을 이른다.
地謂境界
3) 유가사지론석(대정장 30. p.885b15-16): 올타남嗢拕南이란 우선 요약된 시 형식으로 답을 하는 것인데, (여기에서는) '대상영역의 이름'[地名]을 간략히 모아서 여러 배우는 이에게 설명하는 것이다.　嗢拕南者。先略頌答。略集地名。施諸學者。名嗢拕南。
4) 오식신상응지五識身相應地: 신身은 유가사지론 제3권(대정장 30. p.293c9-10; 이 책 p.131)의 명신名身, 구신句身, 문신文身의 경우 각각 이름들, 구절들, 글자들이라는 뜻으로서, 이 경우 신身은 2개 이상을 의미하는 복수 접미사 '-들'이라는 의미이다.

有尋有伺地. 넷째, 무심유사지無尋唯伺地. 다섯째, 무심무사지無尋無伺地. 여섯째, 삼마히다지三摩呬多地. 일곱째, 비삼마히다지非三摩呬多地. 여덟째, 유심지有心地. 아홉째, 무심지無心地. 열째, 문소성지聞所成地. 열한째, 사소성지思所成地. 열두째, 수소성지修所成地. 열셋째, 성문지聲聞地. 열넷째, 독각지獨覺地. 열다섯째, 보살지菩薩地. 열여섯째, 유여의지有餘依地. 열일곱째, 무여의지無餘依地. 지금까지 간략히 말한 열일곱 가지를 유가사지瑜伽師地라고 한다.

그렇지만 동일한 유가사지론 제85권에서 오식신五識身(p.775c10)이라는 명칭과 제육식신第六識身(p.775c11)이라는 명칭이 쓰이고 있는데, 이 제육식신第六識身은 바로 의식신意識身(p.775c14)이라고 설명하고 있다. 이 경우 오식신五識身과 의식신意識身을 대비하고 있으므로, 오식신의 身에 대해 단순히 복수 접미사 '-들'이라고 풀이해서 '오식들'이라고 풀이할 수 없다. 왜냐하면 의식신意識身은 의식意識 한 가지의 식에 신身이라고 호칭하기 때문이다. 그리고 『잡아함경雜阿含經』 등 여러 경, 그리고 논서에서 꾸준히 육식의 각각에 대해서 안식신眼識身부터 의식신意識身에 이르기까지 식識 각각에 모두 신身을 붙여 사용하고 있기 때문이다.
『아비달마집이문족론阿毘達磨集異門足論』(대장정 26. p.429a14-16)을 보면 안식신에 대해 설명하기를, "눈과 여러 가지 '보이는 것'[色]을 조건[緣]으로 삼아 안식眼識이 생기게 한다. 이 중에 눈이 '뛰어나게 보이는 것'[增上色]을 조건으로 삼아 눈이 알아야할 보이는 것에 대해 여러 가지로 식별[了別]하는 성질[性], 아주 식별하는 성질, 보이는 것을 식별하는 성질을 안식신眼識身이라고 한다."라고 설명한다. 이 경우에 신身은 안식의 여러 성질[性]의 모임으로서 사용된 것이다. 즉 신身은 서로 다른 식識의 모임이 아닌, 식 종류 한 가지라 하더라도 그 식의 성질[性]의 모임을 나타낸 것이다. 따라서 오식신五識身은 '다섯 식들'이라기보다는 '다섯 가지 식신識身' 즉 식識이 갖는 성질의 모임들 다섯 가지라고 볼 수 있다. 그리고 오식신상응지五識身相應地는 '다섯 가지 식신識身과 관련된 영역'이라고 풀이할 수 있다.

2. 오식신상응五識身相應

오식신상응지五識身相應地란 오식신의 본성[自性], 근거[所依], 대상[所緣], 보조[助伴], 작업作業을 합쳐 이르는 것이다. 오식신은 안식眼識, 이식耳識, 비식鼻識, 설식舌識, 신식身識을 이른다.

2.1 안식眼識

안식의 본성은 눈으로 '보이는 것'[色]을 식별하는[了別] 것이다.

안식의 근거 가운데 구유의(俱有依: 항상 함께하는 근거)는 눈, 등무간의(等無間依: 지속시키는 근거)는 의意, 종자의(種子依: 종자 근거)는 아뢰야식阿賴耶識이다. 아뢰야식은 모든 종자를 '받아 지닌'[執受] 근거이며, 이숙異熟을 포함한다. 이상의 근거를 간단히 두 가지로 나누면 물질[色]과 '물질이 아닌 것'[非色]이다. 눈[眼根]은 물질이고, 나머지 (의意와 아뢰야식)는 물질이 아니다. 눈은 사대종四大種[5]으로 만들어진 '깨끗한 물질'[淨色]인데 안식이 의지한다. '보이지 않지만'[無見] '있다는 느낌은 든다'[有對].[6] 의意는 안식의 '한 찰나 과거'[無間過去]의 식이다. 일체종자식一切種子識이란 '아득한 옛날부터'[無始時來] 희론戲論[7]에 집착해

---

5) 대종大種: 이 책 pp.97-99 설명 참조.

6) 유가사지론 제100권(대정장 30. p.880a8-11)에 의하면 유견有見은 '어떤 장소에 있는 것'[色]이 안식眼識과 근거[眼根]에 받아들여져 여기저기에 있는 게 보이고 분명하게 눈앞에 나타나는 것이다. 이와 반대면 무견無見이다. 유대有對는 '어떤 장소에 있는 것'[色]이 어떤 이가 보는 것을 가리고 그의 왕래를 막는 것이다. 이와 반대면 무대(無對)이다.

7) 유가사지론 제91권(대정장 30. p.815a27-b1)에 의하면 '의미 없는'[無義] 생각과 추리[分別]를 하여 말하는 것을 희론戲論이라고 한다. 왜냐하면 이 같은 일은 열

배어[熏習] 생긴 일체종자이숙식一切種子異熟識이다.

안식의 대상은 보이는 것인데, '볼 수 있고'[有見] '있다는 느낌도 든다'[有對]. 안식의 대상은 현색顯色, 형색形色, 표색表色 등 대략 세 가지다. 현색은 파랑, 노랑, 빨강, 하양, 빛, 그림자, 밝음, 어두움, 구름, 연기, 먼지, 안개 및 맑은 하늘의 색깔이다. 형색은 길고, 짧고, 모나고, 둥글고, 거칠고, 섬세하고, 반듯하고, 비뚤고, 높고, 낮은 모습이다. 표색은 갖고[取], 버리고, 구부리고, 펴고, 가고, 서고, 앉고, 눕는 등의 동작이다.

현색은 색깔인데, 나타나면 안식이 살핀다. 형색은 색깔이 모인 길고, 짧은 등으로 구분된 모습[相]이다. 표색은 색깔이 모인 것인데, 생멸生滅하며 지속한다[相續]. 변화의 원인이 있으면, 그 모습은 있던 자리에서 다시 생기지 않고 다른 곳으로 옮긴다. (시간) 간격이 있기도 하고 없기도 하다. 원근遠近이 구별되어 나타나기도 한다. 또는 있던 곳에서 (모습이) 달라져 나타나기도 한다.

현색은 빛, 밝음 등의 종류가 있고, 형색은 길다, 짧다 등 모습의 종류가 있고, 표색은 생각하는 작업[業用]에 근거한 움직임의 종류가 있다. 이와 같이 모든 현색, 형색, 표색은 눈이 대하는[所行][8] 눈의 대상영역[境界]이다. 안식이 작용하는 안식의 대상영역이자 안식의 대상이다. (또한) 의식意識이 작용하는 의식의 대상영역이고 의식의 대상인 것이다.

심히 한다 해도 조금이라도 선법善法을 늘릴 수도, 불선법不善法을 줄일 수도 없기 때문이다. 그래서 희론이라고 한다.

8) 유가론기 제1권상(대정장 42. p.316c25-26): 눈 등에서 소행所行이란 (눈 등이) 돌아다니는 것이라는 뜻이다. 대상영역[境界]이란 (눈 등이) 자세히 보는 곳이라는 뜻이다. 대상[所緣]이란 행상行相을 띤, (눈 등이) 헤아리는 것이라는 뜻이다.　　眼等所行者 所遊歷義。境界者所矚取義。所緣者帶行相 所著慮義。

'보이는 것'[色] 가운데 (현색은) 또한 세 가지로 나눌 수 있다. '좋은 현색'[好顯色], '나쁜 현색'[惡顯色], '둘 다 아닌 현색'[俱異顯色]. (둘 다 아닌 현색은) '현색과 비슷한 것'[似色]이 나타난다.

안식의 보조는 안식과 함께 있으면서 관련하는[相應] 여러 심소유법心所有法이다. 의도[作意], 접촉[觸], 느낌[受], 개념형성[想], 의사[思]와, 그 외 안식과 함께 있으면서 관련하는 여러 심소유법이다. 그리고 그 여러 심소유법은 대상은 같지만 작용은 여럿이어서 심소유법 하나하나가 전개되며[轉], 이들은 모두 각자의 종자로부터 생긴다.

안식의 작업은 여섯 가지가 있다. 첫째로 자기 대상영역의 대상만 식별한다. (다음으로) 자상自相만을 식별하고, 지금만 식별하고, 한 찰나刹那만 식별한다. 나머지 두 가지는, (다섯째) 의식, 선·염善染, 일이 발생하는 것에 따라 전개된다. 여섯째 '사랑스러운 결과'[愛果]와 '사랑스럽지 않은 결과'[非愛果]를 가진다.

2.2 이식耳識

이식의 본성은 귀로 소리를 식별 하는 것이다.

이식의 근거 가운데 구유의俱有依는 귀, 등무간의等無間依는 의意, 종자의種子依는 일체종자아뢰야식이다. 귀는 사대종으로 만들어진 이식의 근거이다. 맑은 물질인데, 볼 수 없지만 있다는 느낌은 든다. 의意와 종자는 앞의 (안식에서의) 설명[分別][9]과 같다.

---

9) 유가사지론 제64권(대정장 30. p.654c1-3)에 의하면, 세속제世俗諦의 가르침에서 말로 하거나 밝혀 말할 수 있는 모든 것은 세속제(의 가르침)에 속한다. 그리고 여러 이름과 말이 분명히 나타내는 것을 상명相名을 분별分別하는 것이라고 한

이식의 대상은 소리인데, 볼 수 없지만 있다는 느낌이 든다. 소리는 여러 가지가 있다. 소라[螺貝](로 만든 악기 부는)소리, 크고 작은 북소리, 춤추는 소리, 노랫소리, 여러 음악 소리, 배우가 우스개하며 지르는 소리, 여자 소리, 남자 소리, 바람·숲 등의 소리, 분명한 소리, 불분명한 소리, 뜻 있는 소리, 뜻 없는 소리, 낮은·중간의·높은 소리, 강물 등의 소리, 논쟁하며 여러 가지를 의논하는 소리, 받아들이고 설명하는 소리, 논의하여 (지혜로써) 선택을 마무리 짓는 소리이다.

이같이 여러 가지 소리는 대략 세 가지로 나눌 수 있다. 몸[執受[10]大種]이 일으키는 소리, 몸 아닌 것이 일으키는 소리, 몸과 몸 아닌 것이 함께 일으키는 소리이다. 처음 것은 '몸 때문이고'[內[11]緣], 둘째 것은 '외계 때문이고'[外緣], 셋째 것은 몸과 외계 모두 때문이다. 이와는 다른 세 가지로 나누기도 한다. '즐거운 소리'[可意聲], 불쾌한 소리, 즐겁지도 불쾌하지도 않은 소리이다. 그 이외 소리는 울음, 음향, 말, 고함, 알리는 말 등의 이름이 있다.

다. 유가사지론이 가르침이란 점에서 이 대목에서의 분별의 뜻은 설명이라고 보았다.

10) 유가사지론 제66권(대정장 30. p.666a11-b2)에 의하면 집수執受는 다섯 가지 의미가 있다. 첫째, 물질[色]. 둘째, 물질 중에서 '몸을 이루는 오근'[內根]과 '근의 근거가 되는 부분'[根所依屬]. 즉, 몸이다. 셋째, 심·심소를 맡아 지니는 것. 넷째, 외부 물질의 접촉, 몸을 이루는 물질끼리의 부조화, 번뇌의 작용, 생각[審慮]의 대상이어서 변하기 때문에 집수라고 한다. 다섯째, 변하여 손해나 이익을 주기 때문에 집수라고 한다.

11) 안[內]은 18계界 가운데 6근根과 6식識을 가리키고, 바깥[外]은 6경境을 가리킨다. 그런데 유가사지론에서의 안[內]은 몸에 속하는 5근만을 가리키기도 한다. 그리고 바깥[外]은 6경境을 가리킨다. 그래서 본 역주본에서는 문맥에 따라 안을 몸이라고 번역하기도 하였다. 그리고 바깥은 외계라고 번역하였다.

이상이 귀가 대하는 귀의 대상영역[境界]이고, 이식이 작용하는 이식의 대상영역이자 이식의 대상이다. (또한) 의식이 작용하는 의식의 대상영역이고 의식의 대상이다. (이식의) 보조, 작업은 안식과 같다.

2.3 비식鼻識

비식의 본성은 코로 냄새를 식별하는 것이다.

비식의 근거 가운데 구유의俱有依는 코, 등무간의等無間依는 의意, 종자의種子依는 일체종자아뢰야식이다. 코는 사대종으로 만들어진 비식의 근거이다. 맑은 물질인데, 볼 수 없지만 있다는 느낌은 든다. 의意와 종자는 앞의 (안식에서의) 설명과 같다.

비식의 대상은 냄새인데, 볼 수 없지만 있다는 느낌이 든다. 냄새는 여러 가지가 있다. 좋은 냄새[香], 나쁜 냄새, '좋지도 나쁘지도 않은 냄새'[平等香]이다. (이 가운데 좋지도 나쁘지도 않은 냄새는) 코로 맡아서 알게 되는 뿌리, 줄기, 꽃, 잎사귀, 열매의 냄새 등 여러 가지가 있다. 그리고 냄새는 코로 '아는 것'[所聞], 코로 '받아들이는 것'[所取], 코로 '맡는 것'[所嗅] 등의 이름이 있다.

이상이 코가 대하는 코의 대상영역[境界]이다. 비식이 작용하는 비식의 대상영역이자 비식의 대상이다. (또한) 의식이 작용하는 의식의 대상영역이고 의식의 대상인 것이다. (비식의) 보조, 작업은 안식과 같다.

2.4 설식舌識

설식의 본성은 혀로 맛을 식별하는 것이다.

설식의 근거 가운데 구유의俱有依는 혀, 등무간의等無間依는 의意, 종자의種子依는 일체종자아뢰야식이다. 혀는 사대종으로 만들어진 설식의 근거이다. 맑은 물질인데, 볼 수 없지만 있다는 느낌은 든다. 의意와 종자는 앞의 (안식에서의) 설명과 같다.

설식의 대상은 맛인데, 볼 수 없지만 있다는 느낌이 든다. 맛은 여러 가지가 있다. 쓴 것, 신 것, 매운 것, 단 것, 짠 것, 싱거운 것, '즐거운 것'[可意], 불쾌한 것, '즐거운 것과 불쾌한 것의 중간 것'[捨處所][12]을 혀는 맛본다. 그리고 맛은 맛볼 것, 삼킬 것, 씹을 것, 마실 것, 핥을 것, 빨 것, '받아쓸 것'[受用][13] 등의 이름이 있다.

이상이 혀가 대하는 혀의 대상영역[境界]이다. 설식이 작용하는 설식의 대상영역이자 설식의 대상이다. (또한) 의식이 작용하는 의식의 대상영역이고 의식의 대상인 것이다. (설식의) 보조, 작업은 안식과 같다.

2.5 신식身識

신식의 본성은 몸으로 감촉[觸]을 식별하는 것이다.

신식의 근거 가운데 구유의俱有依는 몸, 등무간의等無間依는 의意, 종자의種子依는 일체종자아뢰야식이다. 몸은 사대종으로 만들어진 신식의

---

12) 유가론기 제1권상 (대장정 42. p.317b15-16): 사처소捨處所란 중간[中容] 맛이다. '즐겁지도 괴롭지도 않은 느낌'[捨受]을 내므로 사처소라고 한다.　若捨處所者。中容之味。能生捨受名捨處所。
13) 유가사지론 제5권(대정장 30. p.300a13-16; 이 책 p.173)에 의하면 음식의 경우 받아쓴다[受用]는 것은 삼계三界에 장차 태어날, 그리고 이미 태어난 유정들의 수명을 잘 유지하게 하는 것이다. 그런데 '닿아서 먹기'[觸食], '생각으로 먹기'[意思食], '식으로 먹기'[識食]는 삼계 모두의 유정들 수명을 잘 유지하게 하며, '조각으로 먹기'[段食] 한 가지 만은 욕계(欲界: 욕망을 근본요소로 하는 영역) 유정들의 수명을 잘 유지하게 한다.

근거이다. 맑은 물질인데, 볼 수 없지만 있다는 느낌은 든다. 의意와 종자는 앞의 (안식에서의) 설명과 같다.

신식의 대상은 감촉인데, 볼 수 없지만 있다는 느낌이 든다. 감촉은 여러 가지가 있다. 땅, 물, 불, 바람, 가벼움, 무거움, 미끄러움, 꺼칠꺼칠함, 차가움, 굶주림, 목마름, 배부름, 힘, 약함, 느림, 빠름, 질병, 노화, 죽음, 가려움, 갑갑함, 끈끈함, 피로, 숨쉼[息], 나약함, 용기 등 여러 가지 감촉이다. 이와는 다른 세 가지로 나누기도 한다. 좋은 감촉, 나쁜 감촉, '좋지도 나쁘지도 않은 중간'[捨處所] 감촉을 몸은 느낀다. 그 외 감촉은 문지름[摩], 닿음[觸], 단단함[鞕], 부드러움[軟], 움직임[動], 따뜻함[煖][14] 등의 이름이 있다.

이상이 몸이 대하는 몸의 대상영역[境界]이다. 신식이 작용하는 신식의 대상영역이자 신식의 대상이다. (또한) 의식이 작용하는 의식의 대상영역이고 의식의 대상인 것이다. (신식의) 보조, 작업은 안식과 같다.

2.6 오식五識 발생

비록 눈이 멀쩡하고 보이는 것이 앞에 있어도 '발생하게 하는 의도'[能生作意][15]가 제대로 일어나지 않으면, 발생되는[所生] 안식은 절대 발생하지 않는다. 즉, 눈이 멀쩡하고 보이는 것이 앞에 있고 발생하게 하는 의

---

14) 유가론기 제1권상(대정장 42. p.317b16-17): 촉의 여러 이름 가운데 단단함[硬], 축축함[濕], 움직임[動], 따뜻함[煖]은 각각 땅, 물, 바람, 불에 해당된다.   觸異名中。硬濕動煖 地水風火。如次配之。
15) 유가사지론 제54권(대정장 30. p.601a19-20)에 의하면 능생작의能生作意는 몸이 멀쩡하고 대상영역이 앞에 나타나면 (작용이) 일어나서 (다른) 심소가 발생하게 유도한다.

도가 제대로 일어나야, 발생되는 안식은 발생할 수 있다. (이식, 비식, 설식, 신식) 모두 안식이 발생하는 경우와 마찬가지다.

안식이 발생하면, 삼심三心이 작용할 수 있다. 솔이심(率爾心: 급작스러운 마음), 심구심(尋求心: 찾는 마음), 결정심(決定心: 결정하는 마음)이다. 처음 것은 안식에 있고, 뒤의 것 두 가지는 의식에 있다. 결정심決定心 뒤에야 번뇌에 물든[染] 또는 깨끗한[淨] (마음)이 있고, 이 뒤에야 지속되는[等流] 안식이 선善 또는 불선不善으로 전개된다[轉]. 안식은 스스로 '추리의 힘'[分別力]에 의하지 않고 또한 의식은 다른 대상경계로 나아가지 않고, 이때를 지나면서 안식과 의식은 선善 또는 염染으로 지속되면서 전개된다. (이식, 비식, 설식 신식) 모두 안식이 발생하는 경우와 마찬가지다.

'다섯 식의 근거'[五識所依: 눈, 귀, 코, 혀, 몸]는 어떤 곳으로 가는 이의 탑승물[所乘]과 같다. 대상은 해야 할 일과 같다. 보조는 동료와 같다. 작업은 스스로 힘쓰는 것과 같다.

달리 말하자면 다섯 식의 근거는 집에 사는 이의 집과 같다. 대상은 '받아쓸 것'[受用]과 같다. 보조는 하인과 같다. 작업은 '각각이 힘쓰는 것'[作用][16]과 같다.

---

16) 유가사지론 제100권(대정장 30. p.879b4-5)에 의하면 모든 '변천하는 존재'[行] 각각이 힘쓰는 것을 작용作用이라고 한다.

제 2 의지意地

1. 의意의 다섯 가지 모습五相

앞에서는 오식신상응지를 설명하였다. 의지意地도 다섯 가지 모습[相]이 있다. 본성, 근거, 대상, 보조, 작업이다.

의意의 본성[自性]은 심心, 의意, 식識이다. 심心은 '모든 종자'[一切種子]를 쌓는[所隨依止] 성격이고, '종자를 지니고 여러 존재를 쌓는'[所隨依附依止] 성격[17]이다. 그 체성[體]은 (이들을) '받아 지닌다'[執受][18]는 것이다. 이숙異熟을 포함하는 아뢰야식이다. 의意는 항상 작용하는 의意, 그리고 육식신六識身의 직전찰나[無間滅]의 의意이다. 식識은 바로 앞에 나타난 대상과 (그) 대상영역[境界]을 식별하는 것이다.

의意의 근거[所依] 가운데 등무간의(等無間依: 지속시키는 근거)는 의意, 종자의(種子依: 종자 근거)는 말한 바 있는 일체종자아뢰야식이다. 의意의 대상은 모든 존재 가운데 의意가 응하는 것들이다. (그리고) 의意만의 대상은 수온受蘊, 상온想蘊, 행온行蘊, 무위無爲, 무견무대색(無見無對色: 보이지도 않고, 있다는 느낌도 없는 모습), 육근(六根: 六內處: 심신), 모든 종자이다.

---

17) 유가론기 제1상(대정장 42. p.318b4-6): 혜경惠景 논사의 설명에 의하면, 심이 일체종자소수의지一切種子所隨依止의 성격이라는 것은 종자를 쌓는다는 뜻이다. 그리고 소수의부所隨依附의 성격이라는 것은 종자를 지니고, 여러 존재를 쌓는다는 두 가지의 뜻이다. 쌓기 때문에 심이라고 한다.　　景師解云。心謂一切種子所隨依止性者。即是集起種子義。又是所隨依附性者。即是持種集起諸法二義。集起故得名心。

18) 유가론기 제1상(대정장 42. p.318b18): 그 체성은 '받아 지닌다는 것'[執受]은 아다나(ādāna: 執持: 유지함)를 번역한 뜻이다.　　體能執受者。釋阿陀那義。

의意의 보조[助伴]는 다음과 같다. 의도[作意], 접촉[觸], 느낌[受], 개념형성[想], 의사[思], 의욕[欲], 해석[勝解], 기억[念], 정신집중[三摩地: samādhi], 추리선택[慧],[19] 믿음[信], '(자신에게) 부끄러움'[慚], '(남에게) 부끄러움'[愧], '탐냄이 없음'[無貪], '분노가 없음'[無瞋], '이치에 밝음'[無癡], 정진精進, 가뿐함[輕安], '방종하지 않음'[不放逸], 평정[捨], '해코지 않음'[不害], 탐냄[貪], 분노[恚], '이치에 어두움'[無明], '(남에게) 으스댐'[慢], 견해[見], 머뭇거림[疑], 격분[忿], 원망스러워함[恨], '잘못을 감춤'[覆], 괴로움[惱], 질투[嫉], 인색[慳], 홀림[誑], 알랑댐[諂], '지나치게 자부함'[憍], 해코지[害], '(자신에게) 안 부끄러워함'[無慚], '(남에게) 안 부끄러워함'[無愧], '흐릿하게 가라앉음'[惛沈], 요동함[掉擧], '믿지 않음'[不信], 게으름[懈怠], 방종[放逸], '비뚠 의욕'[邪欲], '비뚠 해석'[邪勝解], '기억 못함'[忘念], 흐트러짐[散亂], '제대로 알지 못함'[不正知], 후회[惡作], 잠[睡眠], 찾음[尋], 살핌[伺].

이들은 의意와 함께 있으면서 관련하는 심소유법心所有法이다. (이들은) 대상은 같지만 서로 작용이 다르다. 동시에 함께 있지만 각각 전개된다. 각각 자기 종자에서 생겨나 교대로 관련한다. (이들은) 작용이 있고, 대상이 있고, 근거가 있다.

의意의 작업作業은 첫째, 자기의 대상과 영역을 식별한다. 다음으로 자상自相과 공상共相[20]을 식별한다. 다음으로 과거[去世], 미래[來世], 지금

---

19) 유가사지론 제57권(대정장 30. p.617b24-27)에서는 문답을 통해 혜慧의 '강한 작용'[根]을 설명하고 있다. 혜는 존재를 '분간하여 고르고'[簡擇], 찾고[尋求], '세밀하게 관찰한다'[伺察].
20) 유가론기 제1권상(대정장 42. p.319b2-3)에 의하면, 의식은 존재[法]의 '고유한 모습'[自相]을 직각直覺하고 존재의 '공통된 모습'[共相]을 추리한다. 意識

[今世]을 식별한다. 다음으로 찰나刹那 동안에 식별하거나 지속하여[相續] 식별한다. 다음으로 전개되고[轉] '따라 전개되면서'[隨轉] '깨끗하고 깨끗지 못한'[淨不淨] 모든 존재가 '짓는 것'[業]을 발생시킨다. 다음으로 사랑스럽거나 사랑스럽지 않은 결과를 받아들인다[取]. 다음으로 '나머지 식신'[餘識身: 五識身]을 유도한다. 그리고 '지속적인 식신'[等流識身]을 발생시킨다.

2. 의意의 특징적 작업作業

여러 의식은 다른 식신識身들에 비해 두드러진 작업이 있다. 대상을 추리하고[分別], 대상을 '정교하게 헤아린다'[審慮]. 때로는 취하고[醉], 때로는 미친다[狂]. 때로는 꿈꾸고[夢], 때로는 '꿈에서 깬다'[覺]. 때로는 기절하고[悶], 때로는 '기절상태에서 깨난다'[醒]. 때로는 동작[身業]과 말[語業]을 발생시킨다. 때로는 '욕망에서 떠나고'[離欲],[21] 때로는 '욕망에서 떠나다 말고 도로 물러난다'[離欲退]. 때로는 선근善根을 끊고, 때로는 두로 선근을 지속시킨다. 때로는 죽고, 때로는 태어난다.

證量緣法自相。若是此量知法共相。

21) 욕欲은 하고자함이다. 문맥에 따라서 긍정적인 의욕을 뜻하기도 하고, 탐내는 데서 비롯된 욕망일 수도 있다. 이욕離欲은 하고자하는 마음에서 떠난다는 뜻이다. 유가사지론 제63권(대정장 30. p.650a16-b8)에 의하면 이욕離欲의 유형은 여섯 가지이다. 첫째, 본성이 깨끗하지 않은 것에 염증을 내는 것. 둘째, 성교를 하다가 성욕이 채워지면 성교에 싫증을 내는 것. 셋째, 맛있는 음식을 잔뜩 먹은 뒤에는 다른 음식에 싫증을 내는 것. 넷째, 극도의 부귀를 누리면 미미한 부귀에 싫증을 내는 것. 다섯째, 열반한 데서 비롯한 훌륭한 능력[功德]을 이해 못해 열반에 싫증을 내는 것. 여섯째, 번뇌를 끊는 것.

2.1 추리分別

대상을 추리하는[分別] 데에는 일곱 가지가 있다. 유상분별(有相分別: 모습이 있는 추리), 무상분별(無相分別: 모습이 없는 추리), 임운분별(任運分別: 저절로 추리), 심구분별(尋求分別: 찾는 추리), 사찰분별(伺察分別: 자세히 살피는 추리), 염오분별(染汚分別: 번뇌에 물든 추리), 불염오분별(不染汚分別: 번뇌에 물들지 않은 추리)이다.

(첫째) '모습이 있는 추리'[有相分別]란 몸이 멀쩡하고 말을 잘하는 이가 '앞서 받아들인 대상영역'[先所受義][22]을 추리하는 것이다. (둘째) '모습이 없는 추리'[無相分別]란 앞서의 대상영역에 유도되어 따라가는 추리, 그리고 젖먹이 같이 말을 잘 못하는 이가 하는 추리이다.

(셋째) '저절로 추리'[任運分別]란 눈앞의 대상영역의 힘에 이끌려 저절로 전개되는 추리이다. (넷째) '찾는 추리'[尋求分別]란 여러 존재를 살피고 찾는 추리이다. (다섯째) '자세히 살피는 추리'[伺察分別]란 이미 찾고 살핀 것을 자세히 살피는 추리이다.

(여섯째) '번뇌에 물든 추리'[染汚分別]란 지나간 것을 잊지 못하며, 다가올 것을 바라며, 지금 것에 몰두하며[執著] 추리하는 것이다. 때로는 욕망하며[欲] 추리하고, 때로는 화내며[恚] 추리하고, 때로는 해코지하려[害] 추리한다. 때로는 어떤 번뇌나 수번뇌[隨煩惱]와 관련하여 추리한다.

(일곱째) '번뇌에 물들지 않은 추리'[不染汚分別]란 선하거나, '(도덕적) 중립'[無記]인 것이다. '(욕망에서) 벗어난'[出離] 추리, 화내지 않는 추리,

---

22) 유가론기 제1권상(대정장 42. p.319b26-28)에 의하면 여기서의 의의는 대상영역[境]을 뜻한다.　先所受義則攝自性隨念分別。等流心位有相分別緣前率爾心位所受境故。

해코지 하지 않는 추리이다. 때로는 믿음[信] 등 어떤 선한 마음 작용과 관련해 추리한다. 때로는 '행동하고 있을 때'[威儀路], '기예(技藝)의 작업을 할 때'[工巧處], '변화하는 현상을 일으킬 때'[變化][23] 추리한다. 이상이 (의식이 하는 작업 가운데) 대상을 '추리하는 것'[分別]이다.

2.2 정교하게 헤아림審慮

대상을 '정교하게 헤아리는 것'[審慮]에는 '이치에 맞게 유도하는 것'[如理所引], '이치에 맞지 않게 유도하는 것'[不如理所引], '이치에 맞지도 않고 맞지 않은 것도 아니게 유도하는 것'[非如理非不如理所引]이 있다. '이치에 맞게 유도하는 것'[如理所引]은 (첫째로) '사실 존재가 아닌 것'[非眞實有]이 '늘어난 것'[增益]은 아닌 경우이다. 예를 들어 '네 가지 전도된 견해'[四顚倒]이다. '무상한 것'[無常]을 영원하다[常]고 본다든지, '괴로운 것'[苦]을 즐겁다[樂]고 본다든지, '깨끗지 못한 것'[不淨]을 깨끗하다[淨]고 본다든지, '나가 없는 것'[無我]인데 나[我]로 본다든지 하는 것이다. 둘째로 여러 '사실 존재'[眞實有]가 '줄어든 것'[損減]은 아닌 경우이다. 예를 들어 여러 '비뚠 견해'[邪見]인데, (구체적으로) 시여施與한다는 것은 없다는 등의 비뚠 견해를 갖는 것이다. 셋째는 '인연에 의한 존재의 인과를 아는 지혜'[法住智][24]인데, 여러 알려는 '외부 존재'[事]를 사실대로 아는 것

---

23) 유가사지론 제69권(대정장 30. p.681b29-c1)에 의하면 한 가지 내지 여러 가지로 변화하되[變作] '범천세상의 몸'[梵世身]으로까지 자유롭게 바꾸면 이를 '신통의 경지'[神境]라고 한다.
24) 유가사지론 제94권(대정장 30. pp.835c25-836a8)에서는 법주지의 명칭은 같지만 출세간지는 열반지涅槃智라고 부르며 해설하고 있다. 본문의 법주지 번역은 이에 근거한 것이다. 그리고 유가론기 제1권상(대정장 42. p.319c17-21)에

이다. 넷째는 '세상을 벗어난 선하고 깨끗한 지혜'[出世間智]인데, 알려는 '모든 존재'[諸法]를 사실대로 깨닫는[覺知] 것이다. 이상이 이치에 맞게 유도하는 것이다. 이에 어긋나는 것은 '이치에 맞지 않게 유도하는 것'[不如理所引]이다.

'이치에 맞지도 않고 맞지 않은 것도 아니게 유도하는 것'[非如理非不如理所引]이란 (도덕적) 중립[無記]인 지혜[慧]로 정교하게 살피는 것이다. 이상이 (의식이 하는 작업 가운데) 대상을 '정교하게 헤아리는 것'[審慮]이다.

2.3 취함醉·미침狂·꿈夢·깸覺·기절悶·깨남醒

취한다[醉]는 것은 (술 마실 당시에) 체질[依止[25])性]이 나약해서, 자주 마셔보지 않아서, 너무 자주 마셔서, 지나친 양을 마셔서 어지러움에 이르

는 법주지, 출세간지에 관한 여러 논사의 설명을 적고 있다. 혜경惠景논사에 의하면 법주지는 삼계의 상중하 과果와 인因에 머물며 아는 것으로 이는 세속지世俗智이다. (본문의) 아래에서 이르는 출세간지는 이지二智[盡智와 無生智]이다. 규기窺基 논사에 의하면 법주지는 여량지如量智[世俗智]이고, 출세간지는 여리지如理智[無分別智]이다. 문비文備 논사에 의하면 교법敎法에 의하여 이 지智가 생기므로 법주지라고 한다. '무분별지를 얻고 난 뒤에 생기는 세속에 관한 지智'[後得智]이다.　法住智者。景師云。知三界上中下果在因中住名法住智。是世俗智。下云出世間智。即是二智。基師云。法住智是如量智。出世間智是如理智。備師云。依教法而生此智故云法住智。是後得智。

25) 유가사지론 제57권(대정장 30. p.614b3-8)의 근(根: 작용이 강한 것)을 설명하는 대목에서 의지依止를 몸이라는 뜻으로 사용하고 있다. 그리고 유가론기 제16권상(대정장 42. p.662a1-2)에서는, 의지에 관한 유가사지론의 설명 가운데의 의지가 자유롭게 움직이는 데 (작용이 강한 것)이란 것은, 혜경惠景논사에 의하면 몸[身]을 자유롭게 하는 것은 의근意根 한 가지라고 하면서, 의지를 몸이라고 설명하고 있다.

는 것이다.

미친다[狂]는 것은 앞서서 한 일에 유도되어서, 여러 대상영역[界]에 혼란이 와서, 너무 놀라 간이 떨어지는 듯해서, '죽는 혈 자리'[死穴: 末摩]를 맞아서, 악귀[鬼魅]가 들려서 미친 증세가 나타나는 것이다.

꿈꾼다[夢]는 것은 (잠잘 당시에) 체질이 나약해서, 너무 피곤해서, 너무 많이 먹어서, '분명하지 않은 모습을 일부러 사유해서'[闇相作意思惟],[26] 모든 사업을 쉬고 있어서, 걸핏하면 잠을 자서 꿈을 꾸는 것이다. 때로는 부채질, 약물[藥], 진언(眞言: 明呪), 부처님능력[威神] 등 외부 원인으로 꿈을 꾼다.

'꿈에서 깬다'[覺]는 것은 잠을 늘어지게 자고 난 이가 피로가 다한 끝에, 할 일이 있는 이가 (깰 때를) 기약하고 잠들어서, 때로는 다른 원인에 유도되어 꿈꾸다 깨는 것이다.

기절한다[悶]는 것은 '풍사로 인한 열'[風熱] 때문에 어지러워서, 매질 당해서, 설사나 출혈 등을 지나치게 해서, 노동을 지나치게 해서 기절하게 되는 것이다.

깨난다[醒]는 것은 기절 상태에서 회복되는 것이다.

---

26) 유가론기 제1권상(대정장 42. p.320a1-3): 유암상작의사유由闇相作意思惟란 혜경惠景 논사에 의하면 불분명한 존재를 암상이라고 하는데, 그 존재를 생각하기 좋아하면 눈앞에서 꿈을 꾼다. 또 다른 이의 해석에 의하면 눈을 감고 어두운 색깔의 모습을 생각하면 꿈을 꾸게 된다. 由闇相作意思惟者。景師云。於法不了名爲闇相。而樂思惟法於前發夢。更有一解。瞑目思惟黑闇色相故致於睡夢。

2.4 동작身業·말語業

동작[身業]과 말[語業]을 발생시키려면 우선 동작과 말을 발생시키는 지혜가 실행되고, 다음으로 의욕[欲]이 생기고, 다음으로 작용이 발생한다. 다음으로 작용을 따르는 동작과 말의 기운[風]이 앞서고, 이를 따라 동작과 말이 발생한다.

2.5 욕망을 떠남離欲·욕망으로 물러남離欲退

'욕망을 떠난다는 것'[離欲]은 욕망을 떠나는 데 '(작용이) 강한 것'[根][27]을 갖추고, 남의 가르침을 따르고, 번뇌를 멀리하고, '(열반을 향한) 훌륭한 방법'[方便]을 제대로 수행하며 전도된 생각을 안 하는 것이다.

'욕망을 떠나다 말고 도로 물러난다는 것'[離欲退]은 본성이 약해서, 갓 '선한 종류'[善品]를 수행하는 이가 '남자나 여자의 모습'[彼形狀相]을 자주 생각해서,[28] 욕망에서 떠나다가 도로 물러나는 법을 받아들여 실천해서, 번뇌에 가로 막혀서, '나쁜 친구'[惡友][29]와 어울려서 결국 욕망에서 떠나다가 도로 물러나는 것이다.

---

27) 유가사지론 제57권(대정장 30. p.614a15-16)에서는 근根의 뜻을 '강한 것'[增上]이라고 하는데, 이는 여러 외부 대상이나 여러 존재 가운데서 (작용이) 가장 뛰어난 것이라는 뜻이다. 그리고 유가사지론 제98권(대정장 30. p.863a25-28)에서는 욕망을 떠나는 근으로 여덟 가지를 들고 있다. 세간世間에 대해서는 신信, 정진精進, 염념, 정정, 혜慧 등 다섯 가지, 출세간出世間에 대해서는 미지당지근未知當知根, 이지근已知根, 구지근具知根 등 세 가지이다.
28) 유가론기 제1권상(대정장 42. p.320b6): 갓 선을 수행하는 이가 남자나 여자의 모습을 자주 생각하는 것이다. 　　新修善品者. 數思男女形狀.
29) 유가사지론 제89권(대정장 30. p.802c19-20)에 의하면 어떤 친구들이 이익 되지 않는 일을 하도록 인도하면 그들을 나쁜 친구라고 한다.

2.6 선근善根에 대한 작용

선근(善根: 선한 작용이 강한 것)을 끊는다[斷]는 것은 능력이 강한 이가 가장 '나쁜 의도가 드러나는 법'[악행]을 성취해서, 이러한 나쁜 친구를 따라서, 이러한 '비뚠 견해'[邪見]가 극에 달해서, 이러한 모든 악행을 겁 없이 해대서, 불쌍히 여기는 마음이 없어서 선근을 끊게 되는 것이다. (선한) 종자도 선근이라고 한다. '탐냄이 없음'[無貪], '분노가 없음'[無瞋] 등도 선근이라고 한다. (종자와는) 지속한다는 점이 달라서 '지금 작용하고 있는'[現行] 선근만을 설명해서 선근을 끊는다고 하였다. 영원히 선한 종자까지 뽑아버리는 것은 아니다.

도로 선근을 지속시킨다는 것은 본성이 강해서, 친한 친구가 복업(福業: 즐거운 결과를 내는 행위)[30]을 수행하는 것을 봐서, '부처님이나 부처님 제자'[善丈夫][31]를 찾아뵙고 정법을 들어서, 머뭇거리는 마음이 생기다 결국 결정해서 도로 선근을 지속시키게 되는 것이다.

2.7 유정有情의 죽음과 삶

2.7.1 사유死有: 죽을 때

죽는다는 것은 수명의 양이 다해 죽음에 이르는 것이다. 이에는 우선 세

---

30) 유가사지론 제36권(대정장 30. p.485b17-19)에서는 보살의 바라밀다행에서 복이란 보시[施]바라밀다, 계戒바라밀다, 인내[忍]바라밀다라고 하였다. 그리고 유가사지론 제45권(대정장 30. p.540b1-4)에 의하면 보시[施]는 선근의 하나이다. 이를 볼 때 본문에서 말하는 복업은 보시행을 의미한다.
31) 유가론기 제6권하(대정장 42. p.439a22): 부처님 및 부처님 제자를 '바르고 선한 사람'[正善丈夫]이라고 한다.　　佛及弟子總名正善丈夫也。

종류가 있다. 수명이 다해 죽는 것, 복福이 다해 죽는 것, 고르지 않은 것을 피하지 않는 것이다. (첫째 것은) 제 때에 죽는 것이고 (뒤의 두 가지는) 제 때가 아닌데 죽는 것이다. (죽는다는 것은) 선심善心으로, 불선심不善心으로, '(도덕적으로) 중립인 마음'[無記心]으로 죽는 것으로도 나뉜다.

(1) 죽음의 종류

수명이 다해 죽는다는 것은 예를 들어 어떤 이가 수명의 양이 다했음을 마음으로 느껴 죽는 것이다. 이는 제 때에 죽는 것이다.

복이 다해 죽는다는 것은 이를테면 어떤 이가 의식(衣食: 資具)이 없어 죽는 것이다. 고르지 않은 것을 피하지 않아 죽는다는 것은 세존世尊께서 아홉 가지 원인[因緣]이면 수명의 양이 다하지 않아도 죽는다고 말씀하신 경우이다. 아홉 가지 원인이란 과식, 적합하지 않은 것을 먹음, 소화되지 않았는데 또 먹음, 날 것을 먹음, 익은 것이긴 하지만 너무 오래 몸속에 지님, 의약품을 사용하지 않음, 자기에게 손해인지 이익인지 모름,[32] 제 때가 아닌데 또는 너무 많이 성교(性交: 非梵行)를 함[33] 등이다. 이 두 가지를 제 때가 아닌데 죽는다고 한다.

선심善心으로 죽는다는 것은 예를 들자면 어떤 이가 생명이 끝나려 할

---

32) 유가론기 제1권상(대정장 42. p.321a17-19): 일곱째, 자기에게 손해인지 이익인지 모른다는 것은 물에 빠지든, 불에 뛰어 들든, 남이 함정에 빠뜨리는 해코지를 하든 어리석어 죽는 것이다.　七不知於己若損若益者。　入水投火他損墮坑愚癡故死。

33) 유가론기 제1권상(대정장 42. p.321a19-20): 여덟째, 제 때가 아닌데 비범행非梵行을 한다는 것은 너무 굶주리거나 배부를 때, 여행 중에, 병들었을 때 성교해서 죽는 것이다. 아홉째, 너무 많이 비범행非梵行을 한다는 것은 성교를 지나치게 해서 죽는 것이다.　八非時行非梵行。飢飽遠行病時而犯故死。九非量行非梵行。染愛過度故死。

때 스스로 지난날 수행한 선법善法을 기억해내거나 다른 이가 그에게 기억해내게 하면, 이때 믿음[信]과 같은 선법이 마음에 작용하고 (선이) '선명한 생각'[麁想]으로 작용한다. (죽기 직전 찰나) '미세한 생각'[細想]이 작용하는 때에는 선심의 작용은 없어지고 '(도덕적으로) 중립인 마음'[無記心]에 머문다. 왜냐하면 그는 이때 그동안 수행한 선법을 기억해내지 못하고, 다른 이도 그에게 기억해내게 하지 못하기 때문이다.

불선심不善心으로 죽는다는 것은 예를 들자면 어떤 이가 생명이 끝나려 할 때 스스로 지난날 습관이 된 악법惡法[34]을 기억해내거나 다른 이가 그에게 기억해내게 하면, 이때 탐냄[貪], 분노[瞋] 등과 함께하는 여러 불선법이 마음에 작용한다. (불선이) 선명한 생각으로, (죽기 직전 찰나) 미세한 생각으로 작용하는 것은 앞에서 선심에서 설명한 것과 같다.

선심으로 죽을 때에는 안락하게 죽는다. 죽으려 할 때 몹시 괴로운 느낌이 몸을 억누르지 않는다. 악심으로 죽을 때에는 고뇌하며 죽는다. 죽으려 할 때 몹시 괴로운 느낌이 몸을 억누른다. 선심으로 죽는 이는 혼란스런 모습을 보지 않지만 불선심[악심]으로 죽는 이는 혼란스런 모습을 본다.

'(도덕적으로) 중립인 마음'[無記心]으로 죽는다는 것은 예를 들자면 선법과 불선법을 실천한 이거나 아예 둘 다 실천하지 않는 이가 생명이 끝나려 할 때 스스로 기억해 낼 수도 다른 이가 그에게 기억해내게 할 수도 없는 것이다. 이때 선심도 불선심도 아니게 죽는 것은 안락하게 죽는 것도 아니고 고뇌하며 죽는 것도 아니다.

---

34) 유가사지론 제63권(대정장 30. p.649c7-9)에 의하면 여러 욕망이 악행[악한 실천]을 일으켜 제일 아래의 나쁜 곳[나락]으로 추락하기 때문에 악惡이라고 하고, 선善을 어겨 발생하기 때문에 불선不善이라고 한다.

(2) 죽음의 과정

선법과 불선법을 실천한 이[補特伽羅:pudgala][35]가 생명이 끝나려 할 때, 저절로 지난날 익힌 선과 불선을 기억해내기도 하고 다른 이가 기억해 내게 하기도 한다. 이때 지난날 많이 익혔던 것 가운데 힘이 가장 강한 것만 그의 마음이 기억해내고 다른 것은 모두 잊는다. 지난날 골고루 습관이 된 이라면, 처음에 스스로 기억해낸 것이거나 다른 이가 기억해내게 한 것을 따른다. 이 기억만은 버리지 않고 다른 것은 마음에 작용하지 않는다. 그는 이때 두 원인[因]의 '강한 힘'[增上力] 때문에 곧 생명이 끝난다. 즉, '희론戲論에 즐겨 집착하는'[樂著] 종자의 강한 힘과 '깨끗하고 깨끗지 못한 업'[淨不淨業][36] 종자의 강한 힘[37]을 말한다. 맨 처음 업에 의해 유도된

---

35) 보특가라(補特伽羅: pudgala)는 인人, 아我, 유정有情 등으로 번역한다. 유가사지론 제7권(대정장 30. p.308c17-18; 이 책 p.236)을 비롯해 유가사지론 제26권(대정장 30. p.424a19-26) 등에서 보특가라의 사용 범위를 보면 사람[人]과 일치한다. 그리고 유정을 가리키는 범위 보다는 좁다. 예를 들어 유정에 속하는 곤충 등은 보특가라라고 하지 않기 때문이다. 구체적으로 유가사지론 제2권(대정장 30. p.288b10-19, pp.288c26-289a16; 이 책 pp.86-90)에서는 나락[那落迦, 地獄], 동물[傍生]세상, 아귀餓鬼세상, 사람[人]세상, 천계[天]를 아울러 그 안의 거위 등의 조류, 말 등의 포유류, 곤충류를 포함하여 유정이라고 하며, 부처님[如來]까지도 유정에 포함한다.

36) 유가사지론 제90권(대정장 30. p.809a1; p.807c6-7)에 의하면 인간세상이나 천계 등의 '좋은 세상'[善趣]으로 갈 수 있는 모든 '선하고 훌륭한 실천'[善妙行]은 '깨끗한 업'[淨業]이라고 한다. 그리고 이 실천은 구체적으로 동작하는 것, 말하는 것, 마음 먹는 것이다. 여기에서 '깨끗지 못한 업'[不淨業]이 나락[那落迦], 귀(鬼: 餓鬼), 동물(傍生: 畜生) 등 '나쁜 세상'[惡趣]으로 갈 수 있는 악하고 더러운 실천임을 추측할 수 있다.

37) 유가론기 제1권상(대정장 42. p.321b21)에 의하면 두 가지 종자의 힘이란 앞의 것은 명언종자名言種子를 이르고, 뒤의 것은 업종자業種子를 이른다. 그리고 유가사지론 제3권(대정장 30. p.292c9-11; 이 책 pp.121-123)에서는 의意를 설

결과를 모두 겪어도, 불선업不善業을 실천한 이의 경우는 이때 지난날 지은 여러 불선업이 얻는 사랑스럽지 않은 결과의 앞모습[前相]을 겪는다. 꿈속에서 무수한 이상야릇한 모습[色相]을 보는 것과 같다. 이런 모습으로 인해 박가범(薄伽梵: bhagavat: 世尊, 有德)께서 말씀하시기를, "어떤 이가 지난날 지은 악불선업惡不善業이 자라면 그는 이때 저녁 무렵 여러 산봉우리의 그림자 등이 '걸리며 덮듯'[懸覆], '다 덮듯'[遍覆], '깜깜하게 덮듯'[極覆] 한다."³⁸⁾라고 하셨다. 이런 이[補特伽羅]는 밝은 데서 어두운 데로 가는 것과 같다.

우선 불선업의 결과를 모두 겪었는데 선업을 수행한 적이 있는 이는 위의 경우와 반대다. 이런 이는 어두운 데서 밝은 데로 가는 것과 같다. 위의 경우와 다른 것이라면, 생명이 끝나려할 때 꿈속에서 무수한 이상야릇하지 않고 즐거운[可意] 모습을 보는 것과 같은 것이다.

중대한[上品] 불선업을 지은 이는 그런 이상야릇한 모습을 보기 때문에 땀이 흐르고 털이 쭈뼛하고 손발이 부들부들 떨다가 결국 똥을 싸며 허공을 부여잡고 눈알을 뒤집다가 거품을 뿜는다. 그는 이러한 이상야릇한 모습을 하게 된다. '중간 정도'[中品]의 불선업을 지은 이는 이때 이상야릇한 모습이 있기도 하고 없기도 있다. 있는 경우라도 완전히 (이상야릇한 것

명에 속하는 의와 설명에 속하지 않는 의로 나누었다. 앞의 것은 명언名言을 식별하는 의이고 뒤의 것은 갓난아이의 의라고 하였다. 이로 볼 때 명언은 뜻을 가진 말이다.

38) 유가론기 제1권상(대정장 42. p.321b25-26): 가벼운 악업을 지은 이는 봉우리 그림자가 걸리어 덮듯 한 모습에 직면하고, 중간 악업을 지은 이는 산을 다 덮듯 하고, 심한 (악업을 지은 이는) 해질녘 깜깜하게 덮듯 한다. 　　下品惡業者。當相如峯影懸覆。中品如山遍覆。上品如日後分極覆。

은) 아니다.

　모든 중생은 생명이 끝나려 할 때라도 아직 몽롱한 정신 상태에 이르기 전에는 오랫동안 습관이 된 나[我]라는 애착이 나타난다. 이 힘 때문에 "내가 이제 없어지는구나!" 하면서 제 몸에 애착한다. 때문에 중유中有라는 생보生報를 성립시킨다. (성자 영역에 속하는) 예류과預流果와 일래과一來果는 이때 다시 나[我]라는 애착이 나타나지만, 지혜의 힘으로 나[我]라는 애착을 제압하려고 자주 추구해왔기 때문에 집착하지 않는다. 체격 좋은 남자가 나약한 이와 씨름하다가[角力] 나약한 이를 제압하는 것과 같은 이치이다. (앞의 둘보다 더 수준이 높은) 불환과不還果는 나[我]라는 애착이 다시 나타나지 않는다.

　'사지四肢가 끊어지는 고통'[解支節]은 천계[天]³⁹⁾나 나락(那落: 那落迦: naraka: 地獄, 不可樂)에는 없지만,⁴⁰⁾ 다른 태어나는 곳에는 모두 있다. 사지가 끊어지는 고통은 두 종류이다. 악업을 지은 이는 고통이 심하고, 선업을 지은 이는 고통이 가볍다. 북쪽 구로주(拘盧洲: kuru)에서는 모두 고통이 가볍다.

　색계(色界: 보이는 것을 근본요소로 하는 영역)에서 죽을 때는 '모든 근'[六根: 심신]을 모두 갖추지만, 욕계(欲界: 욕망을 근본요소로 하는 영역)에서 죽을 때는 소유한 근근에 따라 제대로 갖추기도 하고 못 갖추기도

---

39) 유가사지론의 천天은 두 가지 의미가 있다. 첫째, 유정들이 머무는 장소. 둘째, 그 장소에 머무는 유정. 경우에 따라 두 가지 가운데 하나의 의미로 사용하고 있다.

40) 유가론기 제1권상(대정장 42. p.322a8-9): 천계와 나락을 제외하는 것은 천계에는 '선업의 결과'[樂]만 있을 뿐이고 지옥에서는 항상 사지가 끊어지는 고통만 있기 때문이다.　　除天那落迦者。天唯善業果。地獄恒解支節。

한다.

깨끗하여[清淨] 해탈解脫해 죽은 이는 '완전히 죽었다'[調善死]고 하고, 깨끗하지 않아 해탈하지 못하고 죽은 이는 '완전치 못하게 죽었다'[不調善死]고 한다.

생명이 끝나려할 때 악업을 지은 이의 식識은 몸의 윗부분부터 떠나므로, 윗부분부터 차가운 느낌이 따라 일어난다. 그리고는 서서히 심장[心處: 肉心]에 이른다. 선업을 지은 이의 식은 몸의 아랫부분부터 떠나므로, 아랫부분부터 차가운 느낌이 따라 일어난다. 그리고는 서서히 심장에 이른다. 식이 심장을 떠난 후에[41] 차가운 느낌이 온몸에 퍼진다.

2.7.2 중유中有: 죽음과 삶의 사이

태어나는 이유는 나[我]라는 애착이 끊임없이 작용하고, 아득한 옛날부터 희론에 즐겨 집착하는 원인이 배고[熏習], 깨끗하고 깨끗지 못한 업의 원인이 뱄기 때문이다. '근거가 되는 것'[所依體][42]은 두 종자의 강한 힘 때문에 죽은 자리[是處][43]에서 자기의 종자로부터 중유中有라는 결과[異

---

41) 유가론기 제1권상(대정장 42. p.322a21-25): 실제로 아뢰야식은 처음 생명을 받을 때 최초로 의탁하는 곳을 육심肉心이라고 한다. 식이 육심에서 떠나면 죽음이라고 한다. 그래서 유가사지론 제1권 말미에서는 갈라람羯羅藍 단계에서 식이 최초로 의탁하는 곳을 육심이라고 한다고 했다. 이처럼 식이 이곳에 최초로 의탁하고 이곳에서 최후로 떠난다.   據實阿賴耶識初受生時。最初託處即名肉心。若識捨肉心即名爲死。故此卷末云。又羯邏藍識最初託處即名肉心。如是識於此處最初託。即從此處最後捨。

42) 유가론기 제1권상(대정장 42. p.322b7-8): 그 소의체所依體라는 것은 중유의 아뢰야식은 동시同時의 온蘊과 더불어 근거가 되는 것이기 때문이다.   彼所依體者。中有賴耶與同時蘊爲所依體故。

43) 유가론기 제1권상(대정장 42. p.322b11-12): 명언名言이 밴[熏習] 자기 종자에

熟]를 지속적으로 성취한다. 죽는 것과 태어나는 것이 동시同時인 것은 저울의 양끝이 오르락내리락하는 것이 동시인 것과 같다. 중유는 반드시 '모든 근'[六根]을 갖춘다. 악업을 지은 이가 얻는 중유는 검은 산양 색깔이나 어두운 밤(하늘 색깔) 같다. 선업을 지은 이가 얻는 중유는 흰옷 색깔이나 맑은 밤(하늘 색깔) 같다.

중유(의 눈)은 매우 깨끗한 천안天眼의 '작용 정도'[所行]이다. 그는 이 때 식識이 이미 머물기 때문에 앞서의 나[我]라는 애착은 다시 나타나지 않는다. 그러나 대상영역에 대해서는 희론을 집착한다. (그는) 태어날 곳을 따라가 그 모양새의 중유로 생겨난다.

중유의 눈은 천안과 같아서 장애가 없지만, 단지 태어날 곳에만 이른다. 빨리 달려가는 데 장애가 없는 것은 신통神通을 얻은 것과 같지만, 오직 태어날 곳에만 이른다. 이 눈은 자기와 같은 종류인 중유유정中有有情을 보며 '자기의 몸'[自身]이 태어날 곳을 본다. 악업을 지은 이는 눈으로 아래를 보며 깨끗하다고 수그리고 간다. 천계[天]로 가는 이는 위를, 사람세상으로 가는 이는 수평을 보며 간다.

태어날 조건을 얻지 못하면 칠일이 다되도록 머무르지만 태어날 조건을 반드시 얻을지 결정된 것이 아니다. 칠일이 다되도록 태어날 조건을 얻지 못하면 (이 중유는 일단) 죽었다가 다시 태어나 칠일을 머문다. 이처럼 태어날 조건을 못 얻으며 칠일을 일곱 번 지내고 나면 태어날 조건을 반드시 얻는다. 이 중유는 칠일 만에 죽어 살았을 적의 종류로 태어나기도 하고,

---

서, 즉 사유死有가 소멸한 자리에서 중유는 태어난다. 종자가 소멸한 자리에서 싹이 생기는 것과 같다. 從名言熏習自種子即於死有滅處中有生。如種滅處即有芽生。

다른 업業 때문에 바뀔 수도 있다. 종자가 바뀐 중유는 다른 종류로 태어난다.

중유는 여러 가지 이름이 있다. 중유中有라고 하는 경우는 사유死有와 생유生有 사이에 살기 때문이다. 건달부(健達縛: gandharva)라고 하는 경우는 향香을 찾아다니기 때문인데, 향이 양식이기 때문이다. 의행意行이라고 하는 경우는 의가 태어날 곳으로 가는 데 근거이기 때문이다. 이는 몸이 (직접) 가는 것을 말하는 것이지 '마음의 작용'[心緣]으로 가는 것은 아니다. 취생趣生이라고 하는 경우는 생유生有를 향하여[對] 작용하기 때문이다. 중유는 무색계(無色界: 보이지 않는 것을 근본요소로 하는 영역)를 제외한 모든 곳이 태어날 곳이다.

이를테면 양, 닭, 돼지 등을 도살하면 악업을 짓는 이라고 한다. 이러한 이들을 따라 불율의不律儀[44]에 머물면, 이러한 유정들이 짓는 '서로 비슷한 성질'[眾同分][45] 때문에 나락[那落迦]에 떨어질 악불선업惡不善業을

---

44) 유가사지론 제91권(대정장 30. p.817b2-13)에 의하면 율의(律儀: 규범에 적합하다)란 어떤 이가 사랑스러운 대상영역에 대해 여러 잡염심雜染心을 차마 견딜 수 없고, 받아들이지도 않고, 집착하지도 않고, 갖지도 않는 것이다. 혹시 잠시 생겨도 찾아내어 도로 버리는 것이다. 이를 율의라고 한다. 비율의(非律儀: 규범에 적합하지 않다)라는 것은 어떤 비구(比丘: 苾芻: bhikṣu)가 농부와 같은데 … 문득 탐냄[貪纆]을 일으켜 집착하고 버리지 않고 마음이 탐냄을 막아내지도 못하면서 제 멋대로 '이치에 맞지 않게 의도하고'[非理作意] 이에 관련한 마음의 소를 대상영역의 밭에 들여 선근善根이라는 곡식의 싹을 망친다. 이래서 율의가 아니라고 한다.
45) 유가사지론 제52권(대정장 30. p.587b10-13)에 의하면 중동분眾同分이란 간략히 말해 여러 곳에 생명을 받아 나는 유정들의 같은 영역, 같은 세상, 같은 태어남, 같은 부류·위치·성격·모양 등이다. 여러 부분이 서로 비슷한 성질을 중동분이라고 한다. 유정동분有情同分이라고도 한다.

짓고 키운다. 그는 이때 꿈결처럼 그의 업으로부터 태어날 곳을 얻는다. 같은 부류의 유정을, 양이 도살되는 일을 둘러보며 앞서의 습관 때문에 기뻐하며 달려든다. 그러면 태어나야할 곳에서 풍경[境色]에 걸려들어 마침내 중유는 죽고 생유生有가 이어서 작용한다. 이 중유가 죽으려할 때는 앞서의 사유死有가 어수선한 모습을 봤던 것과 같다. 이것이 태어나고 죽는 이치이니 앞서와 같이 알라.

그가 (나락에) 태어날 때는 오직 화생化生[46]하는데 육근[六處]을 갖췄다. 또한 "나는 저들과 농지거리하며 놀며 즐기고 여러 춤과 노래를 해 버릇해야지."라고 맘먹고 그리로 달려간다. 그리고 "여러 가지 사업도 하고 차갑고 뜨거운 것을 느껴봐야지."라고 전도된 생각을 한다. 이 같은 '이치에 맞지 않은 생각'[妄見]을 멀리했다면 이 같은 비정상적인 상황을 보고 달려가고 싶은 욕망조차 나지 않을 텐데 어찌 그리로 갈 수 있을까! 그리로 가지 않으면 태어나지도 않는데. 나락에서와 같이 그밖에 나락과 비슷한 아귀(餓鬼: 鬼) 세상[趣]에 태어나는 것도 마찬가지인데, 영귀癭鬼[47] 등과 같다.

---

46) 유가사지론 제2권(대정장 30. p.288b12-19; 이 책 p.83)에 의하면 태어나는 방식은 '알에서 생겨 나는 것'[卵生], '태胎에서 생겨나는 것'[胎生], '습한 데서 생겨나는 것'[濕生], '변화로 생겨나는 것'[化生] 등 네 가지다. 이 가운데 화생化生은 여러 유정의 업이 강해서 육근[六處]을 갖추어 태어나는 것인데, 제대로 갖추지 못한 경우도 있다. (화생의) 예를 들자면 천계[天], 나락[那落迦: 地獄] 전체 (유정들)과 사람세상[人], 아귀세상[餓鬼: 鬼], 동물세상[傍生: 畜生]의 일부 (유정들)이다.

47) 유가론기 제1권상(대정장 42. p.323b8-9) 영귀癭鬼와 같다는 것은 어떤 아귀[鬼]가 목에 큰 혹이 있어서 (목이) 좁아져 먹을 것을 삼키지 못하는 것이다.　　如癭鬼者。有鬼頸有大癭。所逼不能喫食。

나머지 아귀·동물[傍生]·사람 등, 그리고 욕계천欲界天·색계천色界天 유정들의 '서로 비슷한 성질'[衆同分] 가운데에서 생명을 받으려 할 때, 태어날 곳에서 자기와 같은 부류인 마음에 드는 유정을 본다. 이 때문에 그들에 대해 기뻐하는 욕망을 내면 태어날 곳에서 얽매인다. 죽고 태어나는 이치가 앞서와 같음을 알라.

세 가지 '이치에 알맞은 것'[處][48]이 '앞에 나타나야'[現前][49] 모태母胎에 들 수 있다. 첫째, 어머니의 상태가 좋고 시기도 알맞을 것. 둘째, 부모가 어울려 성교[愛染]를 하고 있을 것. 셋째, 건달부(健達縛: 중유)가 바로 앞에 나타나 있을 것.

세 가지 장애가 없어야 한다. '임신·출산 기관'[産處]의 결점, 종자의 결점, '전생 업'[宿業]의 결점이다. 임신·출산 기관의 결점이란 자궁[産道]이 '풍사로 인한 열'[風熱]의 후유증으로 좁아지는 경우, 자궁경부(子宮頸部: 其中)에 '삼씨나 보리 모양 용종茸腫'[麻麥果]이 있는 경우,[50] 자궁입구

---

48) 유가사지론 제57권(대정장 30. p.613a13-14)에 의하면 처處는 여러 가지 '외부 대상'[事]과 이치[理]가 서로 어긋나지 않는 것이다. 비처非處는 여러 가지 외부 대상과 이치가 서로 어긋나는 것이다.

49) 유가사지론 제57권(대정장 30. p.600c18-21)에 의하면 색(色: 보이는 것) 등의 대상영역[境界]이 여러 근根을 '상대하는 것'[望]을 현전(現前: 앞에 나타남)이라고 한다는 의미는, 색이 눈을 대할 때 (눈을) 감지도, 어둡지도, 너무 작거나 멀지도 않고, (앞에) 장애가 없는 것을 현전이라고 한다. 요컨대 반드시 볼 수 있고, 밝고, 장애 없이 (눈길이) 갈 수 있는 곳에 있는 것을 현전이라고 한다. 한 쪽 눈에 어둡거나 장애가 있는 색色이라도 현전이라고 한다.

50) 유가론기 제1권상(대정장 42. p.323b12-13): '삼씨나 보리'[麻麥果]가 있다는 것은 삼씨나 보리 (모양의 것)이 자궁[産腹]을 막는 것이다.　　有麻麥果者。有麻麥果塞蔽産腹。

[其門]가 수레바퀴[車]나 소라[螺](처럼 넓은) 모양인 경우,[51] 자궁후굴(子宮後屈: 有形有曲)이거나 '(자궁 입구에) 대하(帶下: 膿)가 많은 경우'[有穢有濁][52]이다. 이 같은 임신·출산 기관의 결점을 알라.

종자의 결점이란, 아버지는 정액[不淨: 精血]을 내보내는데 어머니 쪽이 (이에 응해 정혈을) 내보내지 않는 경우, 어머니는 내보내는데 아버지가 내보내지 않는 경우, 둘 다 내보내지 않는 경우이다. 그리고 아버지의 정혈이 상한[朽爛] 경우, 어머니 쪽이 상한 경우, 둘 다 상한 경우도 있다. 이와 같은 종자의 결점을 알라.

'전생 업'[宿業]의 결점이란 아버지 또는 어머니가 또는 부모 모두 자녀를 얻을 업을 짓지 않고 키우지도 않은 경우이거나, 태어나고자 하는 유정이 부모를 얻을 업을 짓지 않고 키우지도 않은 경우이다. 그리고 부모가 다른 자녀를 얻을 업을 짓고 키운 경우이거나, 태어나고자 하는 유정이 다른 부모를 얻을 업을 짓고 키운 경우이다. 그리고 (부모나 유정 어느 한 쪽만) '큰 가문'[大宗葉]에 태어날 업을 짓고 키운 경우이거나,[53] (부모나 유

---

51) 유가론기 제1권상(대정장 42. p.323b13-14): 수레바퀴나 소라 모양 같다는 것은 넓다는 것이다.　　如車螺形者。以寬大故。
52) 유가론기 제1권상(대정장 42. p.323b14-16): 모양이 구부러졌다는 것은 자궁 모양이 부드럽고 곧지 않아 태아를 편안케 하지 못한다는 것이고, 지저분하다는 것은 자궁이 더러운 진액으로 혼탁해져서 (태아를) 지탱하는 근거가 될 수 없다는 것이다.　　或有形曲有穢有濁者。穴不順直難安子故。其處穢惡津液渾濁。不堪攬之成所依故。
53) 유가론기 제1권상(대정장 42. p.323b16-17): (부모나 유정 한 쪽만) 큰 가문에 (태어날) 업을 지은 경우라는 것은 (유정) 스스로는 큰 가문에 태어날 업을 지었지만 부모는 안 지은 경우. 또는 스스로는 안 지었지만 부모는 지은 경우이다.　　或感大宗葉業者。自有感大宗葉業。父母無之。或自無父母有之。

정 어느 한 쪽만) 큰 가문이 아닌 곳에 태어날 업을 짓고 키운 경우이다. 이 같은 전생 업의 결점을 알라. 이와 같은 세 가지 결점이 없고, 세 가지 '이치에 알맞은 것'[處]이 앞에 나타나면 모태에 들게 된다.

   그는 중유의 상태에서 자기와 같은 부류의 유정이 농지거리 등을 하는 것을 보고 태어날 자리에 가고자 욕망한다. 그는 이때 그 부모가 성교[行邪]를 하며 정혈을 내보내는 것을 보고 전도된 (생각을) 한다. 전도된 (생각을) 한다는 것은 부모가 성교하는 것을 보고 부모가 성교하는 것이라 하지 않고 착각해 자기가 하는 것으로 보고 탐애(貪愛: 탐내고 애착함)를 일으키는 것이다. 여자가 되고 싶은 경우에 그는 아버지를 탐낸다. 남자가 되고 싶은 경우는 마찬가지로 어머니를 탐낸다. 가까이 가서는 여자(가 되고 싶은) 경우 어머니가 멀리 가기를 바라고, 남자(가 되고 싶은) 경우 아버지에 대한 마음 또한 그렇다. 이렇게 욕망한 뒤 (여자가 되고 싶은 경우에는) 남자[아버지]만 보이고, (남자가 되고 싶은 경우에는) 여자[어머니]만 보인다. 이렇게 해서 점점 그가 태어날 곳에 가까이 가게 되면 점차로 아버지나 어머니 (몸)의 나머지 부분은 안 보이게 되고 남자생식기[男根][54]나 여자생식기[女根門]만 보이게 된다. 그러면 이곳에서 그 (중유)는

---

54) 유가사지론 제57권(대정장 30. pp.614c8-617a22)의 남근과 여근에 대한 설명에 의하면, 우선 남근과 여근은 '부모·처자·친척네가 서로 챙겨주는 것을 드러내는 일을 한다'[父母妻子親戚眷屬 互相攝受顯現爲業]. 그리고 남근과 여근은 몸의 부분[身根分]이다. 남녀근은 '음욕이 서로 응해서 댄다'[因欲相應即觸所攝]는 뜻이 있으며 '성교를 하는 데 근거가 되는 곳'[習欲依處]이다. 남녀근이 있어서 남자는 여자에게 속박된다. 구체적으로 여자의 여덟 가지 매력이다. 놀 적에는 춤, 노래, 웃음, 기뻐 눈 흘김으로, 성교할[受用] 때는 아름다운 얼굴, 부드럽고 매끄러운 감촉, 순순함[恭事祇奉], '발가벗은 모습으로 성교함'[童分成禮]이다.

얽매인다[拘礙]. 죽고 태어나는 이치가 이 같은 줄 알라.

복이 적은 이의 경우, 신분이 낮은 집에 태어나려면 죽을 때와 태胎에 들 때 여러 가지 어수선한 소리를 들으며 자기가 나무숲[叢林], 대숲[竹葦], 갈대밭[蘆荻] 등으로 들어간다고 잘못 본다. 복이 많은 이의 경우, 신분이 높은 집에 태어나려면 이때 고요하고 아름다운 맘에 드는 소리를 들으며 자기가 궁전에 오르는 등 맘에 드는 모습이 나타나는 것으로 잘못 본다.

2.7.3 생유生有: 생길 때

이때 부모의 성교가 절정으로 치달으면 결국 진한 정혈을 각기 한 방울씩 내보낸다. 두 방울이 어울려 모태 안에 머물면서 한 덩이로 합해지는 것이 마치 정제된 우유가 응결될 때와 같다. 장차 이곳에 일체종자이숙一切種子異熟을 포함한 '받아 지니는'[執受] 근거[所依]인 아뢰야식阿賴耶識이 어울려 의탁한다.

어울려 의탁한다는 의미는 다음과 같다. '남자생식기와 여자생식기'[此所]에서 나온 진한 정혈이 한 덩이로 합해지고, '전도된 몸'[顚倒緣][55]과 더불어 중유中有는 소멸하고, 소멸과 동시에 일체종자식의 작용하는 힘 때문에 나머지 미세한 근根과 대종大種이 어울려 생긴다. 그리고 나머지 '같은 부류의 근'[根同分]과 정혈이 어울려 '엉겨 생긴다'[搏生]. 이 동안을 식識이 이미 머물러 '맺혀 생긴 것이 지속한다'[結生相續]고 하며, 이를 갈

---

[55] 유가론기 제1권상(대정장 42. p.323b25-27): 중유의 '마지막 찰나의 마음'[末心]이 애착번뇌를 일으키는 것을 전도顚倒라 하고 중유의 '마지막 찰나의 몸'[末身]을 전도연顚倒緣이라 한다.　　中有末心起愛煩惱名爲顚倒。中有末身名顚倒緣。

라람(羯羅藍: 迦羅邏: kalala) 단계라고 한다.

이 갈라람 단계에서는 여러 근과 대종 가운데 오직 신근身根과 근의 '근거가 되는 곳'[所依處]의 대종이 함께 생긴다. 다음으로 신근과 함께 생겨난 여러 근의 근거가 되는 곳의 대종의 힘 때문에 안근眼根 등 '여러 근'[諸根: 眼根·耳根·鼻根·舌根]이 차례로 생긴다. 그리고 앞서 말한 신근과 함께 생겨난 근의 근거가 되는 곳의 대종의 힘 때문에 여러 근의 근거가 되는 곳이 차례로 생겨난다. 여러 근과 근거가 되는 곳이 모두 갖춰지면 '완전한 몸'[圓滿依止]을 이루었다고 한다.

이 갈라람 단계의 '물질로 된 것'[色]과 심心·심소心所는 안전과 위험을 함께하기 때문에 의탁依託한다고 한다. 심·심소의 의탁하는 힘 때문에 물질로 된 것은 뭉개지지 않는다. 물질로 된 것의 손실 봤다 이익 봤다 때문에 심·심소도 손실 봤다 이익 봤다 한다. 그래서 그들은 안전과 위험을 함께한다고 한다. 그리고 이 갈라람은 식이 최초로 의탁하는 곳이어서 심장[肉心]이라고 한다. 식은 이곳에 최초로 의탁하고 이곳에서 최후로 떠난다.

이 일체종자식은 '반열반하는 이'[般涅槃法者]의 경우 모든 종자를 갖추지만, 반열반하지 못하는 이의 경우는 세 가지 보리종자菩提種子가 없다. 태어나게 되는 곳을 따라 자체自體 안에 나머지 체의 종자가 모두 따른다. 따라서 욕계 자체 안에는 색계·무색계의 모든 종자가 있다. 마찬가지로 색계 자체 안에는 욕계·무색계의 모든 종자가 있다. 무색계 자체 안에는 욕계·색계의 모든 종자가 있다.

2.6.4 본유本有

갈라람羯羅藍이 점점 늘어날 때에 명색名色[56]은 같이 골고루 늘어나고 점점 커진다. 이와 같이 자라서 몸[依止]이 완전해진다. 이 설명 중에 지영역[地界: 지地를 근본요소로 하는 영역] 때문에 '몸을 이루는 물질'[依止造色]이 점점 늘어나고 커진다는 것을 알라. (마찬 가지로) 수영역[水界: 수水를 근본영역으로 하는 영역] 때문에 유지되고 흩어지지 않는다. 화영역[火界: 화火를 근본요소로 하는 영역] 때문에 성숙해지는데 단단한 것은 수분이 없기 때문이다. 풍영역[風界: 풍風을 근본요소로 하는 영역] 때문에 팔다리 마디를 구분하여 각각 제 곳에 두게 된다.

일체종자식이 자체自體를 생기게 하는 데는 '깨끗하고 깨끗지 못한 업'[淨不淨業]의 원인이 있기는 하지만 희론에 '즐겨 집착'[樂著]하는 것을 최고의 원인으로 삼는다. 부족[族姓], '외모와 힘'[色力], 수명, 살림살이[資具] 등의 결과를 생기게 하는 데는 깨끗하고 깨끗지 않은 업의 종자를 최고의 종자로 한다. 여러 범부는 자체 위에다 나[我]·내것[我所]을 헤아리고 아만(我慢: '나'라고 으스댐)을 일으킨다. 모든 성자聖者는 이것을 괴로움일 뿐이라고 살핀다.

태胎 안에 있는 동안엔 괴롭지도 않고 즐겁지도 않은 '자성의 느낌'[自

---

[56] 유가사지론 제66권(대정장 30. p.666a6-10)에 의하면 오온五蘊은 '이름과 물질'[名色]에 소속된다. 우선 여러 장소에서 자랄[增長] 수 있고, 손이나 흙덩이로 대면 그 모양이 변하거나 부서지기 때문에 색온色蘊을 물질[色]이라고 한다. 나머지 사온四蘊은 여러 이름이 '표현하는 것'[施設]이 힘[勢力]이고, 여러 이름이 표현하는 것이 기반이 된다. (그리하여) 대부분(의 유정들은) 이런저런 대상[所緣]으로 '존재의 원인과 결과가 계속되며'[流轉] (각자의) 세상으로 나아간다[趣向]. 이래서 '색色을 제외한 나머지 사온'[四無色蘊]을 이름[名]이라고 한다.

性受]이 있어서 식에 의해 자라고 커진다. 이 자성의 느낌만 이숙異熟에 포함된다. 다른 모든 느낌은 이숙에서 생기거나 대상영역을 대상[緣]으로 생긴다. 괴로운 느낌·즐거운 느낌은 어떤 때에는 대상을 따라 나타나고, 어떤 때에는 발생하지 않기도 한다.

종자의 체體는 아득한 옛날부터 지속되어 끊이질 않는다. 본성[性]이 알 수 없는 옛날부터 있어왔다고는 해도, 깨끗하고 깨끗지 못한 업의 구별이 '배어 발생하기'[熏發] 때문에 자주 이숙과異熟果를 가지려고 한다. 이를 '새 것'[新]이라고 한다. 결과가 이미 생겼다면 그 종자를 '이미 결과를 받은 것'[已受果]이라고 한다. 이 같은 이치로 '존재의 원인과 결과가 계속되어'[流轉]⁵⁷⁾ 끊이질 않고 반열반般涅槃하지 못한다.

여러 종자 가운데 아직 결과와 더불지 못한 것은 '다음 생에 받거나'[順生受] '다음다음 생에 받는다'[順後受]. 백 천 겁劫이 지나더라도 자기 종자로부터 모든 자체는 또한 완전하게 생긴다. 다른 결과가 생기는 경우도 자기 종자에서 얻는다. 수명이 다하는 데 이르면 이때 이 종자는 이미 결과를 받은 것이라고 한다. 나머지 자체의 종자는 아직 결과와 더불지 못했으므로 이미 결과를 받은 것이라고 하지 않는다.

모든 종자는 '이 몸'[此身](이 있는) 동안에 이숙을 받아야하지만 조건[緣]이 어긋나면 받지 않는데, 이는 '받을 때를 정하지 않은 것'[順不定受]에 속한다. 그러나 이 종자 또한 '이 몸 단계'[此位]에 머물러 있다. 하나하나의 자체에는 모든 자체의 종자가 있다. 한 곳에서 '욕망에 물드는'[染欲] 경우, 모든 곳에서 욕망에 물든다고 한다. 한 곳에서 '욕망을 떠나는'[離欲] 경우, 모든 곳에서 욕망을 떠난다고 한다.

---

57) 번역 근거는 유가사지론 제52권(대정장 30. p.587c25-26) 참조.

모든 자체自體 안에 있는 종자가 '번뇌 종류'[煩惱品]에 포함되는 경우, 추중麤重이나 수면隨眠이라고 한다. 이숙 종류나 그 밖에 중립[無記] 종류에 포함되는 경우, 추중이라고만 하지 수면이라고 하지 않는다. 믿음[信] 등 선법善法 종류에 포함되는 종자인 경우 추중이라고도 하지 않고 수면이라고도 하지 않는다. 왜냐하면 이 법이 발생할 때 근거[所依]인 자체는 '견딜 능력'[堪能]이 있지 견딜 능력이 없지 않기 때문이다. 따라서 모든 근거 자체는 추중이 따르기 때문에, 추중(의 작용)이 발생하기 때문에, 추중의 자성自性 때문에 모든 부처님 여래如來께서 괴로움[苦]이라고 설명하셨다. 바로 '변천하는 괴로움'[行苦]이기 때문이다.

모든 종자에는 여러 가지 다른 이름이 있다. 계界[58]라고도 한다. 종성種姓이라고도 한다. 자성自性이라고도 한다. 인因이라고도 한다. 살가야(薩迦耶: satkāya)라고도 한다. 희론戲論이라고도 한다. 아뢰야阿賴耶라고도 한다. 집착[取]이라고도 한다. 괴로움[苦]이라고도 한다. 살가야견(薩迦耶見: satkāya-dṛṣṭi: 신견身見)이 의지하는 곳이라고도 한다. 아만我慢이 의지하는 곳이라고도 한다. 이 같은 종류의 구분을 알라.

---

58) 유가론기 제1권하(대정장 42. p.323c4-9): 계界는 원인, 본성이라는 뜻이다. 종성種姓은 구분에 따른 종류라는 뜻이다. 자성自性은 자체[體]라는 뜻이다. 인因은 다른 것을 생기게 할 수 있다는 뜻이다. 살가야薩迦耶는 파괴될 수 있는 '가짜 몸'[虛僞身]이라는 뜻이다. 희론戲論은 추리[分別]라는 뜻이다. 추리의 대상이기 때문이다. 아뢰야阿賴耶는 집착의 대상이라는 뜻이다. 취取는 가지려는 것이라는 뜻이다. 고苦는 짓눌린다[逼迫]는 뜻이다. 살가야견薩迦耶見과 아만我慢이 의지하는 곳이란 아견我見과 아만我慢이 의지하여 발생하는 곳이란 뜻이다. 界者因義性義。種姓者類別義。自性者體義。因者能生他義。薩迦耶者虛僞身可破壞義。戲論者分別義。所分別故。阿賴耶者所受著義。取者所取義。苦者逼迫義。薩迦耶見及我慢所依處者。我見我慢依生處義。

반열반般涅槃하여 이미 '근거를 전환한'[轉依] 모든 정법淨法을 실행하는 이는 모든 염오법染汚法 종자의 '근거를 전환하여 버린다'[轉捨]. 모든 선법善法·중립법[無記法] 종자로 하여금 조건[緣]이 되지 않도록 전환한다. '안의 조건'[內緣]이 자유롭도록[59] 전환한다[轉得].

태 안에서 '삼십팔 일을 일곱 번'[266일] 지나면 이 태아의 모든 부분이 다 갖추어져 다시 사 일이 지나면 출생한다. 박가범[세존: 부처님]께서 『입태경入胎經』에서 자세히 말씀하신 것과 같이 이를 '아주 만족하다'[極滿足]고 하는 데, 아홉 달 때로는 이 보다 더 걸리기도 한다. 여덟 달 만에 태어나면 '만족하다'[圓滿]고만 하고 아주 만족하다고 하지 않는다. 일곱 달이나 여섯 달 만에 태어나면 만족하다고 하지 않는다. 이보다 더 부족한 경우도 있다.

이 태아의 육처단계[六處位: 根位]에서는 어머니가 먹은 것에서 난 '거친 진액 음식'[麁津味]의 도움으로 자란다. 갈라람 등 미세한 단계에서는 미세한 진액 음식의 도움으로 자란다는 것을 알라.

태아는 여덟 단계로 구분된다. 갈라람(羯羅藍: kalala)단계, 알부담(遏部曇: arbuda)단계, 폐시(閉尸: peśī)단계, 건남(鍵南: ghana)단계, 발라사거(鉢羅賖佉: praśākhā)단계,[60] 털·손발톱[髮毛爪]단계, 육근[根]단계,

---

[59] 유가론기 제1권하(대정장 42. p.323c10-12): '선법·무기법 종자'[善·無記法種子]는 번뇌의 힘 때문에 자주 결과[果]를 생기게 한다. 그래서 열반涅槃에 들어 자유로움[自在]을 얻지 못한다. 이 조건[緣: 선법·무기법 종자]을 끊으면 결과를 유도하지 못하므로 의도[意]대로 열반[滅度]하는데 (이를) '안의 조건'[內緣]이 자유롭다[自在]고 한다.　　善無記法種子由煩惱力數能生果。故入涅槃不得自在。由斷彼緣不能牽果。隨意滅度名內緣自在。

[60] 유가론기 제1권하(대정장 42. p.323c22-26): 갈라람羯羅藍은 지저분한 것이 '섞여 있다'[雜穢]고 한다. '어우러져 있다'[和合]고도 한다. 이 단계에서 여러 괴로

형체[形]단계이다. (우선) 맺혀서 화살[箭]⁶¹⁾ 속이 흐릿하면 갈라람이라고 한다. 겉과 속이 모두 요구르트[酪]와 같고 아직 살[肉] 단계가 되지 않았으면 알부담이라고 한다. 살이 되었지만 아주 부드러운 상태면 폐시라고 한다. 단단하고 두터워져 살짝 댈만하면 건남이라고 한다. 이 살덩이가 점점 자라 각 부분의 모습이 나타나면 발라사거라고 한다. 다음으로 손발톱[爪]이 나타나면 '털·손발톱'[髮毛爪] 단계라고 한다. 다음으로 안근眼根 등이 생기면 육근[根] 단계라고 한다. 다음으로 근의 '근거가 되는 곳'[所依處]이 분명하게 드러나면 형체[形] 단계라고 한다.

태아의 지난 생의 업력이나 그 어머니가 불균형을 피하지 않은 힘에서 생긴 약한 풍기風氣 때문에 이 태아는 머리카락이나 (피부)색깔이나 피부(상태)나 다른 부분이 이상하게 되어 태어난다. 머리카락이 이상하게 태어난다는 것은 지난 생에 지은 것 때문에 이러한 악불선업을 얻는 것이다. 또는 그 어머니가 재소금[灰鹽] 등의 맛을 자주 마시거나 먹었기 때문에 태아의 머리카락과 털이 드문드문하게 되는 것이다. (피부)색깔이 이상하다는 것은 지난 생의 업력에 의한다는 것은 앞서 말한 바와 같고, 그 어머

움의 원인이 처음 발생한다. '해코지 당해 괴롭다'[損惱]는 것은 '화살이 이루어졌다'[立箭]는 이름으로 자세히 비유되어 있다. 『구사론』에는 찌른다[刺]고 이름한다. '성긴 가루가 차있다'[稀末稠]는 것이다. 알부담遏部曇은 물집[疱]이라고 한다. 또한 용종(茸腫: 息肉)이라고도 한다. 폐시閉尸는 덩어리[凝結]라고 한다. 건남鍵南은 '단단하고 두터워진 것'[堅厚]이라고 한다. 발라사거鉢羅奢佉는 '여러 부분'[枝分]이라고 한다.　　　羯羅藍者此名雜穢。亦名和合。此爲最初衆苦因起。損惱旣廣喩立箭名。俱舍名刺。稀末稠也。遏部曇者此名爲疱。亦名息肉。閉尸者此名凝結。鍵南者此名堅厚。鉢羅奢佉者此名枝分。

61) 유가사지론 제8권(대정장 30. p314c2-3; 이 책 p.278)에서는 번뇌를 가리켜 고요하지 못한 모습이고 먼 데서부터 따라다니기 때문에 화살[箭]이라고 힌다.

니가 따뜻하고 뜨거운 것을 습관적으로 가까이하는 지금의 조건 때문에 태아의 (피부)색깔이 거뭇거뭇하게 되어 태어나는 것이다. 어머니가 아주 추운 방 등을 습관적으로 가까이하면 태아의 (피부)색깔이 아주 허옇게 되어 태어난다. 어머니가 뜨거운 음식을 자주 먹으면 아주 벌겋게 되어 태어난다. 지난 생의 업력에 의한다는 것은 앞서 말한 바와 같고, 그 어머니가 '자주 성교를 하는'[習婬欲] 지금의 조건 때문에 태아가 옴[癬], 그 밖의 '전염성 피부질환'[疥癩]에 걸려 태어나는 것이다. 각 부분이 이상하게 태어나는 것은 지난 생의 업력에 의한다는 것은 앞서 말한 바와 같고, 그 어머니가 자주 달리기·뛰어오르기를 한다든지 불균형을 피하지 않은 지금의 조건 때문에 태아가 여러 근(根)의 부분이 결함이 있게 태어나는 것이다.

  태아가 여자인 경우 어머니의 왼쪽 갈빗대에서 (어머니의) 척추에 기대고 (어머니의) 배를 향하여 머문다. 남자인 경우 어머니의 오른쪽 갈빗대에서 (어머니의) 배에 기대고 (어머니의) 척추를 향하여 머문다. 이 태아의 산달이 꽉 차면 그 어머니는 이 무거운 태를 견디지 못하고 안에서 해산기가 보여 아주 고통스러워한다. 태아는 업보業報로 발생한 기운이 일어 머리를 아래로 향하고 발은 위로 향하여 양막(羊膜: 胎膜: 胎衣)을 쓰고 산문産門으로 나아간다. 바로 태어날 때 양막은 파열되어 (어머니의) 양 겨드랑이 쪽으로 갈라진다. 산문으로 나올 때를 '바로 태어나는 단계'[正生位]라고 한다. 태어난 후에는 점점 태어난 후의 감각을 느끼는데 '눈의 감각'[眼觸]부터 '생각의 작용'[意觸]까지이다.

  다음으로 설명하는 일에 속하게 된다. 세상일의 설명을 배우며 따르는 것이다. 다음으로 아내[家室]에 탐닉하는데 대종大種이 자라 '모든 근'[諸

根: 심신]이 성숙했기 때문이다. 다음으로 여러 일을 하는데 세상의 기술업[工巧業]을 운용하는 것이다. 다음으로 대상영역[境界]을 '받아쓰는 것'[受用]인데 (대상영역이란) '보이는 것'[色] 등을 말한다. 사랑스러운[可愛] 혹은 사랑스럽지 않은 이러한 즐거움, 괴로움을 겪는 것은 '지난 생에 지은 원인'[先業因]이나 지금의 조건 때문이다. (다음으로) 조건을 따라 이끌려, '다섯 세상'[五趣]으로 가든지, 열반涅槃으로 향한다.

  모든 유정은 이와 같이 유정 부류 가운데 어느 한 유정 자체自體가 태어날 때, 유정 부류는 그 유정에게 네 가지 조건을 만들어 준다. 종자를 이끌고, 양육하려고 먹이고, 보호하려고 따라 다니며, 행동과 말을 제대로 하게 하려고 배우며 따르게 한다. 처음 것은 부모의 정혈로 이끄는 것이다. 다음 것은 그 유정이 태어나면 그가 바라는 것을 알아서 음식을 구해다 키우는 데 쓰는 것이다. 다음 것은 언제나 따라다니며 보호하는 데 주력하며, 그가 적당하지 않은 때 행동하려거나 불균형하게 행동하려면 막는 것이다. 다음 것은 세상의 말 등을 배우게 하는 것인데, 그의 대종이 자라 모든 근이 성숙했기 때문이다. 그 유정은 자라서 다른 유정에게 이렇게 하고, 그 다른 유정은 또 다시 다른 유정에게 이렇게 한다.[62] 이처럼 전개되어[展轉] 모든 유정 부류는 아득한 옛날부터 괴로움·즐거움을 겪으며, 아직도 괴로움·즐거움에서 벗어나는 방법을 모르며, 모든 부처님 (경지)에 이르기까지는 깨달음[菩提]을 경험하지[證] 못한다. 다른 이가 하는

---

62) 유가론기 제1권하(대정장 42. p.325a9-10): 이것은 할아버지는 아버지를 낳고, 아버지는 자녀를 낳고, 자녀는 손자녀를 낳고, 손자녀는 나중에 증손자녀를 낳는 것을 이른다.   此復於餘謂祖能生父。父生於子。子生於孫。孫後生孫故。

말을 듣고 속으로 바른 생각을 하면, 번뇌를 다할 수 있다. 그런데 이러한 말의 뜻은 매우 알기 어렵다고 하며 말하기를, "나에는 부분[分]이나 아무 (것이)[誰]나 외부대상[事]이 없다. 나는 또한 아아! 부분이나 아무 (것이)나 외부대상도 아니구나!"라고 한다.[63] 이제까지 유정[内分]이 죽고 사는 것을 간략히 설명하였다.

2.7 기세간器世間의 붕괴와 조성

2.7.1 기세간의 붕괴

기세간(器世間: 外分: 기반이 되는 세상)이 '붕괴되고 조성되는 것'[壞成]은 모든 유정이 지은 조성·붕괴할 수 있는 업 때문이다. 붕괴할 수 있는 업이 나타나면 이때 세상이 붕괴되는 조건이 갖춰진다. 이 때문에 세상이 모두 붕괴되어 흩어진다. '유정의 몸'[内分]이 수명이 다하는 것과 다르다. 왜냐하면 세상의 모든 사대四大로 이루어진 '거친 물질'[麁色]은 언제나 지속되어 유지되는 것이라 유정의 몸과는 다르기 때문이다. 기세간器世間을 조성하는 업을 이루면, 반드시 (세상이) 더하지도 덜하지도 않고 겁

---

[63] 유가론기 제1권하(대정장 42. p.325a15-19): 혜경惠景 논사는, "나에게는 장식[莊嚴]이라는 부분[分]도, 하인[僮僕]이라는 누구[誰]도, 살림살이[資生]라는 외부대상[事]도 없다. 이러한 내 것이 없으니 나[我]는 없다는 것을 분명히 알라. 다음으로 (본문에서) 나는 또한 아아! 부분[分]이나 아무 (것이)[誰]나 외부대상[事]도 아니구나!라고 했다. 이는 그대의 아我 자체自體는 남[他]의 아我의 장식[莊嚴]이라는 부분[分]도, 하인[僮僕]이라는 누구[誰]도, 살림살이[資生]라는 외부대상[事]도 아니라는 것이다. 그러니 나는 없다는 것을 분명히 알라."라고 하였다.　　景師云。謂我無有若莊嚴分若僮僕誰若資生事。既無此所。明知無我。次言我亦都非若分若誰若事者。謂汝我自體非是他我若莊嚴分若僮僕誰若資生事。明知無我。

劫(단위)로 유지되는 것을 유도한다. 유정들[有情數]의 시한[時]은 결정적이지 않다. 그들이 지은 여러 가지 업 때문에 (그 수명이) 일 겁劫이 넘기도 하고, 다시 줄어들어 한 살이 되기도 하기 때문이다.

이 '붕괴되는 겁'[壞劫]은 세 가지 재앙[災]에서 비롯된다. 첫째, 화재가 세상을 붕괴시키는데 무간지옥無間(地)獄부터 '범천 세상'[梵世]까지이다. 둘째, 수재가 모든 것을 붕괴시키는데 제이정려第二靜慮까지이다. 셋째, 풍재가 모든 것을 붕괴시키는데 제삼정려第三靜慮까지이다. 제사정려第四靜慮는 재앙으로 붕괴시킬 수 없다. 이 모든 '(제사정려)천의 몸'[天身]은 궁전과 함께 생겼다 궁전과 함께 사라지기 때문이다. 그리고 붕괴시킬 수 있는 인연법因緣法이 없기 때문이다.

재앙의 천장[頂]은 제이정려, 제삼정려, 제사정려이다. 이 세상은 이십중겁二十中劫 동안 붕괴되고[壞], 붕괴된 후 이십중겁 동안 '비어 있고'[空], 이십중겁 동안 조성되고[成], 조성된 후 이십중겁 동안 유지된다[住]. 이같은 팔십중겁八十中劫(의 기간)이다. 임시로 일대겁一大劫이라 계산한다.

'범천 세상'[梵世間]의 수명의 양은 일겁一劫이다. 이 세상은 마지막에 붕괴되고 처음에 조성된다. 그런데 이러한 겁劫은 천天에 따라 다른 내용으로 이루어진 것을 알라. 범중천梵衆天은 이십중겁을 일겁이라고 하여 수명의 양으로 설명한다. 범전익천(梵前益天: 梵輔天)은 사십중겁을 일겁이라고 하여 수명의 양으로 설명한다. 대범천大梵天은 육십중겁을 일겁이라고 하여 수명의 양으로 설명한다.

어떻게 화재는 세상을 붕괴시킬까? 이때는 세상의 유정의 수명이 무한한 상태에서 점점 줄어 팔만 살 쯤 된다. 그들은 다시 불선법을 실천해서 수명이 열 살까지 줄어든다. 그들은 이번에는 욕망에서 떠나는 마음이 생겨 선법을 실천해서 수명이 점점 늘어 팔만 살이 된다. 이처럼 수명의 양이 한 번 줄었다 한 번 느는 것을 합쳐 '중복된 일 겁'[一中劫][64]이라고 한다.

  이 중겁에서 또한 세 가지 작은 재앙이 나타난다. 흉년[儉], 질병[病], 칼[刀]이다. '흉년 재앙'[儉災]은 사람의 수명이 서른 살이 되었을 때 이루어진다. 이때를 만나면 좋은 음식은 다시는 얻지 못하고 썩은 뼈를 끓여다가 모두 잔치를 벌인다. 벼·보리·조·피 등을 한 알갱이라도 얻게 되면 옥구슬[末尼: maṇi]처럼 소중하게 여겨 상자에 넣어두고 지킨다. 이 유정들은 대부분 기운이 없어서 어디 걸려 땅에 넘어지면 다시 일어나지 못한다. 이

---

64) 유가사지론 제4권(대정장 30. p.295b3-c7; 이 책 pp.147-150)에서 각 처에 머무는 유정의 수명을 설명하고 있다. 각 수명은 사람세상의 1년을 한 살로 삼아 이를 기준으로 나열한다. 그런데 태우는[燒熱] 큰나락의 수명은 1년을 기준으로 설명하지만, 다음의 '심하게 태우는'[極燒熱] 큰나락의 수명은 반 중겁中劫, 즉 1겁이라고 설명한다. 이 큰나락들의 수명은 본래 욕계 육천의 수명에 대비해서 환산한 것이다. 그리고 욕계 육천의 수명은 아래 거처보다 위 거처의 수명이 각각 두 배씩 늘어난다. 그러므로 '심하게 태우는'[極燒熱] 큰나락은 태우는[燒熱] 큰나락의 수명의 두 배이다.
태우는[燒熱] 큰나락의 수명은 사람세상의 1년 기준으로 53조 살이다. 그리고 '심하게 태우는'[極燒熱] 큰나락은 1겁이라고 설명한다. 그러므로 1겁은 사람세상의 106조년임을 알 수 있다. 그리고 본문의 '중복된 일 겁'[一中劫]은 212조년임을 알 수 있다. 아울러, 이를 기준으로 역산하면 사람의 수명이 일 년 느는 데 걸리는 기간은 331,250년이 된다.
앞에서 괴겁(壞劫: 붕괴되는 겁), 공겁(空劫: 비어있는 겁), 성겁(成劫: 조성되는 겁), 주겁(住劫: 유지되는 겁)은 각각 이십중겁(二十中劫: 스무번 중복된 겁)이 걸린다고 했으므로, 괴겁, 공겁, 성겁, 주겁은 각각 4,240조년이 걸린다. 앞에서 일대겁一大劫은 괴겁, 공겁, 성겁, 주겁 기간을 합한 팔십중겁八十中劫이 걸린다고 했으므로 16,960조 년이 된다.

흉년에 굶주려 유정 부류는 거의 다 죽는다. 이 흉년 재앙은 칠년 일곱 달 일곱 밤낮 동안 계속된다. 이때 유정들은 다시 함께 모여 약하게 욕망을 떠나는 마음을 일으키기 때문에 수명이 줄어들지 않고 흉년 재앙은 결국 그친다.

사람의 수명이 스무 살이 되었을 때는 본래 일으켰던 욕망을 떠나는 마음에서 이제 도로 물러나 버린다. 이때 대부분 전염성[疫氣] 피부병·장티푸스[癩] 등에 걸려 재앙 동안 고열이 계속 되다 이 병에 걸린 유정들은 모두 죽는다. 이 '질병 재앙'[病災]은 일곱 달 일곱 밤낮 동안 계속된다. 이때 유정들은 다시 함께 모여 중간 정도로 욕망을 떠나는 마음을 일으키기 때문에 수명이 줄어들지 않고 질병 재앙은 그친다.

사람의 수명이 열 살이 되었을 때는 본래 일으켰던 욕망을 떠나는 마음에서 이제 도로 물러나 버린다. 이때 유정은 오다가다 서로 마주치면 몹시 날카롭게 죽이려는 마음을 품는다. 이 때문에 집은 초목이나 자갈돌이 모두 아주 예리한 칼이 되어 서로 베고 죽이고 하여 대부분 죽는다. 이 '칼 재앙'[刀災]은 칠일 동안 계속된다. 이 때 유정은 다시 세 가지 줄어드는 것이 있다. 수명의 양이 줄고, 몸이 줄고, 살림살이가 준다. 수명의 양이 줄어든다는 것은 수명의 양이 극단적으로 열 살 까지 주는 것이다. 몸이 줄어든다는 것은 몸의 크기가 극단적으로 '한 뼘'[一搩]이나 '네 치'[一握: 四寸]까지 주는 것이다. 살림살이가 줄어든다는 것은 당시 유정들이 조·피를 식량 가운데 최고로 치고, 머리카락으로 짠 직물을 옷감 가운데 최고로 치고, 쇠로 된 것을 장신구 가운데 최고로 친다는 것이다. 버터·꿀·기름·소금과 같은 음식과 사탕수수 즙 등 다섯 가지 좋은 음식은 모두 사라진다.

이때 유정들이 점점 모여서 강하게 욕망을 멀리하는 마음을 일으켜 다시는 수명이 줄지 않으며, 수명의 양을 줄이는 악불선법을 버리고 수명의 양을 늘리는 선법을 실천한다. 이 때문에 수명의 양과 기력[色力]이 번성하고 자유로움이 점점 커진 끝에 수명의 양이 팔만 살 쯤 된다. 이처럼 스무 번 줄고 스무 번 느는 것을 합해 마흔 번을 늘고 줄면 '유지되는 겁'[住劫]이 다 드러난 것이다.

마지막 수명이 늘어나는 것이 마무리되면 이때 나락[지옥]의 유정은 사라지기만 할 뿐 새로 태어나지는 않아서 점점 모두 사라지게 된다. (이를) 나락이 붕괴된다고 하는 줄 알라. 나락처럼 동물·아귀세상이 붕괴된다. 이때 사람 가운데 곧바로 어떤 유정이 저절로 제이정려를 이루고 나머지 유정들은 점점 배워서 마찬가지가 된다. 이들은 모두가 죽은 뒤에 (제이정려의) 극정광천極淨光天에서 서로 비슷한 성질의 유정들로 태어난다. 이때를 사람세상이 붕괴된다고 하는 줄 알라. 사람세상이 이렇듯 천계도 마찬가지다. 이때가 되면 다섯 세상의 사는 터전에 어떤 유정도 없고, 어떤 살림살이도 얻을 수 없다. 살림살이를 얻을 수 없을 뿐 아니라 이때엔 하늘에서 비도 내리지 않는다. 비가 내리지 않기 때문에 땅에 있는 약초와 나무숲이 모두 바싹 마른다. 또 비가 내리지 않기 때문에 해의 기세가 커진다. 모든 유정이 '붕괴되는 겁'[壞劫]을 이룰 수 있는 업의 강한 힘과 여섯 가지 '탈 대상'[所燒事] 때문에 여섯 해가 차례로 나타난다. 이 모든 해는 원래 있던 해보다 네 배 이상 뜨겁다. 일곱의 해가 되고 나면 열기가 일곱 배가 된다.

여섯 가지 탈 대상이란 첫째, 크고 작은 도랑인데 두 번째 해 때문에 마른다. 둘째, 크고 작은 강인데 세 번째 해 때문에 마른다. 셋째 무열지[無熱大池]인데 네 번째 해 때문에 마른다. 넷째, 큰 바다인데 다섯 번째 해와 여섯 번째 해의 일부 때문에 마른다. 다섯째, 소미로산(蘇迷盧山: sumeru)과 (여섯째,) 땅은 그 몸체가 굳건하기 때문에 여섯 번째 해의 일부와 일곱 번째 해가 태운다. 이 불꽃은 바람에 불려 점점 거세져 범천 세상까지 이른다. 이들은 세 가지 대상으로 요약된다. 첫째, 물 덕에 사는 대상인 약초 등은 원래 있어온 해 때문에 마른다. 둘째, 물은 (새로 등장한) 다섯 해 때문에 마른다. 셋째, 항상 지속되어 온 몸체가 굳건한 대상은 (나머지) 두 해 때문에 불탄다. 이 같이 세상이 모두 타버리면 재와 숯, 그림자까지 모두 볼 수 없다. 경經에서 자세히 설명한 것과 같다. 이래서 기세간(器世間: 나락부터 제일정려)이 붕괴되었다고 한다. (화재에 이은 수재와 풍재가 모두 마무리 될 때까지) 이십중겁이 걸린다. 이같이 붕괴된 뒤에는 다시 이십중겁 동안 (기세간은 비어있는 채로) 지난다.

  수재란 일곱 (해에 의한) 화재가 끝난 뒤 제이정려의 (유정들이) 선천적으로 지니고 있던 수영역[水界]이 불어나 물이 소금을 녹이듯 기세간[제이정려]을 붕괴시키는 것이다. 이 수영역과 기세간은 한꺼번에 가라앉는다. 다 가라앉고 나면 (뒤이은 풍재가 마무리 된 후로) 다시 이십중겁 동안 (기세간은 비어있는 채로) 지난다.

  풍재란 무엇일까? (방금까지) 일곱 (세상에) 수재가 지나갔는데, 또한 (이미) 일곱 (해에 의한) 화재가 있었다. 이제 무간지옥에서부터, 제삼정려의 (유정들이) 선천적으로 지니고 있던 풍영역[風界]이 번성해, (제삼정려까지) 기세간을 붕괴시키는 것이다. 마치 바람이 (시신의) 뼈마디를 말리고 점점 줄어들게 하여 다 없애는 것과 같다. 이 풍영역과 기세간은 한꺼번에 사라진다. 지금 보이는 어떤 유정이라도 풍영역이 터져 나와 모든 뼈가 점점 줄어들어 다 없어지게 한다. 이렇게 기세간이 붕괴되고 나면 다시 이십중겁 동안 (기세간은 비어있는 채로) 지난다. 지금까지 세상이 붕괴되는 것을 간략히 설명하였다.

2.7.2 기세간의 조성

기세간이 조성된다는 것은 무엇일까? 이미 (기세간이 비어있는 채로) 이십중겁이 지났다. 이제 모든 유정이 지은 업의 강한 힘 때문에 세상이 다시 조성되는 것을 말한다. 세상이 조성될 때에는 처음으로 허공 한가운데에서 제삼정려 기세간이 조성된다. 제삼정려와 마찬가지로 제이정려, 초정려도 조성된다. 우선 제삼재앙의 천장[제사정려]에 있는 모든 유정은 수명이 다하고, 업이 다하고, 복이 다해서 제삼재앙의 천장[제사정려]에서 죽으면 제삼정려에 태어난다. 나머지 모든 곳에서도 차례대로 이렇게 되는데, (우선) 제이재앙의 천장[제삼정려]으로부터 제이정려에 태어난다. 나머지 모든 곳에서도 이러함을 알라. 이제 제일재앙의 천장[제이정려]의 어떤 유정이 수명 등이 다해 이곳에서 죽어 초정려에 태어나 '범천 세상'[梵世界]에서 가장 큰 범(梵: brahman)이 된다. 혼자이기 때문에 기쁘지 않으므로 바라기를, "어떻게 하면 나머지 유정들도 여기 와서 태어나게 할까?"라고 한다. 이렇게 마음먹을 때 나머지 유정들도 수명 등이 다해서 제이정려에서 죽은 뒤 초정려에 그와 비슷한 성질로 태어난다. 이처럼 아래로 세 가지 정려의 기세간(器世間: 사는 터전)과 유정세간(有情世間: 유정 세상)이 조성되면 허공 한가운데에서 욕계 사천왕四天王 궁전이 점점 조성된다. 이 여러 허공의 궁전은 모두 변화로 생긴 것과 같다. 여러 유정은 극정광천의 서로 비슷한 성질의 유정들 (사이)에서 죽어 이 여러 궁전에 와서 태어난다. 나머지는 앞서 말한 것과 같다.

이런 다음 크기가 삼천대천세계三千大千世界만한 '커다란 바람바퀴'[大風輪]가 아래로부터 일어나 궁전이 없이 사는 모든 유정 부류들 세상의 기반이 된다. 이 커다란 바람바퀴는 두 가지 모습이 있는데 하나는 밑에서 받치며 수평으로 퍼진 것, 하나는 (수평으로 퍼진 바람바퀴) 주변에서 수직으로 퍼진 것이다. 이 바람바퀴가 물을 가두어 밑으로 흘러 떨어지지 않게 한다.

다음으로 그 업의 강한 힘 때문에 허공에서 일어난 금속을 품은 구름에서 바람바퀴 위로 비가 내린다. 다음으로 또 바람이 일어나 물을 다져 굳게 하는데 이를 금속성의 땅바퀴[地輪]라고 한다. 위로는 폭우를 견디고 아래로는 닥쳐오는 폭풍을 받아 이 땅이 조성되면 그 업의 강한 힘 때문에 허공 가운데에서 여러 영역[界]을 품은 구름이 일어난다. 이 구름에서 여러 가지 비가 내리는데 그 빗물은 금속성 땅바퀴를 기반으로 머문다.

다음으로 또 바람이 일어나 물을 다져 굳게 하는데 바람의 힘으로 유도하는 것이다. 여러 청정한 것 가운데 제일 훌륭한 성질의 것은 소미로산蘇迷盧山을 이루는데, 금金·은銀·수정(水精: 頗胝: spaṭikā)·에메랄드[綠柱石] 등 네 가지 보석으로 몸체를 이룬다.

중간 정도 성질의 것은 일곱 금산을 이루는데, 지쌍산(持雙山: yugaṃ dhara),[65] 비나탁가산(毘那矺迦山: vinataka),[66] 마이산(馬耳山: aśva

---

65) 유가론기 제1권하(대정장 42. p.328c10-11): 첫째인 유건타라踰健馱羅는 지쌍산持雙山이라고 한다. 산 정상에 둔덕[稜] 두 개가 있기 때문이다.　一踰健馱羅。此云持 雙山。頂有兩稜故。

66) 유가론기 제1권하(대정장 42. p.328c11-14): 둘째로 비나타가毘那矺迦는 장애障礙라고 한다. 어떤 신神이 이곳에 살며 선법善法을 장애하기 때문이다. 또 다른 해설이 있다. 사람 몸에 코끼리 머리를 한 신왕神王이 요술[魔事]을 부려 오가는 이를 막기 때문이다. 이 산은 그 신의 머리 모양이므로 장난障難이라고 한다.　二毘那矺迦。此云障礙。有神住中障善法故。又解。有神王人身象頭

karṇa),⁶⁷⁾ 선견산(善見山: sudarśana),⁶⁸⁾ 걸달락가산(朅達洛迦山: khadiraka),⁶⁹⁾ 지축산(持軸山: īṣādhara),⁷⁰⁾ 니민달라산(尼民達羅山: nimiṃdhara)⁷¹⁾을 이른다. 이같이 여러 산봉우리가 포진布陣했는데 각각 그 모습의 차이로 이름을 붙였다. 소미로산을 빙 둘러싸고 차례로 서있다. 소미로산의 크기는 높이 '팔만 유선나'(踰繕那: yojana: 56만km),⁷²⁾ (밑면) 넓

作魔事能障行者。此山形彼神頭故名障難也。

67) 유가론기 제1권하(대정장 42. p.328c14): 셋째인 알습박갈나頞濕縛羯拏는 마이馬耳라고 한다. 말의 귀하고 비슷하기 때문이다.　　三頞濕縛羯拏。此云馬耳。似馬耳故。

68) 유가론기 제1권하(대정장 42. p.328c14-16): 넷째는 소달리사나蘇達梨舍那인데 소蘇는 선善이라는 뜻이고, 달리사나達梨舍那는 본다[見]는 뜻이다. 즉, 선견산善見山이다. 이 산의 모습을 보면 선善이 많이 생기기 때문이다.　　四蘇達梨舍那。蘇者善義。達梨舍那見義。即善見山。見此山形善多生故。

69) 유가론기 제1권하(대정장 42. p.328c16-18): 다섯째로 걸달락가朅達洛迦는 담목擔木이라고 한다. 옛적에 아수라阿修羅가 이 나무로 수미산須彌山을 짊어 졌다고 한다. 산에 '지게 나무'[擔木]가 많으므로 이름으로 삼았다.　　五朅達洛迦。此云擔木。往阿修羅以此木擔須彌山。山有擔木故以爲名。

70) 유가론기 제1권하(대정장 42. p.328c18): 여섯째로 이사타라伊沙馱羅는 지축持軸이라고 한다. 산봉우리가 굴대[軸]와 비슷하기 때문이다.　　六伊沙馱羅。此云持軸。山峯似軸故。

71) 유가론기 제1권하(대정장 42. p.328c19-20): 일곱째, 니민달라尼民達羅는 바다 물고기의 이름이다. 번역할 말이 없다. 산봉우리가 그 물고기와 비슷해서 이름으로 삼았다.　　七尼民達羅。海中魚名。此無所翻。山峯似之故以爲稱。

72) aṅgula는 인도에서 가장 기본적인 단위였다. 1 aṅgula[指橫: 엄지손가락의 폭] = 1.88cm. 그리고 1 yojana[踰繕那] = 5miles = 7km.이다.　　Arun Kumar Upadhyay trans., 『Siddhānta-Darpaṇa』(1899 A.D.): English Translation with Mathematical Explainations and Notes, Vols. Ⅱ(Delhi: Nag Publishers, 1998), p.28, p.30 참조.
위와 같은 미터법 환산은 『구사론』 제12권(대정장 29. p.62b8-11)의 길이 단

이 '팔만 유선나'[56만km]이다. 수면 아래로 들어가 있는 크기도 같다. 지쌍산은 소미로산의 절반 크기이다. 여기서부터 나머지 여섯 금산의 크기는 각각 앞의 것의 절반 크기이다.

낮은 성질의 것은 소미로산 주변에 있는 일곱 금산의 바깥에서 사대주四大洲, 팔중주八中洲,[73] 윤위산(輪圍山: cakravāda)을 이루었다. 이 산

위 간의 상대적 크기와도 잘 부합한다.『구사론』에서는 지횡(指橫: 엄지 손가락의 폭: aṅgula)의 24배가 1주(肘:가운데 손가락 끝에서부터 팔꿈치까지 길이:hasta), 1주의 4배가 1궁(弓: 사람의 키: daṇḍa: 1심尋), 1궁의 500배가 1구로사(俱盧舍: 부르짖어서 들을 수 있는 거리: krośa), 1구로사의 8배가 1유선나(踰繕那: yojana)라고 한다. 위의 환산 치수인 1aṅgula[指橫] = 1.88cm를 적용하여 그『구사론』의 치수를 순서대로 보이면 지횡(1,88cm)의 24배가 1주= 45.36cm, 1주의 4배가 1궁= 1심= 181.44cm, 1궁의 500배가 1구로사= 907.2m, 1구로사의 8배가 1유선나= 7.25km. 이 1유선나 7.25km는 처음에 인용할 때의 1yojana[踰繕那] = 5miles = 7km와 매우 가까운 계산 결과이다.

유가사지론 제4권(대정장 30. p.295a15-17; 이 책 p.146)에 의하면 1주肘의 3.5배가 1궁(弓: 사람의 키: daṇḍa)이라고 설명하기도 한다. 하지만 이 단위는 현실의 가운데 손가락 끝에서 팔꿈치까지의 길이인 주肘와 사람의 키인 궁弓을 기준으로 했다는 점으로 볼 때, 실제 주肘와 궁弓의 비례 관계로는 무리가 있다. 그래서 이 책에서는 사실적이기도 하고 체계적이라는 점에서『구사론』의 비례관계를 택해 치수들을 미터법 치수로 환산하였다.

73) 유가론기 제1권하(대정장 42. p.328c21-26): '여덟 중주'[中八洲]는 우선 동쪽에 두 주가 있어 첫째는 제하(提訶: deha)인데 뛰어나다[勝]고 한다. 둘째는 비제하(毘提訶: videha)인데 '뛰어난 몸'[勝身]이라고 한다. 남쪽에도 두 주가 있어 첫째는 차말라(遮末羅: cāmara)인데 고양이소[猫牛]라고 한다. 둘째는 벌라차말라(筏羅遮末羅: aparacāmara)인데 '뛰어난 고양이소'[勝猫牛]라고 한다. 서쪽에도 두 주가 있어 첫째는 사당(舍䣛: śāthā)인데 알랑거림[諂]이라고 한다. 둘째는 창달라만달리나(唱怛羅漫怛里拏: uttaramantrina)인데 '지극한 의미'[上義]라고 한다. 북쪽에도 두 주가 있어 첫째는 구랍파(矩拉婆: kurava)인데 뛰어난 변방[勝邊]이라고 한다. 둘째는 교랍파(憍拉婆: kaurava)인데 '뛰어난 변방에 있음'[有勝邊]이라고 한다.　中八洲者。東二洲。一提訶。此云勝。二毘

은 사대주를 둘러싸고 있는데 크기는 니민달라산의 절반이다.

비천(非天: asura)의 궁전은 소미로산 아래 수면에 접해 있다. 그리고 대설산大雪山과 무열지(無熱池: mānasarovara) 주변의 절벽을 이룬다. 맨 아래는 큰나락[大那洛迦: naraka][74]이 있다. (나락의 종류는) 큰나락, 외딴나락[獨一那洛迦],[75] 추운나락[寒那洛迦],[76] 근처나락[近邊那洛迦][77]이 있다. 한편에는 아귀(餓鬼: 鬼)·동물[傍生][78]이 지내는 곳이 있다.

사대주는 남쪽에 섬부주(贍部洲: jambudvīpa), 동쪽에 비제하주(毘提訶洲: videha), 서쪽에 구타니주(瞿陀尼洲: godānīya), 북쪽에 구로주(拘盧洲: kuru)[79]가 있다. 섬부주의 모양은 수레에 '사람을 싣기 위해 설치한

提訶。此云勝身。南二洲。一遮末羅。此云猫牛。二筏羅遮末羅。此云勝猫牛。西二洲。一舍塘。此云諂。二唱怛羅漫怛里拏。此云上義。北二洲。一矩拉婆。此云勝邊。二憍拉婆。此云有勝邊。

74) 유가론기 제1권하(대정장 42. p.329a5-7): 여러 큰나락[大那落迦]에 대해『대비바사론』[婆沙] 제72권(대정장 27, p.865b27-28)에 설명하기를, 나락那落은 짓는다는 뜻이고 가迦는 악악이라는 뜻인데 악업을 짓는 이는 그곳에 태어나기 때문이라고 하였다. 그 외에도 많은 뜻이 있다.　諸大那落迦者。婆沙百七十二釋。那落是造義。迦是惡義。造惡之者生彼處故等有多義也。

75) 유가론기 제1권하(대정장 42. p.329a7-8): 독일獨一은 허공에 있기도 하고, 광야에 있기도 하고, 산간에 있기도 한다.　獨一者或在虛空。或在廣野。或在山間等。

76) 유가론기 제1권하(대정장 42. p.329a8): 한寒은 팔한지옥[八寒]이다.　寒者則八寒。

77) 유가론기 제1권하(대정장 42. p.329a8-9): 근변近邊은 팔열지옥문[八熱門] 밖의 네 가지 언덕[園]이다.　近邊者八熱門外。四種園。

78) 유가론기 제1권하(대정장 42. p.329a9-11): 방생傍生은 지내는 곳이 세 군데로 여러 육지, 물, 허공이다. 큰 바다를 근거지로 해서 나머지 곳으로 간 것이다.　傍生有三住處。謂諸地水空。大海爲本。從此本處散行餘處。

79) 유가론기 제1권하(대정장 42. p.329a17-18): 섬부贍部는 나무 이름인데 그로부

울타리'[車箱: 車廂](처럼 세모) 같고, 비제하주의 모양은 반달 같고, 구타니주의 모양은 모난 데 없이 둥글고, 구로주의 모양은 네모나다. 섬부주 크기[둘레]는 '육천오백[80] 유선나'[45,500km], 비제하주 크기는 '칠천 유선나'[50,750km], 구타니주 크기는 '칠천오백 유선나'[54,375km], 구로주 크기는 '팔천 유선나'[58,000km]이다.

일곱 금산金山 사이에는 '여덟 가지 이익이 되는 물'[八德水][81]이 있는데 내해內海라고 한다. (그곳에는) 여러 용궁이 있는데 여덟의 큰 용이 함께 겁劫 내내 머문다. 지지용왕持地龍王, 환희근희용왕歡喜近喜龍王, 마라용왕馬騾龍王, 목지린타용왕(目支隣陀龍王: mucilinda), 의맹용왕意猛龍王, 지국용왕持國龍王, 대흑용왕大黑龍王, 예라엽용왕(鷖羅葉龍王: elāpattra)이다. 이들 용왕은 제석(帝釋: indra)의 세력들[力數]이어서 비천(非天: 아수라)과 서로 전쟁을 한다. 용의 부류는 네 가지가 있다. '알에서 생겨나는 것'[卵生], '태胎에서 생겨나는 것'[胎生], '습한 데서 생겨나는 것'[濕生], '변화로 생겨나는 것'[化生]이다. 묘시조(妙翅鳥: garuḍa)도 마찬가지로 네 가지 방식으로 태어난다. 나머지 물은 내해의 바깥에 있어

터 이름을 따왔다. 비제하毘提訶는 '뛰어난 몸'[勝身]이라고 한다. 구타니瞿陀尼는 '소 화폐'[牛貨]라고 한다. 구로俱盧는 '뛰어난 삶'[勝生]이라고 한다.　　贍部從樹爲名。毘提訶此云勝身。瞿陀尼此云牛貨。俱盧此云勝生。

80) 유가론기 제1권하(대정장 42. p.329a21-22): 육천 오백이라는 것은 둘레[周圍]를 말한 것이다.　　言六千五百。此則據周圍也。

81) 유가론기 제1권하(대정장 42. p.329a22-24): 팔덕수八德水란 첫째, 달고. 둘째, 차고. 셋째, 부드럽고. 넷째, 가볍고. 다섯째, 깨끗하고. 여섯째, 악취가 나지 않고. 일곱째, 마실 때 목구멍에 해롭지 않고. 여덟째, 마시고 나서 장腸에 해롭지 않은 것이다.　　八德水者。一甘。二冷。三軟。四輕。五淸淨。六不臭。七飮時不損喉。八飮已不傷腸。

서 외해外海라고 한다. 소미로산의 기슭을 기반으로 네 개 층이 있다. 제일 층은 소미로산에서 수평으로 '만 육천 유선나'[116,000km] 크기로 퍼져있다. 다른 층의 크기는 제일 층부터 차례로 반씩 줄어든다. 제일 층에는 견수신堅手神이 머물고, (그 위) 제이 층에는 혈수신血手神이 머물고, 제삼 층에는 상취신常醉神이 머물고, 제사 층에는 지만신持鬘神이 머문다. 소미로산 정상에는 네 모퉁이에 커다란 봉우리 네 개가 있는데 각각 '오백 유선나'[3,625km] 높이다. 금강수金剛手라고 불리는 약차(藥叉: yakṣa)는 거기에 거주한다. 지쌍산의 사면으로 네 개의 왕도王都가 있는데 동, 남, 서, 북 순서로 지국천왕持國天王, 증장천왕增長天王, 추목천왕醜目天王, 다문천왕多聞天王 등 사대천왕四大天王이 산다. 나머지 금산金山은 사대천왕의 고을이다. 대설산大雪山 가까이 큰 금절벽[金崖]이 있는데 '아수라의 갈빗대'[非天脅][82]라고 불린다. 크기는 높이와 넓이가 각각 오십 유선나이며 선주용왕善住龍王[83]이 언제나 지키며 사는 곳이다. 천제석(天帝釋: 帝釋天: Indra)이 기끔 행차하는 이곳에는 선주善住라는 나무가 있는데 다라수(多羅樹: tāla: Borassus flabellifer: tala palm)[84]가 줄지어 일곱 겹으로 둘러싸고 있다. 그리고 만타길니(漫陀吉尼: mandākinī)라는 큰 연못이 있는데 오백 개의 작은 연못이 부속되어

---

82) 유가론기 제1권하(대정장 42. p.329b1-3): 비천협非天脇은 아수라阿修羅의 갈빗대[脇]와 비슷해서 이름으로 삼았다. 왕사성王舍城을 널리 두르고 있는 협산脇山이 이것과 모습이 비슷하다.　　　非天脇者。似阿修羅脇故以爲名。如王舍城廣轉脇山與此相似。

83) 유가론기 제1권하(대정장 42. p.329b3): 선주용왕은 제석帝釋이 타고 다니는 것이다.　　　善住龍王帝釋之所乘也。

84) 유가론기 제1권하(대정장 42. p.329b3-4): 다라수多羅樹는 종려나무[棕櫚樹]처럼 생겼는데 열매는 사발[鉢] 모양이다.　　　多羅樹似棕櫚樹。果如鉢。

있다. 선주대용왕은 오백 마리 암 코끼리를 앞뒤로 거느리고 이 연못에서 노는데, 맘대로 변신하여 연못에 들어가 연근[蓮花根]을 채집해서 먹을거리로 베푼다. 그 옆에는 무열지[無熱大池]가 있는데 깊이와 넓이가 각각 오십 유선나의 크기이다. 연못 바닥에는 고운 금모래가 고르게 깔려있고 '여덟 가지 이익이 되는 물'[八支德水]이 그득하여 경관이 뛰어나 보기에 좋다. 이곳에서 긍가(殑伽: gaṇgā), 신도(信度: sindhu), 사다(私多: sītā), 박추(縛芻: vakṣu) 등 큰 강 네 개가 갈라져 흘러 나간다.

소미로산 정상에는 제석의 천궁天宮이 건립되어 있는데 세로와 너비해서 '일만 요자나'[37,500km] 크기이다. 나머지 장소에는 여러 천天들의 고을이 있다. 산의 사면은 사대주四大洲와 마주했는데 보석으로 이루어져 있다. 섬부주를 마주한 것은 에메랄드로 된 면이고, 비제하주를 마주한 것은 백은白銀으로 된 면이고, 구타니주를 마주한 것은 황금黃金으로 된 면이고, 구로주를 마주한 것은 수정水精으로 된 면이다.

섬부주를 빙 둘러 전륜왕[輪王]의 길이 놓였는데 순금으로 되어 있어 사대천왕의 하늘과 같다. 유정의 무릎 정도 깊이로 큰 바다에 잠겨 있는데 전륜왕이 세상에 나오면 잠겼던 깊이의 물이 빠진다. 무열지 남쪽에 큰 나무가 있는데 이름이 섬부贍部이다. 섬부주라는 이름은 여기에서 따왔다. 무열지 북쪽에는 설랍말리(設拉末梨: śalmali)[85] 숲이 있는데 이곳에서 네 가지 태생의 묘시조妙翅鳥들이 산다. 이 사대주에는 각각 두 중주中洲가 부속되어 있으며, 어떤 주에는 나찰(羅刹: rākṣasa)들이 살고 있다.

---

85) 명주 솜나무(Silk-cotton tree: Ceiba pentandra)를 가리킨다. 유가론기 제1권하 (대정장 42. p.329b13)에서는 설랍말리가 조각자皂角刺나무[중국주엽나무]와 비슷한데 중국에는 없다고 설명한다.　設拉末梨似皂筴樹。此所無也。

2.8 유정세간有情世間

2.8.1 유정세간의 조성

이처럼 기세간이 이루어지면 여러 유정이 극정광천極淨光天의 비슷한 성질의 유정들 (사이)에서 죽어 이 안에 와서 태어난다. 나머지는 앞서 설명한 것과 같다.

이 모든 것은 유정들이 겁劫의 처음을 이루려는 업을 짓기 때문이다. 이 업은 욕계에 속하는 가장 강한 것이다. 다른 때와는 달리 이때에만 이 업은 결과를 이룬다. 이때의 유정을 겁을 시작하는 이라고 하며, 여기서의 물질[色]은 그들의 의도[意]에서 생긴 것이다. 이 모두는 경經에서 자세히 설명한 것과 같다.

이들 유정은 겁의 처음이라 아직 집도 마을도 없었다. 모든 지면은 평평했다. 이때부터 여러 유정의 복업福業의 힘 때문에 '땅으로부터 나오는 음식'[地味]이 생겼다. 점점 '땅으로부터 나온 떡'[地餠], 임조林條[86] 등이 생기고 야생 메벼[粳稻]가 나타나는데 껍질도 부스러기도 없었다. 그 다음 메벼에는 부스러기와 껍질이 있었다. 그 다음에 메벼가 여기저기 무리지어 생기자 유정들이 거두어 들였다.

그 다음에는 섭취한 음식의 영양 때문에 유정 부류는 좋지 않은 모습이 나타나고 빛은 사라졌다. 많이 먹은 이는 좋지 않은 모습이 더 심하고 몸은 아주 무거워졌다. 유정들에게는 서로 업신여기고 헐뜯는 '나쁜 풍습'[惡法]이 나타났는데, 이 때문에 '땅으로부터 나오는 음식'[地味] 등은

---

86) 유가론기 제1권하(대정장 42. p.329b21-22): 임조林條는 모양이 고사리[蕨]처럼 생겼다.　　林條者。其形如蕨。

다시 땅으로 스며들었다. 경經에서 설명한 것과 같다.

이 때문에 유정들은 서로 응시하고 곁눈질하며 애욕[愛染]을 일으켰다. 다음으로 남녀가 될 업 때문에 일부 유정은 남자생식기[男根]가 생겨나고 일부 유정은 여자생식기[女根]가 생겨나 번갈아 서로 멋대로 건드리며 비뚠 행실을 저질렀다. 결국 남들의 비난을 받자 집을 짓고 비로소 덮어 감추게 되었다.

일단 메벼[粳稻]를 거두어들이자 다시 그 땅에서 메벼를 거두어들였다. 이래서 서로 빼앗고 도둑질하는 일이 생겼다. 그래서 계약을 맡은 이를 뽑았다. 그가 최초의 왕인데 대등의大等意라고 한다. 이같이 되어 찰제리(刹帝利: kṣatriya) 무리, 바라문(婆羅門: brāhman) 무리, 폐사(吠舍: vaiśya) 무리, 술타라(戌陀羅: śūdra) 무리가 세상에 나타났다. 이렇게 진행된 사정은 경經에서 자세히 설명한 것과 같다.

유정의 몸에서 빛이 사라지자 세상은 깜깜해지고 해·달·별들이 점점 생겨났다. 해의 크기는 '오십일 유선나'[370km]이고, 달의 크기는 그보다 '일 유선나'[7.25km]가 작다는 것을 알라. 해는 불 수정으로 되어 있고 달은 물 수정으로 되어 있다. 해와 달 가운데, 달은 운행 속도가 일정치 않다. 해는 사대주 가운데 두 주를 동시에 밝히고 두 주를 동시에 어둡게 한다. 즉, 한 군데가 한 낮이면 한 군데서는 해가 뜨고 한 군데는 한 밤중이고 한 군데서는 해가 진다.

해·달·별들은 소미로산의 중턱을 지나며 운행하는데 지쌍산과 그 높이가 같다. 해가 운행될 때 멀고 가까움이 있어서 소미로산과 멀어져 운행될 때는 춥고, 소미로산과 가까이 운행될 때는 덥다. 이 (운행 궤도의 멀고 가까움) 때문에 해가 지는 것도 이르고 더딘 것이 있다.

달의 꼭대기가 점점 기울면 반달로 보인다. (달의 꼭대기가 더 기울어) 남아 있던 검은 부분이 주위 밝은 부분을 마저 가리게 되면 달은 보이지 않는다. 즉 달이 점점 바로 서면 차차 둥글게 나타나고, 검은 부분이 차차 아래로 내려오면 달은 이지러지는 것이다. 큰 바다의 물고기·자라 등의 그림자가 달에 비쳐 달에 거뭇한 모습[87]이 나타난다. 별들 가운데 큰 것의 크기는 '십팔 구로사(拘盧舍: krośa)'[16km]이고, 가운데 것은 '십 구로사'[9km]이고, 가장 작은 것은 '사 구로사'[4km]이다.

세상에 '네 계층'[四姓]이 생긴 뒤에는 사랑스럽거나 사랑스럽지 않은 (결과를 낳는) '다섯 세상'[五趣]으로 갈 업이 생겨났다. 이후로 어떤 유정이 (번뇌에) 물든 강한 업을 성취한 때문에 나락[지옥]에 태어나 정식왕靜息王이라고 (스스로) 이름을 지었으며, 이때부터 무간지옥[無間]에 나락의 옥졸[卒]이 화생化生하는 것처럼 있게 되었고 구리·쇠 등으로 된 고문 도구가 있게 되었다. 그리고 나락에 화염이 일어난 연후에야 업에 따라 유정이 이곳에 태어나기도 하고 나쁜 세상에 태어나기도 하였다.

백 구지(拘胝: koṭi)[88] 사대주와 백 구지 소미로산과 백구지 육욕천六欲

---

87) 유가론기 제1권하(대정장 42. p.329c20-23): 현장 삼장玄奘三藏께서 『본생경本性經』을 인용하여 이르기를, "옛적에 세 동물이 함께 인의人義를 행하고 있을 때 천제석天帝釋이 그 행동의 진위眞僞를 시험하고자 하였다. 이에 토끼가 땔감을 주워 자신을 불살라 제석에게 공양供養하였다. 제석은 그 지극한 정성을 신기하게 여겼다. 이에 토끼의 시신을 달에다 안치해 세상이 '(인의를) 닦는 것'[揩]을 배우기를 바랐다."라고 하셨다.　　三藏引本性經云。昔三獸共行仁義時。天帝釋欲試眞僞。兎拾薪燒火殺身供帝。帝怪至誠骸安月輪。望世取揩。

88) 아래에서 대천계는 10억개의 천계로 이루어졌다고 하고, 이 대천계가 백 구지라고 하므로 구지(拘胝: koṭi)는 일천만을 의미하는 단위이다.

天과 백 구지 '범천 세상'[梵世間] 등으로 이루어진 삼천대천세계三千大千世界는 한꺼번에 조성되고 한꺼번에 붕괴된다. 즉 이 세상은 세 가지가 있다. 첫째는 소천계小千界인데 천 개의 해·달부터 천 개의 범천 세상까지를 모두 포함하여 하나로 친다. 둘째는 중천계中千界인데 천 개의 소천계小千界로 이루어져 있다. 셋째는 대천계大千界인데 천 개의 중천계中千界로 이루어져 있다. 이를 합해 '세상 천 개를 세 번 곱한 수로 이루어진 대천세계'[三千大千世界]라고 한다. 이같이 사방 위아래로 끝없이 넓은 삼천대천세계는 바로 붕괴되고 바로 조성된다. 마치 하늘에서 '수레의 굴대'[車軸]같은 비가 끊임없이 쏟아지고 모든 방향으로 쏟아지는 것과 같다. 이처럼 모든 방향으로 한 없이 넓은 세상은 바로 붕괴되고 바로 조성된다. 이러한 삼천대천세계를 하나의 불국토佛國土라고 한다. 여래如來께서는 이 안에서 '완전하게 정각을 이루고'[現成正覺] 한없는 세계에서 교화[佛事]를 하신다.

2.8.2 유정세간의 특징

이처럼 성립되는 세계가 조성되고 나면, 이 가운데에 '다섯 세상'[五趣]이 이루어진다. 나락, 동물세상, 아귀세상, 사람세상[人], 천계[天]이다. 그리고 '네 가지 생겨나기'[四生]도 이루어진다. 난생(卵生: 알에서 생겨나는 것), 태생(胎生: 태胎에서 생겨나는 것) 습생(濕生: 습한 데서 생겨나는 것), 화생(化生: 변화로 생겨나는 것)이다.

여섯 가지 기반[依持]이 이루어진다. 또한 열 가지 시분時分이 이루어진다. 시時, '일 년'[年], '한 달'[月], '반 달'[半月], 낮[日], 밤[夜], 찰나刹那,

달찰나怛刹那, 납박臘縛, 목호랄다目呼剌多이다.[89] 그리고 일곱 가지 '챙겨주는 대상'[攝受事]이 있고, 열 가지 '몸에 갖추는 것'[身資具]이 있다. 그리고 '욕망을 느끼는 이'[受欲者]가 열 가지 있는데 중아급마(中阿笈摩: 중아함경)에서 설명한 것[90]과 같다. 또한 여덟 가지 '자주 따르는 행동'[數

---

89) 유가론기 제1권하(대정장 42. p.330a25-b2): 『구사론俱舍論』에 의하면 백이십 찰나刹那는 일 달찰나怛刹那, 육십 달찰나怛刹那는 일 납박臘縛, 삼십 납박臘縛은 일 목호랄다目呼剌多, 삼십 목호랄다目呼剌多는 일 주야晝夜, 삼십 주야晝夜는 일 개월[月], 십이 개월[月]은 일 년年, 일 년은 삼 시時로 이루어져 있으니 한시[寒], 열시[熱], 우시[雨]가 사 개월[月] 씩이다. 이렇게 여덟 단계만 있다. 유가사지론에서는 『구사론』과는 달리 열 가지 시기가 있다. 반 개월[半月]은 십오 일日, 십오 일日을 목호랄다(目呼剌多: 30)로 나누면 밤[夜], 십오 일日을 목호랄다(目呼剌多: 30)로 나누면 낮[晝], 시時는 일 년年 보다 긴 시기[劫]이다. 앞서 말한 것과 같다.　俱舍論云。刹那百二十爲一怛刹那。六十怛刹那爲一臘縛。三十臘縛爲一目呼剌多。三十目呼剌多爲一晝夜。三十晝夜爲一月。十二月爲一年。一年爲三時。謂寒熱雨各有四月。唯有八位。今與彼別爲十時者。半月則十五日。十五日呼剌多爲夜。十五日呼剌多爲晝。時謂年餘之劫。如前已說。
이러한 설명에 의해 시간 단위를 짧은 것부터 순서대로 보면, 찰나刹那는 0.01초, 달찰나怛刹那는 1.6초, 납박臘縛는 96초[1.6분], 목호랄다目呼剌多는 48분, 낮[日]은 12시간, 밤[夜]은 12시간, 반 달[半月]은 15일, 한 달[月]은 30일, 일 년[年]은 열두 달, 시時는 1년이 넘는 시기이다.

90) 『중아함경中阿含經』제30권 행욕경(行欲經: 대정장 1. pp.615a8-616a4)에 나오는 내용이다. 재물財物을 얻는 방법, 자기를 위해 쓰는가, 가족을 위해 쓰는가, 사문沙門에게 공양供養하는가를 기준으로 열 가지 경우가 있다. 이를 표로 보이면 다음과 같다. 표에서 1번은 규범을 어기고 나쁜 방법으로 재물을 얻었는데, 자신을 위해 쓰지도 않고, 가족을 위해 쓰지도 않고, 사문에게 공양도 안하는 사람이다. 이 사람은 결과적으로 천계天界에 태어나는 즐거움을 누릴 수 없다. 이러한 열 가지 경우를 살펴보면 출가자[沙門]에게 공양하는 것과 천계에 태어나는 결과가 일치함을 볼 수 있다. 바꿔 말하면 규범을 어기고 나쁜 방법으로 재물을 얻는다 해도 가족을 위해 쓰고, 결정적으로 출가자에게 공양을 하면 천계에

隨行]이 있다.

여덟 가지 '세상의 이치'[世法]가 있는데, '이익을 봄'[得], '이익을 보지 못함'[不得], 칭송[譽], 비방[毁], 칭찬[稱], 나무람[譏], 괴로움[苦], 즐거움[樂]이다.[91] 또 원망[怨], 친애[親], 그 중간[中] 등 세 가지가 있다. 그리고 세 가지 '세상 일'[世事]이 있고, 세 가지 말[語言]이 있으며, 스물두 가지 '화 뻗치는 일'[發憤]이 있고, 예순두 가지 유정 부류가 있다.

여덟 가지 단계[位]가 있고, 네 가지 '태에 드는 경우'[入胎]가 있고, 네

태어나는 것을 볼 수 있다.(3번 경우) 반대로 규범을 지키고 좋은 방법으로 재물을 얻고, 가족을 부양해도, 출가자에게 공양을 하지 않으면 천계에 태어나지 못하는 것을 볼 수 있다.(8번 경우) 9번과 10번은 동일하게 천계에서 태어나긴 하지만, 9번 경우는 재물에 집착하여 재물의 잘못을 알지 못해 (욕계에서) 벗어나는 것에 대해 모르는 것이고, 10번 경우는 반대로 재물에 집착하지 않고 재물의 잘못을 알아 (욕계에서) 벗어나는 것에 대해 아는 것이다.

경우	재물 얻는 방법	재물 쓰는 곳			천계에 태어남
		자신	가족	沙門	
1	非法無道	×	×	×	×
2	非法無道	○	○	×	×
3	非法無道	○	○	○	○
4	如法, 非法	×	×	×	×
5	如法, 非法	○	○	×	×
6	如法, 非法	○	○	○	○
7	如法有道	×	×	×	×
8	如法有道	○	○	×	×
9	如法有道	○	○	○	○
10	如法有道	○	○	○	○

91) 유가론기 제1권하(대정장 42. p.330b24-27): 팔세법八世法에서 득得은 이익을 보는 것, 부득不得은 이익을 보지 못하는 것, 사람을 돌려놓고 칭찬하면 예譽, 사람을 돌려놓고 욕하면 훼毁, 면전에서 칭찬하면 칭稱, 면전에서 욕하면 기譏, 짓눌리게 괴로우면 고苦, 기쁘기만 하면 낙樂이다. 　八世法得者得利故。不得者不得利故。不對面而讚名譽。不對面罵名毀。面讚名稱。面罵名譏。逼惱名苦。適悦名樂。

가지 행동[威儀]이 있고, 여섯 가지 '생계를 유지하는 일'[活命]이 있고, 여섯 가지 '보호해 주는 것'[守護]이 있고, 일곱 가지 괴로움[苦]이 있고, 일곱 가지 '으스댐'[慢]이 있고, 일곱 가지 '지나치게 자부함'[憍]이 있고, 네 가지 '설명하는 단어'[言說]가 있고, '설명하는 구절'[言說句]이 있다.

(1) 세상五趣

나락이란 종자[種]·결과[果]에 속하는 모든 나락의 온과 '나락에 태어날 업'[順那洛迦受業]이다. 나락과 마찬 가지로 동물세상, 아귀세상, 사람세상, 천계도 그에 알맞은 결과를 다하는 것인 줄 알라.

(2) 생겨나기四生

난생卵生은 알을 깨고 태어나는 여러 유정을 이른다. 거위, 기러기, 공작새, 앵무새, 사리조(舍利鳥: śārī)[92] 등이 있다. 태생胎生은 태에 싸여 있다가 태막[양막]을 가르고 태어나는 여러 유정을 이른다. 코끼리, 말, 소, 나귀 등이 있다. 습생濕生은 일종의 습기 때문에 태어나는 여러 유정을 이른다. 구더기, 전갈, 누에나방 등이 있다. 화생化生은 업이 강해시 육근[심신]을 갖추고 태어나거나 제대로 갖추지 못하고 태어나는 유정을 이른다. 천계와 나락은 전부 그렇고 사람세상, 아귀세상, 동물세상은 일부가 그렇다.

(3) 기반依持

여섯 가지 기반이란 첫째, 건립建立이라는 기반인데, 제일 아래로는 풍륜風輪, 그리고 수륜水輪, 지륜地輪이다. 모든 유정이 아래로 추락하지

---

92) 구관조(九官鳥: Indian Myna)를 가리키는데, 사람의 목소리를 흉내 내는 찌르레 기류類의 새이다.

않게 하기 때문에 기반이라고 한다. 둘째, '덮고 가려주는'[藏覆] 기반인데, 가옥 등은 여러 유정이 새는 일을 당하면 손해를 보기 때문에 생긴 것이므로 기반이라고 한다. 가옥은 세 가지인데 '지은 곳'[造作], 짓지 않아도 되는 곳, '변화로 생긴 곳'[化起: 천天의 궁전]이다. 셋째, '풍성하게 곡식이 여무는'[豐稔] 기반인데, '조각으로 먹는'[段食] 모든 유정을 위해 생긴 것이므로 기반이라고 한다. 넷째, 편안한[安隱] 기반[93]인데, 칼·몽둥이에 해코지를 당하는 여러 유정들을 위해 생긴 것이므로 기반이라고 한다. 다섯째, 해·달이라는 기반인데, '모습을 보는'[見色] 모든 유정을 위해 생긴 것이므로 기반이라고 한다. 여섯째, 먹는 기반인데, '조각으로 먹기'[段食], '닿아서 먹기'[觸食], '생각으로 먹기'[意思食], '식으로 먹기'[識食] 등 네 가지 먹는 방식이 있다. 몸을 지니는 모든 중생을 위해 생긴 것이므로 기반이라고 한다.

(4) 챙겨주는 대상攝受事

일곱 가지 챙겨주는 대상이란 첫째, 자기 부모. 둘째, 아내와 자녀. 셋째, 고용한 일꾼들. 넷째, 친구·공무원·형제네 가족. 다섯째, 논밭·가옥·가게. 여섯째, '복 짓는 일'[福業]과 '(그) 방법'[方便作業].[94] 일곱째, '임신하는 방법'[庫藏].

---

93) 유가론기 제1권하(대정장 42. p.330c7): 편안한[安穩] 기반[依持]이란 성城 등을 이른다.　安穩依持者。謂城等。
94) 유가론기 제1권하(대정장 42. p.330c7-8): 여섯째, 복업福業과 방편작업方便作業에서 (방편작업이란) 복업을 닦을 때 그 방법이 되는 일이다.　六福業及方便作業者。修福業時前方便業。

⑸ 몸에 갖추는 것身資具

열 가지 몸에 갖추는 것이란 첫째, 먹을 것. 둘째, 마실 것. 셋째, 탑승물[乘]. 넷째, 의복. 다섯째, 장신구[莊嚴具]. 여섯째, 노래하며 웃고 춤추며 즐기는 것. 일곱째, 향을 몸에 바르고 꽃다발을 거는 것[香鬘塗末]. 여덟째, 살림살이 도구.[95] 아홉째, '밝히는 것'[照明]. 열째, '남녀 간의 성교'[男女受行].

⑹ 자주 따르는 행동數隨行

여덟 가지 자주 따르는 행동이란 모든 세상에서 자주 따라서 하는 일을 이른다. 첫째, 가리기[蔽覆]. 둘째, 몸을 꾸미기. 셋째, 동작[威儀]을 '바꾸거나 가만히 있기'[易奪]. 넷째, 먹고 마시기. 다섯째, 잠자기. 여섯째, 성교[交會]. 일곱째, 부지런히 일하기. 여덟째, 설명.

⑺ 세상 일世事

세 가지 세상 일이란 첫째, 얘기하며 서로 경하하고 위로하는 것. 둘째, 결혼할 때 하객과 주인이 서로 먹고 마시는 것. 셋째, 여러 가시 사업을 할 때 서로 돕는 것.

⑻ 말語言

세 가지 말이란 '규범에 맞는'[有法] 말, '규범에 맞지 않는'[無法] 말, 나머지 범위에 속하는 말을 이른다. 규범에 맞는 말이란 모든 번뇌[纒蓋]를

---

95) 유가론기 제1권하(대정장 42. p.330c8-10): 열 가지 몸에 갖추는 것에서, 여덟째, '살림살이 도구'[什物之具]란 나머지 아홉 가지 외에 침상[床枕] 등 몸을 돌보는 도구를 뜻한다. 집물什物이란 (단순히) 도구란 뜻인데 여기 열 가지에는 들지 않는다.　　十資身具中。第八什物之具者。除餘九外餘床枕等資身之具。什物者具義。非是十數。

싫어하여 떠나 사랑스럽고 즐길만한 데로 나아가도록 연설한 것이다. 경經에서 자세히 설명한 것과 같다. 규범에 맞지 않는 말이란 번뇌에 물든 마음으로 먹고 마시며 하는 말이다. 나머지 범위에 속하는 말이란 (도덕적으로) 중립적인 마음으로 하는 설명이다.

(9) 화 뻗치는 일發憤

스물두 가지 화 뻗치는 일이란 첫째, 부피 재는 것을 속이기. 둘째, 무게 재는 것을 속이기. 셋째, 궤짝 수량을 속이기. 넷째, '비뚠 말과 행동방식'[邪業方便].[96] 다섯째, 싸움 걸기. 여섯째, 업신여기며 조롱하기. 일곱째, 어기기. 여덟째, 소송 걸기. 아홉째, 욕설. 열째, 화내기. 열한째, 비난. 열두째, 협박. 열셋째, 매질. 열넷째, 살해殺害. 열다섯째, 결박. 열여섯째, 가두기. 열일곱째, 몸을 베고 자르기. 열여덟째, 쫓아내기. 열아홉째, 알랑대며 속이기. 스무째, 핑계 대며 홀리기. 스물한째, 함정에 빠뜨리기[陷逗].[97] 스물두째, 거짓말[妄語].

(10) 유정부류有情類

예순두 가지 유정 부류[98]란 첫째, 나락. 둘째, 동물. 셋째, 아귀. 넷째, 천

---

96) 유가론기 제1권하(대정장 42. p.330c12-13): 사업방편邪業方便이란 비뚠 행동과 말하는 방식이다.　　邪業方便者。邪身語業方便也。

97) 유가론기 제1권하(대정장 42. p.330c13-14): 예를 들어 빌린 물건이 있는데 나중에 주인에게 돌려주지 않겠다고 말하는 것을 함두陷逗라고 한다.　　如有貸物將云不肯還主名爲陷逗。

98) 1-5는 '다섯 세상'[五趣]에 속한 유정들이다. 6-9는 사회의 '네 계층'[四姓]을 이룬 유정들이다. 10-12는 성별性別로 나눈 유정들이다. 13-15는 가진 능력이 기준이다. 16-17은 출가出家 여부가 기준이다. 18-19는 출가이후의 고행苦行 여부가 기준이다. 20-22는 '규범 준수'[律儀]가 기준이다. 23-24는 욕망에서 떠났는가 하는 것이 기준이다. 25-27은 깨달음을 성취할 가능성 여부가 기준이다.

天. 다섯째, 사람. 여섯째, 찰제리(刹帝利: kṣatriya). 일곱째. 바라문(婆羅門: brāhman). 여덟째, 폐사(吠舍: vaiśya). 아홉째, 술타라(戍陀羅: śūdra). 열째, 여자. 열한째, 남자. 열두째, '남자도 여자도 아닌 이'[非男非女]. 열셋째, 변변치 못한 이. 열넷째, 어중간한 이. 열다섯째, 뛰어난 이. 열여섯째, '가정에 있는 이'[在家]. 열일곱째, '가정을 떠난 이'[出家]. 열여덟째, 고행苦行하는 이. 열아홉째. '고행 않는 이'[非苦行]. 스무째, '규범에 적합한 이'[律儀].[99] 스물한째, '규범에 적합하지 않은 이'[不律儀]. 스물두째, '규범에 적합하지도 않고 적합하지 않은 것도 아닌 이'[非律儀非不律儀]. 스물셋째, '욕망에서 떠난 이'[離欲].[100] 스물넷째, '아직 욕망에

28-34는 불교 교단에서의 직분이 기준이다. 35-37은 불교 교단의 직분을 실천하는 일을 기준으로 나눈 것이다. 38-40은 불교 승려의 나이가 기준이다. 41-45는 불교 승려의 직분이 기준이다. 46-47은 탐심貪心을 버렸는가가 기준이다. 48-53은 불교 승려의 주력하는 분야가 기준이다. 54-57은 수행의 결과를 성취한 단계가 기준이다. 58-62는 대승大乘의 입장에서 보는 수행의 종류와 단계가 기준이다.

[99] 각주 44) 참조.
[100] 유가사지론 제28권(대정장 30. p.436b14-19)에 의하면 '배우는 것'[學]에는 또한 세 가지 보특가라補特伽羅가 있다. 이 세 가지 (보특가라가) 배움[學]에 의해 '진리[諦]를 바로 앞에서 명료하게 보는 상태'[諦現觀]에 들게 된다. 세 가지란 첫째, '아직 욕망에서 떠나지 못한 이'[未離欲]. 둘째, '두 배로 욕망에서 떠난 이'[倍離欲]. 셋째, '욕망에서 떠나는 것을 마친 이'[已離欲]. 이 가운데 모든 욕망에서 아직 완전하게 떠나지 못한 이는 부지런히 수행하고 힘써 행하여 '진리[諦]를 바로 앞에서 명료하게 보는 상태'[諦現觀]에 들어, 모든 진리를 바로 앞에서 명료하게 보는 것을 마치면 예류과預流果임을 경험한다[證]. 두 배로 욕망을 떠난 이는 그때 일래과一來果임을 경험한다[證]. 욕망에서 떠나는 것을 마친 이는 그때 불환과不還果임을 경험한다[證].

서 떠나지 못한 이'[未離欲]. 스물다섯째, 사성취정邪性聚定인 이.[101] 스물여섯째, 정성취정正性聚定인 이. 스물일곱, 부정취정不定聚定인 이. 스물여덟째, 필추(苾芻: 比丘: bhikṣu). 스물아홉째, 필추니(苾芻尼: 比丘尼: bhikṣuṇī). 서른째, 정학(正學: 式叉摩那: siksamānā). 서른한째, 근책남(勤策男: 沙彌: śrāmaṇera). 서른두째, 근책녀(勤策女: 沙彌尼: śrāmaṇerikā). 서른셋째, 근사남(近事男: 優婆塞: upāsaka: 재가 남자 신자). 서른넷째, 근사녀(近事女: 優婆夷: upāsikā: 재가 여자 신자). 서른다섯째, '번뇌 끊기를 수행하는 이'[習斷者]. 서른여섯째, '송경誦經을 익히는 이'[習誦者]. 서른일곱째, '깨끗한 시여施與를 하는 사람'[淨施人]. 서른여덟째, 노장[宿長]인 이. 서른아홉째, 중년中年인 이. 마흔째, 젊은[少年] 이. 마흔한째, 궤범사(軌範師: 규칙에 대해 모범이 되는 스승).[102] 마흔

---

101) 유가론기 제18권상(대정장 42. p.708c14-21): 혜경惠景 논사가 『보궐補闕』에서 설명한 바에 의하면, 사성취정邪性聚定은 두 가지가 있다. 첫째, 본성사정本性邪定인데 '삼승의 성격'[三乘性]이 없는 이가 무간업無間業을 짓는 것이다. 둘째, 방편사정方便邪定이란 것은 열반涅槃할 성격을 가진 이가 범부凡夫의 단계나 삼승을 수행하던 중에 오역죄五逆罪를 짓는 것이다. 정성취정正性聚定도 두 가지이다. 본성정성정本性正性定은 일승一乘으로서의 성격을 이룬 것이고, 방편정성정方便正性定은 견도見道에 든 이후이다. 부정취정不定聚定도 두 가지이다. 본성부정本性不定이란 것은, 이 사람은 범부 단계에 있어 대체로 삼승의 성격을 이룬다. 방편부정方便不定이란 것은 사정[邪性聚定]을 이루거나 정정[正性聚定]을 이루는 것이다. 정정[正性聚定] 가운데에서는 성문聲聞이 되거나 불승佛乘이 되는 것이다.　　補闕云。邪定有二。一本性邪定。無三乘性人成無間業。二方便邪定者。有涅槃性人遇得在凡位。於三乘中緣起五逆業。正定亦二。一本性正性定成一乘種性。二方便正性定。謂入見道已去。不定亦二。本性不定者此人在凡總成三乘種姓。二方便不定者。遇緣或作邪定或作正定。正定中或作聲聞乃至作佛。
102) 유가론기 제1권하(대정장 42. p.330c14)에 의하면 궤범사軌範師는 아사리(阿

두째, 친교사(親教師: 친히 가르쳐주는 스승).[103] 마흔셋째, 함께 사는 제자 및 가까이 사는 제자. 마흔넷째, 식객(食客: 賓客)을 담당하는 이. 마흔다섯째, '승가의 일을 담당하는 이'[營僧事者]. 마흔여섯째, '이익보기와 공경을 욕심내는 이'[貪利養恭敬者]. 마흔일곱째, '욕망을 버린 이'[厭捨者]. 마흔여덟째, '많이들은 이'[多聞者]. 마흔아홉째, '큰 복과 지혜를 가진 이'[大福智者]. 쉰째, '법행과 법을 따르는 행을 하는 이'[法隨法行者].[104] 쉰한째, '경을 보존하는 이'[持經者]. 쉰두째, '계율을 보존하는 이'[持律者]. 쉰셋째, '논을 보존하는 이'[持論者]. 쉰넷째, 이생범부[異生]. 쉰다섯째, '진리를 본 이'[見諦].[105] 쉰여섯째, 유학有學 단계인 이. 쉰일곱째, 무학無學 단계인 이. 쉰여덟째, 성문聲聞. 쉰아홉째, 독각獨覺. 예순째, 보살菩薩. 예순한째, 여래如來. 예순두째, 전륜왕轉輪王.

전륜왕轉輪王에는 네 가지가 있다. 한 주洲의 왕인 경우도 있고, 두·세·네 주의 왕인 경우도 있다. 한 주의 왕은 철륜鐵輪이라는 상서로운 기미

闍梨: ācārya: 규칙에 대해 본받아 배울만한 대상)를 이른다. (즉 계사戒師 스님이다.)   軌範師者阿闍梨.

103) 유가론기 제1권하(대정장 42. p.330c14-15)에 의하면 친교사親教師란 화상(和上: 수행 능력이 뛰어난 스님)을 이른다. (즉 은사恩師 스님이다.)   親教師者和上也.

104) 유가사지론 제88권(대정장 30. p.796a13-15)에 의하면 "나는 이미 법법 및 수법隨法을 분명히 알았다."라고 할 때, 법법은 견도(見道: 正見)에 들기에 앞서 성도聖道를 수행하는 말[言]이다. 수법隨法이란 남에게 소리로 들은 그 법에 의해 '이치에 맞게 의도하는 것'[如理作意]이다.

105) 유가사지론 제69권(대정장 30. p.682c19-27)과 유가사지론 제77권(대정장 30. p.728a4-6)에 의하면 견도見道에 들어서 여러 진리를 앞에서 분명히 보는 것을 마치는 것을 이른다. 성문승聲聞乘인 경우는 예류과預流果임을 경험하고, 보살승菩薩乘인 경우는 초지初地임을 경험한다.

[應]가 보인다. 두 주의 왕은 동륜銅輪이라는 상서로운 기미가 보인다. 세 주의 왕은 은륜銀輪이라는 상서로운 기미가 보인다. 네 주의 왕은 금륜金輪이라는 상서로운 기미가 보인다.

(11) 단계位

여덟 단계란 '태에 있는 단계'[處胎位], '태어난 단계'[出生位], '젖먹이 단계'[嬰孩位], '아이 단계'[童子位], '젊은이 단계'[少年位], '중년 단계'[中年位], '노년 단계'[老年位], '아주 노년인 단계'[耄熟位]를 이른다. 태에 있는 단계는 갈라남羯羅藍 단계 등이다. 태어난 단계는 이때부터 아주 노년인 때까지이다. 젖먹이 단계는 돌아다니며 놀지는 못하는 때이다. 아이 단계는 그것을 할 수 있는 때이다. 젊은이 단계는 성교할[受用欲塵][106] 수 있는 때부터 서른 살까지이다. 중년 단계는 그 이후 쉰 살까지이다. 노년 단계는 그 이후 일흔 살까지이다. 그 이후는 아주 노년인 단계라고 한다.

(12) 태에 드는 것入胎

태에 드는 것은 네 가지가 있다. 첫째는 바르게 알고 들어가 바르지 않게 알고 머물다 태어나는 것이다. 둘째는 바르게 알고 들어가 바르지 않게 알면서 태어나는 것이다. 셋째는 모두 바르게 아는 것이다. 넷째는 모두 바르지 않게 아는 것이다. 첫째는 전륜왕[輪王]의 경우이고, 둘째는 독각獨覺의 경우이고, 셋째는 보살의 경우이고, 넷째는 나머지 유정들의 경우이다.

---

106) '성교性交하려는 욕망'[婬欲]의 대상영역[塵]을 받아쓴다[受用]는 것은 성욕을 발휘한다는 의미이다. 즉 성교하는 것을 가리킨다.

(13) 생계를 유지하는 일活命

생계를 유지하는 일 여섯 가지란 첫째, 농사. 둘째, 상업. 셋째, 목축. 넷째, 공무원[事王]. 다섯째, 계산 및 새김질[習印]. 여섯째, 나머지 기술업[工巧業處].

(14) 보호해 주는 것守護

보호해 주는 것 여섯 가지란 첫째, 코끼리부대[象軍]. 둘째, 기마부대[馬軍]. 셋째, 수레부대[車軍]. 넷째, 보병부대[步軍]. 다섯째, '저장한 힘'[藏力]. 여섯째, '친구의 힘'[友力].

(15) 괴로움七苦

일곱 가지 괴로움이란 '나는 괴로움'[生苦], '늙는 괴로움'[老苦], '앓는 괴로움'[病苦], '죽는 괴로움'[死苦], '미워하는 이와 마주치는 괴로움'[怨憎會苦], '사랑하는 이와 헤어지는 괴로움'[愛別離苦], '바라도 이룰 수 없는 괴로움'[求不得苦]이다.

(16) 으스댐慢

일곱 가지 으스댐이란 '남에게 으스댐'[慢], '남에게 실제보다 한 단계 높여서 으스댐'[過慢], '자기보다 나은 남보다 더 낫다고 으스댐'[慢過慢], '나라고 으스댐'[我慢], '이루지 못한 것을 이루었다고 착각하여 으스댐'[增上慢], '남보다 사실은 약간만 못하다고 으스댐'[卑慢], '비뚠 생각으로 으스댐'[邪慢]이다.

(17) 자부함憍

일곱 가지 지나치게 자부함이란 '병치레 안한다고 지나치게 자부함'[無病憍], '젊은이라고 지나치게 자부함'[少年憍], '장수한다고 지나치게 자부함'[長壽憍], '집안에 대해 지나치게 자부함'[族性憍], '외모와 힘에 대해

지나치게 자부함'[色力憍], '부귀하다고 지나치게 자부함'[富貴憍], '들은 게 많다고 지나치게 자부함'[多聞憍]이다.

(18) 설명言説

네 가지 설명이란 보고서[見], 듣고서[聞], 깨닫고서[覺], 알고서[知] 있게 되는 말이다. 보고서 있게 되는 말이란 눈으로 외부모습[外色]을 봤기 때문에 남을 위해 '밝혀 말하는'[宣説] 것이다. 이를 보고서 있게 되는 말이라고 한다. 듣고서 있게 되는 말이란 남에게 듣고서 다른 이를 위해 밝혀 말하는 것이다. 이를 듣고서 있게 되는 말이라고 한다. 깨닫고서 있게 되는 말이란 보지 않고 듣지 않고, 다만 스스로 사유思惟하고 추측하고[稱量] 관찰觀察하고서는 남을 위해 밝혀 말하는 것이다. 이를 깨닫고서 있게 되는 말이라고 한다. 알고서 있게 되는 말[107]이란 각각 속으로 '받아들이는 곳'[所受], '경험하는 곳'[所證], '감촉하는 곳'[所觸], '아는 곳'[所得] 때문에 남을 위해 밝혀 말하는 것이다. 이를 알고서 있게 되는 말이라고 한다.

(19) 설명하는 구절言説句

설명하는 구절이란 '단어를 풀이하는 구절'[釋詞句][108]이라고도 하고,

---

107) 유가론기 제1권하(대정장 42. p.330c23-25): 혜경惠景 논사에 의하면, 이근耳根과 이식耳識을 '받아들이는 곳'[所受]이라고 하고, 비근鼻根·비식鼻識과 설근舌根·설식舌識을 '경험하는 곳'[所證]이라고 하고, 신근身根과 신식身識을 '감촉하는 곳'[所觸]이라고 한다. 의식意識은 '아는 곳'[所得]인데 남을 위해 밝혀 말하는 것을 알고서 있게 되는 말이라고 한다.   景師云。耳根耳識名所受。鼻舌根識名所證。身根及識名所觸。意識所得爲他宣説名知言説。

108) 유가론기 제1권하(대정장 42. p.331a1-2): 석사구釋詞句란 '모든 존재'[諸法]를 풀이하는 어구이다.   釋詞句者。訓釋諸法所有言詞。

'희론 구절'[戱論句][109)]이라고도 하고 '뜻을 품은 구절'[攝義句][110)]이라고도 한다. 이 같은 종류의 구절은 수많은 구별이 있다.

모든 '(철자와 발음에) 기본이 되는 글자'[字母][111)]는 모든 뜻을 품을 수 있으므로 '설명하는 구절'[言說句]이라고 한다는 것을 알라. 자세히는 다음과 같다.

영역[地], 근根, 대상[境], 존재[法], 보특가라補特伽羅,[112)] 본성[自性], 종류[差別], 작용作用, 나[自]와 남[他], 있고[有] 없고[無], 묻고[問] 답하

---

109) 유가론기 제1권하(대정장 42. p.331a2-3): 희론구戱論句란 노래 등을 이른다.　　謂歌唱等。戱論句者。謂歌唱等。
110) 유가론기 제1권하(대정장 42. p.331a3): 섭의구攝義句란 예를 들어 게송(偈頌: 伽他: gatha)과 같이 흩어져 있는 뜻을 대신하는 구절이다.　　攝義句者。如以伽他攝散義句。
111) 유가론기 제1권하(대정장 42. p.331a3-9): 자모字母란 삼십 삼자字, 십사 음音을 이른다. 십사 음音이란, 에(哀: a), 아(阿: ā), 일(噎· i), 이(伊: ī), 오(鄔: u), 오(烏: ū), 흘려(紇侶: r̥), 흘려(紇閭: r̥̄), 려(呂: l̥), 로(盧: l̥̄), 예(翳: e), 애(愛: ai), 오(汚: o), 오(奧: au), 암(闇: aṁ), 악(惡: aḥ). 이 가운데에서 마지막 둘은 쓰지 않기 때문에 십사十四가 된다. 그리고 가(迦: ka), 거(佉: kha) 등 다섯. 차(車: ca) 등 다섯. 타(吒: ṭa), 체(搋: ṭha) 등 다섯. 다(多: ta), 타(他: tha) 등 다섯. 파(波: pa), 피(披: pha) 등 다섯. 야(夜: ya), 라(邏: ra), 라(羅: la), 박(縛: va), 사(賖: śa), 사(沙: ṣa), 사(娑: sa), 차(叉: kṣa). 이 가운데에서 차(叉: kṣa) 자字는 쓰지 않기 때문에 삼십삼三十三이 된다. 앞의 십사 음音을 필두로 뒤의 삼십 삼자字를 갖추면 모든 말[口語: 語言]과 문자文字를 만들어 낼 수 있다. 그래서 모든 자모字母라고 한다.　　字母者。謂三十三字十四音。十四音者。謂哀阿噎伊鄔烏紇侶紇閭呂盧翳愛汚奧闇惡。不取後二故成十四。迦佉等五。車等五。吒搋等五。多他等五。波披等五。夜邏羅縛賖沙娑(婆)訶叉。不取叉字故三十三。將前十四音約後三十三字。出生一切語言文字。名諸字母。
112) 각주 35) 참조.

고[答], 갖고[取] 주고[與], '삼승三乘에 드는 성격'[正性], '오역죄五逆罪를 짓는 성격'[邪性] 등의 구절이 있다.

아울러 허락하고[聽] 금하고[制], 훌륭함[功德]과 잘못함'[過失], 얻고[得] '못 얻고'[不得], 비방하고[毁] 칭송하고[譽], 괴롭고[苦] 즐겁고[樂], 칭찬하고[稱] 나무라고[譏], '굳세고 훌륭한 지혜'[堅妙智]와 '도로 물러나기'[退], 가라앉음[沈], 추측[量], 보조[助伴], 가르침[示現], 이끌기[敎導], 격려[讚勵], '경하하고 위로하기'[慶慰] 등의 구절이 있다.

아울러 '일곱 가지 단어에 관한 구절'[七言論句]이 있다. 바로 '단어의 일곱 가지 용례를 나타내는 구절'[七例句][113]인데 다음과 같다. 보로사(補盧沙: puruṣa: 사람이). 보로삼(補盧衫: puruṣam: 사람을). 보로새나(補盧崽拏: puruṣeṇa: 사람과 함께). 보로사야(補盧沙耶: puruṣāya: 사람을 위해). 보로사타(補盧沙頿: puruṣāt: 사람으로부터). 보로살사(補盧殺娑:

---

113) 유가론기 제1권하(대정장 42. p.331a23-28): 칠례구七例句란 범문(梵文: sanskrit어 문장)에서 명사名詞 '팔격八格 변화'[八囀聲] 가운데 제팔 호격[呼]을 제외한 것이다. 성(聲: 性)은 세 가지가 있다. 첫째, 남성[男]. 둘째, 여성[女]. 셋째, 중성[非男女]. 성(聲: 性) 마다 팔 격[八]이 있다. 첫째, 체격[體]. 둘째, 업격[業]. 셋째, 구격[具]. 넷째, 위격[爲]. 다섯째, 종격[從]. 여섯째, 속격[屬]. 일곱째, 의격[依]. 여덟째, 호격[呼]. 지금 여기[유가사지론]에서 예로 든 것은 남성(男聲: 男性) 가운데 한 가지 이다. 남성의 칠전성七囀聲을 조목마다 설명하면 이와 같이 체격[體], 업격[業], 구격[具] 등으로 배당한다. 세 가지 성(聲: 性)에 공통된 제팔 (호격)인, 혜 보로사(醯補盧沙: he puruṣa: 어이, 사람이여!)는 별도의 의미가 없으므로 지금은 다만 일곱 가지만을 설명한다. 七例句者。則八囀聲除第八呼。汎聲有三。一男。二女。三非男女。一一各有八。一體。二業。三具。四爲。五從。六屬。七依。八呼。今此則是男聲中之一聲。詮目丈夫之七囀聲。如次配屬體業具等。第八汎聲醯補盧沙更無別義。今但説七。

puruṣasya: 사람의). 보로쇄(補盧鎩: puruṣe: 사람에).

 아울러 시설施設, 가르침[教勅], '모습을 드러냄'[標相], 고요함[靜息], 선언[表了], 규칙[軌則], 성립[安立], 모임[積集], 결정決定, 배당[配屬], '몹시 놀람'[驚駭], 처음[初]·중간[中]·끝[後] 등의 구절이 있다.

 '여러 부족'[族姓等], 주장[立宗], 설명[言說], 성취[成辦], 받아씀[受用], 찾기[尋求], 보호[守護], 수치羞恥, 연민憐愍, 견딤[堪忍], 두려움[怖畏], 선택[簡擇] 등의 구절이 있다.

 아울러 부모父母·'아내와 자녀'[妻子] 등 (일곱 가지 챙겨주는) 대상과 '(열 가지 몸에) 갖추는 것'[資具] 모두(는 일일이 해당되는 곳에서 이미 말하였다). 그리고 나고[生] 늙고[老] 등에서부터 '바랐는데 얻을 수 없어서 한탄하며 욺'[所求不得愁歎]까지(도 이미 말하였다). 젊음[少年], '병치레 안함'[無病], '오래 삶'[長壽], '사랑하는 이와 만남'[愛會]과 '미워하는 이와 헤어짐'[怨離], '욕망대로 이루어짐'[所欲隨應]과 '(욕망대로) 이루어지지 않음'[若不隨應], 가고[往] 오고[來], 돌아봄[顧視], 구부리고[若屈] 펴고[若申], 걷고[行] 멈추고[住] 앉고[坐] 눕고[臥], '(잠에서) 깸'[警悟], 말하고[語] 침묵하고[默], '늘어지게 잠'[解睡], '피로를 품'[解勞] 등의 구절이 있다.

 아울러 '마시고 먹고 씹는 음식'[飲噉咀味], '습관이 됨'[串習]과 '습관이 되지 않음'[不串習], 방종[放逸]과 '방종하지 않음'[不放逸], 자세하고[廣] 간략하고[略], 더하고[增] 줄고[減], 찾음[尋]과 살핌[伺], 번뇌[煩惱]와 수번뇌[隨煩惱], 희론[戲論]과 '희론을 떠남'[離戲論], '힘 있고'[力] '힘 약하고'[劣], '이루어야 할 대상'[所成]과 '이루는 주체'[能成], '존재의 원인과 결과가 계속됨'[流轉], '원인과 결과는 반드시 구별됨'[定異],[114] '알맞은 수행방법'[相應],[115] 빠름[勢速],[116] 차례[次第],[117] 시각[時][118]·장소[方][119]·수량[數],[120] 어우러짐[和合]과 '어우러지지 않음'[不和合],[121] 비슷함[相似]과 비슷하지 않음[不相似] 등의 구절이 있다.

'아울러 섞음'[雜糅], '함께 있음'[共有], '나타난 것을 봄'[現見]과 '나타난 것을 보지 못함'[不現見], 숨고[隱] 나타나고[顯] 등의 구절이 있다.

아울러 '짓는 주체'[能作]와 '지을 대상'[所作], 법률法律, '세상 일'[[世事], 재산[資産], '이치에 맞음'[眞]과 '이치에 맞지 않음'[妄], 이익[利益]과 '이익이 안됨'[非利益], 뼈[骨]와 신체[體], 의심[疑慮], 괴상함[驚怪] 등의 구절이 있다.

아울러 '겁이 많음'[怯弱]과 '두려움이 없음'[無畏], 분명함[顯了]과 불분명함[不顯了], 살해殺害, 결박[繫縛], 가두기[禁閉], '(몸을) 베고 자르기'[割截], 쫓아내기[驅擯] 등의 구절이 있다.

아울러 욕설[罵詈], 화내기[忿怒], 매질[捶打], 협박[迫脅], 비난[訶責], '불에 탐'[燒爛], '열기에 마름'[燥暑], 굴복시킴[摧伏], 혼탁渾濁, '부처님 가르침'[聖教], '쫓아 따라감'[隨逐], 추리[比度] 등의 구절이 있다.

---

114) 번역 근거는 유가사지론 제52권(대정장 30. p.588a11-13) 참조.
115) 번역 근거는 유가사지론 제52권(대정장 30. p.588a21-22) 참조.
116) 번역 근거는 유가사지론 제52권(대정장 30. p.588a26-27) 참조.
117) 번역 근거는 유가사지론 제52권(대정장 30. p.588b8-9) 참조.
118) 번역 근거는 유가사지론 제52권(대정장 30. p.588b29-c2) 참조.
119) 번역 근거는 유가사지론 제56권(대정장 30. p.607c27-28) 참조.
120) 번역 근거는 유가사지론 제52권(대정장 30. p.588c5-c6) 참조.
121) 번역 근거는 유가사지론 제52권(대정장 30. p.587b29-c1) 참조.

3. 물질色聚諸法

앞서 설명한 본성[自性], (근거[所依], 대상[所緣], 보조[助伴],) 작업作業 등 다섯 가지 대상[事]은 모두 '세 곳'[三處]에 속하는 것임을 알라. (세 곳이란) 물질[色聚], 심心과 심소종류[心所品], 무위[無爲]이다. '임시로 있는 존재'[假有法]들은 여기에 속하지 않는다.

3.1 대종大種

이제부터 '물질에 속한 모든 존재'[色聚諸法]에 관해 먼저 설명하겠다.

질문 '모든 존재'[一切法]가 생길 적에는 모두 '자기 종자'[自種]로 일어나는데, 어째서 여러 대종大種이 '만들어지는 물질'[所造色]을 생기게 할 수 있다고 하는가? 어째서 만들어지는 물질은 '대종에 의지하는'[依彼] 것으로서, 대종[彼]이 건립建立하고, 대종[彼]이 지니고[任持], 대종[彼]이 기른다고[長養] 하는가?

대답 모든 안팎[內外]의 대종, 그리고 만들어지는 물질의 종자는 다 안[內]의 '지속하는 마음'[相續心]에 종속된[依附] 것이다. 그래서 여러 대종자大種子가 여러 대종[大]을 아직 발생하지 않으면 '만들어지는 물질의 종자'[造色種子]는 끝내 발생할 수 없다. 만들어지는 물질은 반드시 대종[彼]으로 부터 발생하는 것이다. 그러고 나서야 만들어지는 물질은 '자기 종자'[自種子]로부터 발생한다. 그래서 대종[彼]이 만들어지는 물질을 발생한다고 한다. 즉, (대종은) 대종자[彼]로부터 발생하여 '앞서 유도'[前導]하게 된다. 이 같은 이치로 대종은 '만들어지는 물질'[彼]을 '생기게 하는 원인'[生因]이 된다고 한다. 어째서 만들어지는 물질이 대종[彼]에 의지한다[依]고 하냐면, 만들어지는 물질이 발생하고 나면 대종이 있는 곳에서 떠나지 않기 때문이다. 어째서 대종[彼]이 건립建立한다고 하냐면, 대종이 '증가하고 감소함'[損益]에 따라 만들어지는 물질은 '똑같이 안전과 위험을 겪기'[同安危] 때문이다. 어째서 대종[彼]이 지닌다[任持]고 하냐면, 대종을 따라 같은 크기가 되어 붕괴되지 않기 때문이다. 어째서 대종[彼]이 기른다고 하냐면, 먹고 마시며, 자고, '음욕姪欲을 떠난 행동'[梵行]과 정신집중[三摩地]을 수행하는 등 때문에, 대종에 의해 만들어지는 물질은 배倍나 커지기 때문이다. 그래서 대종은 만들어지는 물질을 키우는 원인이라고 한다. 이처럼 여러 대종은 만들어지는 물질에 대해 다섯 가지 작용이 있다는 것을 알라.

물질[色聚] 가운데 극미極微로 발생한 것이 없다. (물질이) '자기 종자'[自種]로부터 발생할 때에는 반드시 '한데 모여'[聚集] 발생한다. (그 크기가) 미세하거나[細], 중간이거나[中], 크다[大]. 극미極微가 모여[集] 물질[色聚]을 이루는 것이 아니니, 다만 이해력[覺慧]으로 모든 물질의 크기를 극한까지 쪼개어 임시로 극미라고 추리하여[分別] 주장한 것이다. 물질에도 부분[方分][122]이 있고 극미에도 부분이 있다고 하지만, (실은) 물질에는 부분이 있고 극미에는 부분이 없다. 왜냐하면 극미가 바로 (물질을 극한까지 쪼갠) 부분[分]이기 때문이다. (그러므로) 이 (부분이란) 것은 '한데 모여'[聚] 이루어진 물질[色]에나 있는 것이지, (부분만인) 극미에 또 다른 (부분인) 극미가 있는 것이 아니다. 따라서 극미에는 부분이 없다.

'서로 떨어지지 않는 것'[不相離]은 두 가지가 있다. 첫째, '같은 곳에서 서로 떨어지지 않는 것'[同處不相離]이다. 대종의 극미가 '보이는 것'[色],

---

122) 유가사지론 제56권(대정장 30. p.607c27-28)에 따르면, 모든 물질 상태[分位]를 대상으로 부분[方]이란 말을 쓴다. 부분은 세 가지인데 위, 아래, 옆이다.

냄새[香], 맛[味], 감촉[觸] 등과 함께 '근이 아닌 곳'[無根處]에는 '근이 아닌 것'[離根者]이 있고, '근인 곳'[有根處]에는 '근인 것'[有根者]이 있다. 이를 같은 곳에서 서로 떨어지지 않는 것이라고 한다. 둘째, '섞여서 서로 떨어지지 않는 것'[和雜不相離]이다. 대종의 극미가 따로 '만드는 (대종)[能造]'과 '만들어지는 물질'[所造色][123]이 한데 모인 곳에 함께 한다. 이를 섞여서 서로 떨어지지 않는 것이라고 한다.

이 '널리 가득찬'[遍滿] 물질[聚色]은 여러 가지 재료를 돌로 갈아 분말로 만든 뒤 물과 섞으면 서로 떨어지지 않는 경우와 같은 것이지, 깨, 녹두, 조, 피 등이 쌓여 있는 경우와는 다르다는 것을 알라.

모든 만들어지는 물질은 대종이 있는 곳에 의지하여 대종의 크기와 대종이 있는 곳을 넘지 않는다. 모든 만들어지는 물질은 이것[대종]에 의지하기 때문에 만들어지는 물질은 대종에 의지한다고 설명하며, 이 뜻으로 모든 대종을 '큰 종자'[大種]라고 설명한다. 이 대종은 본성[性]이 크고[大], '종자로서 (만들어지는 물질을) 생기게 하기'[種生] 때문이다.

3.2 14가지 물질色聚

모든 물질은 열네 가지 대상[事]으로 요약된다. 지地, 수水, 화火, 풍風, (색깔·모습·동작 등) 보이는 것, 소리, 냄새, 맛, 감촉, 그리고 안근眼根등 다섯 근根이다. 여기에는 '의식의 작용으로 보이는 것'[意所行色]은 제외

---

123) 유가사지론 제65권(대정장 30. p.661a3-13)을 보면 서로 떨어지지 않는 것에 대한 설명이 위 본문과 같은 맥락에서 이루어진다. 이 설명 가운데 대종은 '만드는 주체'[能造]에 해당되고 물질[色]은 '만들어지는 것'[所造]에 해당된다는 점을 알 수 있다.

된다. 모든 물질은 '물질로 된 모든 근'[有色諸根]에 의해 포착된다. 존재하는 모든 것은 '대상의 영역'[事界]이라고 말하는 것과 같다. (이는) '물질로 된 모든 근'[有色諸根]이 포착하는 물질과 같다. 바로 이러한 '물질로 된 모든 근'[有色諸根]이 의지하는 대종이 포착하는 물질과도 같다. 그 밖의 물질은 '물질로 된 모든 근'[有色諸根]을 제외하면 다른 영역[界]에만 있다.

  모습[相]에 포함되는 것은 열네 가지 대상[事]이 있는데, 모습에 포함되어 시설되는 대상의 극미 때문이다. 영역[界]에 포함되는 것으로 요약하자면 이 물질마다 같은 (대상의) 영역[界]이 있다. 바로 이 물질마다 같은 대상[事]이 포함된다고 말한다. '서로 떨어지지 않는 것'[不相離]으로 요약하자면 안이나 밖의 모든 물질은 물질마다 그러한 '존재의 모습'[法相]을 이룰 수 있다. 그래서 이 물질은 그러한 대상[事]을 포함한다고 말하는 줄 알라.

  물질 가운데 한 가지 대종만으로 이루어 진 것이 있다. 예를 들자면 돌, 옥[末尼: maṇi], 진주, 에메랄드, 백마노[白瑪瑙: 珂貝], 벽옥璧玉, 산호珊瑚 등이다. 또는 연못, 도랑, 강 등이다. 또는 불꽃, 촛불 등이다. 또는 (기세간) 사방의 풍륜風輪, 먼지 낀 바람, 먼지 없는 바람 등이다. 다음으로 물질 가운데 두 가지 대종으로 이루어 진 것이 있다. 예를 들어 눈[雪], 습기, 나무, 잎, 꽃, 열매 등이다. 또는 '뜨거운 옥'[熱末尼]이다. 다음으로 물질 가운데 세 가지 대종으로 이루어 진 것이 있다. 예를 들어 뜨거운 나무, 또는 흔들리며 움직이는 것이다. 다음으로 물질 가운데 네 가지 대종으로 이루어 진 것이 있다. 몸[內色聚]을 이른다. 박가범[세존: 부처님]께서 설명하신 바와 같이 몸[內身]마다 머리카락·털에서 대변까지는 몸의

지영역[地界]이다. 소변 등은 몸의 수영역[水界]이다. 몸 안의 온기는 몸의 화영역[火界]이다. '내뿜는 숨'[上行風]은 몸의 풍영역[風界]이다. 이처럼 몸에서 이러한 모습을 이룰 수 있다면 이러한 모습이 있다고 하고, 이러한 모습을 이룰 수 없다면 이러한 모습이 없다고 한다.

소리는 모든 물질 중 한 영역[界]이므로 있다고 하는데 그 모습은 일정하지 않다. 당장(當場: 그때그때)의 방법으로 발생하기 때문이다.

바람엔 항상 지속적으로 부는 것과 항상 지속적으로 불지는 않는 것 등 두 가지가 있다. 항상 지속적으로 부는 것은 몸[육신]마다 지속적으로 맴도는 바람을 이른다. 항상 지속적으로 불지는 않는 것은 회오리바람과 공중에 부는 바람을 이른다.

'어두운 색깔'[闇色]과 '밝은 색깔'[明色]은 공중[空界]과 구멍[孔隙]을 설명하는 것이다. 모든 어두운 색깔이 항상 지속되는 것은 기세간의 중간 기간(의 색깔)을 가리킨다. 항상 지속되지는 않는 것은 나머지 곳의 것이다. 밝은 색깔이 항상 지속되는 것은 자연의 밝은 하늘이다. 항상 지속되지는 않는 것은 나머지 곳의 것이다. 또한 '어두움이 밝아지는 색깔인 것'[明闇色]은 색깔이 진해지는 물체인 줄을 알라!

몸[依止色聚]의 종자의 작용 때문에 '비슷해지는 조건'[相似緣]을 만나게 될 때에는 작은 몸이 지속적으로 큰 몸이 되게 한다. 때로는 큰 물체가 작은 물체가 되게도 한다. 이러한 원인과 조건이 시설되는 데에 따라 여러 물체는 늘기도 하고 줄기도 한다.

경經에서 단단함[堅], '단단함에 속한 것'[堅攝], '가까운 데 속한 것'[近攝], '가까운 데 속하지 않는 것'[非近攝], '받아 지니는 것'[執受] 등을 자세히 설명하셨다. 여기에서 단단함이란 지地이다. '단단함에 속한 것'[堅攝

은 지地의 종자이다. 아울러 단단함이란 지영역[地界]이 단단함을 이르기도 한다. '단단함에 속한 것'[堅攝]은 머리카락·털이나 흙덩이 등을 이르기도 한다. '가까운 데 속한 것'[近攝]은 '받아 지니는 것에 있음'[有執受]을 이른다. 그리고 '받아 지니는 것'[執受]은 몸[內所攝]을 가리킨다. '가까운 데 속한 것'[近攝]은 '받아 지니는 것에 없음'[無執受]을 이른다. 그리고 '받아 지니는 것에 없음'[無執受]은 바깥 환경을 가리킨다. 아울러 심·심소가 지니고 있는 종자를 '가까운 데 속한 것'[近攝]이라고도 하고 '받아 지니는 것'[執受]이라고도 한다. 이와 반대인 것은 가까운 데 속하지 않는 것이라고도 하고 받아 지니는 것이 아니라고도 한다. '자기 몸'[自身]을 쫓아 따라가기 때문에 가까운 데 속한다고 하며 받아 지니는 것은 앞에서 설명한 것과 같다.

이처럼 수영역[水界], 화영역[火界], 풍영역[風界]도 이치에 맞게 알라!

모든 물질에는 언제나 모든 '대종 영역'[大種界]이 갖추어져 있다. 예를 들어 세상에서는 마른 땔감 등의 물체를 비벼 뚫으면 불이 일어나는 것을 볼 수 있다. 돌 등을 마주치는 경우도 그와 같다. 그리고 구리, 철, 금, 은 등의 물질에 강한 불을 때면 녹아서 물이 되고, 월애주月愛珠에서는 물이 흘러나온다. 그리고 신통神通을 얻은 이는 마음이 해석하는 힘 때문에 대지大地를 금, 은 등으로 변화시킨다.

3.3 물질의 유전流轉

물질은 세 가지 유전(流轉: 원인과 결과가 멈추지 않고 계속됨)이 있다. 첫째, 기름[長養]. 둘째, 유지됨[等流]. 셋째, '원인과 다르게 생김'[異熟生]. 여기에서 기름[長養]은 두 가지이다. '(몸이) 두루 가득 차게'[處遍

滿]¹²⁴⁾ 기름. '모습이 좋아지게'[相增盛]¹²⁵⁾ 기름. 다음으로 유지됨[等流]은 네 가지이다. 기름이 유지됨. '원인과 달라지는 것'[異熟]이 유지됨. 변하는 것[變異]이 유지됨. 본성[自性]이 유지됨. 다음으로 '원인과 다르게 생김'[異熟生]은 두 가지이다. 이숙異熟 자체[體]가 생기는 것을 원인과 다른 것이 생김이라고 한다. 이숙異熟으로부터 생긴 것을 원인과 다른 것으로부터 생긴 것이라고 한다.

3.4 물질의 육처六處

모든 물질은 간략히 여섯 곳에 의해 전개된다고 설명한다. 건립建立하는 곳.¹²⁶⁾ '가려주는 곳'[覆藏處].¹²⁷⁾ 살림살이[資具].¹²⁸⁾ '근의 근거가 되는 곳'[根所依處].¹²⁹⁾ 근처根處.¹³⁰⁾ '정신집중 이 작용하는 대상영역'[三摩地

---

124) 유가론기 제1권하(대정장 42. p.332c23): 처편만處遍滿이란 마른 것을 살찌게 기르는 것이다.　　處遍滿者。謂養瘦令肥等。

125) 유가론기 제1권하(대정장 42. p.332c23-24): 상증성相增盛이란 그 모습이 말쑥해지는 것이다.　　相增盛者。謂令光潔。

126) 유가론기 제1권하(대정장 42. p.333a16-17): 건립처建立處란 (기세간을 세운) 풍륜風輪 등 서로 의지가 되는 것이다.　　建立處者。風輪等相依持法。

127) 유가론기 제1권하(대정장 42. p.333a17): 부장覆藏이란 집이다.　　覆藏者。屋宇等。

128) 유가론기 제1권하(대정장 42. p.333a17): 자구資具란 음식 등이다.　　資具者。餘食等。

129) 유가론기 제1권하(대정장 42. p.333a18): 근소의처根所依處란 외견상 눈에 보이는 몸과 각 감각기관이다.　　根所依處者。扶根塵也。

130) 유가론기 제1권하(대정장 42. p.333a18): 근처根處란 신체 각 기관을 만드는 지대종地大種이다.　　根處者。造根地大。

所行處].[131]

4. 심소心所

4.1 53 심소心所

심·심소종류 중에는 얻을 수 있는 마음[心]과 얻을 수 있는 오십 삼 심소心所[132]가 있다. 의도[作意]에서 찾음[尋], 살핌[伺]까지 앞에서 설명한 것이다.

질문(1) 이 같은 여러 심소心所 중에 몇 가지나 '모든 곳'[一切處][133]의 마음[心]에 의지해서, '모든 단계'[一切地],[134] '모든 때'[一切時],[135] 모두[一切][136]에서 생기는가.

---

131) 유가론기 제1권하(대정장 42. p.333a19-20): 삼마지소행처三摩地所行處란 정신집중[定]이 유도한 모습[色]인데 정신집중에 의해 전개된다. 위 본문은 바로 정신집중이 작용하는 모습인데 이 모습은 물질[聚色]이다.　三摩地所行處者。謂定所引色依定而轉。此文則說定所行色。是聚色也。

132) 오십삼 심소는 이 책 p.34 '의意의 보조[助伴]'에 설명되어 있다.

133) 유가론기 제1권하(대정장 42. p.333a27-28): 일체처一切處란 『성유식론成唯識論』제5권에 의하면 (선善·염染·무기無記 등) 세 가지 성격의 곳이다.
一切處者。唯識第五解云謂三性處。

134) 유가론기 제1권하(대정장 42. p.333a28-b1): 일체지一切地에는 두 가지 의미가 있다. 첫째, 유심유사有尋有伺 등 세 가지 단계. 둘째, 욕계欲界부터 비상비비상처非想非非想處까지의 아홉 단계.　一切地者有二義。一云有尋等三地。二云九地。謂從欲界乃至非想。

135) 유가론기 제1권하(대정장 42. p.333b1): 일체시一切時란 마음이 작용할 때에는 반드시 함께 있다는 의미이다.　一切時者。心生必有。

136) 유가론기 제1권하(대정장 42. p.333b1-2): 모두인가?[一切耶]란 마음이 지금 하나라도 작용하면 반드시 함께한다는 의미이다. 변행심소遍行心所는 일체一

대답(1) 다섯 가지인데, 의도[作意]에서 (접촉[觸], 느낌[受], 개념형성[想],) 의사[思]까지(의 '두루 작용하는 심소'[遍行心所])이다.

질문(2) 몇 가지나 '모든 곳'[一切處]의 마음[心]에 의지해서, '모든 단계'[一切地]이긴 하지만, '모든 때'[一切時]는 아니고, 모두[一切]도 아닌 것에서 생기는가.

대답(2) 역시 다섯 가지인데, 의욕[欲]에서 (해석[勝解], 기억[念], 정신집중[三摩地: samādhi],) 추리선택[慧]까지(의 '경우마다 다른 심소'[別境心所])이다.

질문(3) 몇 가지나 '모든 곳이 아닌'[非一切處] 오직 선善한 마음[心]에 의지해서 '모든 단계'[一切地]이긴 하지만, '모든 때'[一切時]는 아니고, 모두[一切]도 아닌 것에서 생기는가.

대답(3) 믿음[信]에서 (부끄러움'[慚], '(남에게) 부끄러움'[愧], '탐냄이 없음'[無貪], '분노가 없음'[無瞋], '이치에 밝음'[無癡], 정진精進, 가뿐함[輕安], '방종하지 않음'[不放逸], 평정[捨],) 해코지 않음[不害]까지 (열한 가지)이다.

질문(4) 몇 가지나 '모든 곳이 아닌'[非一切處] 오직 '번뇌에 물든'[染汚] 마음[心]에 의지해서, '모든 단계'[一切地]도 아니고, '모든 때'[一切時]도 아니고, 모두[一切]도 아닌 것에서 생기는가.

대답(4) 탐냄[貪]에서 (분노[恚], '이치에 어두움'[無明], '(남에게) 으스댐'[慢], 견해[見], 머뭇거림[疑], 격분[忿], 원망스러워함[恨], '잘못을 감춤'[覆], 괴로움[惱], 질투[嫉], 인색[慳], 홀림[誑], 알랑댐[諂], '지나치게 자

切까지 네 가지 조건을 다 갖추었다. 一切耶者。隨其自位起一必俱。遍行具四。

부함'[憍], 해코지[害], '(자신에게) 안 부끄러워함'[無慚], '(남에게) 안 부끄러워함'[無愧], '흐릿하게 가라앉음'[惛沈], 요동함[掉擧], '믿지 않음'[不信], 게으름[懈怠], 방종[放逸], '비뚠 의욕'[邪欲], '비뚠 해석'[邪勝解], '기억 못함'[忘念], 흐트러짐[散亂],) '제대로 알지 못함'[不正知]까지 (스물여덟 가지)이다.

질문(5) 몇 가지나 '모든 곳'[一切處]의 마음[心]에 의지해서, '모든 단계'[一切地]도 아니고, '모든 때'[一切時]도 아니고, 모두[一切]도 아닌 것에서 생기는가.

대답(5) 후회[惡作]에서 (잠[睡眠], 찾음[尋],) 살핌[伺]까지(의 '정해지지 않은 심소'[不定心所] 네 가지)이다.

4.2 식識 발생

(모든) 근根이 멀쩡하고, 대상영역[境界]이 '앞에 나타나고'[現前], '발생하게 하는'[能生] 의도[作意]가 제대로 일어나면, '발생되는'[所生] (모든) 식識은 발생할 수 있다. 근根이 멀쩡하다는 것은 두 가지 이유에서이다. 첫째는 '뭉개지지 않아서'[不滅壞]이고, 둘째는 '약하지 않아서'[不羸劣][137]이다. 대상영역이 앞에 나타난다는 것은 '근거가 되는 곳'[所依

---

137) 유가론기 제1권하(대정장 42. p.333b11-12): 혜경惠景논사에 의하면 불멸괴不滅壞는 오근五根에만 해당되고, 불이열不羸劣은 의근意根까지 해당된다.　景師云。一不滅壞唯據五根。二不羸劣通論意根。

處]138) 때문이기도 하고, 본성[自性]139) 때문이기도 하고, 장소[方]140) 때문이기도 하고, 때[時]141) 때문이기도 하고, 분명함[顯了]·불분명함[不顯了]142) 때문이기도 하고, 전체[全分]·일부분[一分] 143)때문이기도 하다. 네 가지 장애[障]가 막지 않고, '너무 멀지'[極遠] 않기 때문이기도 하다. (네 가지 장애란) '덮는 장애'[覆蔽障],144) '숨는 장애'[隱沒障],145) '못 비추게

---

138) 유가론기 제1권하(대정장 42. p.333b18-19): 소의처所依處란 기세간器世間 및 유정세상[有情世間]을 소의처라고 하는 것이다.　　所依處者。謂器世間及有情世間爲所依處。

139) 유가론기 제1권하(대정장 42. p.333b19): 자성自性이란 파랑, 노랑, 빨강, 하양인데, (밝은 색깔, 어두운 색깔, 어두움이 밝아지는 색깔 등) 세 가지 성질의 색깔도 마찬가지이다.　　自性者。青黃赤白三性等色亦爾。

140) 유가론기 제1권하(대정장 42. p.333b19-20): 여러 장소[方]의 모습은 안식眼識을 발생시킬 수 있다.　　諸方之色能生眼識。

141) 유가론기 제1권하(대정장 42. p.333b20-21): 시時란 (과거, 미래, 지금 등) 세 가지 때이다. 또는 봄, 여름 때[時]에는 꽃·잎사귀가 대상영역이 되고, 가을, 겨울 때[時]에는 시들거나 마른 것이 대상영역이 된다.　　時者。三世時。或春夏時華葉爲境。秋冬時衰枯爲境。

142) 유가론기 제1권하(대정장 42. p.333b21-22): 현료顯了·불현료不顯了란 '실제 보이는 것'[實色]은 분명한 것이고, '임시인 것'[假]은 불분명한 것이다.　　顯了不顯了者。實色顯了。假不顯了。

143) 유가론기 제1권하(대정장 42. p.333b22-24): 전분급일분全分及一分이란 대상 전체 및 대상의 일부분을 '취하는 것'[取]을 가리킨다. 처음에 한 대상영역[境]을 가지는데 전체를 '대상으로 삼으면'[緣] 전체라고 한다. 대상[事]의 일부분만 대상으로 삼으면 일부분이라고 한다.　　全分及一分者。謂取一分事及遍滿事。始於一取境中總遍緣名全分。緣一分事名一分。

144) 유가론기 제1권하(대정장 42. p.333b24-25): 부폐장覆蔽障이란 집 등을 가리킨다.　　覆蔽障者。屋宇等。

145) 유가론기 제1권하(대정장 42. p.333b25): 은몰장隱沒障이란 신통이나 약초 등으로 숨어서 보이지 않게 되는 것이다.　　隱沒障者。謂神通藥草等隱令不

하는 장애'[映奪障],146) '호리는 장애'[幻惑障]147)이다. 너무 멀다는 것은 두 가지이다. 있는 곳이 너무 먼 것,148) 잘아져서[損減] 너무 먼 것이다.149)

발생하게 하는 의도[作意]가 제대로 일어나는 것엔 네 가지 때문이다. 첫째, '의욕하는 힘'[欲力]. 둘째, '기억해내는 힘'[念力]. 셋째, '대상영역의 힘'[境界力]. 넷째, '자주 익힌 힘'[數習力].150) '의욕하는 힘'[欲力] 때문인 경우란, 마음에 어떤 곳에 대한 애착이 생기면 마음엔 그것에 대해 많은 의도가 일어나는 것을 이른다. '기억해내는 힘'[念力] 때문인 경우란, 어떤 것의 모습[相]을 이미 잘 갖고 아주 많이 생각하면[想] 마음엔 그것에 대해 많은 의도가 일어나는 것을 이른다. '대상영역의 힘'[境界力] 때문인 경우란, 아주 넓고 크거나 아주 마음에 드는 대상영역이 바로 앞에 나타나 있

見。

146) 유가론기 제1권하(대정장 42. p.333b25-26): 영탈장映奪障이란 강한 힘으로 못 비추게 하는 것이다. 바로 햇빛 등이 뭇별 등을 비추는 것이다.　　映奪障者。謂勝力映奪。即日光等映衆星等。

147) 유가론기 제1권하(대정장 42. p.333b26-27): 환혹장幻惑障이란 악귀[鬼魅]나 주술呪術 등에 호리기 때문에 장애가 되는 것이다.　　幻惑障者。由鬼魅等及呪術等諸幻惑障。

148) 유가론기 제1권하(대정장 42. p.333b27-28): 처소극원處所極遠이란 여러 머무는 곳 각각이 서로 먼 것이다.　　處所極遠者。謂諸方住處各遠故。

149) 유가론기 제1권하(대정장 42. p.333b28-29): 손감극원損減極遠이란 예를 들어 거친 사물을 갈아서 미세하게 하면 보이지 않는 것이다.　　損減極遠者。謂如磨麁物成細則不可見。

150) 유가론기 제1권하(대정장 42. p.333b29-c2): 의도[作意]의 네 가지 힘은 규기窺基 논사의 해석에 의하면 앞의 세 가지는 그 차례대로 미래, 과거, 지금의 대상영역에서 대상을 삼는 것이고, 넷째 힘 한 가지는 세 가지 세상 모두에 해당한다.　　作意四力。基師解。初之三種如其次第緣未來過去現世境界。第四一力通緣三世。

으면 마음엔 그것에 대해 많은 의도가 일어나는 것을 이른다. '자주 익힌 힘'[數習力] 때문인 경우란, 어떤 대상영역에 대해 아주 잘 익히고 외웠다면, 마음엔 그것에 대해 많은 의도가 일어나는 것을 이른다. 이 같지 않다면 하나의 대상영역에 하나의 의도만 모든 때에 일어나야 할 텐데 (그것은 사실과 다르다).

4.3 심心 발생

오식신五識身은 두 찰나刹那 동안 서로 함께 발생하는 것도, 전개되면서[展轉] 서로 바로 이어 발생하는 것도 아니다. 한 찰나 동안에 오식이 발생하면 이에 바로 이어 반드시 의식意識이 발생한다. 때로는 바로 이어 산란해지기도 하는데, (이때에는) 이식耳識이 발생하거나, 오식 가운데 하나가 발생하기도 한다. 산란해 지는 경우가 아니면 의식 가운데 둘째인 결정심(決定心: 결정하는 마음)이 발생한다. 심구심(尋求心: 찾는 마음)과 결정심決定心 등 두 가지 의식 때문에 대상영역을 추리한다[分別]. 추리나 앞선 것에 유도되는 것 때문에 '번뇌에 물든 법'[染汚法]이나 선법善法이 발생한다. 이처럼 의식은 두 가지 원인 때문이다. 오식은 오직 앞선 것에 유도되는 것 때문이다. 즉 '번뇌에 물들거나'[染汚] 선善한 의식의 힘에 유도되기 때문이다. 이로부터 바로 이어 안식 등 오식에는 '번뇌에 물든 법'[染汚法]이나 선법善法이 발생하는데 추리[分別] 때문이 아니다. 오식에는 추리[分別]가 없기 때문이다. 이 같은 이치로 안식 등 오식은 의식을 따라 전개된다고 한다.

경經에서 말씀하신 것과 같이 '한 마음'[一心], 또는 '여러 마음'[衆多心]이 일어난다. 이런 한 마음을 무어라 설명할까? 세상에서 말하는 '한 마음

찰나'[一心刹那]는 생기는[生起] 찰나가 아니다. 세상에서 말하는 '한 마음 찰나'[一心刹那]는 한 곳에 의지해 한 대상영역의 대상[事]에 대해 식별[了別]이 발생하는 것을 이른다. 그러한 시간을 뭉뚱그려 '한 마음 찰나'[一心刹那]라고 한다. 때로는 비슷한 모습이 지속돼도 하나라고 한다. (첫째 찰나의 모습이) 둘째 찰나[念](의 모습)와 아주 비슷하기 때문이다.

의식이 저절로 산란해지거나 익숙한 대상영역이 아니면 의욕[欲] 등이 생기지 않는다. 이때의 의식을 솔이타심(率爾墮心: 갑자기 과거로 떨어진 마음)이라고 한다. 과거의 영역만을 대상으로 삼는다. 오식에 바로 이어 발생하는 의식은 심구심尋求心이거나 결정심決定心인데, 지금의 영역만을 대상으로 삼는다고 해야 한다. 이 같은 마음은 바로 그 같은 영역을 대상으로 발생하기 때문이다.

식識은 대상[事]의 전체모습[總相]을 식별할 수 있다. 자세히 말하자면 알아야할 대상영역의 모습을 아직 식별하지 못했을 경우, 그 모습을 식별할 수 있는 것을 의도[作意]라고 한다. '마음에 든다'[可意], '마음에 안 든다'[不可意], '둘 다 아니다'[俱相違] 등의 모습은 접촉[觸] 때문에 식별된 것이다. 받아들인다[攝受], 손해다[損害], 둘 다 아니다 등의 모습은 느낌[受] 때문에 식별된 것이다. '말하는 것의 원인'[言說因]이 되는 모습은 개념형성[想] 때문에 식별된 것이다. 비뚠[邪], 바른[正], 둘 다 아닌 실천[行]의 원인이 되는 모습은 의사[思] 때문에 식별된 것이다. 이처럼 의도[作意]에서 의사[思]까지를 '두루 모든 곳'[一切處], '모든 단계'[一切地], '모든 때'[一切時], 모두[一切]에서 발생하는 심소유법(心所有法: 마음에 속한 존재)이라고 한다.

4.4 변행遍行·별경別境 심소心所

의도[作意]란 마음이 전개되는[迴轉] 것이다. 접촉[觸]이란 세 가지가 어우러지는 것이다. 느낌[受]이란 받아들이는[領納] 것이다. 개념형성[想]이란 '비슷한 모습을 분명히 하는'[了像] 것이다. 의사[思]란 마음을 조작造作하는 것이다.

의욕[欲]이란 즐거운 대상[事]을 '지을 것이 있다'[有所作]며 이러저러하게 바라는 성질이다. 해석[勝解]이란 결정된 대상을 이러저러하게 확인[印可]하는 성질이다. 기억[念]이란 잘 익힌 대상을 이러저러하게 분명히 기억하는 성질이다. 정신집중[三摩地]이란 관찰觀察할 대상을 이러저러하게 '자세히 생각하는'[審慮] 데에 '근거가 되는'[所依], '마음이 한 대상영역에 집중되는 성질'[心一境性]이다. 추리선택[慧]이란 관찰할 대상에 관해 '모든 존재'[諸法] 중에서 이러저러하게 '구별하여 선택하는'[簡擇] 성질인데, '이치에 맞게'[如理] 유도하는 경우도 있고, '이치에 맞지 않게'[不如理] 유도하는 경우도 있고, '이치에 맞는 것도 아니고 이치에 맞지 않는 것도 아니게'[非如理非不如理] 유도하는 경우도 있다.

의도[作意]는 마음을 유도하는 일을 한다. 접촉[觸]은 느낌, 개념형성, 의사의 근거가 되는 일을 한다. 느낌[受]은 '애착이 생기는'[愛生] 데에 근거가 되는 일을 한다. 개념형성[想]은 마음이 대상에 대해 여러 가지 말을 일으키게 하는 일을 한다. 의사[思]는 심(尋: 찾음), 사(伺: 살핌), 행동, 말 등을 일으키는 일을 한다.

의욕[欲]은 정진(精進: 勤)을 발생하는 일을 한다. 해석[勝解]은 대상에 관해 훌륭함[功德]과 잘못함[過失]을 유지하는 일을 한다. 기억[念]은 오랫동안 생각하고, 실천하고, 말한 것을 기억하는 일을 한다. 정신집중[三

摩地]은 지혜[智]의 근거가 되는 일을 한다. 추리선택[慧]은 희론戱論이 작용할 때 '번뇌에 물듦'[染汚]이나 깨끗함[淸淨]을 따르고 좇는 일을 한다.

5. 삼세三世

'세 가지 세상'[三世] (과거, 미래, 지금)이 건립建立되는것은 결과가 나왔느냐 아직 결과가 안 나왔느냐 때문이다. 다만 모든 종자種子는 존재[法]와 떨어지지 않기 때문에 존재에 맞게 (동시에) 건립된다. 예를 들어 여러 결과의 존재 중에, 이미 '소멸한 모습'[滅相]이면 이는 과거이다. 원인은 있는데 아직 '발생한 모습'[生相]이 아니면 미래이다. '이미 발생했는데 아직 소멸하지 않은 모습'[已生未滅相]은 바로 지금이다.

6. 사상四相

(사상四相인) 태어남[生], 늙음[老], 머묾[住], 무상함[無常]은 모든 곳에서 식식이 지속되는 가운데 모든 종자가 함께 작용하며 지속되어 건립된다. 조건의 힘 때문에 먼저는 아직 지속해서 태어나지 않던 존재가 최초로 태어나면, 바로 태어난[生] '지어진 모습'[有爲相]이라고 한다. 이것이 '변하고 달라지는 성질'[變異性]을 늙는[老] 지어진 모습이라고 한다. 이 (변하고 달라지는 성질은) 두 가지이다. 첫째, '달라지는 성질'[異性]의 변이성變異性. 둘째 '변하는 성질'[變性]의 변이성變異性. (즉) 비슷하게[相似] 발생하면 '달라지는 성질'[異性]의 변이성이라고 하며, 비슷하지 않게[不相似] 발생하면 '변하는 성질'[變性]의 변이성이라고 한다. 이미 태어났을 때에는 단지 태어남 뿐이다. 찰나마다 전개되기 때문에 머무는[住] 지어진

모습이라고 한다. 태어난 찰나 이후 한 찰나도 머물지 않기 때문에 무상한[無常] 지어진 모습이라고 한다. 이처럼 모든 (지어진) 존재를 간략히 구별하여 사상四相을 들 수 있다.

7. 사연四緣

'네 가지 조건'[四緣]이 있다. 첫째, 인연(因緣: 원인 조건). 둘째, 등무간연(等無間緣: 지속시키는 조건). 셋째, 소연연(所緣緣: 대상 조건). 넷째, 증상연(增上緣: 확연하도록 돕는 조건)이다. 인연因緣이란 종자이다. 등무간연等無間緣이란 지금[此]의 식識이 바로[無間] (다음 찰나에 연속되는) '여러 식'[諸識]을 결정하여 생기게 하는 경우인데, (여기에서) '지금의 식'[此]이 '다음에 연속되는 식'[彼]의 등무간연이다. 소연연所緣緣이란 모든 심·심소의 대상영역이다. 증상연增上緣이란 종자를 제외한 나머지 근거가 되는 것이다. 예를 들어 눈 그리고 보조가 되는 존재[法]가 안식眼識을 내하는 관계와 같다. 나머지 식도 마찬가지이다.

선성善性과 불선성不善性은 '사랑스러운 결과'[愛果]와 '사랑스럽지 못한 결과'[非愛果]를 갖는다. 이런 종류를 증상연이라고 한다. 종자이기 때문에 인연이라고 한다. 본성[自性]이라서 등무간연이라고 한다. 대상영역이라서 소연연이라고 한다. 근거이고 보조이므로 증상연이라고 한다. 경經에서 모든 인因과 모든 연緣은 식識을 발생시킬 수 있다고 말씀하셨는데, 바로 저들[모든 인과 모든 연]이 이[識]의 네 가지 '원인과 조건'[因緣]이다. 한 가지[一種: 종자] 만은 원인[因]도 되고 조건[緣]도 된다. 나머지 (세 가지)는 조건[緣]이기만 하다.

8. 삼성三性

경經에서 말씀하신 선善, 불선不善, '(도덕적) 중립'[無記]은 그 종류가 얼마나 되는지? 모든 선법善法을 한 가지로 삼기도 한다. 죄가 없다는 뜻이기 때문이다. 두 가지로 나누기도 한다. 태어나면서부터의 선善. 수행하여 이룬 선善. 세 가지로 나누기도 한다. 자성선自性善. '(자성선과) 관련하는 선'[相應善]. '(자성선·상응선과) 함께하는 말, 행동'[等起善].

네 가지로 나누기도 한다. '복을 향하는 단계의 선'[順福分善]. '해탈을 향하는 단계의 선'[順解脫分善]. '(지혜로써 의심을 없애는) 선택을 향하는 단계의 선'[順決擇分善]. '번뇌가 없는 선'[無漏善]. 다섯 가지로 나누기도 한다. '시여施與하는 선'[施性善]. '계를 지키는 선'[戒性善]. '수행하는 선'[修性善]. '사랑스러운 결과를 내는 선'[愛果善].[151] '번뇌의 결박을 벗어난 결과의 선'[離繫果善].[152] 여섯 가지로 나누기도 한다. 선善한 물질[色], 느낌[受], 개념형성[想], 의지작용[行], 인식[識], 그리고 '(지혜로써) 선택을 마무리 지음으로써 (번뇌를) 소멸시켜 (나타나는 진여의) 선'[擇滅善]이다.

일곱 가지로 나누기도 한다. '사념주에 속한 선'[念住所攝善]. '사정근에 속한 선'[正勤所攝善]. '사신족에 속한 선'[神足所攝善]. '오근에 속한 선'[根所攝善]. '오력에 속한 선'[力所攝善]. '칠각지에 속한 선'[覺支所攝

---

151) 유가론기 제1권하(대정장 42. p.334b29-c1): 애과선愛果善이란 바로 앞서의 시여施與 등이다. '번뇌가 있는 것'[有漏]이기는 하지만 사랑스러운 결과를 얻을 수 있다.　　愛果善者。則前施等是有漏者能感愛果。

152) 유가론기 제1권하(대정장 42. p.334c1-2): 이계과선離繫果善이란 바로 앞서의 '번뇌 없는'[無漏] 시여施與 등이다.　　離繫果善者。則前無漏施等。

善]. '팔정도에 속한 선'[道支所攝善]. 여덟 가지로 하기도 한다. 일어나 맞이하고 합장合掌하며 안부를 묻고 예배하는 일에 속한 선. 그의 훌륭한 말씀을 칭송하고 실제 능력을 찬양하는 데 속한 선. 병자를 간호하는 데 속한 선. 스승과 웃어른 섬기는 데 속한 선. (선행을) 기뻐하는 데 속한 선. (설법을) 청하는 데 속한 선. '(선행을 깨달음에) 돌리는'[迴向] 데 속한 선. '(네 가지) 무량(심)'[無量]을 수행하는 데 속한 선.[153] 아홉 가지로 나누기도 한다. '수행하는 단계'[方便道], '곧이어 한 찰나 뒤면 해탈하는 단계'[無間道], '해탈하는 단계'[解脫道], '다음 단계로 나아가려는 단계'[勝進道] 등에 속한 선. 그리고 각각 약한[軟]·중간의[中]·강한[上] (선), '세상을 따르는'[世道] 데 속한 선과 '세상을 벗어나는'[出世道] 데 속한 선이다.

열 가지로 나누기도 한다. '의지할 데가 있는 선'[有依善]. '의지할 데가 없는 선'[無依善].[154] '들어서 생기는 선'[聞所生善]. '생각하여 생기는 선'[思所生善]. '규범에 맞는 (즉, 번뇌에 물든 마음을 갖지 않는)'[律儀] 데 속한 선. '규범에 맞는 것도 아니고 규범에 맞지 않는 것도 아닌 (즉, 번뇌에 물든 마음을 갖지 않는 것도 아니고 번뇌에 물든 마음을 갖는 것도 아닌)'[非律儀非不律儀] 데 속한 선. '근본과 (근본에) 속한 것'[根本眷屬]에

---

153) 유가론기 제1권하(대정장 42. p.334c2): 무량선無量善이란 (자慈, 비悲, 희喜, 사捨 등) 네 가지 수많은[無量] (능력)이다.　　無量善者。四無量也。

154) 유가론기 제1권하(대정장 42. p.334c2-5): 유의선有依善이란 바라는 것이 있는 것인데 삼유三有를 바라는 선善이다. 무의선無依善이란 바라는 것이 없는 것인데 열반涅槃을 바라는 선善이다. 때로는 시여施與하는 물건이 있는 경우는 유의선有依善이라고 한다. (자기의 시여하는) 물건은 없이 (물건을 시여하는 사람에 대해) 따라 기뻐하는 경우를 무의선無依善이라고 한다.　　有依善者。有所依緣求求三有善。無依善者。無所依求希涅槃善。又有物施名有依善。無物隨喜名無依善。

속한 선.[155] 성문승聲聞乘에 속한 선. 독각승獨覺乘에 속한 선. 대승大乘에 속한 선.

또 다른 열 가지로 나누기도 한다. '욕계에 결박된 선'[欲界繫善]. (색계의) 초정려初靜慮, 이정려二靜慮, 삼정려三靜慮, 사정려四靜慮에 결박된[繫] 선. (무색계의) 공무변처空無邊處, 식무변처識無邊處, 무소유처無所有處, 비상비비상처非想非非想處에 결박된 선. '번뇌가 없는 데 속한 선'[無漏所攝善].

또 다른 열 가지로 나누기도 한다. 십선업도十善業道이다. 또 다른 열 가지로 나누기도 한다. 무학위[無學]에 오른 이의 정견正見 등 팔정도八正道. 정해탈正解脫. 정지正智. 또 다른 열 가지로 나누기도 한다. '여덟 가지 복을 이룰'[能感八福] 선.[156] 전륜왕轉輪王이 될 선. '변동 없는 데로 나아가는'[趣不動] 선.[157]

이 같은 여러 가지 선은 두 가지 의미가 있다. '사랑스러운 결과'[愛果]

---

155) 유가론기 제1권하(대정장 42. p.334c5-6): 근본권속소섭선根本眷屬所攝善 가운데 '수행하는 지혜'[修慧]의 체體를 근본이라고 한다. 이에 관련하는 오온五蘊을 '(근본에) 속한 것'[眷屬]이라고 한다. 또는 수행하는 두 가지 근본정根本定에 속한 선善이다.　　根本眷屬所攝善者。修慧之體名根本。相應五蘊名眷屬。或根本方便二定所攝善也。
156) 유가론기 제1권하(대정장 42. p.334c7-8): 팔복생八福生이란 첫째는 욕계欲界의 '작은 나라 왕'[粟散王], 둘째는 그의 신하. 여기에 육욕천六欲天을 더하면 여덟이 된다. 옛적 해설에서 욕계의 신하는 빼고, 윤왕輪王을 더한 것과는 다르다.　　八福生者。謂欲界粟散王爲一。臣爲二。加六欲天爲八。不同古解欲界除臣而取輪王。
157) 유가론기 제1권하(대정장 42. p.334c9): 부동선不動善이 열째인데 색계色界와 무색계無色界와 번뇌 없는 선善을 가리킨다.　　不動善爲十。謂色無色及無漏善。

가 나온다는 의미의 선. 일[事]과 그 결과[彼果]를 분명하게 안다는 의미의 선.

불선법은 선법과 서로 어긋나고 장애가 되는 것이다. '사랑스럽지 않은 결과'[不愛果]가 나오고 일[事]을 제대로 분명하게 알지 못하기 때문이다.

'(도덕적) 중립법'[無記]은 네 가지가 있다. '원인과 다르게 생김'[異熟生], '동작하는 경우'[威儀路], '기예 작업을 하는 경우'[工巧處], '변화하는 현상을 일으키는 경우'[變化]의 일부이다. 여러 기예 작업이 단지 놀고 즐기기 위해서일뿐, '생계를 유지하기'[活命] 위해서가 아니라면, 일을 익히기 위한 생각이 아니라면, 진리를 선택하기 위해서가 아니라면 이러한 기예 작업은 번뇌에 물든 것이다. 그 외는 (도덕적으로) 중립이다. 동작하는 경우도 기예 작업을 하는 경우와 마찬가지이다. 변화의 현상을 일으키는 경우엔 두 가지가 있다. 선과 '(도덕적) 중립'이다.[158]

9. 육근六根·육경六境

9.1 눈

눈은 우선 한 가지가 있다. '보이는 것'[色]을 볼 수 있는 것이다. 두 가지로 나누기도 한다. (후천적으로) '기른 눈'[長養眼]. 이숙생異熟生의 (선천

---

158) 유가론기 제1권하(대정장 42. p.334c22-25): 유가사지론 제55권(대정장 30. p.604c11-17)에서 설명한 바와 같다. 남을 이끌어주거나 여러 유정에게 이익을 주려고 변화의 현상을 일으키는 경우는 선善이다. 스스로 시험 삼아 신통을 즐기려하는 경우는 '(도덕적) 중립'[無記]인데 번뇌에 물든 것이 아니기 때문이다.   五十五云。爲引導他或爲利益諸有情故而起變化。當知是善。若欲試自遊戲神通者名無記。此無染汚。

적인) 눈. 세 가지로 나누기도 한다. 육안肉眼. 천안天眼. 혜안慧眼.[159] 네 가지로 나누기도 한다. '깜빡이는 눈'[有瞬眼]. '깜빡거리지 않는 눈'[無瞬眼].[160] '지속되는 눈'[恒相續眼]. '지속되지 않는 눈'[不恒相續眼]. 지속되는 눈은 색계色界의 눈이다. 다섯 가지로 나누기도 한다. '다섯 세상'[五趣]에 속한 눈이다.

여섯 가지로 나누기도 한다. '자기의 눈'[自相續眼]. '남의 눈'[他相續眼]. '단정한 눈'[端嚴眼]. '지저분한 눈'[醜陋眼]. '더럼이 낀 눈'[有垢眼].[161] '맑은 눈'[無垢眼]. 일곱 가지로 나누기도 한다. '식이 있는 눈'[有識眼]. '식이 없는 눈'[無識眼]. '강한 눈'[強眼]. '약한 눈'[弱眼]. '선식이 근거하는 눈'[善識所依眼]. '불선식이 근거하는 눈'[不善識所依眼]. '무기식이 근거하는 눈'[無記識所依眼]. 여덟 가지로 나누기도 한다. '근거가 되는 곳인 눈'[依處眼].[162] '변화신의 눈'[變化眼]. '선업을 지은 이숙생의 눈'[善業

---

159) 유가론기 제1권하(대정장 42. p.334c26-27): 혜안慧眼이라고 하는 것은 실은 물질이 아니다. 눈 종류이기 때문에 여기에서 설명한 것이다.　言慧眼者。實非是色。眼類同故。此中説之。

160) 유가론기 제1권하(대정장 42. p.335a2-3): 무순안無瞬眼이란 벌레의 눈인데 언제나 깜빡거리지 않는다. 예를 들어 (매미의 일종인) 초료蟭蟟의 눈이다.　無瞬眼者。自有諸蟲恒不瞬。如蟭蟟等眼。

161) 유가론기 제1권하(대정장 42. p.335a3-4): 유구안有垢眼이란 어떤 이는 고름 낀 눈이라고 하고, 어떤 이는 백내장을 앓는 눈이라고 한다.　有垢眼者。一云有漏眼。一云有翳等眼。

162) 유가론기 제1권하(대정장 42. p.335a4-6): 의처안依處眼이란 본래의 육안肉眼이다. 이 육안에 기초해서 변화신의 눈을 발생시키기 때문에 근거가 되는 곳인 눈이라고 한다. 또는 외견상 보이는 눈이다. 세상에서는 이를 눈이라고 부르기 때문이다. 지금도 임시의 이름을 쓴다.　依處眼者。則本肉眼。由此爲依起變化眼。名依處眼。或扶根是眼之處。世俗呼之爲眼。故今亦假立名。

異熟生眼]. '불선업을 지은 이숙생의 눈'[不善業異熟生眼]. '먹어서 기른 눈'[食所長養眼]. '자서 기른 눈'[睡眠長養眼]. '음욕(婬欲)을 떠난 행동으로 기른 눈'[梵行長養眼]. '정신집중[三摩地]으로 기른 눈'[定所長養眼].

아홉 가지로 나누기도 한다. '이룬 눈'[已得眼].[163] '아직 이루지 못한 눈'[未得眼].[164] '일찍이 이룬 눈'[曾得眼].[165] '지금 처음으로 이룬 눈'[未曾得眼].[166] '잃었다가 다시 이룬 눈'[得已失眼]. '끊어야 할 눈'[應斷眼].[167] '끊으면 안 되는 눈'[不應斷眼].[168] '끊은 눈'[已斷眼].[169] '끊지 않은 눈'[非已斷眼].[170] 눈을 열 가지로 나누는 경우는 없다. 열한 가지로 나누기도 한

---

163) 유가론기 제1권하(대정장 42. p.335a6-7): 이득안已得眼이란 과거와 지금의 눈이다.　已得眼者。過現眼也。

164) 유가론기 제1권하(대정장 42. p.335a7): 미득안未得眼이란 미래의 눈이다.　未得眼者。未來眼也。

165) 유가론기 제1권하(대정장 42. p.335a7): 증득曾得이란 반복해서 나타나는 것이다.　曾得者。重現前故。

166) 유가론기 제1권하(대정장 42. p.335a8): 미증득未曾得이란 지금 처음으로 이룬 것이다.　未曾得者。今創得故。

167) 유가론기 제1권하(대정장 42. p.335a8-9): 십지十地이하는 번뇌가 있는 것이므로 끊어야하는 것이다. '조건의 결박'[緣縛]을 끊는 것이다.　十地已還有漏應斷。斷緣縛故。

168) 유가론기 제1권하(대정장 42. p.335a9): 부처님 눈은 번뇌가 없다. 끊지 않아야 하는 것이다.　佛眼無漏。不應斷也。

169) 유가론기 제1권하(대정장 42. p.335a9-11): 이단안已斷眼이란 바로 앞서의 '끊어야할 눈'[應斷眼]이다. 지금은 이미 끊었기 때문에 끊은 눈이라고 한다.　已斷眼者。則前應斷眼。今已斷故。名已斷眼。

170) 유가론기 제1권하(대정장 42. p.335a10-11): 비이단안非已斷眼이란 앞서의 '끊으면 안되는 눈'[不應斷眼]이다. 지금도 이미 끊은 것이 아닌 것이기 때문이다.　非已斷眼者。前不應斷眼。今亦非是已斷故。

다. '과거의 눈'[過去眼]. '미래의 눈'[未來眼]. '지금의 눈'[現在眼]. '자기의 눈'[內眼]. '남의 눈'[外眼].[171] '거친 눈'[麁眼]. '미세한 눈'[細眼].[172] '못난 눈'[劣眼].[173] '훌륭한 눈'[妙眼]. '먼 눈'[遠眼]. '가까운 눈'[近眼].[174]

9.2 귀·코·혀·몸

눈이 이러한 것처럼 귀 등도 마찬가지이다. 다른 것은 다만 세 가지의 경우나 네 가지의 경우이다. 세 가지 귀는 '몸에 붙어 있는 귀'[肉所纏耳], 천이天耳, '자세히 살피는 귀'[審諦耳][175]이다. 네 가지 귀는 '지속되는 귀'[恒相續耳], '지속되지 않는 귀'[不恒相續耳], '높이 듣는 귀'[高聽耳],[176] '높이 듣지 않는 귀'[非高聽耳]이다.

세 가지 코와 혀는 '빛나고 맑은 것'[光淨], '빛나지도 맑지도 않은 것'[不光淨], '손상된 것'[被損]이다. 네 가지 코와 혀는 '지속되는 것'[恒相續], '지속되지 않는 것'[不恒相續], '식이 있는 것'[有識], '식이 없는 것'[無識]

---

171) 유가론기 제1권하(대정장 42. p.335a11-12): 자기 눈을 안[內]이라고 하고 남의 눈을 밖[外]이라고 한다. 自眼名內他眼名外。
172) 유가론기 제1권하(대정장 42. p.335a12): 욕계를 거칠다고 하고, 색계를 미세하다고 한다. 欲界名麁色界名細。
173) 유가론기 제1권하(대정장 42. p.335a12): 불선업의 결과를 못났다고 한다. 不善業果名劣。
174) 유가론기 제1권하(대정장 42. p.335a12-13): 과거와 미래를 멀다고 하고, 지금을 가깝다고 한다. 過未名遠。現在名近也。
175) 유가론기 제1권하(대정장 42. p.335a13): 심제이審諦耳는 육이肉耳와 천이天耳 모두에 적용된다. 審諦耳者。通肉天二耳。
176) 유가론기 제1권하(대정장 42. p.335a14): 고청이高聽耳란 선한 말소리를 듣는 것이다. 또한 이근耳根에서 (그 소리를) 따르자마자 그 소리의 높낮이를 판단할 수 있다. 高聽耳者。聽善言音。亦可就根辨其高下。

이다.

세 가지 몸은 '더러운 것'[滓穢處], '더럽지 않은 것'[非滓穢處],[177] '모든 것에 두루한 것'[一切遍]이다. 이 (모든 것에 두루하는) 것은 '모든 근'[諸根]이 따르고 쫓기 때문이다.[178] 네 가지 몸은 '지속되는 것'[恒相續], '지속되지 않는 것'[不恒相續], '자연히 빛나는 것'[有自然光], '자연히 빛나지 않는 것'[無自然光]이다.

9.3 의意

의意를 한 가지로 삼기도 한다. '식 존재'[識法]라는 의미이다. 두 가지로 나누기도 한다. '설명에 속하는 의'[墮施設意]. '설명에 속하지 않는 의'[不墮施設意]. 이 가운데 앞의 것은 명언名言을 식별하는[了別] 이의 의意이고, 뒤의 것은 젖먹이[嬰兒]의 의意이다. 또한 앞의 것은 세상[世間]의 의意이고, 뒤의 것은 '세상을 벗어난'[出世間] 의意이다. 세 가지로 나누기도 한다. 심心, 의意, 식識이다. 네 가지로 나누기도 한다. 선善, 불선不善, '번뇌에 덮였으나 (도덕적으로) 중립인 것'[有覆無記], '번뇌에 덮이지 않고 (도덕적으로) 중립인 것'[無覆無記]이다.

다섯 가지로 나누기도 한다. '원인 단계'[因位]. '결과 단계'[果位]. '즐거운 단계'[樂位]. '괴로운 단계'[苦位]. '괴롭지도 즐겁도 않은 단계'[不苦不

---

177) 유가론기 제1권하(대정장 42. p.335a14-16): 재예처와 비재예처滓穢處非滓穢處에서 천天 등이 먹는 것은 더럼이 없다. 사람 등이 먹는 것은 더럼이 있다.　滓穢處非滓穢處者。諸天等所食無穢。人等所食則有變穢。
178) 유가론기 제1권하(대정장 42. p.335a16-17): 앞선 두 가지 몸[身根]이 (눈, 코, 입, 귀 등) 네 근根 중에 두루 있다는 뜻이다. 이를 셋째로 한다.　前二種身根遍在四根中義。以爲第三。

樂位]. 여섯 가지로 나누기도 한다. 육식신六識身을 가리킨다. 일곱 가지로 나누기도 한다. '일곱 가지 식이 머무는 곳'[七識住]¹⁷⁹⁾이다. 여덟 가지로 나누기도 한다. '명칭을 접촉하는 것과 관련하는 것'[增語觸相應].¹⁸⁰⁾ '대함이 있는 것을 접촉하는 것과 관련하는 것'[有對觸相應].¹⁸¹⁾ '즐거움

---

179) 유가론기 제1권하(대정장 42. p.335a17-a24): 칠식주七識住란 『구사론』제8권(대정장 29. 42c1-43b17)에서 설명한 것과 같다. 첫째, '모습이 있는'[有色] 유정인데 몸[身]도 서로 다르고 생각[想]도 서로 다른 경우이다. 예를 들어 사람, 욕계천欲界天, 겁초의 처음 시기를 제외한 초정려初靜慮이다. 둘째, 몸은 서로 다른데 생각은 하나인 경우이다. 예를 들어 겁초의 처음 시기의 범중천梵衆天이다. 셋째, 몸은 하나인데 생각은 다른 경우이다. 예를 들어 제이정려第二靜慮 근본정根本定의 기쁨[喜]에 염증을 내고, (제삼정려) 근분정近分定의 평정[捨]으로 들었다가 근분정의 평정에 염증을 내고 (도로) 근본정의 기쁨에 드는 것이다. 넷째, 몸도 하나고 생각도 하나인 경우이다. 예를 들어 제삼정려第三靜慮이다. 초정려는 '번뇌에 물든 생각'[染想]을 두고 생각이 하나라고 한다. 제이정려는 두 가지의 선한 생각을 두고 생각이 다르다고 한다. 제삼정려는 '이숙異熟의 생각'[평정(捨)]을 두고 생각이 하나라고 한다. 나머지 식이 머무는 곳 세 가지는 (비상비비상처非想非非想處 정려를 제외한) 아래 세 가지 무색無色 정려이다. 식이 붕괴되는 다른 곳은 식이 머문다고 설명하지 않는다. 七識住者。如俱舍説。一有色有情身異想異。如人欲界天及初靜慮除劫初時。二身異想一。如梵衆天劫初時。三身一想異。如第二靜慮厭根本喜入近分捨。厭近分捨入根本喜。四身一想一。如第三靜慮。初定由染想名想一。二定由二善想名想異。三定由異熟想名想一。餘三則下三無色。餘處壞識不説識住。
180) 유가론기 제1권하(대정장 42. p.335a24-26): 증어촉增語觸이란 제육식第六識과 함께하는 접촉은 말을 발생시킬 수 있기 때문이다. 말을 대상으로 삼을 수 있기 때문이다. 소리[聲] 영역, 존재[法] 영역 두 가지 모두에서 발생시킨다. 접촉이 발생시키기 때문에 증어촉增語觸이라고 한다. 增語觸者。第六俱觸能起語故。能縁語故。於聲法二處皆増。由觸増長名増語觸。
181) 유가론기 제1권하(대정장 42. p.335a26-27): 유대촉有對觸이란 오식과 관련한 접촉이다. 오근五根은 (다섯 대상영역[境]과) 대함[對]이 있기 때문이

에 의한 것'[耽嗜].[182] '욕망에서 떠나는 것에 의한 것'[依出離].[183] '사랑스러운 맛이 있어 하는 것'[有愛味]. '사랑스러운 맛이 없어하는 것'[無愛味].[184] '세상의 것'[世間]. '세상을 벗어난 것'[出世間].[185] 아홉 가지로 나누기도 한다. '아홉 가지 유정이 머무는 곳'[九有情居]이다.[186] 열 가지로 나누는 경우는 없다.

열한 가지로 나누는 것은 앞에서 설명한 것과 같다. 열두 가지로 나누기도 하는데 바로 '열두 가지 마음'[十二心]이다. 욕계의 선심. 불선심. 유부무기심有覆無記心. 무부무기심無覆無記心. 불선심을 제외한 색계의 '세 가지 마음'[三心]. 무색계도 색계와 같다. '세상을 벗어난 마음'[出世間心]은 두 가지인데 학學의 것과 무학無學의 것이다.

9.4 보이는 것色

'보이는 것'[色]을 한 가지로 삼기도 한다. 눈이 대하는 것이라는 의미이

    다.   有對觸者。五識相應觸根有對故。

182) 유가론기 제1권하(대정장 42. p.335a27): 의탐기依耽嗜란 욕계欲界이다. 依耽嗜者。謂欲界。
183) 유가론기 제1권하(대정장 42. p.335a27-28): 출리出離란 색계色界, 무색계無色界, '번뇌가 없는 것'[無漏]이다.   出離者色無色及無漏。
184) 유가론기 제1권하(대정장 42. p.335a28): 애미愛味란 번뇌가 있는 것이고, 무애미無愛味란 번뇌가 없는 것이다.   愛味謂有漏。無愛味謂無漏。
185) 유가론기 제1권하(대정장 42. p.335a29-b1): 세간世間이란 추리[分別]이고, 출세간出世間이란 직각(直覺: 無分別)이다.   世間謂分別。出世間謂無分別。
186) 유가론기 제1권하(대정장 42. p.335b1-2): 구거九居란 칠식주七識住에다 제사정려第四靜慮와 비상비비상처非想非非想處 정려를 보탠 것이다.   九居於七識住加第四定及非想。

다. 두 가지로 나누기도 한다. 몸[內色]과 외계[外色]이다. 세 가지로 나누기도 한다. 현색(顯色: 색깔), 형색(形色: 모습), 표색(表色: 동작)이다. 네 가지로 나누기도 한다. 빛[光明]에 의지한 모습. 빛에 의지하지 않은 모습.[187] 바르고 바르지 않은 빛의 모습.[188] '모여 머무는 모습'[積集住色].[189]

다섯 가지로 나누기도 한다. '다섯 세상'[五趣]이 다르기 때문이다. 여섯 가지로 나누기도 한다. 건립建立하는 데 속하는 물질[色].[190] 가려주는[覆藏] 데 속하는 모습[色].[191] 대상영역[境界]에 속하는 '보이는 것'[色]. 유정들[有情數] 모습[色]. '유정들이 아닌 것'[非有情數] 모습[色]. '보이고 또한 있다고 느껴지는'[有見有對] 모습[色]. 일곱 가지로 나누기도 한다. 일곱

---

187) 유가론기 제1권하(대정장 42. p.335b2-5): 유의무의광명색有依無依光明色이란 문비文備 논사에 의하면 논서에는 세 가지 설명이 있다. 첫째, 해[日輪] 안의 빛을 의지한 것이라고 하고, 해 바깥으로 쏘아지는 것을 의지하지 않은 것이라고 한다. 다음으로 땅의 빛을 의지한 것이라고 하고, 허공의 빛을 의지하지 않은 것이라고 한다. 다음으로 사람에게 있는 것을 의지한 것이라고 하고, 하늘에 있는 것을 항상 있기 때문에 의지하지 않은 것이라고 한다.　有依無依光明色者。備師云。釋論三説。一説日輪内光名有依。輪外發者名無依。又解。地光明名有依。虛空中光名無依。又解。人中名有依。天上名無依。以恒有故。

188) 유가론기 제1권하(대정장 42. p.335b5-6): 정부정광명正不正光明이란 해와 달의 가득차고 이지러진 빛을 각각 이른다.　正不正光明者。謂日月盈虧等光明。

189) 유가론기 제1권하(대정장 42. p.335b6-7): 적집주색積集住色이란 여러 모습을 이른다.　積集住色者。謂諸形色。

190) 유가론기 제1권하(대정장 42. p.335b7): (풍륜, 수륜, 지륜 등) 삼륜三輪이 서로 의지하는 것을 건립한다고 한다.　三輪相依名建立。

191) 유가론기 제1권하(대정장 42. p.335b7-8): 집을 가려준다[覆藏]고 한다.　屋宇等名覆藏。

가지 '챙겨주는 대상'[攝受事][192])이 차이 나기 때문이다.

여덟 가지로 나누기도 한다. 세상의 여덟 가지가 섞여 있는 것에 대한 설명이다. 땅의 여러 모습. 산의 여러 모습. 동산·숲·연못 등의 여러 모습. 궁전의 여러 모습. 일하는 곳의 여러 모습. 채색화의 여러 모습. 대장간 일의 여러 모습. 도구[資具]의 여러 모습. 아홉 가지로 나누기도 한다. 과거 모습. 미래 모습. 지금 모습. 거친[麁] 모습. 섬세한[細] 모습. 못난[劣] 모습. 훌륭한[妙] 모습. 먼 모습. 가까운 모습. 열 가지로 나누기도 한다. 열 가지 '(몸에) 갖추는 것'[資具]이다.

9.5 소리聲

소리[聲]는 한 가지로 삼기도 한다. 귀가 대하는 것이라는 의미이다. 두 가지로 나누기도 한다. 의미가 분명한 소리. 의미가 불분명한 소리. 세 가지로 나누기도 한다. 몸[受大種] 때문에 나는 소리. '몸이 아닌 것'[不受大種] 때문에 나는 소리. '몸과 몸 아닌 것이 함께'[俱大種] 내는 소리. 네 가지로 나누기도 한다. 선. 불선. 유부무기有覆無記. 무부무기無覆無記. 다섯 가지로 나누기도 한다. 다섯 세상이 다르기 때문이다.

여섯 가지로 나누기도 한다. 받아들이고 읽고 외우는 소리. 묻는 소리. '교법을 설명하는'[説法] 소리. 논의하고 '택함을 마무리 짓는'[決擇] 소리. '계를 어긴 경우'[若犯]와 '어긴 죄에서 벗어난 경우'[若出]를 지속적으로 가르치는 소리. 시끄러운 소리. 일곱 가지로 나누기도 한다. 남자 소리. 여자 소리. 낮은 소리. 중간 소리. 높은 소리. 동물 소리. 바람·숲 소리. 여덟

---

192) 유가론기 제1권하(대정장 42. p.335b8): 칠섭수七攝受는 유가사지론 제2권의 설명과 같다.　七攝受如第二卷.

가지로 나누기도 한다. 네 가지 '사실대로 바르게 말하는'[聖言] 소리. 네 가지 '사실대로 바르게 말하지 않는'[非聖言] 소리.

여기에서 '사실대로 바르게 말하지 않는 소리'[非聖言] 네 가지란 첫째, 보지 않았는데도 보았다고 하고, 보았는데도 보지 않았다고 하는 사실대로 바르게 말하지 않는 것이다. 둘째, 듣지 않았는데도 들었다고 하고, 들었는데도 듣지 않았다고 하는 사실대로 바르게 말하지 않는 것이다. 셋째, 깨닫지 않았는데도 깨달았다고 하고, 깨달았는데도 깨닫지 않았다고 하는 사실대로 바르게 말하지 않는 것이다. 넷째, 모르는데도 안다고 하고, 아는데도 모른다고 하는 사실대로 바르게 말하지 않는 것이다.

'사실대로 바르게 말하는 소리'[聖言] 네 가지란 첫째, 봤으면 봤다고 하고, 보지 않았으면 보지 않았다고 하는 사실대로 바르게 말하는 소리이다. 둘째, 들었으면 들었다고 하고, 듣지 않았으면 듣지 않았다고 하는 사실대로 바르게 말하는 소리이다. 셋째, 깨달았으면 깨달았다고 하고, 깨닫지 않았으면 깨닫지 않았다고 하는 사실대로 바르게 말하는 소리이다. 넷째, 알면 안다고 하고, 모르면 모른다고 하는 사실대로 바르게 말하는 소리이다.

또 다른 여덟 가지로 소리를 나누기도 한다. 네 가지 선善한 말[語業道]과 네 가지 선善하지 않은 말[語業道]이다. 아홉 가지로 소리를 나누기도 한다. (모습에서와 마찬가지로) 과거, 미래, 지금 내지는 먼 경우, 가까운 경우까지이다. 열 가지로 나누기도 한다. 다섯 가지 욕망[欲樂]에 속하는 소리이다. 무엇이냐면 춤추는 소리, 노랫소리, 관현악기 소리, 여자가 내는 소리, 남자가 내는 소리, 소라[螺貝](로 만든 악기 부는)소리, 요고腰

鼓¹⁹³⁾ 치는 소리, 강고岡鼓¹⁹⁴⁾ 치는 소리, 도담고都曇鼓¹⁹⁵⁾ 치는 소리, '배우가 지르는 소리'[俳叫聲]이다.

9.6 냄새香

냄새[香]는 한 가지로 삼기도 한다. 코가 대하는 것이라는 의미이다. 두 가지로 나누기도 한다. 몸의 것과 외계의 것이다. 세 가지로 나누기도 한다. 즐거운 것[香]. 불쾌한 것. 중간 것. 네 가지로 나누기도 한다. 네 가지 향기인데 무엇이냐면 침향沈香, 솔도로가향窣堵魯迦香,¹⁹⁶⁾ 용뇌향(龍腦香: 樟腦: camphor),¹⁹⁷⁾ 사향麝香이다. 다섯 가지로 나누기도 한다. 뿌리 냄새. 줄기 냄새. 잎사귀 냄새. 꽃 냄새. 열매 냄새.

여섯 가지로 나누기도 한다. 음식 냄새. 음료 냄새. 옷 냄새. 장신구 냄새. (수레 등) 탑승물 냄새. 궁전 냄새. 일곱 가지로 나누기도 한다. 껍질 냄

---

193) 유가론기 제1권하(대정장 42. p.335b9-10): 요고腰鼓란 작은 장구[杖鼓]다.　　腰鼓則是小腰鼓也.
194) 유가론기 제1권하(대정장 42. p.335b10): 강고岡鼓란 큰 나라의 달리는 말 위에서 두드리는 것이다.　　岡鼓者謂大國家馬上所馳行鼓.
195) 유가론기 제1권하(대정장 42. p.335b11): 도담고都曇鼓란 큰 장구[杖鼓]다.　　都曇鼓則是大細腰鼓.
196) 유가론기 제1권하(대정장 42. p.335b11-12): 솔도로가향窣堵魯迦香이란 그 전에는 두루파향斗樓婆香이라고 했다.『보살지지경菩薩地持經』제7권(대정장 30. p.926a24)에서는 구구라향(求求羅香: guggula: 安息香)이라고 하였다.　　窣堵魯迦香者則舊云斗樓婆香. 地持云求求羅香.
197) 유가론기 제1권하(대정장 42. p.335b12-13): 용뇌향龍腦香이란 서역에 있는 것인데 향 오르는 모습이 구름 같다. 빛깔은 얼음이나 눈 같다.　　龍腦香者. 在於西域. 香状若雲. 色如氷雪.

새. 잎사귀 냄새. 소읍미라향素泣謎羅香.[198] 전단향栴檀香. 삼신향三辛香.[199] '사루는 향'[熏香]. 분말향[末香]. 여덟 가지로 나누기도 한다. 선천적인 냄새. 후천적인 냄새. 지속되는 냄새. 잠깐 동안의 냄새. 섞인 냄새. 순수한 냄새. 사나운 냄새. 순한 냄새. 아홉 가지로 냄새를 나누기도 한다. (모습에서와 마찬가지로) 과거, 미래, 지금 등 이다. 열 가지로 나누기도 한다. 여자 냄새. 남자 냄새. 일지향一指香.[200] 이지향二指香. 침 냄새. 콧물 냄새. 지방·골수·고름·피 냄새. 살 냄새. 섞인 냄새. 진흙[淤埿] 냄새.

9.7 맛味

맛[味]은 한 가지로 삼기도 한다. 혀가 대하는 것이라는 의미이다. 두 가지로 나누기도 한다. 몸[內]과 외계[外]이다. 세 가지로 나누기도 한다. 즐거운 것 등(으로), 앞의 냄새에서 설명한 것과 같다. 네 가지로 나누기도 한다. 보리 맛. 메벼[粳稻] 맛. 밀 맛. 그 외 곡식의 맛. 다섯 가지로 나누기도 한다. 술 맛. 음료 맛. 채소 맛. 열매 맛. 음식 맛.

---

198) 유가론기 제1권하(대정장 42. p.335b13-14): 소읍미라향素泣謎羅香이란 깨알 정도 크기이다. 붉은 색을 잘 들인다. 이름을 붙이려 해도 이 땅에는 없다. 향기가 강하다.　素泣謎羅香者。如胡麻許大。赤色堪染作號者此土所無。極大香也。

199) 유가론기 제1권하(대정장 42. p.335b15-17): 삼신향三辛香이란 인도[西國]에서 언제나 후추[胡椒], 필발必鉢, '말린 생강'[干薑] 등 세 가지 재료를 합해 만드는 환약이다. 밥 먹고 싶을 때는 우선 이 환약을 삼켜 뱃속의 나쁜 기운을 없앤 후에 밥을 먹는다.　三辛香者。西國常合胡椒必鉢干薑三味爲丸。欲食時先吞此丸除腹中惡。然後方食。

200) 유가론기 제1권하(대정장 42. p.335b17): 일지향一指香 등은 모양이 손가락을 닮은 것이다.　一指香等者。形如指相故。

여섯 가지로 나누기도 한다. 단 것, 쓴 것, 신 것, 매운 것, 짠 것, 싱거운 것이다. 일곱 가지로 나누기도 한다. (생균을 함유한) 버터[(生)酥] 맛. 기름 맛. 꿀 맛. '사탕수수 즙'[甘蔗變] 맛. 발효유[乳酪] 맛, 소금 맛. 고기 맛. 여덟 가지로 나누기도 하는 데, 냄새에서 설명한 것과 같다. 아홉 가지로 나누기도 한다. 이것도 냄새에서 설명한 것과 같다. 열 가지로 나누기도 한다. 씹을만한[嚼] 맛. '우물우물 씹을만한'[噉] 맛. 맛볼만한[甞] 맛. 마실만한 맛. 빨만한[吮] 맛. '볕에 말린'[暴乾] 맛. 만족스러운 맛. '(병이) 낫는'[休愈] 맛.201) 씻은[盪滌] 맛. '꾸준히 먹는'[常習] 맛. 이 가운데 뒤의 다섯 가지는 여러 약의 맛이다.

9.8 감촉觸

감촉[觸]은 한 가지로 삼기도 한다. 몸이 대하는 것이라는 의미이다. 두 가지로 나누기도 한다. 냄새의 경우와 같다. 세 가지로 나누기도 한다. 즐기요 것 등(으로), 앞의 냄새에서 설명한 것과 같다. 네 가지로 나누기도 한다. 문지르는[摩] 감촉. 누르는[搦] 감촉. 두드리는[打] 감촉. 주무르는[揉] 감촉. 다섯 가지로 나누기도 한다. 다섯 세상이 다르기 때문이다. 또 다른 다섯 가지로 나누기도 한다.202) '모기·등에'[蚊䖟], 벼룩, 이, 뱀, 전갈의 감촉이다. 여섯 가지로 나누기도 한다. 괴로운 것. 즐거운 것. 괴롭지도 않고 즐겁지도 않은 것. 선천적인 것. '다스려야할 대상에 속하는 것'[所

---

201) 유가론기 제1권하(대정장 42. p.335b17-18): 휴유미休愈味란 병을 막거나 낫게 하는 맛이다.　　休愈味者。除止差病味。
202) 유가론기 제1권하(대정장 42. p.335b18): 다섯 가지 감촉 가운데에서는 모기[蚊]와 등에[䖟]를 하나로 친다.　　五觸中蚊䖟爲一故。

제 2 의지意地　129

治攝]. '다스리는 주체에 속하는 것'[能治攝].²⁰³⁾ 일곱 가지로 나누기도 한다. 단단한 감촉. 흐르는 감촉. 따뜻한 감촉. 움직이는 감촉. '솟았다 떨어지는'[跳墮] 감촉. 주무르는[摩按] 감촉. '몸(의 위치)가 변하는'[身變異] 감촉인데, 이는 미끄러지는 감촉을 이른다. 여덟 가지로 나누기도 한다. 손으로 맞는 감촉. 흙덩이에 맞는 감촉. 몽둥이에 맞는 감촉. 칼에 베이는 감촉. 차가운 감촉. 따뜻한 감촉. 굶주린 감촉. 목마른 감촉. 아홉 가지로 나누기도 하는데 냄새에서와 같다. 열 가지로 나누기도 한다. 음식 감촉. 음료 감촉. 탑승물 감촉. 옷 감촉. 장신구 감촉. 침상 감촉. 책상·걸상·탁자·베개·방석의 감촉. 여자 감촉. 남자 감촉. 이들 '둘이 서로 성교하는'[彼二相事受用] 감촉.

9.9 존재 영역法界

'존재 영역'[法界]을 간략히 설명하자면 '(실제에 기반하여) 임시로 있다고 하는 존재'[假有]와 '실제 존재'[實有]를 합해 여든일곱 존재[法]이다. 자세히 말하자면 우선 심소유법(心所有法: 마음에 속한 존재)이 쉰셋인데, 의도[作意]에서부터 찾음[尋], 살핌[伺]까지이다.

다음으로 육안에 보이는 것이 아니고 '의意의 대상영역에만 속하는 보이는 것'[法處所攝色]은 두 가지이다. '번뇌에 물든 마음을 갖지 않거나 번뇌에 물든 마음을 갖는 데 속한 보이는 것'[律儀·不律儀所攝色].²⁰⁴⁾ '정신

---

203) 유가론기 제1권하(대정장 42. p.335b19-20): 없애는 대상은 더럼이다. 없애는 주체는 물 등이다. 신라新羅의 현玄 법사法師에 의하면 병病은 없애는 대상이고 약藥은 없애는 주체이다.　所治則垢等。能治則水等。新羅玄法師云。病是所治。藥是能治。
204) 각주 44) 참조.

집중이 작용할 때의 보이는 것'[三摩地所行色].

불상응행법(不相應行法: 심과 심소에 기반하지만 이들과는 독립적으로 작용하는 존재)은 스물네 가지이다. 이룸[得]. 무상정無想定. 멸진정滅盡定. '무상천에 태어남'[無想異熟]. 수명[命根]. '서로 비슷한 성질'[衆同分]. '이생의 본성'[異生性]. 태어남[生]. 늙음[老]. 머묾[住]. 무상함[無常]. 이름들[名身]. 구절들[句身]. 글자들[文身]. '존재의 원인과 결과가 계속됨'[流轉]. '원인과 결과는 반드시 구별됨'[定異]. '알맞은 수행방법'[相應]. 빠름[勢速]. 차례[次第]. 시각[時]. 장소[方]. 수량[數]. 어우러짐[和合]. '어우러지지 않음'[不和合].

무위법(無爲法: 지어진 것이 아닌 존재)엔 여덟 가지가 있다. 허공虛空. '(지혜로써) 택함을 마무리 지음으로써 (번뇌를) 소멸시키지는 아닌 것'[非擇滅]. '(지혜로써) 택함을 마무리 지음으로써 (번뇌를) 소멸시킨 것'[擇滅]. 선善·불선不善·중립[無記]의 진여眞如. 부동不動. 상수멸想受滅.[205] 이처럼 무위無爲는 자세히는 여덟 가지이지만 간략히는 여섯 가지로 할 수 있다. 여섯 가지나 여덟 가지는 같은 것을 가리키기 때문이다.

'존재 영역'[法界]을 한 가지로 삼기도 한다. 의意가 작용하는 곳이라는 의미이다. 두 가지로 나누기도 한다. 가(假: 실제에 기반하여 임시로 있다고 하는 것)에 속하는 존재와 '가假가 아닌 것'[非假]에 속하는 존재이다. 세 가지로 나누기도 한다. '보이는 것'[有色]. '보이지 않는 것인데 지어진

---

205) 유가론기 제1권하(대정장 42. p.335c6-8): 무위無爲를 '임시인 것'[假]과 '임시가 아닌 것'[非假: 實]으로 나누면 여덟 가지 가운데 다섯 가지는 임시인 것이다. 세 가지 성격의 진여眞如는 실제[實]이다. 무위 가운데 선善, 중립으로 나누면 택멸擇滅은 선善이고, 허공虛空 등은 중립이다.　　無爲假非假者。八中五是假。三性如是實。善無記無爲者。擇滅是善。虛空等是無記。

것'[無色有爲]. '보이지 않는 것인데 지어지지 않은 것'[無色無爲].

네 가지로 나누기도 한다. '보이는 것인데 가假에 속하는 존재'[有色假所攝法]. '보이지 않는 것인데 심소유心所有에 속한 존재'[無色心所有所攝法]. '보이지 않는 것인데 심과 심소에 기반하지만 이들과는 독립적으로 작용하는 가假에 속하는 존재'[無色不相應假所攝法]. '보이지도 않고 지어지지도 않은 것인데 가假·실(實: 非假)에 속한 존재'[無色無爲假非假所攝法].

다섯 가지로 나누기도 한다. '보이는 존재'[色法]. '마음에 속한 존재'[心所有法]. '심과 심소에 기반하지만 이들과는 독립적으로 작용하는 것'[心不相應行]. '선한 지어지지 않은 것'[善無爲]. '중립인 지어지지 않은 것'[無記無爲].

여섯 가지로 나누기도 한다. 느낌[受]. 개념형성[想]. '마음과 관련하는 작용'[相應行]. '마음과는 독립적인 작용'[不相應行]. '보이는 것'[色]. '지어지지 않은 것'[無爲]. 일곱 가지로 나누기도 한다. 느낌[受]. 개념형성[想]. 의사[思]. '번뇌에 물든 것'[染汚]. '번뇌에 물들지 않은 것'[不染汚]. '보이는 것'[色]. '지어지지 않은 것'[無爲].

여덟 가지로 나누기도 한다. 선善. 불선不善. 중립[無記]. 느낌[受]. 개념형성[想]. 의지작용[行]. '보이는 것'[色]. '지어지지 않은 것'[無爲]. 아홉 가지로 나누기도 한다. 과거, 미래 등의 차이가 있기 때문이다.

열 가지로 나누기도 한다. 열 가지 의미가 있기 때문이다. 첫째, '쫓아 따라가며 발생한다'[隨逐生]는 의미. 둘째, '대상을 받아들인다'[領所緣]는 의미. 셋째, '대상의 모습을 갖는다'[取所緣相]는 의미. 넷째, '대상에 관해 조작한다'[於所緣造作]는 의미. 다섯째, '모든 존재에 대해 그 정도를 구별한다'[卽彼諸法分位差別]는 의미.²⁰⁶⁾ 여섯째, '장애가 없다'[無障礙]는 의미. 일곱째, '항상 결박을 벗어난다'[常離繫]는 의미. 여덟째, '항상 결박을 벗어난 것이 아니다'[常非離繫]는 의미. 아홉째, '항상 전도되지 않는다'[常無顚倒]는 의미.²⁰⁷⁾ 열째, '괴롭다 즐겁다하는 결박을 벗어난다'[苦樂離繫]는 의미, '느낌 아닌 것의 결박을 벗어난다[非受離繫]'는 의미, '느낌의 결박을 벗어난다'[受離繫]는 의미이다.²⁰⁸⁾ 안[內]에 속한 육처六處와 외계[外]에 속한 육처六處의 존재로 구별하면 모두 육백육십 존재²⁰⁹⁾가 된다.

---

206) 유가론기 제1권하(대정장 42. p.335c8-10): 열 가지로 나눈 것 가운데, 첫째는 의도[作意]. 둘째는 느낌[受]. 셋째는 개념형성[想]. 넷째는 의사[思]이다. 그리고 다섯째에 대해서는 혜경惠景 논사에 의하면 '독립적인 작용'[不相應行]이다. 규기窺基 논사에 의하면 의사[思] 또는 감촉[觸]이다.　增十中。一作意。二受。三想。四思。其第五者。景師云。謂不相應行。基師云。謂思。又解。是觸。

207) 유가론기 제1권하(대정장 42. p.335c10-11): 여섯째는 허공虛空. 일곱째는 택멸擇滅. 여덟째는 비택멸非擇滅. 아홉째는 진여眞如이다.　六虛空。七擇滅。八非擇滅。九眞如。

208) 유가론기 제1권하(대정장 42. p.335c11-13): 열째, 고락이계의苦樂離繫義는 부동멸不動滅이다. 비수이계의非受離繫義는 상멸想滅이다. 수이계의受離繫義는 수멸受滅이다. 이 부동멸 무위와 상수멸想受滅 무위를 합해 열 번째로 친다.　十苦樂離繫義謂不動滅。非受離繫義謂想滅。及受離繫義謂受滅。此不動想受滅無爲。合爲第十。

209) 유가론기 제1권하(대정장 42. p.335c13-16): 육백육십 존재란 십이처十二處 가운데 한 가지를 하나씩 수를 늘려 한 가지서부터 열 가지에 이른 것을 모두 더하면 쉰다섯 가지가 된다. 열 두 종류에 (각각) 쉰다섯가지를 더하면 육백육십이 된다. 이 계산은 수를 늘려가는 방법에 기준해서 결론내린 것이다. 다만 큰 수일 수도 있다.　結云六百六十者。十二處中一一增數。從一至十皆有五十五。十二種五十五合成六百六十。此據容有增數之法而結或大數耳。

여러 모습[色]을 되풀이하여 보고는 버리기 때문에 눈[210]이라고 한다. 되풀이하여 이것에 소리가 도달하면 들을 수 있기 때문에 귀[211]라고 한다. 이것 때문에 자주 여러 냄새를 맡을 수 있기 때문에 코라고 한다. 굶주림을 없애고, 자주 말을 하고, 부를 수 있기 때문에 혀라고 한다. '모든 근'[諸根]을 따라 둘러 모여 있는 것이기 때문에 몸[身]이라고 한다.

어리석은 이는 (이 몸을) '오랜 세월'[長夜] 꾸미고 지키며 자기[己]가 있다고 고집하며 '내 것'[我所]이라고 헤아린다. '나와 내것'[我及我所], 모든 세상[世間]은 이에 의지해 여러 가지 개념[名想]을 '임시로 내세워'[假立] 유정有情, 사람[人], '생명이 있는 이'[命者], '사는 이'[生者], '의가 생김'[意生], 어린애[儒童] 등이라고 이른다. 이 때문에 의意라고 한다. 자주 나타나 있는 것을 볼 수 있고, 그 장소에서 원래 크기가 커질 수 있어서 모습이라고 한다. 자주 폈다 자주 그만 뒀다 하면서 여러 주장을 늘려가서 소리라고 한다. 본질[質]에서 떠나 모습을 바꾸며 자주 바람 따라 전개되어서 냄새라고 한다. 혀로 맛 볼 수 있고 자주 고통스럽게[疾苦] 해서 맛이라고 한다. 자주 몸이 경험하게 해서 감촉이라고 한다. 오직 의意의 대상영역[境]이 되는 성질을 지녀서 존재[法]라고 한다. 이 같은 종류의 모든 존재의 차이를 알라. 이를 다시 요약[嗢拕南:udāna]하자면 아래와 같다.

---

210) 유가론기 제1권하(대정장 42. p.335c16-18): 눈[眼]은 범문梵文으로 작추(斫芻: cakṣuṣ)라고 한다. 작斫은 돌아다닌다는 의미이고, 추芻는 모두라는 의미이다. 대상영역을 모두 돌아다니고 돌아다녀 여러 모습을 볼 수 있다는 것이다.　眼者。梵云斫芻。斫者行也。芻者盡也。謂能於境行盡行盡見諸色故。

211) 유가론기 제1권하(대정장 42. p.335c18-19): 귀[耳]는 범문梵文으로 술['수'의 수와 '율'의 ㄹ을 합쳐 발음하라]루다(戍縷多: śruta)라고 한다. 들을 수 있다는 의미이다.　耳者。梵云戍[輸聿反]縷多。此云能聞。

본성[自性] 및 근거[所依],
대상[所緣], 보조[助伴], 작업[業].
이 다섯 가지 때문에
모든 마음의 차이는 전개 된다.

10. 정교한 것善巧

지금까지는 '다섯 기준'[五法]에 의해 육식신六識身이 전개되는 것을 설명하였다. (다섯 기준은) 본성[自性], 근거[所依], 대상[所緣], 보조[助伴], 작업[業]이다. 아울러 오 온蘊에 '정교한 것'[善巧攝], 십팔 계계에 정교한 것, 십이 처處에 정교한 것, 십이 연기緣起에 정교한 것, '이치에 맞는지 맞지 않는지'[處非處]에 정교한 것, 이십이 근根에 정교한 것을 알라.

11. 구사九事

여러 부처님께서 말씀하신 '아홉 가지 대상'[九事]에 속한 것도 알라. 아홉 대상이란 첫째, 유정有情. 둘째, 받아씀[受用]. 셋째, 발생[生起]. 넷째, '편히 머묾'[安住]. 다섯째, '번뇌에 물듦과 깨끗함'[染淨]. 여섯째, 구별[差別]. 일곱째, '설명하는 이'[說者]. 여덟째, '설명 대상'[所說]. 아홉째, 무리[眾會]이다. 여기에서 유정有情이란 오취온五取蘊이다. 받아씀[受用]이란 십이처十二處이다. 발생[生起]이란 '열두 부분'[十二分]의 연기緣起와 연생緣生[212]이다. '편히 머묾'[安住]이란 '네 가지 먹기'[四食]이다. '번뇌

---

212) 유가사지론 제56권(대정장 30. p.611b19-20)에 의하면 연기緣起는 원인[因]을 의미하고 연생緣生은 결과[果]를 의미한다.
유가론기 제1권하(대정장 42. p.335c24-25): 연기緣起·연생緣生이란 『아비

에 물듦과 깨끗함'[染淨]이란 사성제四聖諦이다. 구별[差別]이란 '수많은 영역'[無量界]²¹³⁾이다. '설명하는 이'[說者]란 '부처님과 그 제자'[佛及彼弟子]이다. '설명 대상'[所說]이란 사념주四念住 등 '깨달음의 부분을 이루는 수행법'[菩提分法]이다. 무리[衆會]란 여덟 무리를 가리키는데, 첫째, 찰제리(刹帝利: kṣatriya) 무리. 둘째, 바라문(婆羅門: brāhman) 무리. 셋째, 장자(長者: 자산가) 무리. 넷째, 출가자[沙門: śramaṇa] 무리. 다섯째, 사대천왕四大天王 무리. 여섯째, 삼십삼천三十三天 무리. 일곱째, 염마천(焰摩天: yāma) 무리. 여덟째, 범천梵天 무리.

요약[嗢拕南]하자면 아래와 같다.

물질[色聚], 심소유법[相應品],
삼세三世, 사상四相 및 사연四緣,
선善 등을 구별한 부문(을 비롯해서)
'정교한 방법'[巧便], 대상[事]까지이다.

담비비사론阿毘曇毘婆沙論』제13권(대정장 28. p.93b10-11)에 의하면 원인을 연기라고 하고 결과를 연생이라고 한다.　緣起緣生者。對法云。因名緣起。果名緣生。

213) 유가론기 제1권하(대정장 42. p.335c25-26): 무량계無量界란 다섯 가지 수많은 영역이다. 기세간[世間]. 유정 세상. 존재 영역. 굴복시켜야 할 영역. 굴복시키는 수행 영역.　無量界者。則五無量。謂世界。有情界。法界。所調伏界。調伏方便界。

제 3 유심유사지등삼지有尋有伺等三地

앞서 의지意地를 설명하였다. 그러면 이제 유심유사지有尋有伺地는 무엇이며, 무심유사지無尋唯伺地는 무엇이고, 무심무사지無尋無伺地는 무엇일까. 모두를 요약[嗢拕南]하자면 아래와 같다.

계界, 모습[相], '이치에 맞음'[如理], '이치에 맞지 않음'[不如理],

(그리고) 물듦[雜染]이 같이 발생함은 끝에 있다.

이와 같은 '세 영역'[三地]은 간략히 다섯 부문으로 설명한다[施設建立]. 첫째, 계界. 둘째, 모습[相]. 셋째, '이치에 맞는 의도'[如理作意]. 넷째, '이치에 맞지 않는 의도'[不如理作意]. 다섯째, 물듦[雜染]이 같이 발생함.

1. 계界

무엇이 계界인지 따로 요약[嗢拕南]하자면 아래와 같다.

수數, 곳[處], 크기[量], 수명[壽], 받아씀[受用], 삶[生],

자체自體, 원인·조건·결과[因緣果]로 나뉜다.

계界는 여덟 가지 모습으로 이루어진다[建立]. 첫째, 수數. 둘째, 곳[處]. 셋째, 유정 크기[量]. 넷째, 유정 수명[壽]. 다섯째, 유정의 받아씀[受用]. 여섯째, 삶[生]. 일곱째, 자체自體. 여덟째, '원인·조건·결과'[因緣果]이다.

1.1 욕계欲界·색계色界·무색계無色界

계界의 수는 간략히 셋이다. 욕계(欲界: 욕망을 근본요소로 하는 영역). 색계(色界: 보이는 것이 있는 영역). 무색계(無色界: 보이는 것이 없는 영역). 이 세 가지를 나누어진 계라고 한다. 나누어진 계에 속하지 않는 것은 수행방법[方便]이다.²¹⁴⁾ 살가야薩迦耶가 소멸된 것이다.²¹⁵⁾ 희론(戲論: 의미 없는 생각과 추리[分別]를 하여 말하는 것)이 없는,²¹⁶⁾ '번뇌가 없는'[無漏] 영역이다.

삼계에서 욕계 전체, 그리고 색계 가운데 초정려初靜慮와 제이정려第二靜慮 '사이의 선정'[中間定]이나 삶[生]²¹⁷⁾을 제외한 초정려 단계는 유심유사지(有尋有伺地: 찾음[尋]도 있고 살핌[伺]도 있는 영역)라고 한다. 그리고 초정려와 제이정려 사이의 선정이나 삶은 무심유사지(無尋唯伺地: 찾음[尋]은 없고 살핌[伺]만 있는 영역)라고 하는데, 어떤 유정이 이 사이의 선정을 수행하여 대범천[大梵]이 되는 것이다. 제이정려부터 나머지 유색계와 무색계 모두는 무심무사지(無尋無伺地: 찾음[尋]도 없고 살핌[伺]도 없는 영역)라고 한다. 그런데 찾음[尋]과 살핌[伺]의 욕망을 떠난다는 이치[道理]에서 무심무사지無尋無伺地라고 하는 것이다. 찾으려는

---

214) 유가론기 제2권상(대정장 42. p.336b21-23): 혜경惠景논사에 의하면 자량도資糧道, 방편도(方便道: 加行道), 견도見道, 수도修道, 구경도究竟道 등은 열반으로 나아갈 수 있는 길이다. 도제道諦에 속한 것이기 때문에 수행방법[方便]이라고 한다.　景師釋。謂方便道資糧道見修究竟。如是等道能趣涅槃。道諦所攝。故名方便。
215) 유가론기 제2권상(대정장 42. p.336b23-24): 살가야견薩迦耶見이란 가짜 몸이라고 한다. 바로 이 번뇌에 물든 오온五蘊을 제거하는 것이다. 택멸과 진여의 이치로 멸하는 것이다.　薩迦耶見者名虛僞身。即染五蘊得對除斷。是其擇滅及眞如理滅。
216) 유가론기 제2권상(대정장 42. p.336b24-25): 희론戲論이 없는 영역이란 무루 종자는 명언 희론 종자와 다르기 때문에 희론이 없다고 한다.　言無戲論界者。無漏種子不同名言戲論種子。名無戲論。
217) 유가론기 제2권상(대정장 42. p.336b27): 선정이거나 삶이라는 것은 그 선정을 이루거나 그곳에 태어나는 것이다.　若定若生者。若得彼定若生其中。

[尋] 욕망과 살피려는[伺] 욕망이 '작용하지 않는'[不現行] 상태가 지속되어서 그렇게 부르는 것이 아니다. 왜 그러냐면 아직 욕계의 욕망을 떠나지 않은 이라도 유도하는 의도[作意]가 차이가 있어, 어느 시간 동안은 찾음[尋]도 없고 살핌[伺]도 없는 의意가 작용한다. 이미 찾음[尋]과 살핌[伺]의 욕망을 떠난 이라 하더라도 찾음[尋]과 살핌[伺]이 작용하는 경우가 있다. 예를 들면 그 선정[定]에서 나오거나 그 선정지[定地]에서 살아가는 이의 경우이다. '번뇌가 없는 영역'[無漏界]이긴 하지만, '이루어진 존재에 의한 선정'[有爲定]에 속하는 초정려도 유심유사지有尋有伺地라고 한다. 찾음[尋]과 살핌[伺]에 의해 진여眞如를 대상으로 삼아 이 선정에 들기 때문이다. (찾음[尋], 살핌[伺] 등의) 추리[分別]가 '작용하고 있어서'[現行]가 아니다. 나머지는 앞서 설명한 것과 같다.

1.2 머무는 곳處所

'머무는 곳'[處所]의 종류를 나누가면 욕계에 모두 서른여섯 곳[218]이 있다. 우선, 여덟 곳의 큰나락[大那落迦]이 있다. 첫째, '모두 되살아나는'[等活] 큰나락. 둘째, '검은 밧줄'[黑繩] 큰나락. '모두 함께 뭉개지는'[衆合] 큰나락. 넷째, 울부짖는[號叫] 큰나락. 다섯째, '크게 울부짖는'[大號叫] 큰나락. 여섯째, 태우는[燒熱] 큰나락. 일곱째, '심하게 태우는'[極燒熱] 큰나락. 여덟째, '쉴 새 없는'[無間] 큰나락. 이 여러 큰나락은 넓이[廣]가 '일만[十千] 유선나踰繕那'[72,500km]이다.

이밖에 여덟 곳의 추운나락[寒那落迦]이 있다. 첫째, 종기[皰] 추운나락.

---

218) 욕계의 머무는 곳 서른여섯 곳이란, 큰나락(여덟 곳), 추운나락(여덟 곳), 아귀세상, 아수라, 사람세상(사대주와 팔중주), 욕계의 천(여섯 곳)을 가리킨다.

둘째, '종기가 터지는'[皰裂] 추운나락. 셋째, 갈찰참嚩哳詀 추운나락. 넷째, 학학범郝郝凡 추운나락. 다섯째, 호호범虎虎凡 추운나락. 여섯째, '퍼런 연꽃'[靑蓮] 추운나락. 일곱째, '발간 연꽃'[紅蓮] 추운나락. 여덟째, '아주 벌건 연꽃'[大紅蓮] 추운나락.

이곳 (섬부주)에서 수직으로 '삼만 이천 유선나'[232,000km]를 내려가면 '모두 되살아나는'[等活] 큰나락에 이른다. 이 (모두 되살아나는 큰나락의 바다)에서 아래로 '사천 유선나'[29,000km] 씩 떨어져서 나머지 큰나락이 있다. 모두 되살아나는 큰나락과 (수평으로) 같은 위치에 처음의 (종기) 추운나락이 있다. 이 (종기 추운나락의 바다)에서 아래로 '이천 유선나'[14,500km] 씩 떨어져서 나머지 추운나락이 있다는 것을 알라. 그리고 아귀가 지내는 곳이 있고, 아수라[非天]가 지내는 곳이 있다. 동물은 사람, 천天과 같은 곳에서 지내므로 별개의 종류로 치지 않는다. 그리고 사대주四大洲와 팔중주八中洲가 있는데 앞서 설명한 것과 같다.

다음으로 욕계의 천天[219]은 여섯 곳이 있다. 첫째, 사대왕중천四大王衆天. 둘째, 삼십삼천三十三天. 셋째, 시분천時分天. 넷째, 지족천知足天. 다섯째, 낙화천樂化天. 여섯째, 타화자재천他化自在天. 그리고 마라천궁摩羅天宮은 타화자재천他化自在天에 포함되는데 높고 뛰어난 모습이다. 그리고 외딴나락[獨一那落迦]과 근처나락[近邊那落迦]이 있는데 큰나락[大那落迦], 추운나락[寒那落迦]의 근처이므로 별개의 종류로 치지 않는다. 인간 세상 가운데는 일부 외딴나락이 이루어질 수 있다. 예를 들어 마

---

219) 유가사지론의 천天은 두 가지 의미가 있다. 첫째, 유정들이 머무는 장소. 둘째, 그 장소에 머무는 유정. 경우에 따라 두 가지 가운데 하나의 의미로 사용하고 있다.

하목건련[maudgalyāyana: 取菉豆子] 존자가 말하기를, "나는 여러 유정이 불살라지고, 몹시 불살라지고, 두루 몹시 불살라져 온통 불타는 것을 보았다."라고 하였다. 이상과 같이 서른여섯 곳을 합해 욕계欲界라고 한다.

색계에는 열여덟 곳이 있다. 우선 범중천梵衆天, 범전익천梵前益天, 대범천大梵天은 각각 '낮은 종류'[軟品], '중간 종류'[中品], '높은 종류'[上品]의 초정려初靜慮를 수행[熏修]한 때문이다. 다음으로 소광천少光天, 무량광천無量光天, 극정광천極淨光天은 각각 낮은 종류, 중간 종류, 높은 종류의 제이정려第二靜慮를 수행한 때문이다. 다음으로 소정천少淨天, 무량정천無量淨天, 변정천遍淨天은 각각 낮은 종류, 중간 종류, 높은 종류의 제삼정려第三靜慮를 수행한 때문이다.

다음으로 무운천無雲天, 복생천福生天, 광과천廣果天은 각각 낮은 종류, 중간 종류, 높은 종류의 제사정려第四靜慮를 수행한 때문이다. 무상천無想天은 광과천廣果天에 포함되므로 별개의 종류로 치지 않는다. 또한 여러 성인이 머무는 각각의 '다섯 정궁'[五淨宮: 五淨居天]이 있다. 무번천無煩天, 무열천無熱天, 선현천善現天, 선견천善見天, 색구경천色究竟天이다. 이들은 각각 낮은 종류, 중간 종류, 높은 종류, '보다 높은 종류'[上勝品], '가장 높은 종류'[上極品]의 제사정려第四靜慮를 여러 가지로 수행한 때문이다. 또한 정궁淨宮보다 훌륭한 대자재주처大自在住處가 있는데 십지보살十地菩薩이 제십지第十地를 '극한까지 수행'[極熏修]한 까닭에 여기에 태어난다.

무색계는 네 곳이 있으나, 이들의 구체적인 모습은 없다.

<도표 1>

<욕계의 구조>

욕계	타화자재천他化自在天 (마라천궁摩羅天宮 포함)			동물세상
	낙화천樂化天			
	지족천知足天			
	시분천時分天			
	삼십삼천三十三天			
	사대왕중천四大王衆天			
	아수라궁전	사람세상	아귀세상	
	큰 나락	모두 되살아나는[等活]	추운 나락	종기[皰]
		검은 밧줄 [黒繩]		종기가 터지는[皰裂]
				갈찰참嘎哳詀
				학학범郝郝凡
		모두 함께 뭉개지는 [衆合]		호호범虎虎凡
				퍼런 연꽃[青蓮]
		울부짖는 [號叫]		발간 연꽃[紅蓮]
				아주 벌건 연꽃[大紅蓮]
		크게 울부짖는 [大號叫]		
		태우는 [燒熱]		
		심하게 태우는 [極燒熱]		
		쉴 새 없는 [無間]		

*도표상의 아래는 실제 공간상의 아래를 가리킨다.
*동물 세상은 동물의 활동영역이 아래로는 사람세상에서부터 위로는 타화자재천까지임을 나타낸다.

<도표 2>

<색계와 무색계의 구조>

무색계	비상비비상처非想非非想處		
	무소유처無所有處		
	식무변처識無邊處		
	공무변처空無邊處		
색계	제4정려	대자재주처大自在住處	
		다섯 정궁 五淨宮 五淨居天	색구경천色究竟天
			선견천善見天
			선현천善現天
			무열천無熱天
			무번천無煩天
		광과천廣果天(무상천無想天 포함)	
		복생천福生天	
		무운천無雲天	
	제3정려	변정천遍淨天	
		무량정천無量淨天	
		소정천少淨天	
	제2정려	극정광천極淨光天	
		무량광천無量光天	
		소광천少光天	
	제1정려	대범천大梵天	
		범전익천(梵前益天: 梵輔天)	
		범중천梵衆天	

*도표상의 아래는 실제 공간상의 아래를 가리킨다.
*무색계의 테두리선이 점선인 것은 무색계가 눈에 보이는 물리적 공간이 아님을 의미한다.

1.3 유정 크기量

유정 크기의 종류를 나누자면 우선 섬부주贍部洲 사람 몸의 크기는 서로 똑같지 않다. 키와 체격이 클 수도 있고, 키와 체격이 작을 수도 있다. 하지만 자기 가운데 손가락 끝에서 팔꿈치[肘]까지 길이의 세배 반 크기이다. 동쪽 비제하주毘提訶洲 사람 몸의 크기는 서로 같다. 자기 가운데 손가락 끝에서 팔꿈치[肘]까지 길이의 세배 반 크기인데, 키와 체격이 크다. 서쪽 구타니주瞿陀尼洲 사람은 동쪽 비제하주사람보다 키와 체격이 더 크고, 북쪽 구로주拘盧洲 사람은 서쪽 구타니주 사람보다 키와 체격이 더 크다.

사천왕중천에 머무는 이의 몸 크기는 '사분의 일 구로사拘盧舍'[227m]이다. 삼십삼천의 몸 크기는 사천왕중천에 머무는 이보다 '발의 폭'[足: pāda: 11.28cm][220] 하나 만큼 더 크다[약 227.1m]. 그리고 제석帝釋의 몸 크기는 '반 구로사'[454m]이다. 시분천時分天에 머무는 이의 몸 크기도 '반 구로사'[454m]이다. 나머지 욕계천 세 군데에 머무는 이는 시분천에 머무는 이보다 발의 폭 하나씩 점점 더 크다[즉, 지족천은 454.1m, 낙화천은 454.2m, 타화자재천은 454.3m].

다음으로 색계의 범중천에 머무는 이의 몸 크기는 '반 유선나'[3.63km]이다. 범전익천에 머무는 이의 몸 크기는 '일 유선나'[7.25km]이다. 대범천의 몸 크기는 '일 유선나 반'[10.88km]이다. 소광천에 머무는 이의 몸

---

220) 한 발의 폭을 가리키는 1pāda는 11.28cm이다.   Arun Kumar Upadhyay trans., 『Siddhānta-Darpaṇa』(1899 A.D.): English Translation with Mathematical Explainations and Notes, Vols. Ⅱ(Delhi: Nag Publishers, 1998), p. 29 참조.

크기는 '이 유선나'[14.5km]이다. 이 보다 위의 하늘에 머무는 이들의 몸 크기는 각각 아래보다 두 배씩 늘어난다.[221] 무운천에 머무는 이는 예외적으로 원래 계산보다 삼 유선나가 작다.

큰나락에 머무는 이의 몸 크기는 서로 똑같지 않다. 극도로 무거운 악불선업惡不善業을 짓고 키운 이는 광대한 몸을 이룬다. 다른 이들은 그렇지 않다. 추운나락, 외딴나락, 근처나락, 동물, 아귀도 큰나락과 같다. 여러 아수라의 몸 크기는 삼십삼천과 같다[약 227.1m]. 무색계는 보이는 것이 없으므로 그 몸의 크기도 없음을 알라.

1.4 유정 수명壽

유정 수명의 종류를 나누자면 우선 섬부주 사람의 수명은 서로 같지 않다. 이 사람들은 서른 밤낮을 한 달로 삼고, 열두 달을 한 살로 삼는다. 어떤 기간에는 수명이 무한하기도 하고, 어떤 기간에는 수명이 팔만 살이기도 하고, 어떤 기간에는 수명이 점점 줄어든 끝에 열 살이기도 하다. 동쪽 비제하 사람의 수명은 다 같이 이백오십 살이다. 서쪽 구타니 사람의 수명

---

221) 색계에 머무는 이들을 아래에서 위로 모두 열거하여 몸 크기를 유선나와 환산치수로 각각 적으면 다음과 같다. *초정려: 범중천[반 유선나: 3.63km], 범전익천[1유선나: 7.25km], 대범천[1.5유선나: 10.88km]. *제이정려: 소광천[2유선나: 14.5km], 무량광천[4유선나: 29km], 극광정천[8유선나: 58km]. *제삼정려: 소정천[16유선나: 116km], 무량정천[32유선나: 232km], 변정천[64유선나: 464km]. *제사정려: 무운천[125유선나: 906.25km], 복생천[256유선나: 1,856km], 광과천[512유선나: 3,712km], 무번천[1,014유선나: 7351.5km], 무열천[2,028유선나: 14,703km], 선현천[4,056유선나: 29,406km], 선견천[8,112유선나: 58,812km], 색구경천[16,224유선나: 117,624km], 대자재궁[32,448유선나: 235,248km].

은 다 같이 오백 살이다. 북쪽 구로주 사람의 수명은 다 같이 천 살이다.

사람세상의 오십 살은 사대왕중천四大王衆天의 하루 밤낮이다. 이 하루밤낮을 삼십일 해서 한 달로 삼고, 열두 달로 한 살을 삼는다. 이렇게 해서 여러 사대왕중천에서 지내는 무리의 수명은 오백 살[사람세상의 912.5만 살]이다. 그리고 사람세상 백 살은 삼십삼천三十三天의 하루 밤낮이다. 그 다음은 앞서 말한 것과 같다. 이렇게 해서 삼십삼천에서 지내는 무리의 수명은 '일천 살'[사람세상의 1,825만 살]이다. 이와 같이해서 나머지 타화자재천他化自在天까지 (욕계 육천)의 밤낮과 수명은 아래 단계보다 각각 두 배가 된다[즉, 시분천은 3,650만 살. 지족천은 7,300만 살. 낙화천은 1.46억 살. 타화자재천은 2.92억 살].

사천왕중천의 최대 수명은 모두 되살아나는 큰나락의 하루밤낮이다. 이 하루밤낮을 삼십일 해서 한 달로 삼고, 열두 달로 한 살을 삼는다. 이 큰나락에서의 수명은 오백 살[사람세상의 1.6조 살]이다. 사대왕중천의 수명을 모두 되살아나는 큰나락에 대해 환산하는 비율로 삼십삼천의 수명을 검은 밧줄 큰나락의 수명으로 환산한다[사람세상의 약 3.3조 살]. 또한 시분천의 수명을 모두 함께 뭉개지는 큰나락의 수명으로 환산한다[사람세상의 약 6.7조 살]. 또한 지족천의 수명을 울부짖는 큰나락의 수명으로 환산한다[사람세상의 약 13조 살]. 또한 낙화천의 수명을 크게 울부짖는 큰나락의 수명으로 환산한다[사람세상의 약 27조 살]. 또한 타화자재천의 수명을 태우는 큰나락의 수명으로 환산한다[사람세상의 약 53조 살]. 이러한 것을 알라.

심하게 태우는 큰나락 유정의 수명은 '반 중겁中劫'[사람세상 106조 살]이다. 쉴 새 없는 큰나락 유정의 수명은 '일 중겁中劫'[사람세상 212조 살]

이다. 아수라[非天]의 수명은 삼십삼천과 같다[사람세상 1,825만 살]. 동물[傍生], 아귀餓鬼의 수명은 서로 같지 않다.

추운나락[寒那落迦]은 큰나락[大那落迦]에 비해 차례대로 각각 수명이 반 쯤 된다는 것을[222] 알라. 그리고 근처나락[近邊那落迦]이나 외딴나락[獨一那落迦]에서 생명을 받은 유정은 수명이 일정하지 않다.

범중천의 수명은 '이십 중겁인 일 겁'[二十中劫一劫][223][사람세상 4,240조 살]이고, 범전익천의 수명은 '사십 중겁인 일 겁'[四十中劫一劫][사람세상 8,480조 살]이고, 대범천의 수명은 '육십 중겁인 일 겁'[六十中劫一劫][사람세상 약 1.3경 살]이다. 소광천의 수명은 '팔십 중겁인 이 겁'[八十中劫二劫][사람세상 약 1.7경 살]이다. 여기부터 위로 나머지 색계천의 수명은 아래에 비해 각각 두 배로 늘어난다. 무운천만 원래 수명 계산보다 삼 겁劫이 적다.[224]

---

222) 추운나락 유정의 수명을 위에서 아래로 모두 열거하고 각각 환산수치를 병기하면 다음과 같다. 여기서의 나이(살)는 모두 사람세상 기준이다. 종기[皰] 추운나락[약 8천억 살]. '종기가 터지는'[皰裂] 추운나락[약 1.7조 살]. 갈찰참嚄哳詀 추운나락[약 3.4조 살]. 학학범郝郝凡 추운나락[약 6.5조 살]. 호호범虎虎凡 추운나락[13.5조 살]. '퍼런 연꽃'[靑蓮] 추운나락[약 27조 살]. '발간 연꽃'[紅蓮] 추운나락[53조 살]. '아주 벌건 연꽃'[大紅蓮] 추운나락[106조 살].

223) 이 책 p.64 범천 세상의 수명의 양 계산 방식 참조.

224) 색계에 머무는 이들을 아래에서 위로 모두 열거하여 수명을 겁劫과 환산수치로 각각 적으면 다음과 같다. 여기서의 나이(살)는 모두 사람세상 기준이다. *초정려: 범중천[20중겁: 4,240조 살], 범전익천[40 중겁: 8,480조 살], 대범천[60 중겁: 약 1.3경 살]. *제이정려: 소광천[80 중겁: 약 1.7경 살], 무량광천[160 중겁: 약 3.4경 살], 극광정천[320 중겁: 약 6.8경 살]. *제삼정려: 소정천[640 중겁: 약 13.6경 살], 무량정천[1,280 중겁: 약 27.1 경 살], 변정천[2,560 중겁: 약 54경 살]. *제사정려: 무운천[5118.5 중겁: 약 109경 살], 복생천[10,237 중겁: 약 217경 살], 광과천[20,474 중겁: 약 434.8경 살], 무번천[40,948 중겁: 약

공무변처空無邊處의 수명은 '이만 겁劫'[사람세상 212경 살]이다. 식무변처識無邊處의 수명은 '사만 겁劫'[사람세상 424경 살]이다. 무소유처無所有處의 수명은 '육만 겁劫'[사람세상 636경 살]이다. 비상비비상처非想非非想處의 수명은 '팔만 겁劫'[사람세상 848경 살]이다. (그런데) 북쪽 구로주拘盧洲를 뺀 나머지 모든 곳에서는 원래 수명보다 적게 사는 일이 있다.

사람세상, 아귀세상, 동물세상에서는 잔재殘滓로 남는 몸이 있다. 천天과 나락에서는 식識과 함께 몸도 소멸하므로 잔재로 남는 몸이 없다.

1.5 받아씀受用

받아씀[受用]은 간략히 세 가지가 있다. 괴로움과 즐거움을 받아씀[겪음]. 음식을 받아씀[먹어서 자양분으로 씀]. 성욕[婬欲]을 받아씀[발휘함].

1.5.1 고락苦樂을 받아씀

즐거움과 괴로움을 받아씀(에서 우선 괴로움)을 말하자면, 나락 유정 대부분이 극한 벌로 다스리는 고통을 겪는다. 동물인 유정 대부분은 서로 잡아먹는 고통을 겪는다. 아귀인 유정 대부분은 극도의 굶주림과 목마름의 고통을 겪는다. 사람세상 유정 대부분은 불만족스러워하는 여러 가지 고통을 겪는다. 천계[天] 유정 대부분은 약해져 고민하고 죽어서 추락하는 고통을 겪는다.

868경 살], 무열천[81,896 중겁: 약 1,736경 살], 선현천[163,792 중겁: 약 3472경 살], 선견천[327,584 중겁: 약 6,944.8경 살], 색구경천[655,168 중겁: 약 1.4해 살], 대자재궁[1,310,336 중겁: 약 2.8해 살].

모두 되살아나는 큰나락에서는 다음과 같은 극한 벌로 다스려 고통을 겪는다. 이를테면 이 유정들이 대체로 함께 모은 업業의 힘이 만든 여러 가지 형구[苦具]가 차례로 만들어져 서로 해쳐 기절해서 땅에 쓰러진다. 그러면 공중에서 큰 소리가 들리기를, "모든 유정은 모두 되살아나라! 모두 되살아나라!"라고 한다. 그러면 이 유정들은 문득 도로 일어난다. 이제 다시 앞서 말한 형구로 서로 해친다. 이렇게 해서 오랜 기간 고통을 받는데, 전생에서 지은 모든 악불선업惡不善業의 대가를 다 치르지 않으면 빠져 나올 수 없기 때문에, 이 나락을 모두 되살아난다고 이른다.

검은 밧줄 큰나락에서는 대체로 다음과 같은 벌로 다스려 심한 고통을 겪는다. 이를테면 이 유정들은 대개 이 큰나락에 속한 옥졸獄卒에게 검은 밧줄로 사방, 팔방, 여러 가지 그림의 문양대로 묶인다. 그러면 옥졸들이 여러 장소로 몰고 다니며 이 유정들을 파고, 깍고, 찍고, 도려낸다. 이렇게 해서 오랜 기간 고통을 받는데, 전생에서 지은 모든 악불선업惡不善業의 대가를 다 치르지 않으면 빠져 나올 수 없기 때문에, 이 나락을 검은 밧줄이라고 이른다.

모두 함께 뭉개지는 큰나락에서는 대체로 다음과 같은 벌로 다스려 심한 고통을 겪는다. 이를테면 이 유정들은 때로는 점차 모여 함께 있게 된다. 이 때 이 큰나락에 속한 옥졸들이 몰아대 유정들을 쇠로 된 산양 머리 모양을 한 양편의 큰 산 사이로 들어가게 한다. 그들이 들어가고 나면 양편 산 사이를 좁힌다. 그러고 나면 모든 문으로 피가 흘러나온다. 양편의 쇠로 된 산양 머리모양이 이런 것처럼 양편의 쇠로 된 숫양 머리 모양, 양편의 쇠로 된 말 머리 모양, 양편의 쇠로 된 코끼리 머리 모양, 양편의 쇠로 된 사자 머리 모양, 양편의 쇠로 된 호랑이 머리 모양도 그렇다. 그러고 나면 유정들을 커다란 쇠로 된 술 빚는 그릇에 모이게 하여 사탕수수 눌러 짜듯 누르면 피가 흘러나온다. 그러고 나면 유정들을 쇠로 된 땅에 쓰러지게 하여 베고, 자르고, 찢고, 찢는다. 이리 되면 피가 흘러나온다. 이렇게 해서 오랜 기간 고통을 받는데, 전생에서 지은 모든 악불선업惡不善業의 대가를 다 치르지 않으면 빠져 나올 수 없기 때문에, 이 나락을 모두 함께 뭉개진다고 이른다.

　울부짖는 큰나락에서는 대체로 다음과 같은 벌로 다스려 심한 고통을 겪는다. 이를테면 이 유정들은 집을 찾아다니다가 커다란 쇠로 된 방에 들어가게 된다. 이들이 들어가자마자 불길이 일어나서 심하게 태우고 온통 심하게 태운다. 태워지면 고통이 극심해 울부짖는다. 이렇게 해서 오랜 기간 고통을 받는데, 전생에서 지은 모든 악불선업惡不善業의 대가를 다 치르지 않으면 빠져 나올 수 없기 때문에, 이 나락을 울부짖는다고 이른다.

　크게 울부짖는 큰나락에서 받는 고통은 이와는 차이가 있다. 그 방이 자궁[胎藏]처럼 생겨서 이 큰나락을 크게 울부짖는다고 이른다.

　태우는 큰나락에서는 대체로 다음과 같은 벌로 다스려 심한 고통을 겪는다. 이를테면 이 큰나락에 속한 옥졸이 여러 유정을 끝없는 유선나踰繕那 크기의 뜨겁고 아주 뜨거워 온통 불타는 프라이팬[鏊]에 놓아둔다. 그리고는 좌우로 돌리며 겉과 속을 태우고 지진다. 그리고 생선구이처럼 커다란 쇠꼬챙이로 아래서부터 꿰뚫어 정수리까지 나오게 한다. 이리저리 뒤집으며 구워 이 유정들의 몸, 모공, 입에서 모두 불꽃이 일어나게 한다. 다시 이 유정들을 뜨겁고 아주 뜨거워 온통 불타는 쇠로 된 땅에 놓아둔다. 엎었다 뒤집었다 하면서 뜨겁고 아주 뜨거워 온통 불타는 커다란 쇠몽둥이로 때리거나 다지면서 온통 때리고 다져 유정들을 고깃덩어리로 만든다. 이렇게 해서 오랜 기간 고통을 받는데, 전생에서 지은 모든 악불선업惡不善業의 대가를 다 치르지 않으면 빠져 나올 수 없기 때문에, 이 나락을 태운다고 이른다.

심하게 태우는 큰나락에서 받는 고통은 이와는 차이가 있다. 이를테면 세 갈래로 된 크고 뜨거운 쇠꼬챙이로 아래로부터 꿰뚫어 양 팔뚝과 정수리까지 나오게 한다. 이 때문에 눈, 귀, 코, 입과 모공에서 거센 불길이 흘러나온다. 그리고 뜨겁고 아주 뜨거워 온통 불타는 커다란 구리 쇳조각으로 온몸을 둘러싼다. 그러고 나서 잿물이 그득한 뜨겁고 아주 뜨거워 온통 불타는 커다란 쇠 가마솥에 거꾸로 던져 넣고는 달인다. 이 탕이 끓어 솟구치면 이 유정들이 탕을 따라 돌게도 하고, 솟게도 하고, 가라앉게도 하면서 피와 살, 가죽과 혈관이 문드러지게 한다. 뼈만 남게 되면 건져내어 걸러서 쇠로 된 땅 위에 놓아둔다. 유정의 가죽과 살, 피와 혈관이 다시 살았을 때처럼 되면 도로 가마솥에 넣는다. 나머지는 태우는 큰나락에서 설명한 것과 같다. 이렇게 해서 오랜 기간 고통을 받는데, 전생에서 지은 모든 악불선업惡不善業의 대가를 다 치르지 않으면 빠져 나올 수 없기 때문에, 이 나락을 심하게 태운다고 이른다.

쉴 새 없는 큰나락에서는 여러 유정이 다음과 같은 극한 벌로 다스려 고통을 겪는다. 이를테면 '백 유선나踰繕那[725km] 되는 뜨겁고 아주 뜨거워 온통 불타는 커다란 쇠로 된 땅에서 동쪽으로 부터 거센 불길이 다가온다. 그러고는 이 유정들을 찔러대 가죽을 뚫고 살로 들어가 힘줄을 끊고 뼈를 부수고 골수까지 관통해서 관솔불[脂燭]처럼 사른다. 이처럼 온몸이 다 거센 불길이 된다. 동쪽으로부터와 같이 남, 서, 북쪽으로부터도 이와 같이 한다. 이 때문에 여러 유정은 거센 불길에 섞여 사방에서 온통 불더

미만 보일 뿐이다. 쉴 새 없이 불길에 섞여 겪는 고통도 쉴 새가 없다. 고통에 찌든 비명으로 유정중생이 있는 줄 안다.

이번에는 뜨겁고 아주 뜨거워 온통 불타는 거센 불길이 오르는 쇳가루 숯을 쇠키[鐵箕]에 그득 채워 까불러 댄다. 그러고는 유정을 뜨거운 쇠로 된 땅 위에 놓아두고 커다랗고 뜨거운 쇠로 된 산에 오르게 한다. 오르게 되면 다시 아래로 내려왔다 오르게 한다. 그 입에서 혀를 빼내 수많은 못으로 혀를 늘여 박아 소가죽을 늘이듯 팽팽하게 한다.

그러고는 다시 뜨거운 쇠로 된 땅에 바로 눕혀 불타는 쇠 집게를 입에 물려 열게 하고는 뜨겁고 아주 뜨거워 온통 불타는 커다랗고 뜨거운 쇠구슬을 그 입에 넣는다. 이렇게 하면 입과 목구멍을 태우며 내장을 관통해 항문으로 나온다. 그리고 녹은 구리를 입에다 부으면 입과 목구멍을 태우며 내장을 관통해 항문으로 나온다. 나머지 고통은 심하게 태우는 큰나락과 같다. 이렇게 해서 오랜 기간 고통을 받는데, 전생에서 지은 모든 악불선업惡不善業의 대가를 다 치르지 않으면 빠져 나올 수 없기 때문에, 이 나락을 쉴 새 없다고 이른다. 대체로 이곳 유정들은 '무간에 떨어질 업'[無間之業][225]을 지어 이곳에 태어난 것이다. 지금은 다만 두드러진 형구[苦具]에 대해서만 간략히 설명한 것일 뿐 이 큰나락에 그 외 여러 가지 형구가 없다는 것은 아니다.

여러 근처나락[近邊]에서는 유정들이 다음과 같은 벌로 다스려 심한 고통을 겪는다. 이를테면 모든 큰나락에는 모두 사방으로 네 언덕과 네 문이 있는데 쇠 담장으로 둘러 싸여 있다. 사방의 네 문으로 나오면 문 밖 마다

---

225) 다섯 가지 무간업無間業: 유가사지론 제9권(대정장 30. p.318b19-27; 이 책 pp.307-308) 참조.

언덕이 있다.

　우선 불을 품은 잿더미가 무릎까지 차오르는 것이다. 여러 유정은 집을 구하러 나와 돌아다니다가 이곳에 이른다. 발을 디디면 가죽과 살, 그리고 피가 함께 문드러졌다가 발을 빼면 도로 살아난다.

　다음으로 이 불을 품은 잿더미 바로 옆에 시체 썩은 진창이 있다. 여러 유정은 집을 구하러 나와 점점 돌아다니다가 그 속에 머리부터 발까지 한꺼번에 빠진다. 시체 썩은 진창에는 양구타孃矩吒[226]라는 벌레가 수없이 많은데, 가죽을 뚫고 살로 들어가 힘줄을 째고 뼈를 부순 뒤 골수를 빨아 먹는다.

　다음으로 시체 썩은 진창 바로 옆에는 날카로운 칼로 날을 세워 길을 낸 곳이 있다. 여러 유정은 집을 구하러 나와 돌아다니다가 이곳에 이른다. 발을 디디면 가죽과 살, 근육과 피 할 것 없이 모두 문드러진다. 발을 빼면 원래대로 돌아간다. 그리고 칼날로 된 길 바로 옆에는 칼날잎사귀로 된 나무숲이 있다. 여러 유정은 집을 구하러 나와 점점 돌아다니다가 그 나무숲 그늘로 다가가 겨우 앉는다. 그러면 산들바람이 불어 칼날잎사귀가 떨어져 몸통과 팔다리의 뼈마디 모두를 찍어 끊는다. 곧 땅에 쓰러지면 검은 줄무늬 개가 있다가 척추와 뱃속까지 물어뜯어 씹어 먹는다. 그리고 칼날잎사귀로 된 나무숲 바로 옆에는 쇠로 된 설랍말리設拉末梨[227] 숲이 있

---

226) 유가론기 제2권상(대정장 42. p.338b10-11): 양구타孃矩吒, 이것은 '대소변 벌레'[糞尿蟲]라고 한다. 주둥이가 침과 같아서 '침주둥이 나오기'[鍼口出] 라고도 한다. 몸길이는 한 척尺, 몸은 희고 머리는 검다.　　孃矩吒者。此云糞尿蟲。如鍼故名鍼口出。身長一尺身白頭黑。

227) 설랍말리設拉末梨란 명주 솜나무(Silk-cotton tree: Ceiba pentandra)를 가리킨다. 유가론기 제1권하(대정장 42. p.329b13)에서는 설랍말리가 조각자皁角

다. 여러 유정이 집을 구하러 다가가 그 위로 오른다. 오를 때에는 모든 (가시같은) 칼끝이 아래로 돌아 향하고 내려 올 때에는 모든 칼끝이 위로 돌아 향한다. 이렇게 해서 몸통과 모든 팔다리 관절을 뚫고 찌르게 된다. 이때 쇠 부리를 한 큰 까마귀가 그의 머리나 어깨 위에 올라 눈알을 쪼아 씹어 먹는다.

다음으로 쇠로 된 설랍말리設拉末梨 숲 바로 옆에는 절절 끓는 잿물이 그득한 큰 강이 있다. 여러 유정은 집을 구하러 나와 이곳에 와 빠진다. 큰 가마솥에 넣은 콩처럼 거센 불길로 삶아져 잿물이 용솟음치면 빙빙 돈다. 양쪽 강둑에는 여러 옥졸이 손에 막대와 밧줄, 그리고 커다란 그물을 들고 줄지어 서 있다. 그 유정들을 막으며 못나오게 한다. 때로는 밧줄로 붙들기도 하고 그물로 거둬들여 커다랗고 뜨거운 쇠로 된 땅 위에 놓아둔 뒤, 그 유정들을 쳐다보며 묻는다. "너희들이 지금 필요한 게 무엇이냐?" 그러면 대답하기를, "우리는 지금 알 수 없으나 굶주림 때문에 괴롭습니다."라고 한다. 그러면 옥졸들은 즉시 쇠 집게를 입에 물려 열게 하고는 온통 불타는 쇠구슬을 그 입에 넣는다. 나머지는 '쉴 새 없는'[無間] 큰나락에서 설명한 것과 같다. 또는 그 유정이 대답하기를, "나는 지금 오직 목마름 때문에 괴롭습니다."라고 하면 옥졸은 즉시 녹은 구리를 입에 붓는다. 이렇게 해서 오랜 기간 고통을 받는데, 전생에서 지은 모든 악불선업惡不善業의 대가를 다 치르지 않으면 빠져 나올 수 없다. 여기까지 설명에서 칼날 세운 길, 칼날 잎사귀로 된 나무숲, 쇠로 된 설랍말리 숲은 하나로 치므로 네 언덕이 된다.

刺나무[중국주엽나무]와 비슷한데 중국에는 없다고 한다. 그리고 제2권상(대정장 42. p.338b13-14)에서는 이 나무에 가시가 많다는 점을 추가로 설명한다.

추운나락[寒那落迦]에 삶을 받아 태어나는 유정은 대체로 다음과 같이 아주 심하게 추운 고통을 겪는다. 이를테면 종기나락에서 삶을 받아 태어나는 유정은 극심한 추위에 얼어 온몸이 종기[瘡皰]처럼 오그라든다. 그래서 이 나락을 종기나락이라고 한다.

종기가 터지는 나락은 이와는 달라서 (온몸이) 종기가 짓물러 고름과 피가 흘러나와 주름이 잡히는 것처럼 된다. 그래서 이 나락을 종기가 터진다고 한다.

갈찰참嘎喋詀 나락, 학학범郝郝凡 나락, 호호범虎虎凡 나락은 이 나락 유정들의 신음소리가 달라서 붙인 이름이다. 퍼런 연꽃 나락에서는 유정들이 극심한 추위에 얼어 온몸 살 속에 퍼렇게 피가 맺힌다. 피부는 다섯, 여섯 갈래로 터진다. 그래서 이 나락을 퍼런 연꽃이라고 한다. 발간 연꽃 나락은 이와는 달라서 앞서의 퍼런 빛깔 단계가 지나 발갛게 변하면서 피부가 열 갈래 이상으로 터진다. 그래서 이 나락을 발간 연꽃이라고 한다. 아주 벌건 연꽃 나락은 이와는 달라서 유정들의 몸이 아주 벌겋게 되고 피부는 백 갈래 이상으로 터진다. 그래서 이 나락을 아주 벌건 연꽃이라고 한다.

외딴나락에 삶을 받아 태어나는 유정들은 각각 자기가 지은 업이 이룬 대가로 대체로 다음과 같은 큰 고통을 겪는다. 자세한 설명은 『길상문채녹두자경吉祥問採菉豆子經』에서와 같다. 그래서 이 나락을 외딴이라고 한다.

동물세상[傍生]에서는 서로 해친다. 예를 들자면 나약한 것은 강한 것에게 살해당한다. 이렇게 여러 가지 고통을 겪는다. 자유롭지 못해 남에게 부림을 당하고 대체로 채찍질을 당한다. 그리고 사람과 천天의 살림살이

도구가 된다. 이렇게 여러 가지 심한 고통을 겪는다.

아귀餓鬼세상은 세 가지가 있다. 첫째는 외계[外] 때문에 먹고 마시는 데 장애가 있다. 둘째는 몸[內] 때문에 먹고 마시는 데 장애가 있다. 셋째는 먹고 마시는 데 장애가 없다. 외계[外] 때문에 먹고 마시는 데 장애가 있다는 것이 무엇일까? 이 유정은 심하게 인색을 떨었기 때문에 아귀세상에 태어나 항상 굶주리고 목마른다. 가죽과 살, 그리고 피와 혈관은 모두 장작[火炭]처럼 비쩍 말랐다. 머리카락은 흐트러지고 얼굴은 시커멓고 입술은 바싹 타 항상 혀로 입 주변을 핥아 댄다. 굶주리고 목말라 허둥지둥 여기저기로 달려가지만 도착한 샘이나 연못에는 다른 유정들이 칼, 막대기 그리고 밧줄을 들고 줄지어서 지키기 때문에 더 이상 다가갈 수 없다. 억지로 다가가면 샘물이 고름이나 피로 변해 저절로 마시고 싶지 않게 된다. 이 같은 아귀를 외계[外] 때문에 먹고 마시는 데 장애가 있다고 한다.

몸[內] 때문에 먹고 마시는 데 장애가 있다는 것이 무엇일까? 이 유정은 입 모양이 바늘 같기도 하고, 횃불 같기도 하다. 목에 혹이 붙어 있는데다 배는 큰 경우도 있다. 이래서 음식을 얻는 데 장애가 없다 하더라도 저절로 먹거나 마실 수가 없다. 이 같은 아귀를 몸[內] 때문에 먹고 마시는 데 장애가 있다고 한다.

먹고 마시는 데 장애가 없다는 것이 무엇일까? '거센 불꽃'[猛焰鬘]이라고 하는 어떤 아귀는 먹고 마신 것마다 불탄다. 이래서 굶주리고 목마른 고통이 잠시라도 멈춰본 적이 없다. 그리고 '똥이나 악취 나는 것 먹기'[食糞穢]라고 하는 어떤 아귀는 어떤 경우에는 똥과 오줌을 먹고 마신다. 어떤 경우에는 아주 진저리칠 만한 악취가 나는 날것, 익은 것만 먹고 마실 수 있다. 이 경우 향기롭고 좋은 것을 얻었다 하더라도 먹지 못한다. 어떤 경우에는 자기 살을 잘라 먹는다. 이 경우 다른 음식을 얻었다 하더라도 먹지 못한다. 이 같은 아귀들을 먹고 마시는 데 장애가 없다고 한다.

사람세상에 삶을 받아 태어나는 유정들은 대체로 다음과 같이 '불만족스러워하는 고통'[匱乏之苦]을 겪는다. 이를테면 선천적으로 굶주리고 목말라서 불만족스러워하는 고통. 바라는 결과를 내지 못해서 불만족스러워하는 고통. 거친 음식에 불만족스러워하는 고통. 간절히 추구해야 겨우 소유해서 불만족스러워하는 고통. 시절이 바뀌면서 춥거나 더워서 불만족스러워하는 고통. 집처럼 가려주는 곳이 없거나 있다하더라도 장마에 새서 불만족스러워하는 고통. 사리분별을 못해 하던 사업이 휴·폐업하게 되어 불만족스러워하는 고통. 아울러 (모습이) 변하여 나약해져 늙어 병들고 죽는 고통을 겪는다.

나락에서는 죽음을 즐거움으로 삼기 때문에 이 세상에서는 고통이라고 하지 않는다.

(욕계에 속한) 천계[天趣]에서는 뼈마디가 흩어지는 고통을 겪지 않고 죽어서 떨어지는 고통을 겪는다.

경經에서 설명한 것과 같이 천자(天子: 천계에 머무는 이)가 죽을 때가 되면 다섯 가지 모습이 먼저 나타난다. 첫째, 때 타지 않던 옷에 때가 탄다. 둘째, 시들지 않던 머리 꽃장식이 시든다. 셋째, 양 겨드랑이에서 땀이 흐른다. 넷째, 몸에서 악취가 난다. 다섯째, 천계[天]나 천자天子나 본래 자리를 좋아하지 않는다.

이때 그 천자가 숲에서 쉬고 있는데도 시녀[婇女]들이 다른 천자와만 즐긴다. 이 모습을 보고는 크게 근심하는 고통을 겪는다. 그리고 업신여김을 당하고 매우 두려워하는 고통을 겪는다. 왜 그러냐면 커다란 복을 이루고

제 3 유심유사지등삼지有尋有伺等三地 159

커다란 다섯 가지 욕망을 소유한 천자가 태어날 때에는 다른 복이 다해가는 오래된 천자들이 보고서 두려워하기 때문이다. 이렇게 크게 근심하는 고통을 겪는다.

또한 잘리고 부서지고 내몰리고 해코지 당하는 고통을 겪는다. 왜 그러냐면 천天과 아수라[非天]가 서로 전쟁을 할 때에는 서로 금金·은銀·수정水精·에메랄드[綠柱石] 등으로 된 네 가지 무기를 들고 싸운다. 이때 여러 천과 아수라들은 팔다리의 뼈마디가 잘리기도 하고, 몸통이 부서지기도 하고 죽기도 한다. 몸이 상하고 뼈마디가 잘린 경우에는 도로 전처럼 되지만 머리가 잘린 경우에는 죽는다. 천과 아수라는 서로 상대방을 이기는 경우가 있는데 천의 힘이 강해서 대부분 이긴다. 그런데 그 둘 가운데 아수라가 이기면 천은 자기 궁전으로 돌아오는데 다른 천들은 끝내 위로하지 않는다. 이 때문에 근심을 품는다. 만일 천이 이기면 아수라의 궁전에 들어가 그 시녀들과 즐기려고 이 전쟁을 일으킨 것이다. 만일 아수라가 이기면 천의 궁전에 들어가 네 가지 신주(神酒: 蘇陀: sudhā)의 맛을 보려고 서로 전쟁을 하는 것이다.

모든 아수라는 천계[天趣]에 속한다는 것을 알라. 그렇지만 대체로 속여 어지럽히려 하고, 알랑대 홀리려고 하기 때문에, 여러 천처럼 정법淨法을 수행할 도량이 되지 못 한다. 이래서 어떤 경經에서는 아수라를 다른 세상이라고 설명하지만, 실은 천의 부류인데 여러 하늘의 규범[法]을 행하지 않기 때문에 비천非天이라고 한다. 그리고 어떤 강력한 천자가 한번 성을 내면 약한 천자들은 내몰려 자기 궁전에서 나온다.

이처럼 천은 세 가지 고통을 겪는다. 죽어서 떨어지는 고통. 업신여김을 당하는 고통. 잘리고 부서지고 해코지 당하고 내몰리는 고통.

색계, 무색계 유정은 이 같은 고통이 없다. 그 유정은 고통을 느낄 도량이 아니기 때문이다. 하지만 '번뇌에 결박되어 있는'[麁重] 고통 때문에 그에게 고통이 있다고 설명한다. 번뇌가 있고, 장애가 있고, 죽음과 머무름에 자유롭지 못하기 때문이다.

'번뇌가 없는 영역'[無漏界]에는 모든 '번뇌에 결박되어 있는'[麁重] 고통이 영원히 끊어진다. 이 때문에 이를 '뛰어난 즐거움'[勝義樂]이라고 한다. 다른 모든 데에는 고통이 있는 것을 알라.

네 가지 나락에는 '즐거운 느낌'[樂受]이 없다. 세 가지 아귀세상도 나락과 마찬 가지이다. '강력한 아귀'[大力鬼]나 동물[傍生], 사람은 외부에서 비롯한 살림살이의 즐거움을 이룰 수 있다. 그렇지만 여러 고통이 섞여 있다. 사람세상에서는 전륜왕轉輪王의 즐거움이 가장 훌륭하다. 전륜왕이 세상에 출현할 때에는 그가 이루어 낸 칠보七寶가 저절로 출현하기 때문에 그 왕은 칠보를 갖추었다고 설명한다. 칠보가 무엇이냐면 '수레 보배'[輪寶], '코끼리 보배'[象寶], '말 보배'[馬寶], '옥구슬 보배'[末尼珠寶], '여자 보배'[女寶], '재무담당 신하 보배[主藏臣寶], '병사담당 신하 보배'[主兵臣寶]이다. 이때 수레 보배 등이 출현할 때의 모습은 경經에서 자세히 설명한 것과 같다.

'네 주'[四洲]를 다스릴 전륜왕인 경우에는 모든 소국의 왕이 전륜왕의 모습을 우러러만 보고서도 순순히 교화되어 스스로 말하기를, "제 성과 마을은 대왕의 소유입니다. 대왕께서는 은혜를 베풀어 명령을 내려 주십시오. 우리는 모두 대왕의 하인입니다."라고 한다. 그러면 전륜왕은 즉시 명령을 내리기를, "너희들 모든 왕은 각자의 영역에서 이치에 맞게 권장하고 교화하라. '규범에 맞게'[如法] 주관하고 규범에 맞지 않는 것은 금지하라. 그리고 너희들은 나라에서나 가정에서 규범에 맞지 않는 행동을 해서는 안 되며 불평등한 행동을 해서는 안 된다."라고 한다. 다음으로 세 주를 다스릴 전륜왕인 경우에는 먼저 사신을 보내고서야 교화된다. 두 주를 다스릴 전륜왕인 경우에는 군대를 일으켜 그 위세를 보인 후에야 교화된다. 한 주를 다스릴 전륜왕인 경우에는 왕 스스로 가서 저들에게 창과 칼을 휘두른 후에야 교화된다.

(욕계에 속한) 천天들은 막대한 부유함과 즐거움을 누리고 그 모습은 훌륭하며 여러 가지 알맞은 기쁨이 많다. 자기 궁전에서 오래 머무를 수 있다.

우선 그들 몸의 안팎은 모두 깨끗해서 악취가 나지 않는다. 사람 몸은 깨끗지 못한 것이 많다. 예를 들어 지저분한 근육과 골격, 지라, 콩팥, 심장, 간이다. 이것이 천에게는 없다. 그리고 천들에게는 금·은·수정水精·에메랄드로 만들어진 네 가지 궁전이 있다. 여러 가지 무늬로 장식한 여러 가지 '높은 평지에 지은 건물'[臺閣], 여러 가지 망루[樓觀], 여러 가지 층계, 여러 가지 창문, 여러 가지 장식용 그물은 모두 사랑스럽고 즐겁다. 여기에 여러 가지 옥[末尼]을 '오려 붙여서'[綺鈿] 두루 빛나 모두 서로 비춘다.

음식나무[食樹]에서는 푸르고, 노랗고, 붉고, 흰 네 가지 음식 맛이 나는 신주(神酒: 蘇陀: sudhā)가 솟아 나온다. 음료나무에서는 감미로운 음료수가 흘러나온다. 탑승물나무에서는 '큰 수레'[車], '작은 수레'[輅], '작은 가마'[輦], '큰 가마'[輿] 등 여러 가지 훌륭한 탑승물이 생겨 나온다.

옷나무에서는 여러 가지 훌륭한 옷이 생겨 나온다. 이 옷은 부드럽고 색깔이 산뜻한 데 여러 가지 무늬로 사이사이 장식되어 있다. 장신구나무에서는 옥으로 된 '새김이 있는 팔장신구'[臂印], 귀고리, 팔찌[環釧], 그리고 손발장신구 등 여러 가지 훌륭한 장신구가 생겨 나온다. 이것들은 모두 여러 가지 훌륭한 옥구슬[末尼寶: maṇi]로 사이사이 장식한 것이다. 사르는 향·꽃장식 나무에서는 여러 가지 바르는 향, 사르는 향, 꽃장식이 생겨 나온다.

가장 훌륭한 것은 많이 모일 수 있는 나무이다. 그 뿌리는 깊고 단단해서 '오십 유선나'[362.5km]이고, 몸체의 높이는 '백 유선나'[725km] 솟았고, 가지와 잎은 주위 '팔십 유선나'[580km]를 덮는다. 여러 가지 꽃이 피면 그 향기는 바람을 따라 '백 유선나'[725km]를 풍기고 바람을 거슬러서는 '오십 유선나'[362.5km]를 풍긴다. 이 나무 아래서 삼십삼 천天들이 우기雨期 넉 달 동안 하늘의 훌륭한 '다섯 가지 욕망'[五欲]을 함께 즐긴다.

웃고·노래하고·춤추며·즐기는 나무에서는 여러 가지 웃고, 노래하고, 춤추는 데 쓰이는 악기가 생겨 나온다. 살림살이 나무에서는 주방도구나 앉고 눕는 데 필요한 도구 등 여러 가지 살림살이가 생겨 나온다. 이 살림살이는 여러 천天이 쓰려고 할 적이면, 바라는 대로 이루어져 용도에 따라 손에 나타난다.

여러 아수라는 적절하게 여러 가지 궁전의 부유함과 즐거움을 받아쓴다는 것을 알라.

북쪽 구로주拘盧洲에는 맘대로[如意]라는 나무가 있다. 여러 사람이 바라는 살림살이를 나무로부터 얻는데, 생각하지 않아도 필요하면 저절로 손에 있게 된다. 또한 뿌리지 않아도 거두는 메벼[秔稻]가 있어서 내 것이 따로 없다. 이들은 속박이 없어서 반드시 '(위 단계로) 올라간다'[勝進].

천제석(天帝釋: 帝釋天: indra)이 소유한 보승전普勝殿은 여러 전각 가운데 가장 훌륭하다. 그곳에는 망루[樓觀] 백 채가 부속되어 있고, 망루마다 '높은 평지에 지은 건물'[臺閣] 백 채가 부속되어 있고, 높은 평지에 지은 건물마다 방이 일곱 개가 있고, 방마다 천녀天女 일곱 명이 머물고, 천녀마다 시녀侍女 일곱이 있다.

여러 하늘에 있는 땅은 평평하기가 손바닥처럼 고르다. 신발을 대면 편안한데, 발을 디딜 때에는 무릎까지 빠지고 발을 들 때에는 발을 따라 도로 올라온다. 그 위에는 항상 저절로 만다라꽃[曼陀羅華: maṇḍala]이 덮여있다. 때때로 산들바람이 시든 꽃을 불어내고 새 꽃을 끌어 온다.

천제석의 궁전의 사면에는 각각 큰 거리가 있다. 그 모양과 규격이 볼 만한데 깨끗하고 단정하게 길이와 넓이가 정돈되어 있다. 사면으로 네 문이 있는데 규모가 굉장하고 모습이 희한하다. 보고 있으면 싫증이 안 날 정도로 그 모습이 훌륭하다. 다양한 종류로 훌륭한 모습을 한 약차(藥叉: yakṣa)들이 항상 지키고 있다.

사면으로 동산 네 곳이 있다. 첫째, 궤거繢車. 둘째, 추삽麁澁. 셋째, 화잡和雜. 넷째, 희림喜林이라고 한다. 네 동산 밖으로는 뛰어난 평지 네 곳이 있다. 색깔이 훌륭하고 모습이 볼 만하여 비할 데 없이 단정하다.

그 궁전의 동북쪽 모퉁이에는 선법善法이라고 하는, 천天들이 모이는 곳이 있다. 여러 천은 이곳에 들어가 '훌륭한 의미'[妙義]를 생각하고, 헤아리고, 살핀다. 이 정원 옆으로 가까이에는 맘대로[如意]라는 바위가 있다. 연노란 색에 재질이 뛰어난데 모습이 볼 만하여 비할 데 없이 단정하고 화려하다.

천의 몸은 저절로 빛이 나는데, 어두운 모습이 나타나면 낮이 가고 밤이 오고 있음을 알 수 있다. 천의 훌륭한 다섯 가지 욕망을 즐기다가 나른해져 잠들면 다양한 새들도 지저귀지 않는다. 이러한 모습으로 밤과 낮임을 드러낸다.

이 천들의 뛰어난 다섯 가지 욕망은 사랑스럽고 즐길만하여 오직 기쁨과 즐거움만 일어난다. 이들은 언제나 제멋대로 노는 것이 지속된다. 언제나 여러 가지 노래하고 춤추는 소리, 즐겁게 북 두드리는 소리, 희롱하여 놀리는 말, 웃는 농지거리 소리를 듣는다. 언제나 즐거운 모습을 보고, 언제나 뛰어난 향香만 맡고, 언제나 좋은 것만 맛본다. 언제나 하늘 시녀[婇女]들의 뛰어난 피부 감촉을 느낀다. 언제나 이런 즐거움에 마음이 끌리며 시절을 보낸다.

이 천들은 대체로 이와 같은 뛰어난 욕망의 즐거움을 느끼면서도 언제나 병에 걸리지도 않고 약해지거나 늙지도 않는다. 음식 등 불만족과 더불어 만들어지는 고통이 없다. 앞서 설명한 것처럼 사람세상에는 여러 '불만족스러워하는 고통'[匱乏之苦]이 있다.

색계色界 가운데 초정려지初靜慮地에 삶을 받아 태어나는 여러 천天은 이 영역에서 '욕계를 떠난 기쁨과 즐거움'[離生喜樂]을 느낀다. 제이정려지第二靜慮地의 여러 천은 '선정에서 비롯된 기쁨과 즐거움'[定生喜樂]을 느낀다. 제삼정려지第三靜慮地의 여러 천은 '기쁨에서 떠난 훌륭한 즐거움'[離喜妙樂]을 느낀다. 제사정려지第四靜慮地의 여러 천은 '평정한 생각이 청정하고 고요하여 움직임이 없는 편안함'[捨念淸淨寂靜無動之樂]을 느낀다. 무색계無色界의 여러 천은 '아주 고요하여 벗어난 편안함'[極寂靜解脫之樂]을 느낀다.

여섯 가지가 두드러져[殊勝] 괴로움,[228] 즐거움이 두드러진다는 점을 알

---

228) 유가론기 제2권상(대정장 42. p.339a14-15): (여섯 가지가 두드러진다는 설명

라. 첫째, 몸 크기[形量]가 두드러진다. 둘째, 연약함[柔軟]이 두드러진다. 셋째, 조건[緣]이 두드러진다. 넷째, 시간이 두드러진다. 다섯째, 마음이 두드러진다. 여섯째, 근거[所依]가 두드러진다.

왜 그러냐면 몸이 점점 계속 커지면 이러저러한 고통이 계속 두드러진다. 몸[依止]이 점점 계속 연약해지면 이러저러한 고통이 계속 두드러진다. 고통의 조건이 점점 강해지고 종류가 많아지면 이러저러한 고통이 계속 두드러진다. 시간의 간격이 점점 틈이 없어지면 이러저러한 고통이 계속 두드러진다. 마음이 구분하는[簡擇] 힘이 점점 없어지면[229] 이러저러한 고통이 계속 두드러진다. 근거인 '괴로움의 그릇'[苦器]이 점점 늘어나면[230] 이러저러한 고통이 계속 두드러진다. 즐거움이 두드러지는 내용도 고통이 두드러지는 경우와 서로 대응시켜 자세히 설명할 수 있다는 것을 알라.

즐거움은 두 가지이다. 첫째, 비성재(非聖財: 깨달음을 추구하지 않는 재산)[231]에서 나는 즐거움. 둘째, 성재(聖財: 깨달음을 추구하는 재산)에서

    에서) 그 의미는 지옥의 맨 위층에서 아래층에 이르기까지 고통이 두드러지게 전개됨을 드러내는 것이다.　　意顯地獄從上至下苦轉殊勝。
229) 유가론기 제2권상(대정장 42. p.339a15-16): 무간택無簡擇이란 것은 자기의 업을 모르고 도리어 옥졸에게 화를 내는 것이다. 어리석음이 전개되기 때문이다.　　言無簡擇者。不知己業翻瞋獄卒。展轉癡故。
230) 유가론기 제2권상(대정장 42. p.339a16-17): 고기점증苦器漸增이란 혜경惠景 논사에 의하면 악업은 괴로운 결과의 기반이다. (그래서) 괴로움의 그릇이라고 한다. (그)업이 늘고 줆에 따라 괴로움도 늘고 줄기 때문이다.　　苦器漸增者。景云。惡業是苦報依處。名爲苦器。由業增減苦亦增減。
231) 유가론기 제2권상(대정장 42. p.339b2-4): 여러 선善이 이룬 삼계의 이숙(과)이되 세상을 벗어나려하지 않으면 비성재라고 한다. 세상을 벗어나려는 삼계 모두의 선, 그리고 결박되지 않은 법을 성재라고 한다.　　諸善所感三界異熟

나는 즐거움.

비성재非聖財에서 나는 즐거움이란 네 가지 살림살이에서 나온다. 첫째, 기쁘게 하는 살림살이. 둘째, 기르는 살림살이. 셋째, 깨끗한 살림살이. 넷째, 유지시키는 살림살이.

구체적으로 기쁘게 하는 살림살이란 수레·의복·장신구·노래·춤·바르는 향·머리 꽃 장식·여러 가지 아주 훌륭한 가지고 노는 악기, 등불을 밝히고 남녀가 서로 의지하며 돌기, 여러 가지 '임신하는 방법'[庫藏]이다. 다음으로 기르는 살림살이란 '무심하게 굴리는 돌'[無尋思輪石]²³²⁾을 이른다. 두드리고, 잘게 두드리고, 밟고, 주무르고, 문지르는 것이다. 다음으로 '깨끗한 살림살이'[淸淨資具]²³³⁾란 길상초吉祥草, 빈라과頻螺果,²³⁴⁾ 나패(螺貝: 소라)를 '옹기에 채우는 것'[滿瓮]이다. 다음으로 유지시키는 살림살이란 음료와 식품이다.

不順出世名非聖財。順出世善三界一切及不繫法皆名聖財。

232) 유가론기 제2권상(대정장 42. p.339a21-23): 무심사륜석無尋思輪石이란 추구하거나 찾는 마음이 없이 바퀴처럼 굴리는 돌이다. (이 돌로) 몸을 두드리고, 잘게 두드리고, 밟고, 주무르고 해서 몸이 좋아지게 하는 것이다. 이는 인도의 문지르는[按摩] 방법이다.　　無尋思輪石等者。謂無推求尋思之心以輪轉石。槌打築蹋其身令身滋長。此是西國按摩之法。

233) 유가론기 제2권상(대정장 42. p.339a23-26): 길상초吉祥草 등이란 인도에서는 도인이 유행遊行할 때 길상초, 빈라과, 소라를 가득 채워 행인에게 선물한다. 이 상서로운 물건으로 상서로운 모습을 보여준다. (그래서) 깨끗한 살림살이라고 한다.　　吉祥草等者。西國道人行時。以吉祥草或以頻螺果或螺貝。或滿充盛物以贈行人。以此吉物以表吉祥相。名清淨資具。

234) 유가론기 제2권상(대정장 42. p.339a26-27): 빈라과頻螺果란 빈바과頻婆果이다. 혜경惠景 논사에 의하면 그 생김새가 탱자와 비슷한데 그 속의 (자잘한) 주머니 (같은 조직들) 속은 울금[강황] 같이 (샛노란) 색깔이다.　　頻螺果者頻婆果也。景云。其形似枳。其中囊內如欎金色。

성재聖財에서 나는 즐거움이란 일곱 성재에서 나온다. 무엇이냐면 첫째, 믿음[信]. 둘째, 계戒. 셋째, '(자신에게) 부끄러움'[慚]. 넷째, '(남에게) 부끄러움'[愧]. 다섯째, 듣기[聞]. 여섯째, 평정[捨]. 일곱째, 추리선택[慧].

성재와 비성재에서 나는 즐거움의 상태는 열다섯 가지로 서로 구별된다. (첫째) 비성재에서 나는 즐거움은 악행을 저지를 수 있다. 하지만 성재에서 나는 즐거움은 훌륭한 행을 일으킨다. (둘째) 비성재에서 나는 즐거움은 죄 짓는 기쁨·즐거움과 관련한다. 하지만 성재에서 나는 즐거움은 죄 없는 기쁨·즐거움과 관련한다. (셋째) 비성재에서 나는 즐거움은 근거[네 가지 살림살이]가 보잘 것 없고, 불만족스러운 것이다. 성재에서 나는 즐거움은 근거[신信부터 혜慧까지]가 크고, 만족스러운 것이다. (넷째) 비성재에서 나는 즐거움은 외부 조건에 의하니까 언제나 있는 것이 아니다. 하지만 성재에서 나는 즐거움은 스스로가 조건이어서 언제나 있다.

(다섯째) 비성재에서 나는 즐거움은 욕계에만 있지 모든 영역[地]에 있는 것이 아니다. 하지만 성재에서 나는 즐거움은 삼계三界에 결박되어 있는 경우뿐만 아니라 그 결박에서 벗어난 경우도 공통이어서 모든 영역에 있다. (여섯째) 비성재에서 나는 즐거움은 후세(後世: 내생)의 성재·비성재를 유도하여 발생시킬 수 없다. 하지만 성재에서 나는 즐거움은 후세의 성재·비성재를 유도하여 발생시킬 수 있다.

(일곱째) 비성재에서 나는 즐거움은 받아쓸 때 한도가 있다. 하지만 성재에서 나는 즐거움은 받아쓰면 쓸수록 커지고 가득 찬다. (여덟째) 비성재에서 나는 즐거움은 왕, 도적, 물, 불 등에게 빼앗긴다. 하지만 성재에서 나는 즐거움은 빼앗을 수 없다. (아홉째) 비성재에서 나는 즐거움은 금세(今世: 지금생)에서 후세로 가져갈 수 없다. 하지만 성재에서 나는 즐거움

은 금세에서 후세로 가져갈 수 있다. (열째) 비성재에서 나는 즐거움은 받아쓸 때 만족할 수 없다. 하지만 성재에서 나는 즐거움은 받아쓸 때 완전히 만족한다.[235]

비성재에서 나는 즐거움엔 (열한째) 두려움이 있고, (열두째) 원수로 대하는 것이 있고, (열셋째) 횡액이 있고, (열넷째) 애타는 괴로움이 있고, (열다섯째) 후세(에 겪을) 큰 고통을 없앨 수 없다. (이 가운데) 두려움이 있다는 것은 (비성재에서 나는 즐거움이) 장차 생길 고통에 대한 두려움의 기반이기 때문이다. 원수로 대하는 것이 있다는 것은 고소와 다툼의 기반이기 때문이다. 횡액이 있다는 것은 늙고, 병들고, 죽는 것의 기반이기 때문이다. 애타는 괴로움이 있다는 것은 이 즐거움의 성격이 진실한 것이 아니어서 옴, 한센병 (등 전염성 피부병)처럼[236] '이치에 맞지 않는 전도된'[虛妄顚倒] (견해의) 기반이기 때문이다. 아울러 울며 탄식하고 근심하는 등 여러 가지 애타는 괴로움의 기반이기 때문이다. 후세(에 겪을) 큰 고통을 없앨 수 없다는 것은 탐냄, 분노 등 근본번뇌[本惑]와 수번뇌[隨惑]

---

235) 유가론기 제2권상(대정장 42. p.339b8-9): 열째, 만족·불만족에서 만족이란 (성문, 독각, 보살 등) 삼승의 무학도가 완성되는 것을 이른다.　十足不足。足謂三乘無學道滿。

236) 유가론기 제2권상(대정장 42. p.339b11-13): '애타는 괴로움이 있다'[有燒惱]는 설명가운데 옴, 한센병 (등 전염성피부병) 같다(는 비유의 의미)는 옴을 앓고 있을 때 괴로움이 심해져 (오히려) 즐거움이 생기는데, (이는) 즐거움과 비슷하지만 실은 괴로움이라는 것이다. 이치에 맞지 않게 즐거운 생각이 나는 것이다. 세상의 즐거움도 마찬가지이다. (또한) 한센병은 균이 파고들어 이치에 맞지 않게 즐거운 느낌이 나는 것이다. 부귀도 마찬가지이다.　有燒惱中如疥癩病者。如患疥時悶極生樂。似樂實苦。妄生樂想。世樂亦然。癩爲蟲鑽妄生樂覺。富貴亦爾。

의 기반이기 때문이다. 하지만 성재에서 나는 즐거움엔 두려움이 없고, 원수로 대하는 것이 없고, 횡액이 없고, 애타는 괴로움이 없고, 후세(에 겪을) 큰 고통을 없앨 수 있다. 비성재에서와는 각각 반대임을 알라.

외계에 '욕망이 있는 이'[有欲者]는 (다섯 가지) 욕망을 받아쓰고, '깨닫는 지혜를 생활로 삼는 이'[聖慧命者]는 정법(正法: 바른 교법)을 받아쓴다. (그) 상태에 다섯 가지 차이가 있기 때문이다. 이 때문에 깨닫는 지혜를 생활로 삼는 이는 최고로 지혜로운 생활을 해서 깨끗하게 살아간다고 한다. 다섯 가지가 무엇이냐면 첫째, 정법을 받아쓰는 이는 번뇌에 물들지 않는다. 둘째, 정법을 받아쓰는 이는 끝까지 마친다. 셋째, 정법을 받아쓰는 이는 꾸준히 안정된다. 넷째, 정법을 받아쓰는 이는 다른 (길, 즉 외도의) 지혜를 생활로 삼는 이와는 함께하지 않는다. 다섯째, 정법을 받아쓰는 이는 진실한 즐거움이 있고 마라(摩羅: 魔羅)를[237] 굴복시킨다.

위의 설명 가운데 욕망을 받아쓰는 이에게 있는 욕망의 즐거움은 애착 때문에 기쁜 곳을 따른다. 그리고 분노 때문에 근심스러운 곳을 따른다.

---

[237] 유가사지론 제4권(대정장 30. p.294c25-26; 이 책 p.142)에서 보이듯이 마라의 천궁은 타화자재천에 속해있다. 즉, 마라는 욕계의 천天이다. 유가사지론 제29권(대정장 30. p.447c15-448b4)에서는 마魔를 네 가지로 나누어 설명하고 있다. 오취온五取蘊, 번뇌, 죽음, 천마(天魔: 天子魔)이다. 이 가운데 천마가 마라이다. 이는 욕계의 타화자재천에 머무는데 깨달음을 이루려고 열심히 수행하는 이를 자기 신통력으로 방해한다. 그래서 수행하는 이는 결국 실패하기도 하고 오랜 고난 끝에 생사를 벗어나기도 한다. 한편 네 가지 '마라의 일'[魔事]은 매우 다양하다. 예를 들자면 소유한 것에 대한 애착. 수행자가 모습[相]에 집착하기. 식탐. 수면욕. 성욕. 세상사에 홀리기. 부처님 교법에 의심을 품기. 수행 중에 드는 공포감과 허깨비에 의한 유혹. 재물욕, 명예욕, 지나친 욕망으로 인한 불만족, 원한, 숨김, 괴로움, 속임, 출가자로서 외양을 치장하는 데 집착하기 등이다.

지혜롭게 선택하지 않는 무심함 때문에 무심한 데를 따른다. 깨닫는 지혜를 생활로 삼는 이는 정법을 받아쓰기 때문에 이와는 다르다.

모든 욕망이 있는 이는 욕망을 받아쓴다. (하지만 욕망은) 아득한 옛날부터 무상하기 때문에, 이 욕망을 버리고 다른 욕망을 부려도 도무지 한순간도 이루는 게 없다. 깨닫는 지혜를 생활로 삼는 이는 이와는 다르다.

욕망을 받아쓰는 이는 이 대상에 한번 기쁨과 애착을 일으키면 한번은 근심과 분노를 일으킨다. 다시 다른 것에 때로는 기쁨을 내고 때로는 근심을 낸다. 깨닫는 지혜를 생활로 삼는 이는 정법을 받아쓰기 때문에 이와는 다르다.

모든 욕망을 떠난 외도(外道: 불도佛道 이외의 길)의 지혜를 생활로 삼는 이는 스스로 추리하여 만든 '비뚤게 해석'[邪勝解]하는 여러 가지 견해로 자기 마음을 여러 가지로 강하게 집착한다. (그리고) 언제나 욕망에 물들어 따른다. (그는) 비록 욕망을 떠났다 하더라도 도로 물러나게 된다. 깨닫는 지혜를 생활로 삼는 이는 정법을 받아쓰기 때문에 이와는 다르다.

욕망을 받아쓰는 이와 모든 세상[世間](에 속한) 욕망을 떠난 이에게 있는, 욕망의 즐거움과 욕망을 떠난 즐거움은 모두 진실이 아니기 때문에 마라(魔羅: māra)가 따른다. (이는) 허깨비 같고, 메아리 같고, 그림자 같고, 아지랑이 같고, 꿈에 본 것 같고, 환술로 만든 여러 장신구 같다.

즐거움에 집착하는 어리석은 이, 모든 욕망을 받아쓰는 이, 그리고 모든 세상(에 속한) 욕망을 떠난 이가 모두들 받아쓰는 것은 미친 증세, 술주정 등과 같다. 아직 '마라의 군대'[魔軍]²³⁸)를 제압하지 못했는데 받아쓰는

---

238) 유가론기 제2권상(대정장 42. p.339b21-22): 마군이란 예를 들어 『대지도론大智度論』(대정장 25. p.99b22-29)에서 설명한 욕망 등 열 가지 군대이다.　言

것이다. 그러므로 이러한 즐거움은 진실이 아니며, '마라의 일'[魔事]²³⁹⁾을 제압할 수 없다. 깨닫는 지혜를 생활로 삼는 이는 정법을 받아쓰기 때문에 이와는 다르다.

　(욕계, 색계, 무색계 등) 삼계의 유정이 의지하는 몸을 무엇이라고 봐야 할까? 심하게 열이 나는 악성종기[癰] 같이 (봐야 한다). 추중(麁重: 번뇌에 결박됨)이 따르기 때문이다. 다시 말해 자기 몸에 즐거움이 느껴질 때는 어떤 (상태라고) 봐야 할까? 심하게 열이 나는 악성종기에 잠시 차가운 감촉이 느껴지는 것 같이 (봐야 한다). 다시 말해 자기 몸에 괴로움이 느껴질 때는 어떤 (상태라고) 봐야 할까? 심하게 열이 나는 악성종기에 뜨거운 재를 대는 것 같이 (봐야 한다). 다시 말해 자기 몸에 즐겁지도 않고 괴롭지도 않은 느낌이 들 때는 어떤 (상태라고) 봐야 할까? 심하게 열이 나는 악성종기가 차갑거나 뜨거운 감촉과 떨어진 것 같이 (봐야 한다). (왜냐하면) 이들의 본성인 심하게 열나는 것은 원래 머무르는 것이기 때문이다.

　박가범薄伽梵께서는 즐거운 느낌은 '붕괴되는 괴로움'[壞苦] 때문에 괴롭고, 괴로운 느낌은 '괴로움 (자체)'[苦苦]이기 때문에 괴롭고, 괴롭지도 즐겁지도 않은 느낌은 '변천하는 괴로움'[行苦] 때문에 괴롭다는 것을 알라고 설명하셨다. 그리고 또 설명하신 '사랑스러운 맛이 있는 기쁨'[有愛味喜], '사랑스러운 맛을 떠난 기쁨'[離愛味喜], '뛰어나게 사랑스러운 맛을 떠난 기쁨'[勝離愛味喜]이 있다는 것은 경經에서 자세히 설명한 것과 같다. (이는 색계, 무색계) 두 계에 속한다는 것을 알라.

　　魔軍者。如智論説欲等十軍。
239) 유가론기 제2권상(대정장 42. p.339b22): 마사魔事란 불선업을 짓는 것이다.　魔事者。謂作不善業也。

박가범께서는 상수멸想受滅의 즐거움을 가리켜 즐거움 가운데 제일이라고 하셨는데, 이는 즐거운 경지에 머무는 것(을 가리킨 것)이지 즐거움을 느끼는 것을 이른 것이 아니다.[240] 또한 세 가지 즐거움을 말씀하셨다. 탐냄[貪]을 떠나고, 분노[瞋]를 떠나고 어리석음[癡]을 떠나는 것이다. 이 세 가지 즐거움은 오직 무루계(無漏界: 번뇌가 없는 영역)에서 이룰 수 있다. 그래서 '항상 즐거움'[常樂]이라고 하니 무루계無漏界에 속한다.

1.5.2 음식을 받아쓺

음식을 '받아쓴다[受用]는 것'[먹어서 자양분으로 씀]은 삼계三界에 장차 태어날, 그리고 이미 태어난 유정들[241]의 수명을 잘 유지하게 하는 것이다. 그런데 '닿아서 먹기'[觸食], '생각으로 먹기'[意思食], '식으로 먹기'[識食] 등 세 가지 먹기는 삼계 모두의 유정들 수명을 잘 유지하게 한다. '조각으로 먹기'[段食] 한 가지 만은 욕계(欲界) 유정들의 수명을 잘 유지하게 한다.

나락[邪落迦]에서 삶을 받아 태어난 유정은 미세한 것을 조각으로 먹는다. (이 미세한 것이란) 내장에서 미미하게 도는 바람을 이른다. 이 때문에 그들은 오래 머물 수 있다. 아귀, 동물, 사람은 거친 것을 조각으로 먹는다. 조각내어 씹어 먹는 것을 이른다. 또한 미세한 것을 (그대로) 먹기도 한다. (태중의) 갈라람羯羅藍 단계의 유정과 욕계의 하늘에 머무는 모든

---

240) 유가론기 제2권상(대정장 42. p.339c3-5): 상수멸정[滅定]에 들었을 때 몸이 굳어 움직이지 않는 것을 즐거움에 머문다고 한다.　入滅定時身凝不動名爲住樂。
241) 유가론기 제2권상(대정장 42. p.339c5-6): 장차 태어날 이는 중유이고, 이미 태어난 이는 다섯 세상의 유정이다.　將生者中有。已生即是五趣有。

유정이다. 먹고 나면 조각으로 먹은 것이 온몸으로 흘러들어 살펴봐도 이미 소화돼 대소변을 발견할 수 없다.

1.5.3 성욕姪欲을 받아씀

성욕[姪欲]을 '받아쓴다는 것'[발휘함]에 있어, (우선) 나락에 사는 유정들에게는 모두 성교[姪事]가 없다. 왜냐하면 나락의 유정들은 오랜 세월 끊임없이 대체로 여러 가지 극심한 고통을 겪기 때문이다. 그래서 이 유정들은 남자의 경우 '여자에게 성욕'[女欲]을 못 느끼고 여자의 경우 '남자에게 성욕'[男欲]을 못 느낀다. 그러니 어떻게 이리저리 뒹굴며 '(남자의) 두 다리와 (여자의) 두 다리가 교차하며 합쳐지겠는가'[二二交會]! 아귀, 동물, 사람의 몸엔 괴로움과 즐거움이 섞여 있으므로 성욕이 있다. 남녀는 이리저리 뒹굴며 두 다리와 두 다리를 서로 교차하여 합치고 '정액·애액'[不淨: 精血]을 흘러 내보낸다.

욕계의 하늘에 머무는 이들은 성교를 해도 이러한 정액·애액이 없다. 생식기[根門]에서 바람을 뿜으면 번뇌[성욕]가 가라앉는다. 사대왕중천四大王衆天은 성교를 하면 '심한 괴로움'[熱惱: 성욕]이 가라앉는다. 삼십삼천三十三天도 사대왕중천과 같다. 시분천時分天은 서로 안으면 성욕이 가라앉는다. 지족천知足天은 서로 손만 잡아도 성욕이 가라앉는다. 낙화천樂化天은 서로 응시하며 웃기만 해도 성욕이 가라앉는다. 타화자재천他化自在天은 서로 응시만 해도 성욕이 가라앉는다.

(섬부주, 비제하주, 구타니주 등) 세 주의 사람은 부인들을 거느리고 결혼을 한다. 북쪽 구로주에는 자기 것이 따로 없어 거느리지 않기 때문에 모든 유정은 부인들도 거느리지 않고 결혼도 하지 않는다. 세 주의 사람이 그렇듯 '강력한 아귀'[大力鬼]와 욕계천에 머무는 이도 마찬가지이다. 다

만 낙화천과 타화자재천은 제외된다.

모든 욕계천에 머무는 이들은 처녀가 임신하는 법이 없다. 사천왕천에 머무는 이들은 그 부모의 어깨나 품에 다섯 살쯤 된 아이가 홀연히 변화해서 나온다. 삼십삼천은 여섯 살, 시분천은 일곱 살, 지족천은 여덟 살, 낙화천은 아홉 살, 타화자재천은 열 살쯤 된다.

1.6 생生

'생의 분류'[生建立]란 (우선) 세 가지 욕생(欲生: 욕망의 중생)을 이른다. (세 가지 가운데) 어떤 중생衆生은 지금 '욕망의 대상영역'[欲塵]에 머무른다. 지금 욕망의 대상영역에 머무르기 때문에 자유롭게 부귀해진다. 달리 말하자면 모든 사람 및 사대왕중천부터 지족천까지이다. 이들을 첫 번째 욕생欲生이라고 한다.

어떤 중생은 욕망의 대상영역을 변화시킨다. 욕망의 대상영역을 변화시키기 때문에 자유롭게 부귀해진다. 달리 말하자면 낙화천이다. 이들은 자기 욕망의 대상영역을 변화시킨다. 남에 의한 것은 (변화시키지) 않는다. 오직 자기 욕망의 대상영역만을 변화시키기 때문에 자유롭게 부귀해진다. 이들을 두 번째 욕생이라고 한다.

어떤 중생은 남의 욕망의 대상영역을 변화시킨다. 남의 여러 욕망의 대상영역을 변화시키기 때문에 자유롭게 부유해진다. 달리 말하자면 타화자재천이다. 이들은 자기에 의한 (욕망의 대상영역도) 변화 시킬 수 있고, 남에 의한 (욕망의 대상영역도) 변화시킬 수 있다. 그러므로 자기의 변화는 귀하게 여기지 않고 남의 욕망의 대상영역을 변화시켜 자유롭게 부귀해진다. 그래서 이 천天들을 '남의 변화에 자유롭다'[他化自在]고 한다. 이들은 남의 욕망의 대상영역을 변화시켜 받아쓸 뿐만 아니라 자기의 욕망의 대상영역도 변화시켜 받아쓰기 때문에 세 번째 욕생이라고 한다.

다음으로 세 가지 낙생(樂生: 즐거운 중생)이 있다. (세 가지 가운데) 어떤 중생은 '욕계를 떠난 기쁨과 즐거움'[離生喜樂]을 작용시켜 자기 몸을 씻는다. 초정려지初靜慮地의 모든 천을 이른다. 이들을 첫 번째 낙생樂生이라고 한다. 어떤 중생은 '선정에서 비롯된 기쁨과 즐거움'[定生喜樂]으로 자기 몸을 씻는다. 제이정려지第二靜慮地의 모든 천을 이른다. 이들을 두 번째 낙생이라고 한다. 어떤 중생은 '기쁨과 즐거움을 떠남'[離喜樂]으로 자기 몸을 씻는다. 제삼정려지第三靜慮地의 모든 천을 이른다. 이들을 세 번째 낙생이라고 한다.

질문 왜 세 가지 욕생과 세 가지 낙생을 분류했는가?

대답 세 가지를 추구하기 때문이다. 첫째, 욕망을 추구한다. 둘째, 존재[有]를 추구한다. 셋째, '음욕婬欲을 떠난 행동'[梵行]을 추구한다.

이를테면 욕망을 추구하는 여러 사문이나 바라문은 모두 세 가지 욕생이 되어 (그 수준을) 더 올리지 않는다. 존재[有]를 추구하는 여러 사문이나 바라문은 대체로 즐거움을 추구한다. 즐거움을 탐내기 때문인데 (이들은) 모두 세 가지 낙생이 된다. 모든 세상에서 괴롭지도 즐겁지도 않은 고요하게 사는 곳이 생기기를 추구하는 이는 아주 드물기 때문에 별도의 중생[生]으로 분류하지 않는다.

여러 '음욕婬欲을 떠난 행동'[梵行]을 추구하는 사문이나 바라문은 모두 무루계를 추구하는 것이다. 아니면 '비뚠 범행'[邪梵行]을 추구하는 이가 있다. (그는 색계의 제사정려인) 부동不動, (무색계에 속하는) 공무변처空無邊處, 식무변처識無邊處, 무소유처無所有處, 비상비비상처非想非非

想處를 추구해 '비뚠 추리'[邪分別]를 하며 해탈解脫한다고 이른다. 이것은 최고의 범행梵行을 추구하는 것이 아니라는 것을 알라. 최고의 범행梵行을 추구하는 이는 (이들 색계, 무색계를 벗어난) 무루계를 추구한다고 이른다.

1.7 자체自體

'자체의 분류'[自體建立]란 삼계 가운데 중생이 네 가지 자체自體로 분류됨을 이른다. (첫째) 스스로 해치는 것이지 남이 해치는 것이 아닌 자체가 있다. (이를테면) '놀다가 까먹음'[遊戱忘念]이라는 욕계의 천[242]이 있는데 이들은 여러 가지 노는 즐거움에 집착하여 오랫동안 머무는데 오래 머물렀기 때문에 기억을 잃어버린다. 기억을 잃어버려서 그곳에서 죽어버린다. 또 화낸다[意憤]는 천이 있는데 이들은 때로는 계속 눈씨름을 하며 서로 쳐다보는데 서로 쳐다보기 때문에 화가 점점 치솟는다. 화가 치솟기 때문에 그곳에서 죽어버린다.

(둘째) 남이 해치는 것이지 스스로 해치는 것이 아닌 자체가 있다. (태아의) 갈라람羯羅藍, 알부담遏部曇, 폐시閉尸, 건남鍵南 단계 및 (그 외) 어머니 태중에 있는 중생을 이른다.

(셋째) 스스로 해치기도 하고 남이 해치기도 하는 자체가 있다. 이미 태어나 '모든 근'[諸根: 심신]이 완전히 이루어진 중생들이다.

(넷째) 스스로 해치는 것도 아니고 남이 해치는 것도 아닌 자체가 있다.

---

242) 유가론기 제2권상(대정장 42. p.340a8-9): 유희망념遊戱妄念 및 의분천意憤天이란 혜경惠景 논사 등에 의하면 욕계의 네 가지 공거천[공중에 머무르는 天]이다.　　遊戱妄念及意憤天者。景師等解。此即欲界空居四天。

색계, 무색계의 모든 천. 모든 나락. 나락과 비슷한 아귀. 여래如來의 사자使者.[243] '최후 단계의 몸'[住最後身: 다음 단계는 부처님인 몸](의 보살). 자정慈定(에 든 이). 상수멸정[滅定](에 든 이). 무쟁정無諍定(에 든 이). 그리고 중유中有 등이다.

1.8 원인·조건·결과因緣果

원인·조건·결과의 성립[建立]이란 네 가지를 이른다. 첫째, 모습[相]을 기준으로. 둘째, '의지하는 것'[依處]을 기준으로. 셋째, 구별[差別]을 기준으로. 넷째, 성립[建立](된 것)을 기준으로.

1.8.1 원인·조건·결과의 모습

원인·조건·결과의 모습[相]이란 이것이 앞서면 이것이 성립되고 이것이 어우러지기 때문에 저 존재가 생기기[生]도 하고, 이루어지기[得]도 하고, 완성되기[成]도 하고, 갖추어지기[辦]도 하고, 작용하기[用]도 하는 것이

---

243) 유가론기 제2권상(대정장 42. p.340b4-9): 여래의 사자란 『열반경涅槃經』에서 설명한 것과 같다. 수제 장자의 어머니가 수제를 잉태하고 있을 때였다. 부처님께서 예언하시기를, "이 남자(아이)가 아직 태중에 있을 때 그 어머니는 수명이 다할 것이다."라고 하셨다. 외도外道는 부처님의 예언이 증거가 없다고 비웃었다. 그 어머니를 불태우는 (처형을 하는) 날 부처님은 사자에게 불 속에 들어가 아이를 데려오라고 하셨다. (결국) 그 어머니는 잃었지만 아이는 죽지 않았다. 부처님의 힘으로 불은 사자를 태우지 못한 것이다. 부처님께서는 아이에 대해서만 예언하고 그 어머니에 대해선 예언하지 않으신 것이다. 그러므로 하신 말씀은 이치에 어긋나지 않은 것이었다. 如來使者者. 如涅槃經説. 樹提長者母懷樹提時. 佛記是男後未生位母便命終. 外道譏訶佛記無驗. 焚燒母日佛令使者入火取兒. 母雖喪亡其兒不死. 由佛力故火不燒使. 佛但記兒不記母. 故言不虛妄.

다. (이때) 이것을 저것의 원인이라고 한다.

질문(1) 무엇이 앞서면, 무엇이 성립되고, 무엇이 어우러져, 어떤 존재가 생기는가[生]?[244]

대답(1) 자기 종자가 앞서면, (이) '종자의 근거'[種子依]를 제외한 나머지 물질, 물질이 아닌 근거[依]와 작업[業]이 성립되고, 보조[助伴]와 대상[所緣]이 어우러지기 때문에, 그에 알맞게 '욕계에 결박되는'[欲繫], '색계에 결박되는'[色繫], '무색계에 결박되는'[無色繫], '결박되지 않는'[不繫] 모든 존재가 생긴다.

질문(2) 무엇이 앞서면, 무엇이 성립되고, 무엇이 어우러져, 어떤 존재가 경험되는가[證得]?

대답(2) 성문聲聞, 독각獨覺, 여래如來의 종자성질[種性]이 앞서면, 안의 힘이 성립되고, 외부의 힘이 어우러지기 때문에, 번뇌의 결박에서 벗어나는 열반涅槃이 이루어짐을 경험한다[證得]. (여기에서) 안의 힘이란? 이치에 맞게 의도하고, 욕망을 적게 하여 만족할 줄 아는 것 등 안의 선법善法(이 있고), 사람으로 태어나고, 성인 계신 데서 살고, '모든 근'[諸根: 심신]이 멀쩡하고, 사업이 잘되고,[245] 선한 곳에서 맑은 믿음을 깊이 내면,

---

244) 유가론기 제2권상(대정장 42. p.340b15-17): 생 가운데 첫 대목에서 무엇이 앞서느냐고 하는 것은 원인을 묻는 것이다. 무엇이 성립되고 무엇이 어우러지느냐고 하는 것은 조건을 묻는 것이다. 어떤 존재가 생기느냐고 하는 깃은 결과를 묻는 것이다.　　生中初門以誰爲先者。問因也。誰爲建立誰和合者。問緣也。何法生者。問果也。

245) 유가론기 제2권상(대정장 42. p.340b18-20): 많은 생각을 하여 여러 사업을 하게 되는데 (이 과정에서) 마음을 번거롭게 하여 선한 종류를 수행하지 않으면 (이를) 사업의 장애라고 한다. 이러한 사업의 장애가 없는 것이다.　　事業障者。由多思覺發諸事業。嬈攘其心廢修善品名事業障。無此事障也。

이런 존재[法]를 안의 힘이라고 한다. (아울러) 외부의 힘이란? 여러 부처님께서 세상에 나오시고, 훌륭한 규범을 밝혀 말씀하시고, 가르쳐준 교법이 아직 보존되어 있고,[246] 정법에 머무는 이가 따라서 계속하고, '불쌍히 여기는 마음'[悲]과 믿음을 다 가진 이가 '베푸는 이'[施主]가 되면, 이런 존재[法]를 외부의 힘이라고 한다.

질문(3) 무엇이 앞서면, 무엇이 성립되고, 무엇이 어우러져, 어떤 존재가 완성되는가[成]?

대답(3) 아는 바를 해석하여 좋아하는 것이 앞서면, 종(宗: 주장), 인(因: 근거), 비유譬喩가 성립되고, 불상위(不相違: 서로 어그러지지 않음)한 (주장의) '여러 장점'[衆善]과 대론자[敵論者]가 어우러지기 때문에, '내세우려는 뜻'[所立義]이 완성된다.

질문(4) 무엇이 앞서면, 무엇이 성립되고, 무엇이 어우러져, 어떤 존재가 갖추어지는가[辦]?

대답(4) 기술지식[工巧智]이 앞서면, 그를 따르는 부지런히 일함이 성립되고, 여러 작업 도구가 어우러지기 때문에, 작업장이 갖추어진다. 또한 애착[愛]이 앞서면, 먹어서 사는 이의 몸이 성립되고, '네 가지 먹는 방식'[四食]이 어우러지기 때문에, 삶을 받아 태어나는 유정이 편히 사는 것이 충분히 갖추어진다.

질문(5) 무엇이 앞서면, 무엇이 성립되고, 무엇이 어우러져, 어떤 존재가 작용하는가[用]?

대답(5) 자기 종자가 앞서면, 이번 생이 성립되고, 이번 생의 조건이 어

---

246) 유가론기 제2권상(대정장 42. p.340b21): 부처님께서 열반하셨어도 (가르쳐주신) 교법이 여전히 유지되는 것이다.　　敎法猶在者。佛雖滅度而法猶住故。

우러지기 때문에, 자기 작업[業]의 여러 존재가 작용하는 것을 알 수 있다. (그렇다면) 자기 작업의 작용이란 무엇일까? 눈은 보는 것이 작업이다. 이와 같이 나머지 근도 각각 자기 작업의 작용이 있음을 알라. (또한) 땅은 지탱할 수 있고, 물은 침식할 수 있고, 불은 태울 수 있고, 바람은 말릴 수 있다. 이러한 것이 외부의 자기 작업의 종류임을 알라.

1.8.2 원인·조건·결과의 의지하는 것依處

원인·조건·결과의 '의지하는 것'[依處]이란 열다섯 가지이다. 첫째, 말. 둘째, 느낌[領受]. 셋째, 습기(習氣; 아직 성숙하지 않은 종자). 넷째, '성숙한 종자'[有潤種子]. 다섯째, 무간멸(無間滅: 잇따르는 찰나마다 생멸함). 여섯째, 대상영역[境界]. 일곱째, 근根. 여덟째, 작용作用. 아홉째, '사람의 작용'[士用]. 열째, '진실한 견해'[眞實見]. 열한째, 따름[隨順]. 열두째, '각각 구별되는 작용'[差別功能]. 열셋째, 어우러짐[和合]. 열넷째, 장애障礙. 열다섯째, '장애 하지 않음'[無障礙].

1.8.3 원인·조건·결과의 구별

원인·조건·결과의 구별[差別]이란 '열 가지 원인'[十因], '네 가지 조건'[四緣], '다섯 가지 결과'[五果]이다. (이 가운데) '열 가지 원인'[十因]이란 첫째, 수설인(隨說因: 설명이 따르는 원인). 둘째, 관대인(觀待因: 상대적인 원인). 셋째, 견인인(牽引因: 간접적으로 유도하는 원인). 넷째, 생기인(生起因: 생기게 하는 원인). 다섯째, 섭수인(攝受因: 포함하는 원인). 여섯째, 인발인(引發因: 직접적으로 유도하는 원인). 일곱째, 정이인(定異因: 인과가 다른 원인). 여덟째, 동사인(同事因: 일을 함께하는 원인). 아홉째, 상위인(相違因: 서로 어그러지는 원인). 열째, 불상위인(不相違因: 서로 어그러지지 않는 원인).

'네 가지 조건'[四緣]이란 첫째, 인연(因緣: 원인 조건). 둘째, 등무간연(等無間緣: 지속시키는 조건). 셋째, 소연연(所緣緣: 대상 조건). 넷째, 증상연(增上緣: 확연하도록 돕는 조건).

'다섯 가지 결과'[五果]란 첫째, 이숙과(異熟果: 원인과 다른 결과). 둘째, 등류과(等流果: 유사한 결과). 셋째, 이계과(離繫果: 결박에서 벗어난 결과). 넷째, 사용과(士用果: 사람의 작용에 의한 결과). 다섯째, 증상과(增上果: 확연하도록 도운 결과).

1.8.4 원인·조건·결과의 성립

원인·조건·결과의 성립[建立](이란 다음과 같다).

(1) 의지하는 것依處에 의한 열 가지 원인十因

(우선 첫째로) 말[語]이라는 '원인이 의지하는 것'[因依處]에 의해 수설인(隨說因: 설명이 따르는 원인)이 시설施設된다. 왜 그러냐면 우선 '욕계에 결박된 존재'[欲界繫法], '색계·무색계에 결박된 존재'[色無色界繫法] 및 '결박되지 않은 존재'[不繫法]에 해당하는 말이 붙여지고 나면 개념형성[想]이 따른다. 개념형성이 있고나서야 말이 따른다. 말 때문에 '보고, 듣고, 깨닫고, 아는 것'[見聞覺知]에 해당하는 여러 설명[言說]이 생긴다. 그래서 말이라는 '의지하는 것'[依處]에 의해 '설명이 따르는 원인'[隨說因]을 시설한다(고 한다).

(둘째로) 느낌[領受]이라는 '원인이 의지하는 것'[因依處]에 의해 관대인(觀待因: 상대하는 원인)이 시설된다. 왜 그러냐면 모든 유정 가운데 욕계에 결박된 즐거움을 바라는 이들은 저것[목적]은 이것[조건]과 상대하므로[觀待], 욕망을 실현하는 수단들을 얻기도 하고, 쌓아두기도 하고, 받

아쓰기도 한다. 색계·무색계에 결박된 즐거움을 바라는 이들은 저것은 이것과 상대하므로, 즐거움의 여러 조건을 얻기도 하고, 받아쓰기도 한다.

결박되지 않은 즐거움을 바라는 이들은 저것은 이것과 상대하므로, 즐거움의 여러 조건을 얻기도 하고, 받아쓰기도 한다. 괴로움을 바라지 않는 이들은 저것은 이것과 상대하므로, 괴로움이 생기는 조건이나 끊는 조건을 (각각 경우에 따라) 떠나기도 하고, 구하기도 하고, 받아쓰기도 한다. 그래서 느낌[領受]이라는 '의지하는 것'[依處]에 의해 '상대하는 원인'[觀待因]을 시설한다(고 한다).

(셋째로) 습기習氣[247]라는 '원인이 의지하는 것'[因依處]에 의해 견인인(牽引因: 간접적으로 유도하는 원인)이 시설된다. 왜 그러냐면 '깨끗하고 깨끗지 못한 업'[淨不淨業]이 배어서[熏習] 삼계의 '모든 변천하는 존재'[諸行]는 사랑스럽고 사랑스럽지 못한 세상에서 사랑스럽고 사랑스럽지 못한 자체自體를 '간접적으로 유도한다'[牽引]. 또한 이 확연하도록 돕는 힘 때문에 외계의 사물이 왕성하고 줄어든다. 그래서 모든 존재의 깨끗하고 깨끗지 못한 업의 습기習氣라는 '의지하는 것'[依處]에 의해 '간접적으로 유도하는 원인'[牽引因]을 시설한다(고 한다).

(넷째로) '성숙한 종자'[有潤種子]라는 '원인이 의지하는 것'[因依處]에 의해 생기인(生起因: 생기게 하는 원인)이 시설된다. 왜 그러냐면 '욕계·색계·무색계에 결박된 존재'[欲色無色繫法]는 각각 자기 종자에서 생긴

---

247) 유가론기 제2권상(대정장 42. p.340c12-13): 습기習氣라는 의처는 번뇌가 있고 번뇌가 없는, 자기와 외부의 실제 종자·임시 종자가 아직 성숙하지 않은 상태를 본성으로 한다.   習氣依處以有漏無漏內外所有實種假種未成熟位而爲自性。

다. 그래서 애착[愛]은 '축축하게 하는 주체'[能潤]라고 하고, 종자는 '축축하게 되는 대상'[所潤]이라고 한다. 이 축축하게 된 모든 종자 때문에, 앞서 간접적으로 유도된 각각의 자체가 생기게 된다. 경經에서 설명하기를, "업은 유도하는[感生] 원인이고, 애착은 '생기게 하는'[生起] 원인이다."라고 하였다. 그래서 '성숙한 종자'[有潤種子]라는 '의지하는 것'[依處]에 의해 '생기게 하는 원인'[生起因]을 시설한다(고 한다)

 (다섯째로) 무간멸(無間滅: 잇따르는 찰나마다 생멸함)이라는 '원인이 의지하는 것'[因依處]과 대상영역[境界], 근根,[248] 작용作用,[249] '사람의 작용'[士用],[250] '진실한 견해'[眞實見][251]라는 '원인이 의지하는 것'[因依處]에 의해 섭수인(攝受因: 포함하는 원인)이 시설된다. 왜 그러냐면 모든 욕계에 결박된 존재는 무간멸無間滅에 속하기[攝受] 때문에, 경계境界에 속하기 때문에, 근根에 속하기 때문에, 작용作用에 속하기 때문에, '사람의 작용'[士用]에 속하기 때문에 전개된다. 색계에 결박된 존재, 무색계

---

248) 유가론기 제2권상(대정장 42. p.340c18): 근이란 육근[심신]을 가리킨다.
  根則六根。
249) 유가론기 제2권상(대정장 42. p.340c18-19): 작용作用 의처란 인연을 제외한 나머지 보조적인 연을 드러내는 수단의 작용이다.   作用依謂除因緣餘疎助現緣作具作用。
250) 유가론기 제2권상(대정장 42. p.340c19-20): 사용士用 의처란 인연을 제외한 밀접한 연을 드러내는 주체의 작용이다.   士用依謂除因緣外親作現緣作者作用。
251) 유가론기 제2권상(대정장 42. p.340c25-26): 진견眞見 의처란 번뇌 없는 견해가 본성이다. 자기 종자를 유도하는 것은 제외하고 (그 외) 관련 존재를 도울 수 있다. 나중에 번뇌 없음을 유도할 수 있고, 무위[지어지지 않은 것]를 경험할 수 있다.   眞見依處以無漏見爲性。除引自種。於相應法能助。於後無漏能引。於無爲能證。

에 결박된 존재도 욕계에 결박된 존재와 마찬가지이다. 그리고 '진실한 견해'[眞實見]에 속하기 때문에 결박되지 않은 존재가 전개된다. 그래서 무간멸, 대상영역[境界], 근, 작용, '사람의 작용'[士用], '진실한 견해'[眞實見]라는 '의지하는 것'[依處]에 의해 '포함하는 원인'[攝受因]을 시설한다(고 한다).

(여섯째로) 따름[隨順][252)]이라는 '원인이 의지하는 것'[因依處]에 의해 인발인(引發因: 직접적으로 유도하는 원인)이 시설된다. 왜 그런가? 선한 '욕계에 결박된 존재[欲界繫法]'는 모든 매우 선한 욕계에 결박된 존재를 유도할 수 있듯이, 선한 욕계에 결박된 존재가 (또한) 선한 색계에 결박된 존재, 무색계에 결박된 존재, 결박되지 않은 존재를 유도할 수 있다.[253)] 선한 '욕계에 결박된 존재'[彼]를 따르기 마련이기 때문이다.

선한 욕계에 결박된 존재처럼 선한 '색계에 결박된 존재'[色界繫法]는 아주 선한 색계에 결박된 존재, 그리고 선한 무색계에 결박된 존재, 선한 결박되지 않은 존재를 유도할 수 있다. 선한 색계에 결박된 존재처럼 선한 '무색계에 결박된 존재'[無色界繫法]는 모든 매우 선한 무색계에 결박된 존재, 그리고 선한 결박되지 않은 존재를 유도할 수 있다. 선한 무색계에

---

252) 유가론기 제2권상(대정장 42. pp.340c28-341a1): 수순隨順 의처는 삼성[선·염·무기]의 유위[지어진 것]의 번뇌 있고 번뇌 없는 종자·현행[지금 작용하고 있는 상태]이 뒤에 유위의 자기영역, 다른 영역, 그리고 무위의 결과를 유도하는 것이 본성이다.　　隨順處以三性有爲漏與無漏種現能順後有爲自界他界及無爲果能引爲性.

253) 유가론기 제2권상(대정장 42. p.341a5-7): 바라밀다波羅蜜多에 의해 성문, 독각, 여러 대보살은 선정을 일으키는 단계에서 상相을 이룩해 유도하여 생기게 한다.　　言欲界繫善法能引色無色繫及不繫法者. 此依波羅蜜多聲聞獨覺諸大菩薩起禪之位得相引生.

결박된 존재처럼 선한 '결박되지 않은 존재'[不繫法]는 모든 아주 선한 결박되지 않은 존재를 유도하고 무위(無爲: 지어지지 않은 것)를 경험하는 것을 '직접적으로 유도'[引發]할 수 있다.

한편 불선법不善法은 모든 강한 불선법을 유도할 수 있다. (예를 들어) 탐냄[欲貪]은 분노[瞋], '이치에 어두움'[癡], '(남에게) 으스댐'[慢], 견해[見], 머뭇거림[疑], 악행[身惡行], '악한 말'[語惡行], '악한 마음'[意惡行]을 유도할 수 있다. 탐냄[欲貪]이 그러하듯 분노, 이치에 어두움, (남에게) 으스댐, 견해, 머뭇거림도 그에 알맞은 것이 따른다는 점을 모두 알라.

(한편 도덕적) 중립법[無記法]은 선·불선·무기법 (모두)를 유도할 수 있다. 선·불선·무기법이 그러하듯 (또한) 종자아뢰야식種子阿賴耶識이나 무기법은 강한 무기법을 유도할 수도 있다. (이는) '조각으로 먹기'[段食]가 삶을 받아 태어나는 유정을 유도하여 편히 머물게 하여 힘을 기르게 하는 것과 같다. (강한 무기법은) '종자아뢰야식이나 무기법'[彼]을 따르기 마련이기 때문이다. 그래서 따름[隨順]이라는 '의지하는 것'[依處]에 의해 '직접적으로 유도하는 원인'[引發因]을 시설한다(고 한다).

(일곱째로) '각각 구별되는 작용'[差別功能][254]이라는 '원인이 의지하는 것'[因依處]에 의해 정이인(定異因: 인과가 다른 원인)이 시설된다. 왜 그러냐면 모든 욕계에 결박된 존재의 본성[自性]은 작용이 각각 구별되므로, 여러 가지 본성의 작용을 생기게 할 수 있기 때문이다. 색계에 결박된

---

254) 유가론기 제2권상(대정장 42. p.341a14-15): 차별공능差別功能 의처란 모든 유위법[지어진 존재] 각각은 자기 결과가 유위의 경우는 일으키고, 무위의 경우는 경험하는 것이 본성이라는 것이다.　差別功能依以一切有爲各於自果有爲能起無爲能證而爲自性。

존재, 무색계에 결박된 존재 및 결박되지 않은 존재도 욕계에 결박된 존재와 같다. 그래서 '각각 구별되는 작용'[差別功能]이라는 '의지하는 것'依處에 의해 '인과가 다른 원인'[定異因]을 시설한다(고 한다).

(여덟째로) 어우러짐[和合]이라는 '원인이 의지하는 것'[因依處]에 의해 동사인(同事因: 일을 함께하는 원인)이 시설된다. 왜 그런가? 요컨대 스스로 생김[生]이 어우러지는 것이 이루어지기 때문에, 욕계에 결박된 존재가 생긴다. 욕계에 결박된 존재가 그러하듯, 색계에 결박된 존재, 무색계에 결박된 존재와 결박되지 않은 존재도 마찬가지이다. 이루어짐[得], 완성[成], 갖춤[辦], 작용[用]이 어우러지는 것도 생김[生]이 어우러지는 것과 같다. 그래서 어우러짐[和合]이라는 '의지하는 것'[依處]에 의해 '일을 함께하는 원인'[同事因]을 시설한다(고 한다).

(아홉째로) 장애障礙라는 '원인이 의지하는 것'[因依處]에 의해 상위인(相違因: 서로 어그러지는 원인)이 시설된다. 왜 그러냐면 욕계에 결박된 존재가 생기려할 때 장애가 앞에 나타나면 생길 수 없다. 색계에 결박된 존재, 무색계에 결박된 존재, 그리고 결박되지 않은 존재도 욕계에 결박된 존재과 같다. 이루어짐[得], 완성[成], 갖춤[辦], 작용[用]도 생김[生]과 같다. 그래서 장애障礙라는 '의지하는 것'[依處]에 의해 '서로 어그러지는 원인'[相違因]을 시설한다(고 한다).

(열째로) '장애 하지 않음'[無障礙]이라는 '원인이 의지하는 것'[因依處]에 의해 불상위인(不相違因: 서로 어그러지지 않는 원인)이 시설된다. 왜 그러냐면 욕계에 결박된 존재가 생기려할 때 장애 하지 않음이 앞에 나타나면 생길 수 있다. 색계에 결박된 존재, 무색계에 결박된 존재, 그리고 결박되지 않은 존재도 욕계에 결박된 존재와 같다. 이루어짐, 완성, 갖춤,

작용도 생김과 같다. 그래서 '장애 하지 않음'[無障礙]이라는 '의지하는 것'[依處]에 의해 '서로 어그러지지 않는 원인'[不相違因]을 시설한다(고 한다).

(2) 의지하는 것依處에 의한 네 가지 조건四緣

종자라는 '조건이 의지하는 것'[緣依處]에 의해 인연因緣을 시설한다. 무간멸無間滅이라는 조건이 의지하는 것에 의해 등무간연等無間緣을 시설한다. 대상영역[境界]이라는 조건이 의지하는 것에 의해 소연연所緣緣을 시설한다. 나머지[所餘] 조건이 의지하는 것에 의해 증상연增上緣을 시설한다.

(3) 의지하는 것依處에 의한 다섯 가지 결과五果

습기習氣, 따름[隨順]이라는 '원인과 조건이 의지하는 것'[因緣依處]에 의해 이숙과異熟果[255] 및 등류과等流果[256]를 시설한다. '진실한 견해'[眞實見]라는 원인과 조건이 의지하는 것에 의해 이계과離繫果[257]를 시설한

---

255) 유가론기 제2권상(대정장 42. p.341b21-22): 이숙과(異熟果: 원인과 다른 결과)란 모든 업이 초래한 무기[도덕적 중립]인 오온[육근: 심신]을 체體로 한다.　異熟果以一切業所招無記五蘊爲體。

256) 유가론기 제2권상(대정장 42. p.341b23-24): 등류과等流果란 모든 유위의 번뇌 있고 번뇌 없는 삼성[선·염·무기]의 자기 종류의 동일한 약한 존재를 전 (찰나)에 취하여 후 (찰나)에 동일한 강한 존재로 생기게 하는 결과를 본성으로 한다.　等流果以一切有爲漏無漏三性自類同品劣法前聚生後同品勝法後果爲性。

257) 유가론기 제2권상(대정장 42. p.341b26-27): 이계과離繫果는 번뇌의 장애를 끊고 (그) 결과를 이루었음을 경험하는 택멸[(지혜로써) 택함을 마무리지어 번뇌를 소멸시킨 것] 진여가 본성이다.　離繫果以斷煩惱障及得果所證擇滅眞如爲性。

다. '사람의 작용'[士用]이라는 원인과 조건이 의지하는 것에 의해 사용과 士用果[258]를 시설한다. 나머지[所餘] 원인과 조건이 의지하는 것[259]에 의해 증상과增上果[260]를 시설한다.

(아울러) '이익에 따른다'[順益]는 원인[因]을 뜻하고, 성립[建立]은 조건 [緣]을 뜻하고, 완성[成]과 갖춤[辦]은 결과[果]를 뜻한다.

(4) 원인의 여러 가지 모습

원인은 다섯 가지 모습으로 성립된다. 첫째, '생기게 할 수 있는 원인'[能生因]. 둘째, '수단이 되는 원인'[方便因]. 셋째, '항상 함께하는 원인'[俱有因]. 넷째, '직전 찰나에 없어지는 원인'[無間滅因]. 다섯째, '오래전에 없

---

258) 유가론기 제2권상(대정장 42. p.341b29-c4): 사용과 士用果에는 두 가지 뜻이 있다. 첫째, '오온이 임시로 어우러져 있는 이'[五蘊假者: 사람]의 작용으로 이룩한 (색, 향, 미, 촉 등) 네 대상영역이 본성이다. 유가사지론 제38권(대정장 30. p.502b8-11)에서 이르듯 점을 친다든지, 농사를 짓는다든지 하는 것이 본성이기 때문이다. 둘째, 모든 유위, 무위가 본성이다. 각각의 모든 존재를 사부(士夫: 사람)라고 하기 때문이다. '항상 함께함'[俱生], '지속함'[無間], '멀리 떨어져 있음'[隔越], '생기지 않음'[不生] 등 네 가지 결과를 초래하여 이루기 때문이다.　　士用果有二義。一云。五蘊假者作用所得四塵爲性。三十八云。占卜稼穡爲自性故。二云。通以一切有爲無爲爲性。別別諸法名士夫故。此能招得俱生無間隔越不生四種果故。
259) 유가론기 제2권상(대정장 42. p.341c20-23): 나머지 곳이란 말, 무간멸無間滅, 대상영역[境界], 장애障礙 등 네 의처 전부와 따름[隨順]의 약간이 증상과를 이룸을 나타낸다. 앞서 네 결과의 나머지이기 때문이다. 그렇지 않으면 (가리키는 범위가) 너무 넓거나 너무 좁아진다.　　所餘處者。即顯第一第五第六十四此四依全餘十一中隨應少分得增上果。得前四果之所餘故。不爾便應太寬太狹。
260) 유가론기 제2권상(대정장 42. p.341c4-5): 증상과增上果는 모든 유위, 무위가 본성이다. (그) 본성이 드넓기 때문이다.　　增上果以一切有爲無爲爲性。性寬通故。

어지는 원인'[久遠滅因].

　(설명 가운데) '생기게 할 수 있는 원인'[能生因]이란 생기인(生起因: 생기게 하는 원인)을 이른다. '수단이 되는 원인'[方便因]이란 '나머지 인'[所餘因]을 이른다. '항상 함께하는 원인'[俱有因]이란 섭수인(攝受因: 포함하는 원인)의 일부인데, 안식眼識에 대한 눈(의 역할)과 같다. 또한 나머지 식에 대한 귀 등(의 역할)과 같다. '직전 찰나에 없어지는 원인'[無間滅因]이란 (역시) 생기인生起因을 이른다. '오래전에 없어지는 원인'[久遠滅因]이란 견인인(牽引因: 간접적으로 유도하는 원인)을 이른다.

　원인은 또 다른 다섯 가지 모습으로 성립된다. 첫째, '사랑스러운 원인'[可愛因]. 둘째, '사랑스럽지 못한 원인'[不可愛因]. 셋째, '자라게 하는 원인'[增長因]. 넷째, '존재의 원인과 결과가 계속되게 하는[261] 원인'[流轉因]. 다섯째, '존재의 원인과 결과가 계속되는 것이 도로 없어지게 하는 원인'[還滅因].

　원인은 일곱 가지 모습으로 성립된다. (첫째) '무상한 존재'[無常法]는 (존재의) 원인이 (되고,) '항상한 존재'[常法]는 존재[法]의 원인이 될 수 없다. 생김[生]의 원인이 되기도 하고, 이루어짐[得]의 원인이 되기도 하고, 완성[成立]의 원인이 되기도 하고, 갖추어짐[成辦]의 원인이 되기도 하고, 작용[作用]의 원인이 되기도 한다.

　(둘째) '무상한 존재'[無常法]가 무상한 존재의 원인이 되기는 하되, 다른 성격(의 존재)의 원인이 되고, 뒤 (찰나)의 자기 성격(의 존재)의 원인도 된다. 단, 지금 한 찰나 동안(에 이루어지는 것)이 아니다.

　(셋째) 다른 성격(의 존재)의 원인이 되고, 뒤 (찰나)의 자기 성격(의 존

---

261) 번역 근거는 유가사지론 제52권(대정장 30. p.587c25-26) 참조.

재)의 원인도 되기는 하되, 이미 생겼고 아직 소멸한 것이 아니어야 (즉, 현존하는 것이어야) 원인이 될 수 있다. 아직 생기지 않았거나 이미 소멸한 것은 안 된다.

(넷째) 이미 생겼고 아직 소멸한 것이 아니어야 원인이 될 수 있기는 하되, 다른 조건[緣]을 얻어야 원인이 될 수 있다. (그것을) 얻지 못하면 안 된다.

(다섯째) 다른 조건을 얻었으되, '변하고 달라지는 것'[變異]이 완성되어야 원인이 될 수 있다. 아직 변이變異되지 않았으면 안 된다.

(여섯째) 변이가 완성되었으되, 작용[功能]이 있어야 원인이 될 수 있다. 작용을 잃으면 안 된다.

(일곱째) 작용[功能]이 있으되, 반드시 (그 작용과) 균형이 맞고 서로 따라야 원인이 될 수 있다. 서로 균형이 맞지 않고 서로 따르지 않는 것은 안 된다. 이상의 일곱 가지 모습으로 모든 알맞은 원인이 성립된다는 것을 알라.

2. 심尋·사伺의 모습

(심尋·사伺의) 모습[相]을 '설명한다는 것'[施設建立]은 무엇인지 요약[嗢拕南]하자면 아래와 같다.

체體, 대상[所緣], 작용[行相],
'같이 발생함'[等起]과 구별[差別],
'(지혜로써) 택함을 마무리 지음'[決擇] 및 유전流轉.

간략히 말한 모습을 알라.

이러한 모습은 간략히 일곱 가지가 있음을 알라. 첫째, 체성[體]. 둘째,

대상[所緣]. 셋째, 작용[行相]. 넷째, '같이 발생함'[等起]. 다섯째, 구별[差別]. 여섯째, '(지혜로써) 택함을 마무리지음'[決擇]. 일곱째, 유전流轉.

(첫째) 심尋·사伺의 체성이란 대상을 얕게 추리[推度: 分別]하는 경우는 의사[思]가 체성이고, 대상을 깊이 추리하는 경우는 추리선택[慧]이 체성임을 알라.

(둘째) 심尋·사伺의 대상이란 이름들[名身], 구절들[句身], 글자들[文身]의 의미가 대상이다.

(셋째) 심尋·사伺의 작용이란 이 대상에 대해 찾는 작용은 심尋이고, 이 대상에 대해 살피는 작용은 사伺이다.

(넷째) 심尋·사伺와 '같이 발생함'[等起]이란 말을 하는 것이다.

(다섯째) 심尋·사伺의 구별은 일곱 가지가 있다. 유상분별有相分別, 무상분별無相分別, (임운분별任運分別, 심구분별尋求分別, 사찰분별伺察分別, 염오분별染汚分別,) 불염오분별不染汚分別이다. 앞서 설명한 것과 같다[262].

(여섯째) 심尋·사伺에 대해 (지혜로써) 택함을 마무리지음이다

질문 심·사이면 분별인가, 분별이면 심·사인가?

대답 모든 심·사는 반드시 분별이다. 그런데 어떤 분별은 심·사가 아닌 것도 있다. (분별이 아닌) 출세지出世智와는 상대적으로, 삼계三界의 모든 심心·심소心所는 분별이긴 하지만 심·사는 아니다.

(일곱째) 심尋·사伺의 유전이다.

질문 나락[那落迦]의 심·사는 어떤 작용[行]을 하며, 무엇을 접촉하고, 무엇을 유도하며, 무엇과 관련하고[相應], 무엇을 추구하며, 어떤 업이 전

---

262) 이 책 pp.36-37 참조 .

개되는가? 그리고 동물, 아귀餓鬼, 사람, 욕계천欲界天, 초정려지천初靜慮地天의 심·사는 어떤 작용을 하며, 무엇을 접촉하고, 무엇을 유도하며, 무엇과 관련하고, 무엇을 추구하며, 어떤 업이 전개되는가?

대답 나락[那落迦]의 심尋·사伺는 '근심하는 작용'[慼行]만 있다. 사랑스럽지 않은 대상영역을 접촉하고, 괴로움을 유도하고, 근심[憂]과 관련하고, 언제나 괴로움에서 벗어나려고 하고, 번거로운 마음의 업이 전개된다. 아귀餓鬼의 심·사도 나락의 심·사가 꾸준히 괴로움만 겪는 것과 같다.

동물, 사람, '강력한 아귀'[大力鬼]의 심尋·사伺는 대부분 근심하는 작용이고 기뻐하는 작용이 약간 있다. 대부분 사랑스럽지 않은 대상영역에 접촉하고 사랑스러운 대상영역에는 약간 접촉한다. 대부분 괴로움을 유도하고 즐거움은 약간 유도한다. 대부분 근심과 관련하고 기쁨과는 약간 관련한다. 대부분 괴로움에서 벗어나려 하고 약간은 즐거움과 만나려 한다. 번거로운 마음의 업이 전개된다.

모든 욕계천欲界天의 심尋·사伺는 대부분 기뻐하는 작용이고 근심하는 작용은 약간 있다. 대부분 사랑스러운 대상영역에 접촉하고 사랑스럽지 않은 대상영역에는 약간 접촉한다. 대부분 즐거움을 유도하고 괴로움은 약간 유도한다. 대부분 기쁨과 관련하고 근심과는 약간 관련한다. 대부분 즐거움과 만나려 하고 약간은 괴로움에서 벗어나려 한다. 번거로운 마음의 업이 전개된다.

(색계에 속한) 초정려지천初靜慮地天의 심尋·사伺는 꾸준히 기쁜 작용이고, 꾸준히 안으로 사랑스러운 대상영역을 접촉하고, 꾸준히 즐거움을 유도한다. 꾸준히 기쁨과 관련하고 오직 즐거움에서 떠나지 않으려고 한다. 번거롭지 않은 마음의 업이 전개된다.

3. 여리작의如理作意

여리작의(如理作意: 이치에 맞는 의도)를 '설명한다는 것'[施設建立]은 무엇인지 요약하자면 아래와 같다.

'의지하는 것'[依處]과 일[事],

추구[求], 받아씀[受用], 정행正行,

'두 깨달음'[二菩提]의 식량[資糧],

'저 언덕에 이르는'[到彼岸] '훌륭한 방법'[方便].

분류하면 여덟 가지 모습이 있음을 알라. (첫째) '의지하는 것'[依處]. (둘째) 일[事]. (셋째) 추구[求]. (넷째) 받아씀[受用]. (다섯째) 정행正行. (여섯째) 성문승聲聞乘의 식량(을 장만하는) '훌륭한 방법'[方便]. (일곱째) 독각승獨覺乘의 식량(을 장만하는) 훌륭한 방법. (여덟째) 바라밀다(波羅蜜多: 到彼岸)를 유도하는 훌륭한 방법.

(첫째) '이치에 맞는 의도'[如理作意]에 관련한 심尋·사伺가 '의지하는 것'[依處]이란 여섯 가지 의지하는 것을 이른다. 첫째, 결정할 때. 둘째, 쉴 때. 셋째, 작업할 때. 넷째, 세상에서 욕망을 떠날 때. 다섯째, '세상을 벗어나'[出世] 욕망을 떠날 때. 여섯째, 유정에게 '이익을 줄'[攝益] 때.

(둘째) 이치에 맞는 의도에 관련한 심尋·사伺의 일[事]이란 여덟 가지 일[263]을 이른다. 첫째, 시여(施與: 베풀어 주다)가 이룬 복福이 작용하는

---

263) 유가론기 제2권상(대정장 42. p.342c3-7): 여덟 가지 일 가운데 셋째는 (자, 비, 희, 사 등) 네 가지 무량(정)을 수행하는 것이다. 여섯째의 수행은 무량(정) 외에 나머지 모두를 수행하는 것이다. 이 여덟 가지 일 가운데 처음 세 가지는 시여, 계, 수행 등 세 가지 복 짓는 일과 그 외 세상의 수행이다. 다음 세 가지는 (문, 사, 수 등) 삼혜인데 (자기) 안의 뛰어난 대상을 수행하는 것이다. 일곱째와

일. 둘째, 계戒가 이룬 복이 작용하는 일. 셋째, 수행[修]이 이룬 복이 작용하는 일. 넷째, 들음[聞]이 이루는 일. 다섯째, 생각[思]이 이루는 일. 여섯째, 나머지 수행이 이루는 일. 일곱째, (지혜로운) 선택[簡擇]이 이루는 일. 여덟째, 유정에게 이익을 주어 이루는 일.

(셋째) 이치에 맞는 의도에 관련한 심尋·사伺의 추구[求]란 예를 들자면 '규범에 맞지 않는'[非法] (추구를) 하지 않는 것. 재물을 고약하고 엉큼하게 추구하지 않는 것이다.

(넷째) 이치에 맞는 의도에 관련한 심尋·사伺의 받아씀[受用][264]이란 예를 들자면 그 재물을 얻은 뒤에는 (그 재물에) 물들지 않고, 머물지 않고, 탐내지 않고, 결박되지 않고, 고민하지 않고, 집착하지 않고, 쥐고 있으려고만 하지 않고, (그 재물의) 근심을 주목하고 떠날 줄 알면서 그 (재물)을 받아쓰는 것이다.

(다섯째) 이치에 맞는 의도에 관련한 심尋·사伺의 정행正行이란 예를 들자면 부모, 사문沙門, 바라문婆羅門 및 가장 등을 잘 알아보고, 공경하

여덟째는 지혜의 능력과 은혜의 능력 등 두 가지 이익이 완성되는 것이다. 이래서 여덟 가지라고만 한다. 八種事中第三修四無量也。第六修除無量外餘一切修。此八事中。初三施戒修三福業事外世俗修。次三三慧內勝義修。第七第八智德恩德二利圓滿。故唯八事。

264) 유가론기 제2권상(대정장 42. p.342c10-13): 받아씀 가운데 불염不染은 번뇌가 생기지 않는 것이다. 부주不住는 (재물) 가운데 머물지 않는 것이다. 불탐不耽은 도리가 아닌 것을 즐거워하지 않는 것이다. 불박不縛은 (재물에) 결박되지 않고 여러 선업[재물]을 시여하는 것이다. 불민不悶은 고민이 생기지 않는 것이다. 불착不著은 탐내고 애착함이 생기지 않는 것이다. 또한 불견집不堅執은 훌륭한 (일을) 하는 것이다. 受用中。不染者不生煩惱。不住者不住中。不耽者不非分愛樂。不縛者不爲繫縛捨諸善業。不悶者不憂苦生。不著者不貪愛生。亦不堅執爲勝妙等。

며 모시고 이익으로 받든다. 금세와 후세에 짓는 죄 가운데에서 크게 두려운 것을 발견하고서는 시여하고, 복을 짓고, 재齋를 베풀고, 계戒를 지킨다.

(여섯째) 성문승의 식량[資糧](을 장만하는) 훌륭한 방법은 성문지聲聞地에서 내가 자세히 설명하겠다. (일곱째) 독각승의 식량(을 장만하는) 훌륭한 방법은 독각지獨覺地에서 내가 자세히 설명하겠다. (여덟째) 바라밀다를 유도하는 훌륭한 방법은 보살지菩薩地에서 내가 자세히 설명하겠다.

시주(施主: 시여하는 이)에게는 네 가지 모습이 있다. 첫째, 즐겁고자 한다. 둘째, 치우치지 않는다. 셋째, 부족함이 없다. 넷째, '바른 지혜'[正智]를 갖춘다.

시라(尸羅: śīla: 戒)를 갖춘 이에게는 네 가지 모습이 있다. 첫째, 즐겁고자 한다. 둘째, '다리를 놓는다'[結橋梁].[265] 셋째, '드러내서 실천하지 않는다'[不現行].[266] 넷째, '바른 지혜'[正智]를 갖춘다.

수행을 이루어 나아가는 이에게도 네 가지 모습이 있다. 첫째, '의욕이 깨끗하다'[欲解淸淨].[267] 둘째, '유도하는 것이 깨끗하다'[引攝淸淨].[268] 셋

---

265) 유가론기 제2권상(대정장 42. p.342c17-18): 결교량結橋梁은 생사의 강물이라는 원인에서 벗어나는 것이다.　　結橋梁者。出生死河因。

266) 유가론기 제2권상(대정장 42. p.342c18-19): 불현행不現行은 시라[戒]를 실천할 때 드러내는 모습으로 하지 말라는 것이다.　　不現行者。雖行尸羅而不現相。

267) 유가론기 제2권상(대정장 42. p.342c19): 욕해청정欲解淸淨이란 세간을 벗어나는 규범에서는 의욕을 하지만 세상에 대해서는 싫어할만한 것이라고 하는 것이다.　　欲解淸淨者。於出世法欲於世間厭解。

268) 유가론기 제2권상(대정장 42. p.342c19-20): 인섭청정引攝淸淨이란 것은 신통

째, '해석하여 선정을 수행하는 것이 깨끗하다'[勝解定淸淨].[269] 넷째, '지혜가 깨끗하다'[智淸淨].[270]

'시여를 받는 이'[受施者]는 여섯 가지이다. 첫째, 배우려고[受學] 시여를 받는다.[271] 둘째, '생계를 위해'[活命] 시여를 받는다.[272] 셋째, 가난해서[貧匱] 시여를 받는다.[273] 넷째, 버려서[棄捨] 시여를 받는다.[274] 다섯째, 떠돌아서[羇遊][275] 시여를 받는다. 여섯째, '좋아 애착하여'[耽著] 시여를 받는다.[276]

등으로 중생을 유도하는 것이다. 引攝淸淨者。神通等引攝衆生。
269) 유가론기 제2권상(대정장 42. p.342c20-21): 승해청정勝解淸淨이란 것은 해석한 것을 스스로 믿어 잘 간직하여 네 가지 무량(정) 등을 수행하는 것이다. 勝解淸淨者。印持勝解修四無量等。
270) 유가론기 제2권상(대정장 42. p.342c21-22): 지청정智淸淨은 선정 가운데 마음이 번뇌에 물들지 않아 지혜를 발휘하는 깨끗함이다. 智淸淨者。定心無染發智淸淨。
271) 유가론기 제2권상(대정장 42. p.342c22-23): 수학受學이란 (계, 정, 혜 등) 삼학을 배울 적에 시여 받는 것이다. 受學者。受學三學時應受施。
272) 유가론기 제2권상(대정장 42. p.342c23): 활명活命이란 다른 일은 안 하면서 오직 생계를 위해 시여 받는 것이다. 活命者不營餘事但爲活命而受於施。
273) 유가론기 제2권상(대정장 42. p.342c23-24): 빈궤貧匱란 여러 가지로 부족한 것이다. 이 때문에 시여 받는 것이다. 貧匱者種種乏少。是故受施。
274) 유가론기 제2권상(대정장 42. p.342c24-25): 기사棄捨란 쓰는 물건을 버리는 것이다. 이 때문에 시여 받는다. 棄捨者須物棄捨。是故受施。
275) 유가론기 제2권상(대정장 42. p.342c25): 기유羇遊란 지내던 곳에서 떠나 (가진) 물건이 없는 것이다. 이 때문에 시여 받는다. 羇遊者離本處故無物受施。
276) 유가론기 제2권상(대정장 42. p.342c25-26): 탐착耽著이란 자기도 재물이 적지 않은데 좋아 애착하여 남한테 시여 받는 것이다. 耽著者自少不財以耽著故從他受施。

여덟 가지 괴로움[損惱]이 있다. 첫째, 굶어 괴로움. 둘째, 목말라 괴로움. 셋째, 거친 음식이 괴로움. 넷째, 피곤해 괴로움. 다섯째, 추위 괴로움. 여섯째, 더위 괴로움. 일곱째, 집[覆障]이 없어 괴로움. 여덟째, 집[覆障]에 있어서 괴로움.[277]

또 다른 여섯 가지 괴로움이 있다. 첫째, '선천적인 것'[俱生].[278] 둘째, 불만족스러움. 셋째, 절박함[逼切].[279] 넷째, '계절이 변함'[時節變異].[280] 다섯째, '(지붕에서 빗물 등이) 흘러 샘'[流漏].[281] 여섯째, '(하던) 사업을 쉬거나 그만 둠'[事業休廢].[282]

여섯 가지 '이익을 주는 것'[攝益]이 있다. 첫째, 맡아서[任持][283] 이익을

---

277) 유가론기 제2권상(대정장 42. p.342c27-28): 집[覆障]에 있어서 괴로움이란 감옥[牢獄] 등 남에게 갇혀[被覆障] 자유롭지 못한 (괴로움)이다.　有覆障損惱者。謂牢獄等被他覆障不得自在。
278) 유가론기 제2권상(대정장 42. p.342c28-29): 구생俱生이란 (사람은) 태어나서 늙을 때까지 (그) 성격이 대체로 근심하고 괴로워하는 것(이라는 의미)이다.　俱生者從生至老性多憂惱。
279) 유가론기 제2권상(대정장 42. p.342c29): 핍절逼切이란 고통에 온몸이 결박되어 있는 것이다.　逼切者被苦纏身。
280) 유가론기 제2권상(대정장 42. pp.342c29-343a1): 시절변이時節變異란 더위와 추위가 조화롭지 못한 것이다.　時節變異者寒暑不和。
281) 유가론기 제2권상(대정장 42. p.343a1): 유루流漏란 가옥이 파손된 것이다.　流漏者屋宇破壞。
282) 유가론기 제2권상(대정장 42. p.343a1-2): 사업휴폐事業休廢란 장사하거나 농사짓던 것을 쉬거나 그만두어 괴로움이 생긴 것이다.　事業休廢者營農商估事業休廢故生損惱。
283) 유가론기 제2권상(대정장 42. p.343a3-4): 임지任持란 (단식, 촉식, 의사식, 식식 등) 네 가지 먹기이다.　任持者。即是四食。

줌. 둘째, '건전한 데 힘써 상하게 하지 않아서'[勇健無損][284] 이익을 줌. 셋째, '덮어 보호해서'[覆護][285] 이익을 줌. 넷째, 향을 발라 이익을 줌. 다섯째, 의복으로 이익을 줌. 여섯째, '함께 머물러 이익을 줌'[共住攝益].[286]

'착하지 않은 벗'[非善友]의 모습이 여섯 가지 있다. 첫째, 원망[怨心]을 버리지 않는다. 둘째, 그가 사랑스러워하지 않는 이를 끌어 들인다.[287] 셋째, 그가 사랑스러워하는 이를 가로 막는다.[288] 넷째, 적당하지 않은 것을 끌어 들인다.[289] 이상과 반대면 네 가지 '착한 벗'[善友]의 모습인줄 알라.

'이끌어 가지는 것'[引攝]에는 세 가지가 있다. 첫째, 살림살이도구를 이끌어 가진다. 둘째, 기쁨과 즐거움을 이끌어 가진다. 셋째, 기쁨과 즐거움을 떠나는 것을 이끌어 가진다.

'따르며 모시는 것'[隨轉供事]에는 네 가지가 있다. 첫째, 예전에는 모르던 이를 따르며 모신다. 둘째, 여러 친한 벗을 따르며 모신다. 셋째, 존경

---

284) 유가론기 제2권상(대정장 42. p.343a4-5): 용건무손勇健無損이란 (시, 수, 화, 풍 등) 네 영역이 균형이 맞고, 힘이 있는 것이다.　　勇健無損者。四大均等又威勢引接。

285) 유가론기 제2권상(대정장 42. p.343a4-5): 부호覆護란 가옥 등이다. 또는 여러 사람을 보호하는 것이다.　　覆護者。謂屋宇等或覆護徒衆。

286) 유가론기 제2권상(대정장 42. p.343a5-6): '함께 머물러 이익을 준다'[共住攝益]는 것은 함께 머묾을 괴로워하지 않는 것이다.　　共住攝益者。不惱同居。

287) 유가론기 제2권상(대정장 42. p.343a6): 그가 사랑스러워 하지 않는 (것)을 끌어 들인다는 것은 원수를 끌어 들이는 것이다.　　引彼不愛者。引攝怨家。

288) 유가론기 제2권상(대정장 42. p.343a7): 그가 사랑스러워하는 (것)을 가로 막는다는 것은 그의 친구를 가로 막는 것이다.　　遮彼所愛者。隔彼知友。

289) 유가론기 제2권상(대정장 42. p.343a7-8): 적당하지 않은 것을 끌어 들인다는 것은 (그에게) 독약 등을 주는 것이다.　　引非所宜者。與毒藥等。

스러운 이를 따르며 모신다. 넷째, 복과 지혜[慧]를 갖춘 이를 따르며 모신다.

이러한 따르며 모시는 것 네 가지 때문에 네 곳에 의한 다섯 결과가 이루어진다는 것을 알라. 네 곳이란 첫째, 받아들인 적이 없는 곳.[290] 둘째, 해코지하지 않는 곳.[291] 셋째, 공양供養 받을만한 곳.[292] 넷째, '비슷한 이'[同分]들이 따르는 곳.[293]

(이와 같은) 네 곳에 의해 다섯 결과를 이룰 수 있다. 첫째, 막대한 재산을 이룬다. 둘째, 유명해진다. 셋째, 모든 번뇌에서 떠난다. 넷째, 열반의 '성취를 경험한다'[證得]. 다섯째, '좋은 세상'[善趣]으로 가기도 한다.

'총명하고 지혜로운'[聰慧] 이는 세 가지 총명하고 지혜로운 모습이 있다. 첫째, 올바르게 받아들여 실천한다. 둘째, 올바르게 결정한다.[294] 셋째,

---

290) 유가론기 제2권상(대정장 42. p.343a9-10): 받아들인 적이 없는 곳은 곧 안 지 오래되지 않은 이다. 이전에는 받아들인 적이 없었기 때문이다.　無攝受處即非知舊者。先非攝受故。
291) 유가론기 제2권상(대정장 42. p.343a10): 해코지하지 않는 곳이란 곧 친구이다.　無侵惱處即諸親友。
292) 유가론기 제2권상(대정장 42. p.343a10-11): 공양을 받을만한 곳이란 곧 존중할만한 대상이다.　應供養處即所尊重。
293) 유가론기 제2권상(대정장 42. p.343a11-13): 비슷한 이들이 따르는 곳이란 곧 복과 지혜를 (갖춘) 이다. 복과 지혜를 갖추었기 때문에 수많은 사람들이 함께 귀의하는 곳이다. (사람들은) 귀의한 후 복과 지혜를 배우기를 바란다. 그와 본분이 같은 이들이 함께하므로 비슷한 이들이 따른다고 한다.　同分隨轉處即福慧者。由具福慧是衆多人所共歸趣處。既歸趣已悕學福慧。與彼分同名同分隨轉。
294) 유가론기 제2권상(대정장 42. p.343a15): 올바르게 결정한다는 것은 믿어 의심하지 않는 것이다.　於善決定信而無疑。

올바르게 굳세다.[295] 또 다른 세 가지 모습이 있다. 첫째, '뛰어난 계'[增上戒]를 배운다. 둘째, '뛰어난 마음'[增上心]을 배운다. 셋째, '뛰어난 지혜'[增上慧]를 배운다.

4. 불여리작의不如理作意

불여리작의(不如理作意: 이치에 맞지 않는 의도)를 설명한다는 것[施設建立]은 무엇인지 요약하자면 아래와 같다.

주장하는[執] '원인 속에 결과가 있음'[因中有果],
드러남[顯了], '과거와 미래는 있음'[有去來],
나[我], 항상함[常], '전생에 원인을 만듦'[宿作因],
'자재천 등'[自在等], '살해가 정법'[害法],
'한계가 있다·없다'[邊無邊], '흐려서 어지럽힘'[矯亂],
'원인이 없다고 헤아림'[計無因], 없어짐[斷], 공함[空],
'가장 뛰어남'[最勝], 깨끗함[淨], 상서로움[吉祥]은
'열여섯 다른 주장'[十六異論]에서 비롯된다.

다른 주장 열여섯 가지로 '이치에 맞지 않는 의도'[不如理作意]를 드러낸다. 열여섯 가지가 무엇인지 알라. 첫째, '원인 속에 결과가 있다는 주장'[因中有果論]. 둘째, '조건을 따라 드러난다는 주장'[從緣顯了論]. 셋째, '과거와 미래는 실제 있는 것이라는 주장'[去來實有論]. 넷째, '나[我](가 있다고) 헤아리는 주장'[計我論]. 다섯째, '항상하다고 헤아리는 주장'[計

---

295) 유가론기 제2권상(대정장 42. p.343a15-16): 올바르게 굳세다는 것은 용감하여 물러섬이 없는 것이다.   於善堅固勇而無退。

常論]. 여섯째, '전생에 원인을 만든다는 주장'[宿作因論]. 일곱째, '자재천 등이 만드는 주체라고 헤아리는 주장'[計自在等爲作者論]. 여덟째, '살해가 정법이라는 주장'[害爲正法論]. 아홉째, '한계가 있다 없다라고 하는 주장'[有邊無邊論]. 열째, '죽지 않는다(고 하면서) 흐려서 어지럽히는 주장'[不死矯亂論]. 열한째, '원인이 없다는 견해의 주장'[無因見論]. 열두째, '없어진다는 견해의 주장'[斷見論]. 열셋째, '공하다는 견해의 주장'[空見論]. 열넷째, '이치에 맞지 않게 가장 뛰어나다고 헤아리는 주장'[妄計最勝論]. 열다섯째, '이치에 맞지 않게 깨끗하다고 하는 주장'[妄計淸淨論]. 열여섯째, '이치에 맞지 않게 상서롭다고 하는 주장'[妄計吉祥論].

4.1 인중유과론因中有果論

4.1.1 주장

'원인 속에 결과가 있다는 주장'[因中有果論]이란 이를테면 어떤 사문이나 바라문은 다음과 같은 견해를 갖고 다음과 같은 주장을 하는 것이다. "언제나 늘 모든 원인[因] 속에는 '결과의 본성'[果性]이 함께 있다." 예를 들어 우중외도雨衆外道[296]가 이같이 헤아린다.

---

296) 유가론기 제2권상(대정장 42. p.343b3-8): 우중외도란 수론(數論: sāṃkhya) 논사의 큰 제자 열여덟 명을 가리킨다. 비올 적에 생겨서 비[雨]라 하고, 그 무리의 이름이 무리[衆]이다. 그들의 교의는 대략 셋으로도 하고 넷으로도 한다. 자세히는 이십오 원리[諦]이다. 신아(神我: puruṣa: ātman: 我: 순수정신)를 제외한 중간 이십삼 원리를 결과[果]라고 한다. 자성(自性: prakṛti: 근본물질)을 원인[因]이라고 한다. 결과는 원인 속에 있으면서도 별도의 자체[體]가 없다. 예를 들자면 순금으로 귀고리를 만드는 것과 같다. 비록 원인과 결과의 모습은 다르지만 별도의 자체는 없는 것이다. (이를) 원인 속의 결과[因有果]라고 한다.　　雨衆外道者。謂數論師之大弟子十八部主。雨時生故名雨。彼之徒

질문 무엇 때문에 그 외도(外道: 불도佛道 이외의 길)들은 그 같은 견해를 갖고 그 같은 주장을 하되, 원인 속에는 결과의 본성이 함께 있다는 점을 드러내는가?

대답 교설[教]과 논리[理] 때문이다. 교설이란 그전 스승이 지은 경전[教藏]으로서 들은 대로 계속 전해주어 지금에 이른 것인데, 원인 속에는 우선 결과의 본성이 들어 있다는 점을 드러낸다. 논리란 (다음과 같은 것이다.) 이를테면 그 사문이나 바라문은 본성[性]이 '깊이 생각하고'[尋思], 살피는[觀察] 것이라 하는²⁹⁷⁾ 것처럼 깊이 생각하고, '스스로 주장하고'[自辦], 이생異生의 입장에서, 생각하고 살핀다는 입장에서 그는 다음과 같이 생각한다.

"저 본성을 따라 이 본성이 생길 수 있다는 점은 온 세상이 다 알고 다 같이 주장하는 것이다. (그러니까 첫째) 저것이 이것의 원인이지 다른 것

黨名衆。彼計法略爲三。中爲四。廣爲二十五諦。除神我諦中間二十三諦名果。自性名因。果住因中仍無別體。如金爲瑲。雖因果相殊更無別體。名因有果。

이들 수론數論이 주장하는 신아神我 즉 나[我]는 극미極微의 크기로 무수히 존재하며 전혀 활동하지 않는 '보는 이'[目擊者]로서 그 본성은 생각이다. 원래 해탈 상태에 있으며 항상하여 변치 않는다. 신아의 '보는 것'[darśana]을 계기로 자성(自性: prakṛti)의 평형 상태가 깨지면 세상이 전개되기 시작한다. 이 과정에서 신아는 자성과 결합하여 윤회를 시작하는데 신아가 자성과 결합하는 목적은 보는 것이며, 자성이 신아와 결합하는 목적은 해탈이다.

297) 유가론기 제2권상(대정장 42. p.343b8-10): 본성이 깊이 생각한다고 한다는 것은 마음에 깊은 생각이 많다는 것이다. 본성이 살피는 것이라고 한다는 것은 마음에 추측이 많다는 것이다. 앞의 것의 자체[體]는 의사[思: 마음을 조작하는 것]이고 뒤의 것의 자체는 추리선택[慧]이다.　爲性尋思者志多思慮。爲性觀察者志多推構。初體是思後體是慧。

(은 이것의 원인)이 아니다. (둘째) 그리고 결과를 추구하는 이는 이 원인만을 갖지 다른 것(을 가지지) 않는다. (셋째) 그리고 저것에 힘을 들여 구하는 대상을 만들지 다른 것(에 힘을 들이는 것)이 아니다. (넷째) 그리고 저것의 결과는 저것을 따라 생기지 다른 것을 따라 생기지 않는다. 그러므로 저것의 결과는 원인 속에 이미 있는 것이다.

만일 그렇지 않다고 한다면 (첫째) 모든 것에 모든 원인이 있다고 주장하게 된다. (둘째) 하나의 결과를 추구하려고 모든 것을 가지게 된다. (셋째) 모든 것에 공을 들여 (대상을) 만들게 된다. (넷째) 모든 것을 따라 모든 결과가 생기게 된다."

이와 같이 그는 설명에서, 추구하고 갖는 것에서, 지으려는 바를 결정하는 것에서, '생기는 것'[生]에서 원인 속에 항상 결과의 본성이 있다고 본다.

4.1.2 반론

(이측이) 그에게 자세히 묻겠다.

너는 (다음에서) 어느 것을 바라는가? 무엇이 '원인의 모습'[因相]이며, 무엇이 '결과의 모습'[果相]인가? 원인과 결과 양쪽의 모습은 다른가, 같은가? 만일 (서로) 다른 모습이 없다면 원인과 결과가 두 종류라고 할 수 없다. 원인과 결과가 차이가 없기 때문에 원인 속에 결과가 있다는 (주장도) 이치에 맞지 않는다.

(이번에는) 만일 (원인과 결과가 서로) 다른 모습이 있다면, 네 의견은 (다음에서) 어느 것인가? 원인 속의 결과의 본성은 아직 생기지 않은 모습인가, (아니면) 이미 생긴 모습인가? 만일 아직 생기지 않은 모습이면, 원인 속에 아직 결과가 생기지도 않았는데 결과가 있다고 하는 것이니 이치

에 맞지 않는다. (이번에는) 만일 이미 생긴 모습이면, 결과의 체體가 이미 생겼는데 다시 원인을 따라 생긴다고 하는 것이니 이치에 맞지 않는다. 그러므로 원인 속에 우선 결과가 있는 것이 아니다. 요컨대 원인은 조건[緣]을 기다려 결과를 생기게 하는 것이다.

유상법(有相法: 있음의 모습을 한 존재)은 그 가운데 다섯 가지 모습 때문에 분명하게 알 수 있다. (다섯 가지 모습은) 첫째, 장소에서 이루어질 수 있다. 예를 들자면 옹기 속의 물이다. 둘째, 근거[所依]에서 이루어질 수 있다. 예를 들자면 눈[안식의 항상 함께하는 근거] 가운데 안식眼識이다. 셋째, 자상(自相: 고유한 모습) 때문에 이루어질 수 있다. 예를 들자면 원인의 자체自體는 추리[比度: 比量]로 말미암는 것이 아니다. 넷째, 자기의 작업作業 때문에 이루어질 수 있다. 다섯째, 원인이 변이變異하기 때문에 결과가 변이하고, 때로는 조건이 변이하기 때문에 결과가 변이한다.

이와 같이 그가 "언제나 늘 원인 속에 결과가 있다."라고 설명하는 것은 이치에 맞지 않는다. 이 때문에 그들이 내세우는 주장은 이치에 맞지 않는 설명이다. 그러므로 같은 모습 때문에, 다른 모습 때문에, 아직 생기지 않은 모습 때문에, 이미 생긴 모습 때문에 이치에 맞지 않는다.

4.2 종연현료론從緣顯了論

4.2.1 주장

'조건을 따라 드러난다는 주장'[從緣顯了論]이란 이를테면 어떤 사문이나 바라문은 다음과 같은 견해를 갖고 다음과 같은 주장을 하는 것이다. "'모든 존재'[諸法]의 본성은 원래 있는 것이어서 여러 조건을 따라서 드러나는 것이지 조건을 따라 생기는 것이 아니다." 예를 들자면 '원인 속에 결과가 있다고 주장하는 이'[因中有果論者]나 '소리의 모습을 주장하는 이'[聲相論者][298]가 이같이 헤아린다.

질문 무엇 때문에 원인 속에 결과가 있다고 주장하는 이는 모든 원인 속에는 우선 결과의 본성이 있는데 조건을 따라 드러난다고 보는가?

대답 교설[教]과 논리[理] 때문이다. 교설이란 앞서 설명한 바와 같다. 논리란 이를테면 그 사문이나 바라문은 본성[性]이 깊이 생각하고, 살피는 것이라 하는 것처럼 등등 앞서 자세히 설명한 것과 같다.

그는 다음과 같이 생각한다. "결과는 우선 있는 것이니 다시 원인을 따라 생긴다는 것은 이치에 맞지 않다. 하지만 힘을 쓰지 않고서 결과를 완성한다고 한 것은 아니다. 다시 그 어떤 조건이 힘쓰는 것이 되랴! (그러니 힘쓰는 것이) 어찌 유일하게 결과를 드러내는 (조건이) 아니랴!" 그는 이와 같이 '이치에 맞지 않게'[妄] 추리하고서[分別] (조건을 따라) 드러난다는 주장을 내세운다.

4.2.2 반론

(이측이) 그에게 자세히 묻겠다.

너는 (다음에서) 어느 것을 바라는가? '장애하는 조건'[障緣]이 없는데 장애(되는 결과)가 있다는 것인가, (아니면 애초에) 장애하는 조건이 있(어서 장애되는 결과가 있)다는 것인가? (우선) 장애하는 조건이 없는데

---

298) '소리의 모습을 주장하는 이'[聲相論者]란 미망사(mīmāṃsā: 탐구)학파를 가리킨다. 이들은 규범[法]을 연구하는데, 이 규범을 인식하는 방법은 베다성전[veda]이다. 이 베다성전은 말[語]로 이루어진 것인데 이 말은 항상한 것이라고 주장한다. 그들에게 말이란 무상한 소리를 초월하여 영원히 실재하는 것으로서 인간이 발화한다는 조건에 의해 나타나는 것이다.

장애(되는 결과)가 있다는 것은 이치에 맞지 않는다.

(다음으로 애초에) 장애하는 조건이 있(어서 장애되는 결과가 있)는 경우라면 어찌 '결과에 속하는 원인'[屬果之因]이 장애되지 않겠는가? 똑같이 이것은 있는 것이기 때문에 (결과 속의 원인은 제외하고 결과만 장애한다는 것이) 이치에 맞지 않는다. 비유하자면 옹기[결과 속의 원인] '속의 물'[결과]을 '어두움이 가리면'[장애하는 조건] 옹기도 가릴 수 있는 것과 같다. 만일 '장애하는 조건'[어두움]이 '(결과 속의) 원인'[옹기]도 장애한 것이라면, (나중에) 결과의 본성만 (드러날 게) 아니고 '(나중에 결과의 본성이 드러날 때 이 결과 속의) 원인'[옹기]도 드러나야 한다. 둘 다 장애를 당했었기 때문이다. 그러니 원인 속에 우선 있는 결과의 본성만 드러난다고 하고, (결과 속의) 원인이 드러나지 않는다고 말하는 것은 이치에 맞지 않는다.

다시 너에게 묻겠다. '있다는 본성'[有性]이 장애의 조건인가? (아니면) 결과의 본성(이 장애의 조건)인가? 만일 있다는 본성이 장애의 조건이라면 이는 있는 본성이 항상 드러나지 않는 (상태라는) 것이므로 이치에 맞지 않는다. 또한 원인도 '있는 것'[有]인데 왜 장애라고 하지 않는가? (이번에는) 만일 결과의 본성이 장애의 조건이라면 이는 하나의 존재[法]가 원인도 되고 결과도 되는 것이다. 싹은 종자의 결과이고 이(싹)은 줄기의 원인이라고 하는 것과 같다. 이는 (싹이라는) 하나의 존재가 (줄기의 원인이 되었을 때는) 드러나고, (종자 안에 있을 때는, 원인 속의 결과로서) 드러나지 않는다고 하는 것이니 이치에 맞지 않는다.

이제 너에게 묻겠다. 네 의견대로 대답하라. 존재자체[本法]는 '드러난다는 것'[顯]과 다른가, (아니면) 같은가? 만일 같다면 존재[法]는 항상 드러나야 하는데, 드러나고 또 드러난다는 것은 이치에 맞지 않는다.

(이번에는 만일 존재자체가 '드러난다는 것'[顯]과) 다르다고 한다면 '드러난다는 것'[顯]은 원인이 없는가, 원인이 있는가? 만일 원인이 없다고 한다면, 원인이 없는데 드러난다고 하는 것은 이치에 맞지 않는다. 만일 원인이 있다고 한다면, (이는) 결과의 본성이나 드러날 수 있으니 이는 원인의 본성은 아니다. (그런데 방금 말한 대로라면 드러남의 원인은 결과의 본성이라는 것이고, 그렇다면) 드러낼 수 없는 원인으로 결과를 드러낸다는 것은 이치에 맞지 않는다.

지금까지 (밝힌 것)처럼 장애의 조건이 없기 때문에, 장애의 조건이 있기 때문에, 있다는 모습 때문에, 결과의 모습 때문에, 드러난다는 것과 같기 때문에, 드러난다는 것과 다르기 때문에 이치에 맞지 않는다. 그러므로 네가 말한, "만일 '존재의 본성'[法性]이 없으면 모습[相]도 없고, 존재의 본성이 있으면 모습도 있다. 만일 본성[性]이 없으면 드러날 수 없으며, 본성이 있으면 드러날 수 있다."라고 한 것은 이치에 맞지 않는다.

내 이제 설명해 주겠다. 비록 이것[존재의 본성]이 있더라도 모습을 갖지 못하는 (경우가) 있다. 예를 들어 먼 데 있으면 비록 있더라도 (모습을) 가질 수 없다. 또한 네 가지 장애가 원인을 장애하기 때문에 (모습을) 가질 수 없다. (첫째) 아주 미세微細해서 가질 수 없다. (둘째) 마음이 산란해서 가질 수 없다. (셋째) 근근이 상해서 가질 수 없다. (넷째) 아직 그 모습에 알맞은 지혜[智]를 이루지 못해 (모습을) 가질 수 없다.

'원인 속에 결과의 본성이 있는데 조건을 따라 드러난다는 주장'[因果顯了論]이 이치에 맞지 않는 것처럼 '소리의 모습을 주장하는 이'[聲相論者]도 이치에 맞지 않는다는 것을 알라. 차이가 나는 점이라면 외도外道 가운데 소리의 모습을 주장하는 논사는 다음과 같은 견해를 갖고 다음과 같은 주장을 한다. "'소리의 모습'[聲相]은 항상 있어서 생멸生滅이 없다. 그런데 널리 말하고 내뱉어서야 드러날 수 있다." 그러므로 이 주장도 인연을 따라 드러난다는 주장처럼 이치에 맞지 않는 설명이다.

4.3 거래실유론去來實有論

4.3.1 주장

'과거와 미래는 실제 있는 것이라는 주장'[去來實有論]이란 이를테면 어떤 사문이나 바라문, 또는 '이 교법'[此法]에 처한 이는 올바르지 못한 생각 때문에 다음과 같은 견해를 갖고 다음과 같은 주장을 하는 것이다. "과거가 있고 미래가 있어서 그 모습을 이루는 것은 지금이 '실제 있는 것'[實有]이고 임시[假]가 아닌 것과 마찬가지다."

질문 무엇 때문에 그들은 그 같은 견해를 갖고 그 같은 주장을 하는가?

대답 교설[教]과 논리[理] 때문이다. 교설이란 (기본적인 내용은) 앞서 설명한 것과 같다. 그리고 이 상태에 있는 이는 여래如來께서 경經(에서 말씀하신 것)을 이치에 맞지 않게 추리하기[分別] 때문이다. 이를테면 경에서 "모든 '있는 것'[有]이란 십이처十二處를 가리킨다. 이 십이처의 '실제 모습'[實相]이 바로 있는 것이다."라고 말씀하신 것. 그리고 박가범薄伽梵께서 과거의 업業은 있다고 말씀하신 것. 그리고 과거의 '보이는 것'[色]이 있고 미래의 '보이는 것'[色]이 있으며 부터 식識도 마찬가지라고 말씀하신 것까지. 논리란 이를테면 그 사문이나 바라문은 본성[性]이 깊이 생각하고, 살피는 것이라 하는 것처럼 등등 앞서 자세히 설명한 것과 같다. 그는 다음과 같이 생각한다. "존재[法]의 자상(自相: 고유한 모습)이

이 존재에 머문다면 진실로 있는 것이다. 즉 만일 미래가 없다면 그때에는 당연히 모습[相]을 받지 못한다는 것이다. 즉 만일 과거가 없다면 그때에는 당연히 자상自相을 잃는다는 것이다. 이렇게 (미래와 과거가 없는 것이라면) 모든 존재의 자상自相은 이루어지지 않게 된다."

이러한 이치는 진실眞實이 아니기 때문에 이치에 맞지 않는다. 이와 같이 생각하기 때문에 다음과 같은 견해를 갖고 다음과 같은 주장을 한다. "과거와 미래의 본성[性]·모습[相]은 실제 있는 것이다."

4.3.2 반론

(이측이) 그에게 자세히 묻겠다.

너는 (다음에서) 어느 것을 바라는가? 과거의 모습과 미래의 모습은 지금 모습과 같은가, 다른가? 만일 모습이 같다고 한다면 삼세(三世: 과거·미래·지금)의 모습을 정한 것이 이치에 맞지 않는다. (이번에는) 만일 모습이 (서로) 다르다고 한다면 본성[性]·모습[相]이 실제 존재라고 하는 것이 이치에 맞지 않는다.

네 뜻대로 설명해보라. 삼세三世에 속한 존재[法]는 '항상한 모습'[常相]인가, 무상無常한 모습인가? 항상한 모습이라면 삼세에 속해 있다는 것이 이치에 맞지 않는다. 무상한 모습이라면 삼세 안에서 항상한 '실제 있는 것'[實有]이라고 하는 것이 이치에 맞지 않는다.

이제 너에게 묻겠으니 네 뜻대로 대답하라. (첫째) 미래 존재[法]가 지금 세상으로 온다고 헤아리는가? (둘째) 미래[彼]에서 죽은 뒤에 지금[此]에서 사는 것인가? (셋째) 미래에서 머문 것을 조건으로 지금에서 사는 것인가? (넷째) 원래 업業이 없는데 이제야 업이 있는 것인가? (다섯째) 원래 모습이 완성되지[圓滿] 않았었는데 이제야 모습이 완성된 것인가? (여섯째) 원래 (서로) 다른 모습이 이제야 다른 모습이 된 것인가? (일곱째) 미래에 '지금 부분'[現在分]이 있는가?

만일 (첫째에서처럼) 미래 존재[法]가 지금 세상으로 온다고 하면, 이는 곧 (어떤) 장소(에서 와서 지금이 된 것 뿐이니) 지금과 차이가 없다. 게다가 이것은 항상하여야 하니 (미래, 지금을 나누는 것이) 이치에 맞지 않는다.

(둘째에서처럼) 미래[彼]에 죽은 뒤에 지금[此]에 사는 것이라면, 미래에 살지 않은 것이니 지금 세상의 존재로서는 원래부터 지금 산다는 것이 없다. 게다가 미래에는 살지도 않았는데 죽었다고 하니 이치에 맞지 않는다.

(셋째에서처럼) 존재[法]가 미래에 머문 것을 조건으로 지금에서 산다면 이는 항상한 것이 된다. 게다가 원래부터 지금 산다는 것이 없으므로 미래의 존재로 산다는 것은 이치에 맞지 않는다.

(넷째에서처럼) 원래 업작용[業用]이 없는데 이제야 업작용이 있는 것이라면 원래 없던 것이 이제 있다는 것이다. (이는) 앞서 설명한 잘못[過失]이 있으므로 이치에 맞지 않는다. (더 세분하자면) 너는 (다음에서) 어느 것을 바라는가? 이 업작용은 존재자체[本法]와 (서로) 다른 모습인가, (서로) 같은 모습인가? 만일 (서로) 다른 모습이라면 이 업작용의 모습은 (존재자체와는 서로 다른 모습이므로 미래에 있어야 하는데 네 주장에 의하면 업작용은) 미래에 없는 것이므로 이치에 맞지 않는다. (이번에는) 만일 (서로) 같은 모습이라면 원래 없는 업작용이 이제야 업작용이 있다는 것이므로 이치에 맞지 않는다.

업작용이 없다는 데에 이러한 잘못이 있는 것처럼 (다섯째의) 모습의 완성[圓滿], (여섯째의) 다른 모습, (일곱째의) 미래(에 포함된 지금)부분의 모습도 마찬가지라는 것을 알라. 이들 (다섯째, 여섯째, 일곱째가 앞선 것과) 다른 점은 자성自性이 섞여 혼란스럽다는 잘못이 있다는 점이다. (그래서) 이치에 맞지 않는다.

미래가 지금을 향한다는 것처럼 지금이 과거로 간다는 것도 그에 맞추어 잘못임을 알라. 앞선 헤아림들의 이유와 (그들의) 설명이 '틀렸음을 입증한'[破] 것은 이제까지와 같다.

지금까지 (밝힌 것)처럼 자상自相 때문에, 공상(共相: 공통된 모습)²⁹⁹⁾ 때문에, 오기[來] 때문에, 죽기[死] 때문에, '조건에 의해 생기기'[爲緣生] 때문에, 업[業] 때문에, '모습의 완성'[相圓滿] 때문에, '모습이 다르기'[相異] 때문에, '미래에 있는 (지금) 부분'[未來有分] 때문에 과거·미래의 체體가 '실제 있는 것'[實有]이라는 주장은 이치에 맞지 않는다.

이와 같이 (이측이) 설명하면 다시 (너는 다음과 같이) 비판할 것이다. "만일 과거와 미래가 없다면 어떻게 없는 것에 대해 있다고 알게[覺] 되는가? (이처럼) 만일 없는 것에 대해 알게 된다고 한다면 어찌 가르침을 어기는 잘못이 없으랴. 예를 들어 (가르침에 의하면) 모든 '있는 것'[有]이란 십이처十二處를 가리킨다고 하지 않았는가?"

(그럼) 이제 내가 너에게 물을 테니 네 뜻대로 대답하라. 세상에서는 없는 것에 대해 알게 되는가, 알게 되지 않는가? 만일 알게 되지 않는다면,

---

299) 유가론기 제2권상(대정장 42. p.345c12-13): 자상自相이란 앞서 마무리한 삼세三世의 자상이 같고·다름(의 비판)이고, 공상共相이란 앞서 마무리한 삼세가 항상한가, 무상한가 (하는 비판)이다.　自相者結前三世自相一異。共相者結前三世常無常。

'없는 나'[無我], '토끼의 뿔'[兎角], '불임증 걸린 여자가 낳은 아이'[石女兒] 등을 알게 되는 것은 모두 (있을 수) 없으므로 (너의 주장은) 이치에 맞지 않는다. 게다가 박가범薄伽梵께서, "나는 모든 솔직한 성문聲聞들이 내가 설명한대로 바르게 수행하면 있는 것은 있다고 알게 되고, 없는 것은 없다고 알게 된다고 설명한다."라고 하신 이치에 맞지 않는다.

(이번에는 없는 것에 대해) 만일 알게 된다면, 네 뜻에는 어떤가? 이 없는 것을 알게 될 때 '있다는 생각을 하는가'[有行], (아니면) '없다는 생각을 하는가'[無行]? 만일 있다는 생각을 한다면, 없는 것을 알게 되었으면서도 있다는 생각을 한 것이므로 이치에 맞지 않는다. (반대로 없는 것을 알게 되면서) 만일 없다는 생각을 한다면, 너는 (다음에서) 어느 것을 바라는가? (내가 하는 질문을 더 세분하자면,) 이 없다는 생각을 알게 되는 것은 '있는 대상'[有事]에 대해 전개되는가, (아니면) '없는 대상'[無事]에 대해 전개되는가? 만일 있는 대상에 대해 전개된다면, 없다는 생각을 알게 되는 것이 있는 대상에 대해 전개된 것이므로 이치에 맞지 않는다. (반대로) 없는 대상에 대해 전개된다면, 대상으로 삼을 것도 없고 알게 되는 것도 없을 것이므로 이치에 맞지 않는다.

비록 "모든 '있는 것'[有]이란 십이처十二處를 가리킨다."라고 설명하셨지만 유법(有法: 있음의 존재)에 대해서는 '있는 상태'[有相]가 있음을 '깊은 뜻'[密意]으로 설명하셨고, 무법(無法: 없음의 존재)에 대해서는 '없는 상태'[無相]가 있음을 '깊은 뜻'[密意]으로 설명하셨다. 왜 그러냐면 유상법(有相法: 있음의 상태인 존재)은 있는 상태'[有相]를 지닐 수 있고, 무상법(無相法: 없음의 상태인 존재)은 '없는 상태'[無相]를 지닐 수 있기 때문에, 둘 다 존재[法]라고 하고 둘 다 '있는 것'[有]이라고 한다. 그렇지 않다면 모든 수행자修行者는 있는 것에 대해서만 알고 없는 것에 대해서는 모를 것이다. (이는 수행자가) 계속 알아야할 존재를 '자세히 살피는 것'[觀]이 아니게 된다. (그러므로) 이치에 맞지 않는다.

비록 "과거의 업이 있는데 이 업 때문에 모든 유정이 해코지 당한다는 느낌과 해코지 당하지 않는다는 느낌을 받는다."라고 설명하셨지만, 이도 역시 유정들의 습기習氣를 가지고 깊은 뜻으로 임시로 (과거의 업이) 있다고 설명하신 것이다. 이를테면 '모든 변천하는 존재'[諸行] 가운데 일찍이 '깨끗하고 깨끗하지 못한 업'[淨不淨業]이 있어서 생기기도 하고 없어지기도 하기 때문에 그 '변천하는 존재'[行]가 (점차) 강해지고 달라지며 지속되는 것을 습기習氣라고 한다. 이처럼 지속되면서 포함되는 습기 때문에 사랑스럽고 사랑스럽지 않은 결과가 생긴다. 그러므로 내 (설명)에는 잘못이 없고, 네 (주장)이 이치에 맞지 않는다.

비록 "과거의 '보이는 것'[色]이 있고 미래의 '보이는 것'[色]이 있고 지금의 '보이는 것'[色]이 있으며 (느낌[受], 개념형성[想], 의지작용[行],) 식識도 마찬가지다."라고 설명하셨지만 (이것도) 역시 세 가지 '변천하는 존재의 모습'[行相]을 깊은 뜻으로 설명하신 것이다. 즉 '원인의 모습'[因相], '고유한 모습'[自相], '결과의 모습'[果相]을 이른 것이다. 그 원인의 모습을 깊은 뜻으로 미래가 있다고 설명하고, 고유한 모습을 깊은 뜻으로 지금이 있다고 설명하고, 결과의 모습을 깊은 뜻으로 과거가 있다고 설명하신 것이다. 그러므로 (내 설명에는) 잘못이 없다.

과거와 미래가 실제 있는 것의 모습이라고 해서는 안 된다. 왜냐하면 (우선) 미래는 열두 가지의 모습이 있다는 것을 알게 될 것이기 때문이다. 첫째, '원인이 드러난 모습'[因所顯相]. 둘째, '자체가 아직 생기지 않은 모습'[體未生相]. 셋째, '여러 조건을 기다리는 모습'[待衆緣相]. 넷째, '이미 생긴 종류의 모습'[已生種類相]. 다섯째, '생길 수 있는 존재의 모습'[可生法相]. 여섯째, '생길 수 없는 존재의 모습'[不可生法相]. 일곱째, '아직 생기지 않은 번뇌에 물든 모습'[未生雜染相]. 여덟째, '아직 생기지 않은 깨끗한 모습'[未生淸淨相]. 아홉째, '추구하게 될 만한 모습'[應可求相]. 열째, '추구하지 않게 될 만한 모습'[不應求相]. 열한째, '살펴야할 모습'[應觀察相]. 열두째, '살피지 말아야할 모습'[不應觀察相].

(아울러) 지금도 열두 가지 모습이 있다는 것을 알라. 첫째, '결과가 드러난 모습'[果所顯相]. 둘째, '자체가 이미 생긴 모습'[體已生相]. 셋째, '여러 조건이 모인 모습'[衆緣會相]. 넷째, '이미 생긴 종류의 모습'[已生種類相]. 다섯째, '한 찰나의 모습'[一刹那相]. 여섯째, '다시는 생기지 않는 존재의 모습'[不復生法相]. 일곱째, '번뇌에 물듦이 나타난 모습'[現雜染相]. 여덟째, '깨끗함이 나타난 모습'[現淸淨相]. 아홉째, '기쁘고 즐거울 만한 모습'[可憙樂相]. 열째, '기쁘고 즐거울 만하지 못한 모습'[不可憙樂相]. 열한째, '살펴야할 모습'[應觀察相]. 열두째, '살피지 말아야할 모습'[不應觀察相].

(아울러) 과거도 열두 가지 모습이 있다는 것을 알라. 첫째, '이미 지나간 원인의 모습'[已度因相]. 둘째, '이미 지나간 조건의 모습'[已度緣相]. 셋째, '이미 지나간 결과의 모습'[已度果相]. 넷째, '자체가 이미 붕괴된 모습'[體已壞相]. 다섯째, '이미 소멸한 종류의 모습'[已滅種類相]. 여섯째, '다시는 생기지 않을 존재의 모습'[不復生法相]. 일곱째, '번뇌에 물듦이 잠잠해진 모습'[靜息雜染相]. 여덟째, '깨끗함이 잠잠해진 모습'[靜息淸淨相]. 아홉째, '돌아보며 연연해하는 곳의 모습'[應顧戀處相]. 열째, '돌아보

며 연연해하지 말아야 하는 곳의 모습'[不應顧戀處相]. 열한째, '살펴야할 모습'[應觀察相]. 열두째, '살피지 말아야할 모습'[不應觀察相].

4.4 계아론計我論

4.4.1 주장

'나[我](가 있다고) 헤아리는 주장'[計我論]이란 이를테면 어떤 사문이나 바라문은 다음과 같은 견해를 갖고 다음과 같은 주장을 하는 것이다. "나[我], 살타(薩埵: sattva: 유정], '수명을 (누리는) 이'[命者], '사는 이'[生者]는 있으며, '길러진 이'[養育者], 삭취취자(數取趣者: 補特伽羅: pudgala: 人, 我, 유정: 자주자주 다섯 세상[趣]의 삶을 사는 이)는 있다. 이들은 실제로 항상 머문다." 이를테면 외도 등이 이처럼 헤아린다.

질문 무엇 때문에 그 외도 등은 그 같은 견해를 갖고 그 같은 주장을 하는가?

대답 교설[教]과 논리[理] 때문이다. 교설이란 (기본적인 내용은) 앞서 설명한 바와 같다. 논리란 이를테면 그 사문이나 바라문은 본성[性]이 깊이 생각하고, 살피는 것이라 하는 것처럼 등등 앞서 자세히 설명한 것과 같다. (그들 교설과 논리의) 이유는 두 가지이다. 첫째, 앞서 생각지도 않았는데 갑작스럽게 살타薩埵가 있다고 알 수 있기 때문이다. 둘째, 앞서 생각을 한 연후 하는 (일이) 있을 수 있기 때문이다.

그는 다음과 같이 생각한다. "만일 나[我]가 없다면, '다섯 가지 대상'[五事]을 본 연후 다섯 가지에서 나[我]가 있다고 알게 되지 않을 것이다. (예를 들자면) 첫째, '보이는 모습'[色形]을 보고서는 보이는 모습만 알게 되고 살타는 알게 되지 않을 것이다. 둘째, 괴로움·즐거움을 따르는 실천[行]

을 보고서는 느낌[受]만 알게 되고 잘난·못난 살타는 알게 되지 않을 것이다. 셋째, 이미 이름 붙여진 이가 이름에 적합한 실천을 하는 것을 보고서는 개념형성[想]만 알게 되고 찰제리刹帝利, 바라문婆羅門, 폐사吠舍, 술타라戌陀羅, 불수佛授, 덕우德友 등의 살타는 알게 되지 않을 것이다. 넷째, 깨끗하고 깨끗지 않은 데 알맞은 실천을 보고서는 의지작용[行]만 알게 되고 어리석은 이·지혜로운 이라는 살타는 알게 되지 않을 것이다. 다섯째, 대상영역[境界]에 식識이 따라 전개되는 것을 보고서는 마음[心]만 알게 되고 나[我], '보는 주체'[能見]라는 살타는 알게 되지 않을 것이다.

(그러나) 이처럼 앞서 생각지도 않았는데 다섯 대상에서 다섯 가지 살타만 알게 되지, ('보이는 모습'[色形], 느낌[受], 개념형성[想], 의지작용[行], 마음[心] 등의 오온五蘊 같은) '모든 변천하는 존재'[諸行]를 알게 되는 것이 아니다. 따라서 앞서 생각지도 않았는데 본 연후 갑자기 살타가 있다고 알게 되기 때문에 반드시 실제로 나[我]가 있다는 것을 안다."

그는 또한 다음과 같이 생각한다. "만일 나[我]가 없다면, '모든 변천하는 존재'[諸行]에 대해 앞서 생각을 한 연후 하는 일이 있을 수 없게 된다. 예를 들어 나는 눈으로 모든 보이는 것을 보려 하고, 모든 보이는 것을 바로 보며, 모든 보이는 것을 보고 나서는, 때로는 '나는 보려 하지 말아야지.'라는 마음이 들기도 한다. 이 같은 작용은 모두 나[我]를 알게 되는 작용이 앞서 이끌기 때문이다. 눈으로 보는 것이 이런 것처럼 귀, 코, 혀, 몸, 의意도 마찬가지라고 알아야한다."

(그는) 또한 "선업善業을 짓고, 선업을 그만두는 것, 불선업不善業을 짓고, 불선업을 그만 두는 것 등, 이 같은 일 모두는 생각하는 것이 앞서기 때문에 할 수 있는 (나의) 작용이다. 이 같은 (나의) 작용을 '모든 변천하는

존재'[諸行]에 대해서만 할 수 없다면 이치에 맞지 않는다." (그는) 이 같이 생각하므로 나[我]가 있다고 설명한다.

4.4.2 반론

(첫째로) 이제 내가 너에게 묻겠다. 네 뜻대로 대답하라.

보는 일에서 살타薩埵를 알게 되는가, 보는 일과는 독립적으로 살타를 알게 되는가? 만일 보는[見] 일에서 살타를 알게 된다면, 너는 '보이는 것'[色] 등에서 살타가 있다고 헤아린다고 말해선 안 된다. 나[我]가 있다고 헤아리는 것은 '전도되게 아는 것'[顚倒覺]이다. (이번에는) 만일 보는 일과는 독립적으로 살타를 알게 된다면, 나[我]가 모습과 크기가 있다는 것이 이치에 맞지 않는다. (마찬가지로 네 주장의 근거로 든) 잘났네·못났네, 찰제리刹帝利 등, 어리석네·지혜롭네, '보이는 것'[色] 등의 대상영역을 '가지는 주체'[能取]는 이치에 맞지 않는다.

너는 (다음에서) 어느 것을 바라는가? 이 (보이는) 존재[法] 자체自體로 말미암아 (나[我]가 있다고) 알게 되는가, (아니면) 다른 자체[體]로 말미암아서도 (나[我]가 있다고) 알게 되는가? 만일 이 (보이는) 존재[法] 자체自體로 말미암아 (나[我]가 있다고) 알게 된다면, 곧 (보이는 것 때문이 아니라) 보는 일에서 나[我]라는 것을 알게 된다는 (이측의 주장을 너는) '전도되게 아는 것'[顚倒覺]이라고 말할 수 없게 된다. (이번에는) 만일 (보이는 존재 자체 이외에 동시에) 다른 자체[體]로 말미암아서도 (나[我]가 있다고) 알게 된다면, 곧 모든 대상영역은 각각 모든 대상영역을 알게 되는 원인이 되므로 (나[我]가 있다고만 알게 되는 것은) 이치에 맞지 않는다.

너는 (다음에서) 어느 것을 바라는가? 무정물들[無情數]에서 유정有情이라고 알게 되는가, 그러하지 않는가? 유정들[有情數]에서 무정물이라고 알게 되는가, 그러하지 않는가? 어떤 유정에서 또 다른 유정이라고 알게 되는가, 그러하지 않는가? 만일 알게 된다면 무정물은 유정이어야 되고, 유정은 무정물이어야 되며, 어떤 유정은 또 다른 유정이어야 되므로 이치에 맞지 않는다. 만일 (알게 되면서도 일절) 알게 되지 않는다고 (주장)한다면 직각(直覺: 現量)을 부정하는 것이므로 이치에 맞지 않는다.

너는 (다음에서) 어느 것을 바라는가? 이 살타라고 알게 되는 것은 직각[現量]인가, (아니면) 추리[比量]인가? 만일 직각이라고 한다면 '보이는 것'[色] 등의 온(蘊: 생멸이 있는 만들어진 존재)은 직각(의 대상)인데, (네가 주장한) 나[我]는 직각(의 대상)이 아니므로 이치에 맞지 않는다. 만일 (살타라고 알게 되는 것이) 추리라고 한다면 (사람 부류에 속한) 어리석은 이나 갓난쟁이는 아직 헤아릴[思度] (능력이) 없으니 급작스레 나[我]라고 알게 될 수 없는 것이다.

(둘째로) 이제 내가 너에게 묻겠다. 네 뜻대로 대답하라.

예를 들어 세상에서 하는 일은 알게 되는 것이 원인인가, (아니면) 나[我]가 원인인가? 만일 알게 되는 것이 원인이라면 나[我]가 일을 한다고 주장하는 것은 이치에 맞지 않는다. 만일 나[我]가 원인이라면 요컨대 앞서 생각한[알게된] 연후에 하는 일이 있을 수 있다는 것이 이치에 맞지 않는다.

너는 (다음에서) 어느 것을 바라는가? 하는 일의 원인은 항상한가, (아니면) '항상하지 않은가'[無常]? 만일 항상하지 않다면, 일 하는 원인 자체[體]는 '변하는 것'[變異]이므로 (네가 항상하다고 주장해오던) 나[我]가 한다는 주장은 이치에 맞지 않는다. 만일 (하는 일의 원인이) 항상하다면, 변하지 않는 것이므로 이 변하지 않는 것이 한다는 (변화를) 일으키는 것이 이치에 맞지 않는다.

너는 (다음에서) 어느 것을 바라는가? 동작動作하는 나[我][300]가 할 수 있는가, (아니면) 동작하지 않는 나[我]가 하는가? 만일 동작하는 나[我]가 할 수 있다면, 곧 항상 하고 있는 (상태)이므로 또 다시 한다고 (주장)하는 것이 이치에 맞지 않는다. 만일 동작하지 않는 나[我]가 한다면, 동작하지 않는 본성으로서 한다는 것이 이치에 맞지 않는다.

너는 (다음에서) 어느 것을 바라는가? 어떤 원인 때문에 나[我]가 하는가, (아니면) 원인이 없(이 나[我]가 하)는가? 만일 어떤 원인이 있는 것이라면, 나[我]는 다른 원인이 재촉하여 하는 것이므로 (나[我]가 한다고 주장하는 것은) 이치에 맞지 않는다. 만일 (별다른 특정한) 원인이 없(이 나[我]가 하는 일이 있)다면, (나는) 모든 때에 모든 일을 해야 하므로 이치에 맞지 않는다.

너는 (다음에서) 어느 것을 바라는가? 이 나[我]는 스스로 할 수 있는가, (아니면) 남에 의해 할 수 있는가? 만일 스스로 (할 수 있다)면, 이 나[我]는 (네 평소 주장과는 달리 항상하기는 커녕) 스스로 늙고, 병들며, 죽는 괴로움과 번뇌에 물드는 등의 일을 하는 것이므로 이치에 맞지 않는다. 만일 남에 의해 (할 수 있다)면, 나[我]가 한다고 헤아리는 것이 이치에 맞지 않는다.

(셋째로) 내가 이제 너에게 묻겠다. 네 뜻대로 대답하라. 나[我]가 바로

---

300) 유가론기 제2권상(대정장 42. p.346c21-23): 동작하는 나에서 수론(數論: sāṃkhya)과 승론(勝論: vaiśeṣika)의 나[我]는 동작이 없다. 허공에 두루하기 때문이다. 이계외도(離繫外道: nirgrantha: 자이나교)가 주장하는 나는 동작이 있다. 허공에 두루하지 않기 때문이다. 有動作我等者。數論勝論我無動作。遍虛空故。離繫等執我有動作。不遍空故。

온(蘊: 생멸이 있는 만들어진 존재)인가, (아니면) 모든 온蘊 속에 있는가, (아니면) 온蘊 바깥 다른 곳에 있는가, (아니면) 온蘊(의 범위)에 포함되지 않는가?

만일 나[我]가 바로 온蘊이라면, 나[我]는 온蘊과 차이가 없다. 그런데 (무상한 온과는 달리) 나[我]가 실제로 '항상 머문다고'[常住] 헤아리는 것은 이치에 맞지 않는다.

(나[我]가) 모든 온蘊 속에 있다고 한다면 (더 세분해서) 이 나[我]는 항상한가, (아니면) 무상無常한가? 만일 항상하다면, 항상 머무는 나[我]가 (모든 온처럼) 여러 괴로움과 즐거움에 손해 봤다, 이익 봤다한다는 것이 이치에 맞지 않는다. 또는 손해 봤다, 이익 봤다하는 것이 없다고 해도 (나[我]가 무의미하게) 법(法: 규범에 알맞은 것)과 비법(非法: 규범에 알맞지 않은 것)을 생기게 한다는 점이 이치에 맞지 않는다. 만일 (네가 모순을 피하려고 온蘊 속에 있는 나[我]가) 법法과 비법非法을 생기게 하지 않는다고 한다면, '모든 온'[諸蘊身]은 끝내 생기지 않게 된다. 또한 힘쓰지 않아도 나[我]는 항상 해탈하게 된다. (이번에는 모든 온蘊 속에 있는 나[我]가) 무상하다고 한다면, 온蘊 자체를 제외하고는 생멸하면서 유전(流轉: 존재의 인과가 계속됨)하는 존재를 (별도로) 얻을 수 없다는 점에서 (나[我]가 무상하다고 하는 것이) 이치에 맞지 않는다. 그리고 이 (나)가 소멸한 뒤 다른 곳에서 따로 하지 않아도 (나를) 얻는다는 것은 큰 잘못이므로 이치에 맞지 않는다.

만일 (생멸하는 만들어진 존재인) 온蘊을 제외한 다른 곳에서 (나를 얻는다고 한다면), 네가 헤아리는 나[我]는 무위(無爲: 만들어진 것이 아닌 것)인 것이므로 이치에 맞지 않는다.

만일 (이번에는 나[我]가) 온蘊(의 범위)에 속하지 않는다고 한다면, 나[我]는 모든 때에 걸쳐 번뇌에 물들지 않아야 된다. 그리고 나[我]와 (오온의) 몸은 서로 속하지 않아야한다. 그러므로 이 주장은 이치에 맞지 않는다.

(넷째로) 너는 (다음에서) 어느 것을 바라는가?

(네가) 헤아리는 나[我]는 '보는 작용'[見者等相](을 가리키는 것)인가, (아니면) 보는 작용 이외의 것(을 가리키는 것)인가? 만일 보는 작용이라면 (더 세분해서) 봄[見]인데 임시로 보는 작용인가, (아니면) 봄[見] 이외의 임시로 보는 작용인가? 봄[見]인데 임시로 보는 작용이라면, 봄[見]이 곧 보는 작용이므로 네가 "나[보는 작용]가 봄을 한다(즉, 본다)."라고 하는 것은 이치에 맞지 않는다. 왜냐하면 봄[見者]과 '보는 작용'[見者等相]이 (서로) 다르지 않기 때문이다.

(아니면) 만일 (나[我]가) 봄[見] 이외의 임시로 '보는 작용'[見者等相]이라면, (더 세분해서) 그 봄은 나[我]가 하는 일인가, (아니면) 나[我]가 사용하는 수단인가? 만일 (봄이) 나[我]가 하는 일이라면 종자와 같아서 무상無常한 것이다. (그러면 네가 평소에 주장하는, "나는 항상하다."라고 하는 것과는 일치하지 않는다. 그러므로) 이치에 맞지 않는다.

(네가 이번에는 그 일이란 것이) 도공이 사람[丈夫]을 임시로 만드는 일과 같다고 한다면, 이 나[我]는 무상한 것이고 임시로 만드는 것인데 너는 (나[我]가) 항상하고 실제라고 (평소에) 말했으므로 이치에 맞지 않는다. (네가 이번에는) 신통을 갖춘 이가 사람을 임시로 만드는 일과 같다고 한다면, 이 나[我]도 무상한 것이다. 임시로 여러 만드는 일을 마음대로 하긴 하지만 (이 일이 임시인 것은 마찬가지이므로) 앞에서와 같이 이치에 맞

지 않는다.

　만일 땅[地]과 같다고 한다면[301] (나는) 무상한 것이 된다. 또한 (평소 주장하기를) 네가 헤아리는 나[我]는 땅[地大]과 같이 드러나는 일은 하지 않는다고 했으니 이치에 맞지 않는다. 왜냐하면 세상에서 땅이 일하는 작용은 드러날 수 있다. 예를 들어 만물이 아래로 떨어지지 않게 유지한다. (그런데 네가 헤아리는) 나[我]는 이처럼 드러나는 일은 하지 않는다고 했다.

　(이번에는) 만일 (나[我]가) 허공과 같다고 한다면 (나는) 실제로 있는 것이 아니다. 보이는 것이 없는 상태를 가리켜 임시로 비어있다고 이른 것이기 때문에 이치에 맞지 않는다. (네가 이번에는) 허공이 비록 임시로 있기는 하지만 세상에서 허공이 하는 작용은 분명히 이루어질 수 있다고 (주장) 한다면, (이 주장은) 예를 들어 허공으로 말미암아 일어나고, 가고, 오고, 굽히고, 펴고 등의 일을 할 수 있다는 것이니 (허공이 직접 하는 일이란 없다. 그래서) 이치에 맞지 않는다. 그러므로 나[我]가 (봄[見] 이외의 임시로 보는 작용인데) 봄[見] 같은 일을 한다는 것은 이치에 맞지 않는다.

　(이번에는) 만일 (네가 봄[見] 이외의 임시로 보는 작용인데 이것은) 나[我]가 사용하는 수단이라고 한다면, (이 주장은) 예를 들어 낫과 같아서 낫 이외의 사물을 자르는 작용을 한다는 것이다. 이 같은 봄 이외의 (낫 같은) 다른 사물에서는 봄이라는 업작용 (즉, 보는 작용)을 할 수 없다는 점

---

301) 유가론기 제2권상(대정장 42. p.347b9-10): 넷째, 땅과 같다는 비판(의 요점은 나[我]가 땅과 같다는 것)인데, 곧 유지하고 있는 것(은 장차 파괴된다는 의미이기도 한 것으로서 이)를 볼 수 있기 때문에 (나는) 무상한 것이다. 또한 (나는) 땅이 근거가 된다는 것과 같은 드러나는 일이 없기 때문(에 모순이 된)다.　　四如地難。觀所持故應無常。又無如地作所依顯了業故。

에서 이치에 맞지 않는다. (이번에는) 불과 같다고 말한다면 쓸데없이 나[我]에 대해 헤아리는 것이니 이치에 맞지 않는다. 왜냐하면 예를 들어 세상의 불은 불사르는 이가 없이도 스스로 탈 수 있기 때문이다.

(이번에는 아예) '보는 작용'[見者等相] 이외에도 따로 나[我]가 있다고 한다면, (네가) 헤아리는 나[我]라고 하는 작용[相]은 (직각[現量], 추리[比量] 등) 모든 헤아림[量]과 어긋나는 것이다. (따라서) 이치에 맞지 않는다.

(다섯째로) 내가 이제 너에게 묻겠다. 네 뜻대로 대답하라.

네가 헤아리는 나[我]는 '번뇌에 물듦'[染]·깨끗함[淨]의 모습에 알맞게 번뇌에 물듦·깨끗함이 있(은 뒤에 모든 변천하는 존재를 번뇌에 물들게 하고, 깨끗하게 한다고 주장하)는가, (아니면) 번뇌에 물듦·깨끗함의 모습과는 상관없이 번뇌에 물듦·깨끗함이 있는가?

만일 '번뇌에 물듦'[染]·깨끗함[淨]의 모습에 알맞게 (나[我]가) 번뇌에 물듦·깨끗함이 있(은 뒤에 모든 변천하는 존재를 번뇌에 물들게 하고, 깨끗하게 한다고 주장하)는 것이라면, (보다시피) '모든 변천하는 존재'[諸行]도 질병과 재앙 및 그것이 그침과 이익을 이룰 수 있다. 즉 이 모든 변천하는 존재는 나[我]가 없어도 번뇌에 물듦·깨끗함의 모습에 알맞다고 할 수 있다. 예를 들자면 (동물 등) '외부 사물'[外物]이 그렇다. 몸[內身] 역시 나[我]가 없어도 번뇌에 물듦·깨끗함의 모습이 이루어진다. 그러므로 네가 헤아리는 나[我]는 이치에 맞지 않는다.

만일 '번뇌에 물듦'[染]·깨끗함[淨]의 모습과는 상관없이 (나[我]가) 번뇌에 물듦·깨끗함이 있는 것이라면, 번뇌에 물듦·깨끗함의 모습을 제외하고서도 (별도로) 나[我]가 번뇌에 물듦·깨끗함이 있다고 하는 것이므로 이치에 맞지 않는다.

(여섯째로) 내가 이제 너에게 묻겠다. 네 뜻대로 대답하라.

네가 헤아리는 나[我]는 유전(流轉: 존재의 인과가 계속됨)하는 모습에 알맞게 유전(함으로써 모든 변천하는 존재를 유전시킨다고 주장)하는가, (아니면) 유전하는 모습과 상관없이 유전하거나 (유전이) 그치는가?

만일 (나[我]가) 유전하는 모습에 알맞게 유전하거나 (유전이 그침으로써 모든 변천하는 존재를 유전시키거나 모든 변천하는 존재의 유전을) 그치(게 한다고 주장 한)다면, (보다시피) 모든 변천하는 존재 안에서도 다섯 가지 유전하는 모습을 이룰 수 있다. 첫째, 원인이 있음. 둘째, 생길 수 있음. 셋째, 소멸할 수 있음. 넷째, 계속 생김. 다섯째, 변함. 만일 모든 변천하는 존재들도 이러한 유전하는 모습을 이룰 수 있다면, 곧 몸, 싹, 강, 촛불, 수레 같은 변천하는 존재도 유전하는 작용에 나[我]가 없어도 유전할 수도 그칠 수도 있다(고 한다면,) 뭐 하러 나[我]를 헤아리겠는가?

(이번에는) 만일 유전하는 모습과 관련 없이 유전하거나 (유전이) 그친다고 한다면, 곧 (네가) 헤아리는 나[我]는 유전하는 모습이 없는데도 유전하거나 (유전이) 그친다는 것이니 이치에 맞지 않는다.

(일곱째로) 내가 이제 너에게 묻겠다. 네 뜻대로 대답하라.

(너는) 나[我]가 대상영역 때문에 생긴 괴로움이나 즐거움, 그리고 생각[思業]으로 말미암는 것, 번뇌煩惱·수번뇌隨煩惱의 변함으로 말미암는 것을 '느끼는 주체'[受者], '하는 주체'[作者], '해탈하는 주체'[解脫者]라고 주장하는가, (아니면) 나[我]가 (방금 얘기한) 변함 등으로 말미암지 않고 느끼는 등의 주체라고 주장하는가?

만일 (나[我]가) 변함으로 말미암는 등(을 느끼는 등의 주체라고 한다면,) 곧 '모든 변천하는 존재'[諸行]도 느끼는 주체, 하는 주체, 해탈하는 주체이니 뭐 하러 나[我]를 헤아리겠는가? 굳이 나[我]라고 주장한다 해도 이 나[我]는 무상無常하니 (평소 네 주장과는 일치하지 않으므로) 이치에 맞지 않는다.

만일 (나[我]가) 변함으로 말미암지 않고 (느끼는 등의 주체라고 주장한다면,) 이 나[我]는 (평소 네 주장대로라면 항상한 것이어서) 변함이 없(어야 하)는데 느끼는 주체, 하는 주체, 해탈하는 주체라고 하는 것이 이치에 맞지 않는다.

(여덟째로) 이제 너는 네가 바라는 것을 스스로 설명하라.

오직 나[我]만을 하는 주체라고 하는가, (아니면) 다른 존재도 하는 주체라고 하는가? 만일 나[我]만을 (하는 주체라고 한)다면, 세상에서는 불을 가리켜 불타는 주체, 빛을 가리켜 비추는 주체라고 해서는 안 될 것이다. 만일 다른 존재도 (하는 주체라고 한)다면, 보는 등의 (작용을 하는) '모든 근'[諸根]도 하는 주체라고 해야 하니 쓸데없이 나[我]라고 추리하는 것이 이치에 맞지 않는다.

(아홉째로) 너는 (다음에서) 어느 것을 바라는가? 오직 나[我]에만 나[我]라고 하는가, (아니면) 다른 존재에도 나[我]라고 하는가? 만일 나[我]에만 나라고 한다면, 세상에서 임시로 (일단) 사람의 몸이라고 불렀으면 덕우德友, 불수佛授라고 (바꿔) 불러서는 안 된다.

만일 다른 존재에도 나[我]라고 한다면, 곧 '모든 변천하는 존재'[諸行]도 임시로 나[我]라고 할 수 있게 되니 뭐 하러 다시 따로 나[我]라고 주장하겠는가? 왜냐하면 모든 세상 사람들은 임시로 사람의 몸이라고 하고도 유정이라는 생각을 떠올리고 유정이라고 부르며, 나[我]나 남이라고 구별하기 때문이다.

(열째로) 너는 (다음에서) 무엇을 바라는가?

(네가) 헤아리는 나[我]가 있다는 견해는 선善인가, (아니면) 불선不善인가? 만일 이 (견해가) 선이라면, 어째서 아주 어리석은 사람이 나[我]가 있다는 견해를 깊이 가지고, (즉, 깨달음을 향한) 수행[方便]을 하지 않고서는 갑자기 (나[我]가 있다는 견해를) 가지고, 여러 중생으로 하여금 해탈解脫을 두렵게 하고 여러 악惡·잘못을 기르게 하(는가. 그러)니 이치에 맞지 않는다. 만일 이 (견해가) 불선이라면, (이 견해가) 바르며 전도된 것이 아니라고 설명해서는 안 된다. (그리고) 이 비뚤고 전도된, (네가) 헤아리는 나[我]의 체성[體]이 실제 있는 것이라고 한다면 이치에 맞지 않는다.

너는 (다음에서) 무엇을 바라는가? 나[我]가 없다는 견해는 선善인가, (아니면) 불선不善인가? (만일 선이라면) 이 항상 머무르며 실제로 있다는 나[我]에 대해 (너는 실제로는) 나[我]가 없다고 보면서도, 나[我]는 선한 본성이요, (나[我]가 있다고 주장하는 게) 전도되게 헤아리는 것이 아니라고 하는 것은 이치에 맞지 않는다. (아니면) 만일 (나[我]가 없다는 견해가) 불선不善이라고 한다면 일체지자一切智者께서 널리 설명하신 것과 부지런히[精勤] 수행[方便]하여 생긴 것이 여러 중생으로 하여금 해탈을 두려워하지 않고 빠르게 선하고 '깨끗한 결과'[白淨之果]를 경험할 수 있게 하고, 여러 악惡·잘못을 실제로[如實] 제거하게[對治] 한다는 것이 이치에 맞지 않는다.

너는 (다음에서) 무엇을 바라는가? (나[我]가 있다고 주장하는 것은) 나의 본성이 스스로 나[我]가 있다고 헤아리는 것인가, (아니면) 나[我]가 (있다는) 견해에서 비롯된 것인가? 만일 나의 본성이 스스로 나[我]가 있다고 헤아리는 것이라면, 당연히 모든 때에 (걸쳐) 나[我]가 없다고 알게 되지 않아야 한다. (이번에는) 만일 나[我]가 (있다는) 견해에서 비롯된 것이라면, 실제로 나[我]가 없는데도 나[我]가 (있다는) 견해의 힘 때문에 모든 변천하는 존재 속에 이치에 안 맞게 나[我]가 있다고 하는 것이다. 그러므로 실제로 나[我]가 있다는 너의 헤아림은 이치에 맞지 않는다.

지금까지 (밝힌 것)처럼 (첫째) 알게 되지 않았었는데 (나에 대해 갑자기) 알게 된다고 하기 때문에, (둘째) 생각을 하고 나서 한다고 보기 때문에, (셋째) 온(蘊: 생멸이 있는 만들어진 존재) 속에 임시로 (나[我]가 있다고) 설명한 것이기 때문에, (넷째) 보는 작용으로 말미암아 (나[我]가) 성립하니까 (나[我]가) 있다고 하기 때문에, (다섯째) (나[我]에게) 번뇌에 물듦·깨끗함이 있다고 하기 때문에, (여섯째) (나[我]는) 유전(流轉: 존재의 인과가 계속됨)하거나 (유전이) 그친다고 하기 때문에, (일곱째) (나[我]가) 느끼는 주체, 하는 주체, 해탈하는 주체라고 임시로 설명했기 때문에, (여덟째) '하는 주체'[作者]가 있다고 설명하기 때문에, (아홉째) 말[言說]로 설명하기 때문에, (열째) 견해로 설명하기 때문에 실제로 나[我]가 있다고 헤아리는 것은 모두 이치에 맞지 않는다.

나는 이제 진실한 이치로 나[我]의 모습을 설명하겠다. 나[我]라고 하는 것은 '모든 존재'[諸法]에서 임시로 있다고 설명한 것뿐이니, 실제로 나[我]가 있는 것이 아니다. 그리고 이 임시의 나[我]가 모든 존재와 다른 본성이다, 같은 본성이다 말할 수 없다. (그러니) 나[我]가 실제로 체성[體]이 있다든지, 모든 존재가 곧 나[我]의 본성[性]·모습[相]이라고 하지 말라.

이 임시의 나[我]는 항상한 모습이 아니고, 보전되는 모습이 아니다. 변하여 파괴되는 모습이고, 생기는 존재의 모습이고, 늙고 병들고 죽는 모습이다. 모든 존재의 모습일 뿐이고, 괴로워하는 모습일 뿐이기 때문에 박가범薄伽梵께서, "비구[苾芻]는 알라! 모든 존재 가운데 임시로 나[我]가 있다고 설명한 것이니, 이 (나)는 항상하지 않아서 보전될 수 없으며, 이 (나)는 변하여 파괴되는 존재이다."라고 자세히 설명하셨다.

네 가지 이유에서 모든 존재 가운데 임시로 나[我]가 있다고 설명하였다. 첫째, 세상에서 말로 하기 쉽게 하려고. 둘째, 모든 세상이 따르게 하려고. 셋째, 절대로 나[我]는 없다고 함으로써 모든 두려움을 없애게 하려고. 넷째, 자기와 남이 이룬 훌륭함과 잘못함을 널리 설명하여 (그들이) 반드시 '믿고 해석하는 마음'[信解心]을 일으키게 하려고. 그러므로 나[我]가 있다고 하는 주장은 이치에 맞지 않는 것이다.

4.5 계상론計常論

4.5.1 주장

'항상하다고 헤아리는 주장'計常論이란 이를테면 어떤 사문이나 바라문은 다음과 같은 견해를 갖고 다음과 같은 수상을 하는 것이다. "나[我]와 세상은 모두 실제로 '항상 머문다'[常住]. (이는) 하는 것이 되는 바가 아니고, 변화시키는 것이 변화된 바가 아니라는 것이다. 해칠 수 없고 모여서 머무는 것이 이사가(伊師迦: iṣikā)[302]와 같다." 이를테면 전생[前際]을 헤아리며 모든 것은 항상하다고 설명하는 이, 일부분은 항상하다고 하는 이

---

302) 유가론기 제2권상(대정장 42. p.348a2-5): 인도에는 두 가지 해석이 있다. 첫째, 왕사성王舍城 근처에 이사가 산이 있는데 크고 굳세다. 마치 나[我]가 높고 큰데다 항상 머물러 굳센 것과 같다. 또는 어떤 풀이름이 이사가인데 곧고 충실한데다 시드는 적이 없다. 마치 나[我]가 항상한 것과 같다. 西方二釋。一近王舍城有伊師迦山。大而且固。譬我高大常住堅固。或復有草名伊師迦其性貞實曾無衰落。譬我常恒。

가 있다. (그리고) 내생[後際]을 헤아리며 모습이 있다고 하는 이, 모습이 없다고 하는 이, '생각도 아니고 생각이 아닌 것도 아니라고'[非想非非想] 하는 이가 있다. 그리고 모든 극미(極微: 아주 미세한 것)가 항상 머문다고 헤아리는 이가 있다. 이같이 들 헤아린다.

　질문 무엇 때문에 그 외도들은 그 같은 견해를 갖고 그 같은 주장을 하며, "나와 세상은 항상 머문다."라고 하는가?

　대답 그들이 (그렇게) 헤아리는 이유는 경(經)에서 자세히 설명한 것과 같으니 모두 알맞게 알라! 이 가운데 전생[前際]을 헤아린다는 것은 이를 테면 아래·중간·위의 정려(靜慮)에 의해 전생의 기억을 일으키지만, 선善하지 않은 원인[緣起][303] 때문에 과거의 '모든 변천하는 존재'[諸行]에 대해 기억만 할 뿐 실제대로 알지 못해서, 과거[過去世]를 헤아려 전생으로 삼고 항상하다는 주장을 일으킨다.

　천안(天眼)에 의해 지금[現在世]을 헤아려 전생[前際]으로 삼고 변천하는 존재가 찰나마다 생멸하며 유전(流轉)한다는 것을 실제대로 알지 못한다. 그리고 모든 식識이 유전하여 '이 세상'[지금생]에서 '저 세상'[내생]에 이르기까지 끊기지 않는 것을 보고, 항상하다는 견해를 일으키기도 한다. 또는 범왕(梵王)이 마음대로 (어떤 대상을) 완성하는 것을 보고, 사대종(四大種)이 '변하는 것'[變異]을 보고, 모든 식이 변하는 것을 보고 (항상하다는 견해를 일으키기도 한다.)

　내생[後際]을 헤아린다는 것은 개념형성[想]과 느낌[受]에서는 다른 것을 보지만 자상(自相: 고유한 모습)이 다른 것은 보지 못해서, 항상하다는 견해를 일으킨다. (그러고는) 나[我]와 세상은 모두 항상 머문다고 한다.

---

303) 각주 212) 참조.

극미極微가 항상 머문다고 헤아리는 것은 세상[世間] 정려靜慮에 의해 이 같은 견해를 일으키는데 실제 원인[緣起]을 알지 못해, '(극미極微가) 있음'[有]이 선행하여 (거친 사물[麁物]이라는) 결과가 생기고[集起] '(극미가) 흩어짐'[離散]이 선행하여 (거친 사물이라는) 결과가 소멸[壞滅]한다고 주장하는 것이다. 이 때문에 그는 (다음과 같이) 주장한다. "여러 '미세한 본성'[微性]으로부터 거친 사물이라는 결과가 생긴다. 계속 거친 사물을 나누면 미세한 것이 된다.[304] 따라서 거친 사물은 무상하고 극미는 항상하다."

이러한 (주장) 가운데 전생[前際]·내생[後際]이 항상 머문다는 주장은 나[我](가 있다고 하는) 주장의 또 다른 모습인데, 나[我](가 있다고 하는) 주장은 이미 '틀렸음을 입증했으므로'[破] 나[我](가 있다고 하는) 주장의 또 다른 모습을 한 주장도 이미 틀렸음을 입증했다는 것을 알라!

4.5.2 반론

내가 이제 너에게 묻겠다. 네 뜻대로 대답하라.

전생의 기억은 '모든 온'[諸蘊]에서 가져온[取] 것인가, (아니면) 나[我]에서 가져온 것인가? 만일 온蘊에서 가져온 것이라면 나[我]와 세상은 항상 머문다는 주장이 도리에 맞지 않는다. (아니면) 만일 나[我]에서 가져온 것이라면, "과거에 이 같은 이름 등의 유정으로서 나는 일찍이 그로 (있을 때) 이러한 이름이요, 이러한 가문인 것을 기억한다."라면서 자세히 설명하는 것이 도리에 맞지 않는다.

네 뜻은 (다음에서) 무엇인가? 앞에 나타나 어우러져 '보이는 대상영

---

304) 이 책 p.98 참조.

역'[色境]을 대상으로 안식眼識이 발생하는 때, 나머지 나타나지 않고 어우러지지 않은 대상영역에 대해 나머지 모든 식은 소멸하는가, (아니면) 전개되는가? 만일 소멸한다고 말한다면, 소멸하는 식이 항상하다고 헤아리는 것이 이치에 맞지 않는다. (반대로) 만일 전개된다고 하면, 하나의 대상영역으로 인해 모든 때(에 걸쳐) 모든 식이 발생한다고 하는 것이니 이치에 맞지 않는다.

너는 (다음에서) 무엇을 바라는가? (네가) 주장하는 나[我]는 만들어진 개념형성[想], 만들어진 느낌[受] 때문에 변하는가[變異], (아니면) 변하지 않는가? 만일 변한다고 하면, 세상과 나[我]가 항상 머문다고 헤아리는 것이 이치에 맞지 않는다. (반대로) 변하지 않는다고 하면, 한 가지 개념형성[想]을 마치면 다시 여러 종류의 개념형성이 있게 되고 나아가 작은 개념형성과 무수한 개념형성이 있게 되는 것이 이치에 맞지 않는다. 그리고 순전히 즐거운 뒤에 순전히 괴롭고, 다시 괴롭고도 즐겁고, 괴롭지도 즐겁지도 않는 것이 이치에 맞지 않는다.

만일 수명[命]이 몸[身]이라고 헤아린다면, 이는 (곧) 나[我]가 '보이는 것'[色]이라고 헤아리는 것이다. 만일 수명이 몸이 아니라고 헤아린다면, 이는 나[我]가 보이지 않는 것이라고 헤아리는 것이다. 만일 나[我]가 골고루 널리 퍼져있어 하나이고 결함이 없다고 한다면, 이는 나[我]가 보이고 보이지 않는 것이라고 헤아리는 것이다. 만일 '앞의 주장'[此]을 보완하려고 의미는 같은데 다른 구절과 다른 문장으로 주장한다면, 이는 나[我]가 보이는 것도 아니고 보이지 않는 것도 아니라고 헤아리는 것이다.

만일 약간 보이는 것, 약간 보이지 않는 것이라고 본다면, 이는 (공간적으로) '끝이 있다'[有邊]고 헤아리는 것이다. 만일 '수많은 것'[無量]이라고 본다면, 이는 (공간적으로) 끝이 없다고 헤아리는 것이다. 만일 널리 퍼져 있는데 보이는 부분은 적고 보이지 않는 부분은 한도가 없다고 보거나, 보이는 부분은 한도가 없고 보이지 않는 부분은 적다고 본다면, 이는 (공간적으로) 끝이 있기도 하고 (공간적으로) 끝이 없기도 하다고 헤아리는 것이다. 만일 '앞의 주장'[此]을 보완하려고 다른 문장이긴 하지만 같은 의미로 주장한다면, 이는 (공간적으로) 끝이 있는 것도 아니고 (공간적으로) 끝이 없는 것도 아니라고 헤아리는 것이다. 또는 해탈한 나[我]는 (공간적으로 끝이 있네 없네 하는) 두 가지를 멀리 떠났다고 헤아리기도 한다.

(이번에는) 극미極微가 항상 머문다고 헤아리며 주장하는 이에게 내가 이제 묻겠다. 네 뜻대로 대답하라. 너는 살피고서 극미가 항상하다고 헤아리는가, (아니면) 살피지 않고서 극미가 항상하다고 헤아리는가? 만일 살피지 않고서 그러는 것이라면, 추리선택[慧]으로써 살피지도 않고 반드시 항상하다고 헤아리는 것은 이치에 맞지 않는다. (이번에는) 만일 이미 살폈다고 말한다면, (볼 수도 있고, 볼 수 없으ㅣ 추리한 수도 없는 극미를 살폈다고 하니 이는 직각[現量], 추리[比量] 등) 모든 헤아림[量]을 어기는 것이므로 이치에 맞지 않는다.

너는 (다음에서) 무엇을 바라는가? 여러 '작은 먼지'[微塵]의 본성은 미세해서 항상하다고 헤아리는가, (아니면 결과인) '거친 사물'[麁物]과 모습이 달라서 항상하다고 헤아리는가? 만일 미세해서 (그런 것이)라면, (본래 크기에서) 흩어지고 줄어들고 계속 작아지는데도 (그 미세한 것이) 항상하다고 하는 것이 이치에 맞지 않는다.

(이번에는) 만일 모습이 달라서 (항상하다고 하는 것이)라면, 극미는 땅[地], 물[水], 불[火], 바람[風] (등 사대)의 모습을 넘어서는 다른 종류의 모

습인데 '사대 종류'[彼類]라는 결과를 생기게 할 수 있다고 말하는 것이 이치에 맞지 않는다. 더군다나 극미는 다른 모습을 이룰 수 없기 때문에 이치에 맞지 않는다.

너는 (다음에서) 무엇을 바라는가? 여러 극미로부터 생긴 거친 사물은 (극미와) 같은 모습인가, (아니면) 다른 모습인가? 만일 같은 모습이라고 한다면, (결과인 거친 사물은) 그 원인(인 극미와) 차이가 없으므로 (극미처럼) 항상할 것이다. (그런데 원인과 결과가 차이가 없으니) 원인인지 결과인지 결정할 수 없게 된다. (그러므로) 이치에 맞지 않는다.

(이번에는) 만일 다른 모습이라면, (더 세부적으로) 네 뜻은 (다음에서) 무엇인가? (거친 사물은) 흩어진 극미로부터 생기는가, (아니면 애초에 극미가) '덩어리진 것'[聚集]으로부터 생기는가? 만일 (거친 사물이) '흩어진 것'[극미]으로부터 생긴다면, 모든 때(에 걸쳐) 모든 결과가 생기게 될 것인데, 이는 곧 원인인지 결과인지 결정할 수 없게 된다는 것이므로 이치에 맞지 않는다.

(아니면 거친 사물이) 만일 (애초에 극미가) '덩어리진 것'[聚集]으로부터 생긴다면, (더 세부적으로) 네 뜻은 (다음에서) 무엇인가? 이 결과인 거친 사물은 (덩어리진) 극미로부터 생길 때 최대한[不過] 이것[덩어리진 극미]의 모습과 성질의 크기까지(로 생기는 것)인가, (아니면) 이것[덩어리진 극미]의 모습과 성질의 크기를 넘어서까지(로 생기는 것)인가? 만일 최대한 이것[덩어리진 극미]의 모습과 성질의 크기까지(로 생긴다고) 말한다면, (덩어리진 극미)의 모습과 성질을 한 온전한 크기의 사물에서 그보다 작은 사물이 생기는 (경우가 있다는) 것이 이치에 맞지 않는다.

(아니면) 만일 (덩어리진 극미의 모습과 성질을 한 온전한 크기를) 넘어

서까지로 (생긴다고) 말한다면, (비록 덩어리진 상태라고 하지만) 모든 극미 자체[體]는 미세하게 나누어지지 않으므로 잘아지게 할 수 없다. (그러므로 나눈 뒤에 덧대어 원래 크기보다 조금이라도 더 크게 할 수도 없다. (또한) 생겨난 거친 사물도 항상하다고 해야하(는데 거친 사물은 무상한 것이므로 네 주장은) 이치에 맞지 않는다. (이번에는) 만일 모든 극미는 본래 없는 데서 이제 생긴 것이라고 말한다면, 곧 극미가 항상하다고 헤아리는 것이 이치에 맞지 않게 된다.

너는 (다음에서) 무엇을 바라는가? 여러 극미가 거친 사물을 만들어 내는 것이 종자가 하듯 하는가, (아니면) 도공[陶師]이 하듯 하는가? 만일 종자와 같다고 말한다면, 종자와 같이 (극미) 자체[體]도 무상해야 한다. 만일 도공과 같다고 말한다면, 이 여러 극미에도 생각이 있어야 한다, 도공처럼. (그러니) 이치에 맞지 않는다. (이번에는) 만일 종자 그리고 도공과 같지 않다고 한다면, '같은 사례로 비유'[同喩]할 수 없으므로 이치에 맞지 않는다.

너는 (다음에서) 무엇을 바라는가? 모든 외부 사물은 유정 때문에 생기는가, (아니면) 그렇지 않은가? 만일 외부의 거친 사물이 유정 때문에 생긴다면, (거친 사물의) 근거가 되는 미세한 사물[극미]이 유정 때문에 (생기는 것이) 아니라는 것은 이치에 맞지 않는다. (그리고) 누가 외부 사물에 그 작용을 가하는가? 만일 유정으로부터가 아니라면, 작용도 없이 외부 사물이 생긴다는 것이니 이치에 맞지 않는다.

지금까지 (밝힌 것)처럼 '모든 온'[諸蘊]이네 유정이네 하는 기억 때문에, 하나의 대상영역에 대해 모든 식이 계속되어 끊이질 않기 때문에, 개념형성[想] 그리고 느낌[受] 때문에 변한다 변치 않는다하기 때문에, 전생을 헤아리고 내생을 헤아리고 항상하다고 주장하는 것은 이치에 맞지 않는다. 아울러 살핀다 살피지 않는다 하기 때문에, 공상(共相: 공통한 모습) 때문에, 자상(自相: 고유한 모습) 때문에,[305] 만드는 것 때문에, 근본 작용 때문에 극미가 항상하다는 주장은 이치에 맞지 않는다. 그러므로 항상하다고 헤아리는 주장은 이치에 맞지 않는 것이다.

내 이제 항상 머무는 모습을 설명하겠다. 모든 때(에 걸쳐) 변하지 않는 모습, 모든 종류에서 변하지 않는 모습, 저절로 변하지 않는 모습, 남 때문에 변하지 않는 모습, 또한 생기지 않는 모습. 이것이 항상 머무는 모습임을 알라!

4.6 숙작인론宿作因論

4.6.1 주장

'전생에 원인을 만든다는 주장'[宿作因論]이란 어떤 사문이나 바라문은 다음과 같은 견해를 갖고 다음과 같은 주장을 하는 것이다. 자세한 설명은 경經에서와 같은데, 대체로 모든 세상의 사람인 보특가라補特伽羅가 겪는다[受]는 것은 지금생의 괴로움을 겪는 것을 이른다. 모두가 전생에 만든 원인 때문이라는 것은 전생의 악함[惡]이 원인이기 때문이라는 것이다. 정진해서[勤精進] 묵은 업을 토吐한다는 것은[306] 지금생[現法]에 스스

---

305) 유가론기 제2권상(대정장 42. p.349c15-17): 공상 때문이란 것은 항상[常], 무상無常이 공상이기 때문이다. 자상 때문이란 것은 다른 모습, 같은 모습이 자상이기 때문이다.　共相故者。常與無常是共相故。自相故者。異不異相是自相故。

306) 유가사지론 제88권(대정장 30. p.798a4-5)에 의하면 번뇌와 관련해서, 아직 토吐하지 못했다고 말하는 것은 '잠재한 번뇌'[隨眠]를 아직 '영원히 제거하지'[永

로 극도로 고행苦行하는 것이라고 한다. 지금의 새로운 업業은 원인을 만드는 데 따른 해를 입는 것이 아니라는 것은 모든 불선업不善業이 (원인을 만들어 나중에 해를 입히지 새로운 업은 그렇지 않다는 것을) 이른다. 이처럼 나중에 다시는 '번뇌가 있지'[有漏] 않다는 것은 꾸준한 '선한 본성'[善性] 때문에 나중에 '번뇌가 없다'[無漏]고 말하는 것을 이른다. 번뇌가 없기 때문에 업이 다 없어진다는 것은 모든 악업惡業(이 다 없어진다는 것)을 이른다.

업이 다 없어지기 때문에 괴로움이 다 없어진다는 것은 전생의 원인이 만든 것과 지금생의 수행으로 불러들인 괴로움을 이른다. 괴로움이 다 없어져서 괴로움의 끝을 경험한다[得證]는 것은 남은 생에 계속될 (예정이던) 괴로움이 다 없어진다는 것을 이른다. 무계외도無繫外道[307]가 이렇게 헤아린다고 한다.

질문 무엇 때문에 그 외도들은 그 같은 견해를 갖고 그 같은 주장을 하는가?

대답 교설[教]과 논리[理] 때문이다. 교설은 앞서 설명한 것과 같다. 논리란 이를테면 그 사문이나 바라문은 본성[性]이 깊이 생각하고, 살피는 것이라 하는 것처럼 등등 앞서 자세히 설명한 것과 같다. 지금생에서 사람

拔] 못한 것을 이른다.

307) 무계외도(無繫外道: nirgrantha)란 자이나교를 가리킨다. 이들은 어떤 사상이 절대적이라고 단정하기 보다는 어떤 면에서는 타당하다고 하는 상대주의를 내세웠다. 이들은 물체가 극미(極微: aṇu)로 구성되어 있다고 주장했는데 나중에 승론(勝論: vaiśeṣika)과 부파불교의 설일체유부說一切有部에 영향을 미쳤다. 이들은 고행[tapas]에 의해 묵은 업을 제거하면 영혼은 속박에서 '벗어날 수 있다'[解脫]고 하였다. 이들의 다섯 가지 계 가운데 무소유의 계戒의 궁극은 벌거벗고 수행하는 것이다.

들의 작용을 보면 결정적이지 않기 때문(에 그 외도들의 주장이 나온다.) 왜냐하면 그들이 세상을 보기로는 올바르게 수행을 해도 괴로워지기도 하고, 비뚠 수행을 해도 즐거워지기도 한다. (그래서) 그는 다음과 같이 생각한다. "만일 지금생의 사람의 작용이 원인이 된다고 하면 이는 전도顚倒된 것이다." (이러한) 그의 견해가 전도된 것이 아니(라고 생각하)기 때문에 그는 모두 전생에 만든 것을 원인으로 삼는다. 이 논리로 그 (외도)는 그 같은 견해를 갖고 그 같은 주장을 한다.

4.6.2 반론

이제 (이측이) 그에게 묻겠다.

너는 (다음에서) 무엇을 바라는가? 지금생에 수행하여 불러들인 괴로움이 전생에 만든 작용 때문인가, (아니면) 지금생에 수행한 때문인가? 만일 전생에 만든 작용 때문이라면 네가 앞서 설명한 것과 같이 정진해서 묵은 업을 토하기 때문에, 지금생의 새로운 업은 원인을 만든 데 따른 해를 입는 것이 아니기 때문에, 이와 같이해서 나중에 다시는 '번뇌가 있지'[有漏] 않다는 등의 자세한 설명은 이치에 맞지 않다. (이번에는) 만일 지금생에 수행한 때문이라면 네가 앞서 설명한 것과 같이 대체로 모든 세상의 사람인 보특가라補特伽羅가 겪는[受] 것은 모두 전생에 만든 것 때문이라는 것과 (서로 모순된 주장이므로) 이치에 맞지 않는다.

지금까지 (밝힌 것)처럼 지금생에 수행한 괴로움은 전생에 만든 것이라고 하기 때문에, 지금생의 사람의 작용 때문이라고 하기 때문에 모두 이치에 맞지 않는다. 그러므로 이 주장은 이치에 맞지 않는 것이다.

내 이제 사실대로 머무는 모습을 설명하겠다. 때로는 여러 괴로움이 오직 전생에 만든 것 때문인 경우가 있다. 예를 들어 어떤 이는 자기 업의 '강한 힘'[增上力] 때문에 여러 '나쁜 세상'[惡趣]에 태어나거나 가난한 집에 태어난다. 때로는 어떤 괴로움은 여러 원인 때문에 생기기도 한다. 이를테면 어떤 이는 왕을 비뚤게 모시다가 즐거운 결과가 나오지 않고 도리어 괴로워진다. 왕을 모시는 것처럼 여러 가지 말하고, 장사하는 등의 일 때문에, 농사일 때문에, 강도짓 때문에 그렇게 된다. 때로는 다른 유정을 해코지하기도 하는데 (지은) 복이 있는 이는 부유해지지만, (지은) 복이 없는 이는 힘써도 성과가 없다.

때로는 '있음의 존재'[有法]가 순전히 지금 작용 때문에 이루어지기도 한다. 예를 들어 새로 하는 것이 다른 존재[有]를 유도하는 일이다. (구체적으로) 정법正法을 듣고 눈치 채기도 하고, 행동을 시작하기도 하고, 기술을 배우기도 한다. 이 같은 종류는 오직 지금 사람의 작용 때문이다.

4.7 자재등작자론自在等作者論

4.7.1 주장

'대자재천 등이 만드는 주체라는 주장'[自在等作者論]이란 어떤 사문이나 바라문은 다음과 같은 견해를 갖고 다음과 같은 주장을 하는 것이다. "대체로 여러 세상의 사람인 보특가라가 받는 모든 것은 대자재천[自在][308]의 변화 때문이기도 하고 장부丈夫의 변화 때문이기도 하다." 대자재천 등 '고르지 않은 원인'[不平等因]을 주장하는 이들은 이와 같이 헤아린다.

---

308) 유가론기 제2권상(대정장 42. p.350b12-13): 장부丈夫란 '신으로서의 나'[神我: ātman]이고, 자재自在는 곧 대자재천大自在天이다.　　丈夫是神我也. 自在即大自在天.

질문 무엇 때문에 그 같은 견해를 갖고 그 같은 주장을 하는가?

대답 교설[教]과 논리[理] 때문이다. 교설은 앞서 설명한 것과 같다. 논리란 이를테면 그 사문이나 바라문은 본성[性]이 깊이 생각하고, 살피는 것이라 하는 것처럼 등등 앞서 자세히 설명한 것과 같다. 나타난 인과因果 속의 세상 유정을 보면 (인과는 유정의) 욕망을 따르지 않고 전개되기 때문에 이같이 헤아린다.

왜냐하면 나타난 세상 유정을 보면 원인(이 이루어지는) 때에 '깨끗한 업'[淨業]을 수행하려고 하지만 본래 의욕을 이루지 못하고 반대로 악업을 저지른다. 결과(가 이루어지는) 때에 '좋은 세상'[善趣], 즐거운 세상에 태어나기를 원하지만 본래 욕망을 이루지 못하고 '나쁜 세상'[惡趣]에 떨어진다. (달리 말해) 의도[意]로는 즐거움을 누리고자 하는데 욕망을 이루지 못하고, 반대로 여러 괴로움을 겪는다. 이러한 것을 보고서는 그는 다음과 같이 생각한다. "세상 모든 사물은 반드시 별도로 만드는 이, 생기게 하는 이, 그리고 변화 시키는 이가 있어서 이들이 사물[物]의 아버지가 된다. 예를 들자면 대자재천大自在天 또는 다른 이들이다."

4.7.2 반론

이제 (이측이) 그에게 묻겠다.

너는 (다음에서) 무엇을 바라는가? (이측의 주장을 우선) 요약하자면 아래와 같다.

작용엔 체성體性이 없으며

포함되고 포함되지 않는 것이 서로 어그러지며

유용有用과 소용없음이

원인이 되므로 잘못이다.

대자재천 등이 변화시키는 작용은 업방편(業方便: 일하는 방식)때문인가, (아니면 변화시키는 작용에는) 원인이 없는가? 만일 (변화시키는 작용은) 업방편 때문이라면, 오직 이 (세상의 변화시키는) 작용만 업방편 때문이고, 다른 세상[世間]에서는 (변화시키는 작용은 업방편 때문이) 아니라고 하는 것이 이치에 맞지 않는다. (이번에는) 만일 (변화시키는 작용은) 원인이 없다고 한다면, 이 (변화시키는) 작용만 원인이 없이 존재하고, 세상 사물은 그렇지 않아 (원인이 있다고 하는 것은) 이치에 맞지 않는다.

너는 (다음에서) 무엇을 바라는가? 이 대자재천은 세상에 포함되는가, (아니면) 포함되지 않는가? 만일 포함된다면 이 대자재천도 곧 세상의 존재와 같은 것인데 세상을 두루 생기게 할 수 있다는 것이 이치에 맞지 않는다. (이번에는) 포함되지 않는다고 한다면 곧 '(세상을) 벗어났다'[解脫]는 것이니 세상을 생기게 할 수 있다고 말하는 것이 이치에 맞지 않는다.

너는 (다음에서) 무엇을 바라는가? 유용有用해서 세상을 변화시켜 생기게 하는가, (아니면) 소용이 없는데도 (세상을 변화시켜 생기게 하는가)? 만일 유용해서라면, 곧 대자재천의 작용은 (결핍된 것이 있기 때문에 유용한 것이 생기게 된다는 점에서) 마음대로는 아닌 게 되는데, (너는 대자재천의 작용이) 세상에서 마음대로 (이루어진다고) 하니 이치에 맞지 않는다. (이번에는) 만일 소용이 없는데도 (세상을 변화시켜 생기게 한다고) 하면, 쓸데없이 세상을 생기게 한다는 점이 이치에 맞지 않는다.

너는 (다음에서) 무엇을 바라는가? 이 (세상에) 나고 생기는 것들이 오직 대자재천 때문인가, (아니면) 다른 것 때문인가? 만일 오직 대자재천 때문이라면, 어떤 때에는 대자재천이 있어서 이때에는 나고 생기는 것이 있다는 것이고, 어떤 때는 나고 생기는 것이 있어서 이때에는 대자재천이 있다는 것이다. 그렇지만 나고 생기는 것이 (항상한 것이 아닌데 항상한) 대자재천 때문이라고 하는 것은 이치에 맞지 않는다.

(이번에는 이 세상에 나고 생기는 것들이) 다른 것 때문이라고 한다면, 오직 즐겁고 싶은 욕망 때문인가, 즐겁고 싶은 욕망 이외의 다른 것 때문인가? (다른 것 때문은 아니고) 오직 즐겁고 싶은 욕망 때문이라면, (더 세분하여) 이 즐겁고 싶은 욕망은 대자재천 때문인가, (아니면) 다른 것 때문인가?

만일 (이 즐겁고 싶은 욕망이) 오직 대자재천 때문이라면, 어떤 때에는 대자재천이 있어서 이때에는 즐겁고 싶은 욕망이 있다는 것이고, 어떤 때는 즐겁고 싶은 욕망이 있어서 이때에는 대자재천이 있다는 것이다. 그렇지만 (대자재천이 항상하다는 네 주장에 의하면 그 항상한 대자재천에 의해) 시작도 따로 없이 항상 나고 생기는 것이 있어야 하므로 (서로 모순되므로) 이치에 맞지 않는다.

(이번에는 이 즐겁고 싶은 욕망이) 만일 다른 것 때문이라면, (네가 평소에 즐거움은 대자재천이 주는 것이라고 했으므로) 원인을 찾을 수가 없게 된다. (이는) 이치에 맞지 않는다. 더군다나 (이렇게) 욕망을 마음대로 하지 못하면서 세상 사물을 마음대로 한다는 것은 이치에 맞지 않는다.

지금까지 (밝힌 것)처럼 작용 때문에, 포함된다 포함되지 않는다 하기 때문에, 유용하다 소용없다 하기 때문에, 원인이 된다고 하기 때문에 모두 이치에 맞지 않는다. 그러므로 이 주장은 이치에 맞지 않는 것이다.

4.8 해위정법론害爲正法論

4.8.1 주장1

'살해가 정법[바른 규범]이라는 주장'[害爲正法論]이란 이를테면 어떤 사문이나 바라문은 다음과 같은 견해를 갖고 다음과 같은 주장을 하는 것이다. "사당 안에서 주술(呪術: 비는 방법)을 먼저 베풀면서 여러 생명을 살해하면 제사를 올리는 이, 살해당하는 생명, 여러 돕는 사람 모두가 하늘에 태어나게 된다."

질문 무엇 때문에 그 외도들은 그 같은 견해를 갖고 그 같은 주장을 하는가?

대답 이는 이치에 어긋나는 주장이다. (사람들에게) 알랑대고 (사람들을) 속이려고 만든, 이치를 살피지 않고 내세운 것이다. 논쟁을 일삼는 험악한 겁劫이 시작될 때에, 여러 바라문이 옛적 바라문의 규범을 어기고 육식을 하고 싶어서 이치에 맞지 않는 이러한 헤아림을 가진 것이다.

4.8.2 반론1

이제 (이측이) 그에게 묻겠다.

너는 (다음에서) 무엇을 바라는가? 이러한 주술呪術은 규범[法] 자체自體인가, (아니면) 규범 자체가 아닌가? 만일 이러한 (주술이) 규범 자체라면, (네 주장에 의하면) 살생하지 않고서는 자기가 사랑스러워하는 결과를 이룰 수 없다는 것인데, (애초에) 이러한 '정법이 아닌 것'[非法]을 정법正法으로 삼은 것이 이치에 맞지 않는다. 만일 (주술이) 규범 자체가 아니라면, (규범도 아니면서) 사랑스럽지 않은 결과를 (이루는) 규범이 다른 사랑스럽지 않은 결과를 (이루는) 규범을 없앨 수 있다고 주장하는 것이 이치에 맞지 않는다.

4.8.3 주장2

이와 같은 (이측의 말을) 기억하고서는 (자기주장을) 보완하려고 말하기를, "세상에서 독毒(을 방지하는) 주술을 베풀면 해를 입지 않을 수 있는 것처럼, 이 주술도 마찬가지라는 것을 알라." 라고 한다.

4.8.4 반론2

이제 (이측이) 그에게 묻겠다. 너는 (다음에서) 무엇을 바라는가? 주술로 외부의 독을 그치게 할 수 있는 것처럼 안의 탐냄, 분노, 어리석음의 독도 그치게 할 수 있는가, (아니면) 없는가? 만일 그치게 할 수 있다고 한다면, 어느 곳에서도 어느 때에도 어떤 한 사람의 탐냄, 분노, 어리석음조차 그치게 할 수 없다는 (점을 보면 네 주장은) 이치에 맞지 않는다. (이번에는) 만일 그치게 할 수 없다면, 네가 앞서 설명했듯이 주술이, 외부의 독을 그치게 하는 것처럼, '정법이 아닌 것'[非法]의 업業을 없앨 수 있다고 하는 것은 이치에 맞지 않는다.

너는 (다음에서) 무엇을 바라는가? 이 주술은 '두루 작용하는가'[遍行], (아니면) 두루 작용하지 않는가? 만일 두루 작용한다면, 자기가 친애親愛하는 생명부터 먼저 사당에서 (살해해서) 쓰지 않는 것이 이치에 맞지 않는다. (이번에는) 만일 (이 주술이) 두루 (작용)하지 않는다고 한다면, 이 주술은 결정적이지 못하다는 것이 되니 (앞서 네 주장과는 모순되어) 이치에 맞지 않는다.

너는 (다음에서) 무엇을 바라는가? 이 주술의 작용은 원인만을 바꿀 수 있는가, (아니면) 결과까지도 바꿀 수 있는가? 만일 원인만을 바꿀 수 있다면, 결과를 바꿀 수 없다는 점이 이치에 맞지 않는다. (이번에는) 만일 결과까지도 바꿀 수 있다고 한다면, (곧바로) 양羊 등이 사랑스러운 훌륭한 모습으로 바뀌게 해야 할 텐데 굳이 양의 몸을 버리고서야 하늘의 몸을 얻게 하는 것이 이치에 맞지 않는다.

너는 (다음에서) 무엇을 바라는가? 주술을 베푸는 이가 능력 그리고 불쌍히 여기는 마음이 있는가, (아니면) 없는가? 만일 있다고 한다면, 저들의 생명을 죽이지 않고서 장차 그들이 하늘에 태어나게 하지 않는 것이 이치에 맞지 않는다. 만일 (주술을 베푸는 이가 능력 그리고 불쌍히 여기는 마음이) 없다고 한다면, 그가 베푸는 주술로 처리할 수 있다고 하는 것이 이치에 맞지 않는다.

지금까지 (밝힌 것)처럼 원인 때문에, 비유 때문에, 결정적이지 못하기 때문에, 결과에 작용을 못하기 때문에, 주술을 베푸는 이 때문에 이치에 맞지 않는다. 그러므로 이 주장은 이치에 맞지 않는 것이다.

내 이제 '정법이 아닌 깃'[非法]의 모습을 설명하겠다. 남에게 피해를 주고서도 드러난 잘못을 고치지 않는 일을 정법이 아닌 것이라고 한다. 여러 수행자가 모두 이 일은 (장차) 사랑스럽지 않은 결과를 이룰 것으로 알고 있는 일. 일체지자一切智者께서 결정코 불선不善이라고 말씀 하신 일. 스스로 하고자 하는 것이 아닌 일. '번뇌에 물든 마음'[染心]이 생기게 하는 일. '비뚤게 비는 방법'[邪呪術]을 써서 장차 효험을 본다는 일. 본성이 (도덕적) 중립[無記]인 일. 이들 모두는 정법이 아닌 것이다.

4.9 변무변론邊無邊論

4.9.1 주장

'한계가 있다·없다 하는 주장'[邊無邊論]이란 이를테면 어떤 사문이나 바라문은 세상의 여러 정려靜慮에 의해 세상에 대해 '한계가 있다는 생각'[有邊想], '한계가 없다는 생각'[無邊想], '둘 다라는 생각'[俱想], '둘 다 아니라는 생각'[不俱想]에 머무는 것이다. 자세한 설명은 경經에서와 같다. 이 때문에 다음과 같은 견해를 갖고 다음과 같은 주장을 한다. "세상은 한계가 있다. 세상은 한계가 없다. 세상은 한계가 있기도 하고 한계가 없기도 하다. 세상은 한계가 있는 것도 아니고 없는 것도 아니다."

(이런 주장을 하는) 이유와 (이렇게) 헤아리는 이에 대해서는 앞서도 (간략히) 설명한 바 있음을 알라! (좀 더 상세하게 설명하자면,) 이 가운데 만일 '끊어진 한계'[斷邊際]에 의해 세상의 한계를 찾을 때에 '(기세간의) 붕괴되는 겁'[壞劫]을 기억해낼 경우에는 세상에 대해 한계가 있다고 생각한다. '(기세간의) 조성되는 겁'[成劫]을 기억해낼 경우에는 세상에 대해 한계가 없다고 생각한다. (아울러) '지역의 넓이'[方域周廣]에 의해 세상의 한계를 찾을 때에는, 아래로는 무간나락[無間]을 넘어서면 아무것도 없고, 위로는 제사정려第四靜慮를 넘어서면 아무것도 없지만, 옆으로는 모든 방향으로 한계가 없다고 생각한다. 즉 이때에는 위아래로는 한계가 있다고 생각하고, 옆으로는 한계가 없다고 생각하는 것이다. (한편) 이러한 주장을 보완하려고 뜻은 같은데 단지 말만 달리해서 세상에 대해 한계가 있는 것도 아니고 한계가 없는 것도 아니라고 생각한다.

4.9.2 반론

이제 (이측이) 그에게 묻겠다.

너는 (다음에서) 무엇을 바라는가? 앞선 붕괴하는 겁 이후로 다시 세상이 생기는가, (아니면) 생기지 않는가? 만일 (다시 세상이) 생긴다고 하면, 세상에 (시간적으로) 한계가 있다는 것이 이치에 맞지 않는다. 만일 (다시 세상이) 생기지 않는다고 하면, 세상이 있는 것도 아닌데 세상의 한계를 기억한다고 하는 것이 이치에 맞지 않는다.

지금까지 (밝힌 것)처럼 그는 (조성되는 겁에 근거해 계속) 도래하는[來] 것이 있어서 (세상이 한계가 없다고) 하기 때문에, 그는 (붕괴되는 겁에 근거해 장차) 도래하는[來] 것이 없어서 (세상이 한계가 있다고) 하기 때문에 모두 이치에 맞지 않는다. 그러므로 이 주장은 이치에 맞지 않는 것이다.

4.10 불사교란론不死矯亂論

'죽지 않는다(고 하면서) 흐려서 어지럽히는 주장'[不死矯亂論]이란 네 가지이다. 경經에서 자세히 설명한 것과 같은 줄 알라! 이 외도에게 어떤 사람이 와서 '가장 뛰어나게 태어나는 방도'[最勝生道]를 기준으로 선善한 것과 불선不善한 것에 대해 묻거나, '결정적으로 뛰어난 방도'[決定勝道]를 기준으로 괴로움[苦], '괴로움이 모임'[集], '괴로움이 소멸함'[滅], '괴로움을 소멸시키는 방도'[道]를 묻는 경우가 있다. (그러면 첫째) 스스로를 치켜세우며 말하기를, "(나는) 죽지 않으며 (마음이) 산란하지 않은이다."라고 하며, 장소에 따라서는, "죽지 않는 정거천(淨居天: 淨天)에 의지하여 (마음이) 산란하지 않다."라고 한다. (둘째) 아니면 (이 말이 미심

쩍어 누가) 따지기라도 하면, 말로 호려서 어지럽히기도 한다. (셋째) 아니면 다른 일을 핑계대고 능숙한 방법으로 피하기도 한다. (넷째) 아니면 따진 이를 따라가면서 말만 바꾸기도 한다.

이 가운데 첫째, 죽지 않으며 (마음이) 산란하지 않다고 하는 이는 깨달음이 아직 이루어지지 않은 것이다. 둘째는 '경험해야할 존재'[所證法]에 대해 증상만(增上慢: 이루지 못한 것을 이루었다고 착각하여 으스댐)을 일으킨 것이다. 셋째는 깨닫기는 하였으나 확실하지 않은 것이다. 넷째는 나약하고 어리석은 것이다.

아울러 첫째는 (자기가 한 말이) 거짓말인 것이 두렵고 남이 자기가 지혜가 없는 것을 아는 것이 두려워, "나는 아는 것이 없다."라고 분명하게 대답하지 않는 것이다. 둘째는 자기가 경험한 것이 아직 '두려움 없음'[無畏]을 이루지 못해서 남이 따지는 것이 두렵고, (자기가 한 말이) 거짓말인 것이 두렵고, (자기의 견해가) 비뚠 견해인 것이 두려워, "나는 경험한 것이 있다."라고 분명하게 설명하지 않는다. 셋째는 (자기의 견해가) 비뚠 견해인 것이 두렵고, (자기가 한 말이) 거짓말인 것이 두렵고, 남이 따지는 것이 두려워, "내가 (깨닫기는 하였으나) 확실한 것은 아니다."라고 분명하게 설명하지 않는다. 지금까지의 세 가지는 다른 일을 핑계대어 말로 호려서 어지럽히는 것이다. 그리고 넷째는 오직 남이 따지는 것만 두려울 뿐이어서 '가장 뛰어나게 태어나는 방도'[最勝生道]와 '결정적으로 뛰어난 방도'[決定勝道]를 모두 분명하게 알지 못하고, 세상의 글도 잘 알지 못하는 데도, "나는 우둔한데다 도무지 분명하게 아는 것이 없다."라고 분명하게 말하지 않는다. 단지 따진 이에게 반문을 하고 그의 말을 따라가면서 되풀이하여 그를 호려서 어지럽힌다. 이러한 네 가지 주장과 주장한 이,

그리고 그의 주장이 '틀렸음을 입증한 것'[破]은 모두 경經에서 설명한 것과 같다.

이 외도들은 두려움이 많기 때문에 이러한 견해에 머물면서 어떤 이가 와서 따지기라도 하면 알랑대며 흐려서 어지럽힌다. 이러한 견해는 악견惡見에 속한다는 것을 알라! 그러므로 이 주장은 이치에 맞지 않는 것이다.

4.11 무인견론無因見論

4.11.1 주장

'원인이 없다는 견해의 주장'[無因見論]이란 이를테면 정려에 근거한 것, '깊이 생각하는 것'[尋思]에 근거한 것 등 두 가지가 있음을 알라! 경經에서 자세히 설명한 것과 같다.

질문 무엇 때문에 그 외도들은 '깊이 생각하는 것'[尋思]에 근거해 그 같은 견해를 갖고 그 같은 주장을 하며, "나[我]와 세상은 모두 원인이 없이 생긴다."라고 하는가?

대답 간략히 말해 계속되지 않는 것을 본 것을 우선으로 하기 때문이다. 모든 안과 외부의 존재는 수없이 많은 종류가 생기기도 하고, 어떤 때에는 여러 원인과 조건이 헛되이[空] 결과가 없기도 하는 것을 본다. 이를테면 세상에서 보는 바와 같이 원인과 조건도 없이 어떤 때에는 갑자기 큰바람이 일기도 하고 삽시간에 자기도 한다. 어떤 때에는 거센 물결로 넘실대기도 하고 삽시간에 갑자기 바싹 마르기도 한다. 어떤 때에는 울창하게 과일나무가 번성하다가도 삽시간에 앙상하게 되기도 한다. 이 때문에 원인이 없다는 견해를 갖고 원인이 없다는 주장을 한다.

4.11.2 반론

이제 (이측이) 그에게 묻겠다.

너는 전생을 기억할 때, 자체[體]가 없었다고 기억하는가, (아니면) '자기인 나'[自我]였다고 기억하는가? 만일 자체가 없었다고 기억한다면, 자체가 없는 존재는 일찍이 익힌 적도 없고 안 적도 없는데 기억할 수 있다는 것이 이치에 맞지 않는다. (이번에는) 만일 '자기인 나'[自我]였다고 기억한다면, 나[我]가 그전에는 없었는데 나중에 갑자기 생긴다고 헤아리는 것이 이치에 맞지 않는다.

너는 (다음에서) 무엇을 바라는가? 모든 세상의 모든 안과 외부의 사물[物]은 수없이 많은 종류가 생기되, 원인이 없이 문득 생기는 것인가, (아니면) 원인이 있어 (문득 생기는 것)인가? 만일 원인이 없이 (문득 생기는 것)이라면, 여러 종류가 생기되 문득 생기고 어떤 때는 생기지 않는 것이 이치에 맞지 않는다. (이번에는) 만일 원인이 있어 (문득 생기는 것)이라면, 나[我]와 세상이 원인 없이 생긴다고 하는 것이 이치에 맞지 않는다.

지금까지 (밝힌 것)처럼 자체가 없다고 기억하기 때문에, '자기인 나'[自我]를 기억하기 때문에, 안과 외부의 모든 물체가 원인과 조건 없이 여러 종류가 다르다고 하기 때문에, 원인과 조건 때문에, 여러 종류가 다르다고 하기 때문에 이치에 맞지 않는다. 그러므로 이 주장은 이치에 맞지 않는 것이다.

4.12 단견론斷見論

4.12.1 주장

'없어진다는 견해의 주장'[斷見論]이란 어떤 사문이나 바라문은 다음과 같은 견해를 갖고 다음과 같은 주장을 하는 것이다. "나는 사대四大로 만들어진 '거친 물질'[麁色]로 된 몸[身]이 있어 아직 파괴되지 않아 유지되고 있을 때에는 '병이 있고'[有病], '큰 종기가 있고'[有癰], '화살[번뇌]이 있다가'[有箭], 내가 죽은 뒤엔 아주 파괴되어 없어진다. 이때 나는 '완전히 없어진다'[斷滅]. 욕계의 모든 하늘, 색계의 모든 하늘, 또는 무색계의 공무변처(에 머무는 이)를 비롯해 비상비비상처(에 머무는 이)도 이와 같다." 자세한 설명은 경經에서와 같다. 이른바 일곱 가지 없어진다는 견해의 주장을 하는 이는 이와 같이 헤아린다.

질문 무엇 때문에 그 외도들은 그 같은 견해를 갖고 그 같은 주장을 하는가?

대답 교설[教]과 논리[理] 때문이다. 교설은 앞서 설명한 것과 같다. 논리란 이를테면 그 사문이나 바라문은 본성[性]이 깊이 생각하는 것이라 하는 것처럼 등등 앞서 자세히 설명한 것과 같다.

그는 다음과 같이 생각한다. "만일 내가 죽은 뒤에 여전히 몸이 존재한다면, 업業을 짓지 않고도 이숙과異熟果를 이루게 될 것이다. 만일 나의 체성體性 모두가 영원히 없는 것이라면, 업과業果인 이숙異熟을 받지 않게 될 것이다."

이 두 가지를 살펴보니 둘 다 이치에 맞지 않으니까 다음과 같은 견해를 갖고 다음과 같은 주장을 한다. "나는 몸이 죽은 뒤엔 파괴되어 없다. 예를 들어 기왓장이 한번 파괴되면 도로 합쳐질 수 없는 것과 같다. 나도 이 같은 이치인 것을 알아야 한다."

4.12.2 반론

이제 (이측이) 그에게 묻겠다.

너는 (다음에서) 무엇을 바라는가? 온蘊이 '완전히 없어지는 것'[斷滅]인가, (아니면) 나[我]가 완전히 없어지는 것인가? 만일 온蘊이 완전히 없어지는 것이라면, 온蘊은 자체[體]가 무상하여 인과因果가 전개되어 생기는 것이 끊이질 않는데 완전히 없어진다고 하는 것이 이치에 맞지 않는다. (이번에는) 만일 나[我]가 없어진다고 하면, (항상하다는 나[我]가) 네가 앞서 말한 것처럼, "사대四大로 만들어진 '거친 물질'[麁色]로 된 몸[身]으로서 '병이 있고'[有病], '큰 종기가 있고'[有癰], '화살[번뇌]이 있다'[有箭] (는 주장, 그리고) 욕계의 모든 하늘, 색계의 모든 하늘, 또는 무색계의 공무변처(에 머무는 이)를 비롯해 비상비비상처(에 머무는 이)도 그렇다."라고 하는 것이 이치에 맞지 않는다.

지금까지 (밝힌 것)처럼 온蘊이 완전히 없어진다고 하기 때문에, 나[我]가 완전히 없어진다고 하기 때문에 모두 이치에 맞지 않는다. 그러므로 이 주장은 이치에 맞지 않는 것이다.

4.13 공견론空見論

4.13.1 주장

'공하다는 견해의 주장'[空見論]이란 (첫째) 어떤 사문이나 바라문은 다음과 같은 견해를 갖고 다음과 같은 주장을 하는 것이다. "시여施與란 것은 없으며, '사랑스럽게 봉양한다'[愛養]는 것은 없으며, '제사 지낸다'[祠祀]는 것은 없으며 등등 세상에는 진짜 아라한阿羅漢이란 것은 없다." (둘째) 아울러 다음과 같은 견해를 갖고 다음과 같은 주장을 하는 것이다. "'모든 존재'[一切諸法]는 체성[體]과 모습[相]이 없다."

질문(1) 무엇 때문에 (앞의 첫째 주장을 한) 외도들은 그 같은 견해를 갖고 그 같은 주장을 하는가?

대답(1) 교설[教]과 논리[理] 때문이다. 교설은 앞서 설명한 것과 같다. 논리란 이를테면 그 사문이나 바라문은 본성[性]이 깊이 생각하는 것이라 하는 것처럼 등등 앞서 자세히 설명한 것과 같다.

세상의 여러 정려에 의해서, 세상의 (어떤) '시여하는 이'[施主]가 한평생 끊임없이 꾸준히 보시를 했는데 죽은 뒤엔 낮은 계층의 집에 태어나 가난한 것을 보고는 다음과 같이 생각한다. "틀림없이 시여施與란 것은 없으며, '사랑스럽게 봉양한다'[愛養]는 것은 없으며, '제사 지낸다'[祠祀]는 것은 없구나."

이번에는 어떤 사람이 한평생 꾸준히 '훌륭한 실천'[妙行]을 하고 가끔은 악행惡行을 하기도 하는 것을 보았다. (그런데) 그는 죽은 뒤에 나쁜 세상에 떨어져 여러 나락에 태어나기도 하고, 좋은 세상으로 가 천天 등 즐거운 세상에 태어나기도 하는 것을 보았다. 그는 다음과 같이 생각한다. "틀림없이 훌륭한 실천과 악행은 없구나. 그리고 훌륭한 실천과 악행 등 두 업業의 '결과인 이숙'[果異熟]도 없구나."

이번에는 어떤 찰제리刹帝利 집안사람이 죽은 뒤에 바라문婆羅門, 폐사吠舍, 술타라戍陀羅 등 여러 집안에 태어나는 것을 보았다. 또는 바라문이 죽은 뒤에 찰제리, 폐사, 술타라 등 여러 집안에 태어나는 것을 보았다. 폐사 (집안사람이 죽은 뒤에나), 술타라 (집안사람이 죽은 뒤에)도 마찬가지였다. 그는 다음과 생각한다. "틀림없이 이 세상의 찰제리 (집안사람) 등이 저 세상의 찰제리 (집안사람) 등에서 오는 것이 아니구나. 그리고 저 세상의 찰제리 (집안사람) 등도 이 세상의 찰제리 (집안사람) 등에서 가는 것이 아니구나."

이번에는 여러 '욕망을 떠난 이'[離欲者]가 '아래 영역'[下地]에 태어나는 것을 보았다. 이번에는 어머니가 죽은 뒤에 딸로 태어나는 것을 보고, 딸이 죽은 뒤에 다시 그 어머니가 되는 것을 보았다. 아버지가 죽은 뒤에 아들이 되는 것을 보고, 아들은 다시 (죽은 뒤에) 아버지가 되는 것을 보았다. 그는 아버지와 어머니가 결정적인 것이 아닌 것을 보고는 다음과 같이 생각한다. "세상에는 반드시 정해진 아버지도 없고 어머니도 없구나."

이번에는 사람의 몸이 파괴되고 생명이 끝나는 것을 보았는데 무상천無想天에 태어나고, 무색계無色界에 태어나고, 열반涅槃에 드는 경우에는 그 태어난 곳을 찾아도 볼 수가 없으니까 그는 다음과 같이 생각한다. "틀림없이 '변화해서 태어나는'[化生] 중생은 없구나. (그러한 중생이 있다면 내가 반드시 그 태어나는 곳을 보았을텐데 내가) 그 태어나는 곳을 알 수 없다(는 것은 그렇게 태어나는 중생이 없다는 것을 의미한다)."

이번에는 자기 몸에 대해 아라한阿羅漢이라는 증상만增上慢을 일으켰는데 생명이 끝날 때가 돼서는 (장차) '태어날 모습'[生相]을 보고는 그는 다음과 같이 생각한다. "세상에는 틀림없이 진짜 아라한이란 것이 없구나." 이와 같이 설명할 수 있다.

질문(2) 무엇 때문에 (앞의 둘째 주장을 한 이들은) 그 같은 견해를 갖고 그 같은 주장을 하며, "'모든 존재'[一切諸法]는 체성[體]과 모습[相]이 없다."라고 하는가?

대답(2) 여래如來께서 말씀하신 매우 깊은 경經 안에서 유사하게[相似], 매우 깊이 '말에 의하지 않고'[離言] '설명한 존재'[說法]에 대해 사실대로 바르게 깨닫지 못하기 때문에, 또한 성립된 존재[法]의 모습을 바른 이치에 맞게 생각하지 못하기 때문에 '공하다는 견해'[空見]를 갖고 그는 다음과 같이 생각한다. "틀림없이 '모든 존재'[諸法]는 체성[體]과 모습[相]이 없다."

4.13.2 반론

그럼 (이측이 공견론空見論의 첫째 주장을 한) 이에게 묻겠다.

너는 (다음에서) 무엇을 바라는가? 지금생에 받는 업과 내생에 받는 업이 (별도로) 있는가? (아니면) 모든 것[업]은 지금생에 모두 받는가? 만일 (지금생에 받는 업과 내생에 받는 업이 별도로) 모두 있다면 네가 앞서 말한, "시여施與란 것은 없으며, '사랑스럽게 봉양한다'[愛養]는 것은 없으며, '제사 지낸다'[祠祀]는 것은 없으며, '훌륭한 실천'[妙行]이란 없으며, 악행惡行이란 없으며, 훌륭한 실천과 악행 등 두 업業의 '결과인 이숙'[果異熟]은 없으며, 이 세상은 없으며, 저 세상은 없다."라고 하는 것은 이치에 맞지 않는다.

(이번에는) 만일 (모든 업은 지금생에 모두 받고) 내생에 받는 업은 없다고 한다면 깨끗함[淨]과 '깨끗지 않음'[不淨]을 지어서[造作] 여러 가지로 실천한 업이 그가 죽고 나서 내생에 태어날 때 갑자기 모든 깨끗하고 깨끗지 않은 업의 '결과인 이숙'[果異熟]을 받는다는 것과 (모순되므로 네 주장은) 이치에 맞지 않는다.

너는 (다음에서) 무엇을 바라는가? 대체로 자궁[胎藏] 및 종자에서 (갓) 태어난 이는 (전생의) 부모인가, (아니면) 부모가 아닌가? 만일 (전생의) 부모라면 네가 말한, "아버지도 없고 어머니도 없다."라고 하는 것이 이치에 맞지 않는다.

(이번에는) 만일 (갓 태어난 이가 전생의) 부모가 아니라고 한다면 자궁 및 종자에서 (갓) 태어났는데 (앞서 네 주장과는 달리) 아버지도 아니고 어

머니도 아니라고 하는 것이 이치에 맞지 않는다. (그러므로 유전流轉해서 다시 태어나서 살 경우) 부모가 되었을 당시에는 자녀가 아니며, 자녀가 되었을 당시에는 부모가 아니라는 것[이측의 주장]은 (그 말뜻의 범위를) '정할 수 없다'[不定]는 잘못이 없다.

너는 (다음에서) 무엇을 바라는가? (무상천無想天, 무색계無色界에) 태어나고, (열반에 드는) 중생은 있는데 (정려에 듦으로써 꿰뚫어 볼 수 있는) 천안天眼으로 볼 수 없다는 것인가, (아니면 무상천, 무색계에 태어나고, 열반에 드는 중생이 아예) 없다는 것인가?

만일 (무상천, 무색계 등에 태어나고, 열반에 드는 중생은) 있는(데 정려에 듦으로써 꿰뚫어 볼 수 있는 천안天眼으로 볼 수 없는) 경우라면, 네가 말한 "'변화해서 태어나는'[化生] 중생은 없구나."라고 한 것이 이치에 맞지 않는다. (이번에는) 만일 (무상천, 무색계에 태어나고, 열반에 드는 중생이 아예) 없다고 한다면, '생각에 대한 욕망을 떠난 이'[離想欲者], '보이는 것에 대한 욕망을 떠난 이'[離色欲者], '(욕계, 색계, 무색계 등) 삼계三界에 대한 욕망을 떠난 이'[離三界欲者]가 전혀 없다는 것이 되니 이치에 맞지 않는다.

너는 (다음에서) 무엇을 바라는가? 아라한의 본성이 있는데 아라한이라는 증상만을 일으키는 경우가 있는가, (아니면) 없는가? 만일 (아라한의 본성이 있는데 아라한이라는 증상만을 일으키는 경우)라면, (아라한이 아라한이라는 증상만을 일으킨다는 것은 곧 아라한이 스스로 아라한이라고 한 것이므로) 네가 말한, "세상에는 틀림없이 진짜 아라한이란 것이 없구나."라고 하는 것이 이치에 맞지 않는다.

(이번에는) 만일 (아라한의 본성이 있는데 아라한이라는 증상만을 일으

키는 경우가) 아니라면, 바르지 못한 전도된 생각을 일으켜 스스로, "이러한 이가 아라한이리라."라고 이르면서 (아라한이 아닌데도) 당연히 진짜 아라한이라고 하는 것이므로 이치에 맞지 않는다.

이번에는 (공견론空見論의 둘째 주장을 한 이에게) 묻겠다.

너는 (다음에서) 무엇을 바라는가? 원성실상(圓成實相: 완성된 실제 모습)이라는 존재[法], 의타기상(依他起相: 다른 것에 의해 생기는 모습)이라는 존재, 변계소집상(遍計所執相: 두루 헤아림으로써 주장하는 모습)이라는 존재가 있는가, (아니면) 없는가? 만일 있다고 한다면, 네가, "'모든 존재'[諸法]는 체성[體]과 모습[相]이 없다."라고 한 것은 이치에 맞지 않는다. (이번에는) 만일 없다고 한다면, '전도되는 것'[顚倒]도 없고 '번뇌에 물듦과 깨끗함'[染淨]도 없다는 것이 되니 이치에 맞지 않는다.

지금까지 (밝힌 것)처럼 지금생·내생에 (업을) 받기 때문에, (부모와 자녀를) 정할 수 없는 것이 아니기 때문에, 태어나는 곳이 있기 때문에, 증상만增上慢이 있기 때문에, 세 가지 모습은 있기 때문에 (너의 주장은) 이치에 맞지 않는다. 그러므로 이 주장은 이치에 맞지 않는 것이다.

4.14 망계최승론妄計最勝論

4.14.1 주장

'이치에 맞지 않게 가장 뛰어나다고 헤아리는 주장'[妄計最勝論]이란 어떤 사문이나 바라문은 다음과 같은 견해를 갖고 다음과 같은 주장을 하는 것이다. "바라문婆羅門이야말로 가장 뛰어난 혈통[種類]이다. 찰제리刹帝利 등은 못난 혈통이다. 바라문이야말로 희고 깨끗한 모습의 혈통이고 나머지 혈통은 검고 더러운 모습의 혈통이다. 바라문 혈통은 깨끗함을 이룰 수 있지만 나머지 혈통은 그렇지 않다. 모든 바라문은 범왕梵王의 자녀로서 대범왕의 입과 배에서 태어났으니 범왕에서 나온 것이요, 범왕이 변화한 것이요, 범왕의 자손이다." 예를 들어 논쟁을 일삼는 시기[劫]에 여러 바라문이 이와 같이 헤아린다.

질문 무엇 때문에 여러 바라문은 그 같은 견해를 갖고 그 같은 주장을 하는가?

대답 교설[教]과 논리[理] 때문이다. 교설은 앞서 설명한 것과 같다. 논리란 이를테면 그 사문이나 바라문은 본성[性]이 깊이 생각하는 것이라 하는 것처럼 등등 앞서 자세히 설명한 것과 같다. 세상의 진짜 바라문의 본성은 계戒를 갖추는 것이라고 보기 때문에 그리고 명예와 이익 및 존경을 탐내기 때문에 이와 같이 헤아린다.

4.14.2 반론

이제 (이측이) 그에게 묻겠다.

너는 (다음에서) 무엇을 바라는가? 나머지 혈통만 부모에게서 태어나는가. (아니면) 바라문도 그러한가? 만일 나머지 혈통만 (부모에게서 태어난다고 한다면) 세상의 모든 바라문이 부모에게서 태어나는 것을 볼 수 있으니, 너는 (빤히) 보이는 사실을 비난한 것이므로 이치에 맞지 않는다. (이번에는) 만일 바라문도 (나머지 혈통처럼 부모에게서 태어난다고 하면) 네가 앞서, "바라문이야말로 가장 뛰어난 혈통이다. 찰제리 등은 못난 혈통이다."라고 한 것이 이치에 맞지 않는다.

어머니에게서 태어나는 것과 마찬가지로 (어떤 혈통일지라도) 불선업不善業을 짓고, 선업을 짓는다. 몸[身]·말[語]·의도[意]로 악행惡行을 하고, 몸·말·의도로 '훌륭한 실천'[妙行]을 한다. 지금생에 사랑스럽고 사랑스럽지 않은 결과를 받는다. 내생에 여러 '나쁜 세상'[惡趣]에 태어나기도 하고, '좋은 세상'[善趣]에 태어나기도 한다.

'세 가지 이치에 알맞은 것이 앞에 나타나면'[三處現前]309) 이리저리하여 모태母胎에 들어서 태어난다. (이렇게 태어나면) 세상에서 기술업을 하기도 하고, 자기 생업을 하기도 한다. 선善하기도 하고, 불선不善하기도 한다. 왕이 되기도 하고, 신하가 되기도 한다. 민첩하거나[機捷], '더욱 하고서야 만족스러워지기도'[增進滿足] 한다. 왕이 채용하여 시중꾼[給侍]이 되기도 하고, 채용되지 않기도 한다. 늙고, 병들고, 죽는 존재[法]가 되기도 하고, 늙고, 병들고, 죽는 존재가 되지 않기도 한다. '음욕婬欲을 떠난 행동'[梵行]을 수행하여[梵住]310) '범천 세상'[梵世]에 태어나기도 하고, 그렇지 않기도 한다. '깨달음의 부분을 이루는 수행법'[菩提分法]을 수행하기도 하고, 수행하지[修習] 않기도 한다. 성문聲聞의 깨달음[菩提], 독각獨覺의 깨달음, 최고[無上]의 깨달음을 터득하기도 하고, 그렇지 않기도 한다.

너는 (다음에서) 무엇을 바라는가? 뛰어난 혈통에서 태어난 것을 뛰어나다[勝]고 하는가, (아니면) 계戒를 깨우친[聞] 것 때문에 (뛰어나다고) 하는가? 만일 뛰어난 혈통에서 태어난 것을 뛰어나다고 한다면, 네 논서[論]에서 설명하기를, "제사를 지낼 때 계를 깨우침이 뛰어난 (이를) 데려다 헤아린다."311)라고 하였으니 (뛰어난 혈통에서 태어난 것을 뛰어나다

---

309) 이 책 p.51 참조.
310) 유가론기 제2권상(대정장 42. p.352b14): 범주梵住란 (자慈, 비悲, 희喜, 사捨 등) 네 가지 무량심無量心이다.　梵住者四無量.
311) 유가론기 제2권상(대정장 42. p.352b17-19): 그들 논서의 설명에 의하면 제사를 지낼 때 제문祀文을 읽는데, 계戒를 지키고 잘 깨우친 이를 뽑아 헤아려 그

고 한다)는 말은 이치에 맞지 않는다. (이번에는) 계를 깨우친 것 때문에 (뛰어나다고) 한다면 네가 앞서, "여러 바라문婆羅門이 가장 뛰어난 혈통이다. 나머지는 못난 혈통이다."라고 한 말은 이치에 맞지 않는다.

지금까지 (밝힌 것)처럼 출생 때문에, 하는 일 때문에, 태어나는 것 때문에, 기술업 때문에, '더욱 하기'[增上] 때문에, 채용되기 때문에, '음욕婬欲을 떠난 행동'[梵行]을 수행하기[梵住] 때문에, 깨달음[菩提]을 얻는 데 필요한 '깨달음의 부분(을 이루는 수행법)'[覺分]을 수행하기 때문에, 깨달음[菩提]을 경험하기[證] 때문에, 계戒를 깨우친 것이 뛰어나기 때문에 이치에 맞지 않는다. 그러므로 이 주장은 이치에 맞지 않는 것이다.

4.15 망계청정론妄計淸淨論

4.15.1 주장

'이치에 맞지 않게 깨끗하다고 하는 주장'[妄計淸淨論]이란 어떤 사문이나 바라문은 다음과 같은 견해를 갖고 다음과 같은 주장을 하는 것이다. "만일 내가 해탈解脫하여 마음이 자유로워지고, 보는 것이 자유로워지면, 이를테면 여러 천天의 '섬세하고 뛰어난'[微妙] 다섯 욕망을 잔뜩 받아들여 농지거리하고 즐거움을 마음대로 느껴야지. 이것이 바로 '지금 생에 열반하는 것'[現法涅槃]의 가장 훌륭한 깨끗함을 이룬 것이다."

어떤 외도는 다음과 같은 견해를 갖고 다음과 같은 주장을 하는 것이다. "만일 욕망[欲]과 악불선법惡不善法을 떠나 초정려初靜慮에 충분히 머물게 되고 점차 제사정려까지 충분히 머물게 되면 이는 '지금 생에 열반하는

가 제문을 읽게 한다. 彼論中説祭祀之時讀祭祀文. 若持戒多開取之爲量. 令讀祭文.

것'[現法涅槃]의 가장 훌륭한 깨끗함을 이룬 것이라고 한다."

어떤 외도는 다음과 같은 견해를 갖고 다음과 같은 주장을 하는 것이다. "어떤 중생이 손타리가하(孫陀利迦河: sundarī)에서 온 몸을 씻으면 여러 악惡이 모두 제거된다. 손타리가하에서와 같이 바호타하(婆湖陀河: nadyāṃ bāhudāyām), 가야하(伽耶河: nadyāṃ gayāyām), 살벌저하(薩伐底河: sarasvatyāṃ nadyām), 긍가하(殑伽河: gaṇgā)에서 온몸을 씻으면 마찬가지로 가장 훌륭한 깨끗함이라는 것을 알라!"

어떤 외도는 '개처럼 구는 계'[狗戒]를 지니면 깨끗해진다고 헤아린다. 또는 '소처럼 구는 계'[牛戒]를 지니며, 또는 '기름먹의 계'[油墨戒]를 지니며, 또는 '발가벗는 계'[露形戒]를 지니며, 또는 '재를 바르는 계'[灰戒]를 지니며, 또는 '스스로 고행하는 계'[自苦戒]를 지니며, 또는 '분뇨를 바르는 계'[糞穢戒]를 지니며 깨끗함이라고 헤아린다. 이를테면 '지금 생에 열반하는 것'[現法涅槃]을 주장하는 외도와 물 등이 깨끗하다고 주장하는 외도가 이와 같이 헤아린다.

질문 무엇 때문에 여러 바라문은 그 같은 견해를 갖고 그 같은 주장을 하는가?

대답 교설[教]과 논리[理] 때문이다. 교설은 앞서 설명한 것과 같다. 논리란 이를테면 그 사문이나 바라문은 본성[性]이 깊이 생각하는 것이라 하는 것처럼 등등 앞서 자세히 설명한 것과 같다.

그들은 여러 거칠 것 없이 자유로움, 욕망이 자유로움, 관행觀行이 자유로움을 이루면 뛰어난 깨끗함이라고 한다. 하지만 거칠 것 없이 자유로움 등의 모습을 사실대로 모르고 있다. 아울러 어떤 이는 스스로 몸에 고통을 주면 악惡에서 해탈解脫한다고 헤아린다. 또는 잘못이나 악을 지어서 잘못이나 악에서 해탈한다(고 헤아린다.)

4.15.2 반론

이제 (이측에서) 그에게 묻겠다.

너는 (다음에서) 무엇을 바라는가? 훌륭한 다섯 욕망에서 농지거리하고 즐거움을 느끼는 것은 '욕계의 탐냄'[欲貪]에서 떠난 것인가, (아니면) 아직 떠나지 못한 것인가? 만일 이미 (욕계의 탐냄에서) 떠난 것이라면, 세상 다섯 욕망에서 농지거리하고 즐거움을 느끼는 것이 이치에 맞지 않는다. (이번에는) 만일 아직 (욕계의 탐냄에서) 떠나지 못한 것이라면, 해탈하여 깨끗하다고 하는 것이 이치에 맞지 않는다.

너는 (다음에서) 무엇을 바라는가? 초정려初靜慮를 이루고 점차 제사정려까지 충분히 머문다는 것은 이미 모든 탐냄[貪欲]에서 떠난 것인가, (아니면) 아직 떠나지 못한 것인가? 만일 모든 (탐냄에서) 떠난 것이라면, 제사정려까지만 충분히 머문다는 것이 이치에 맞지 않는다. (이번에는) 만일 아직 모든 욕망[欲]에서 떠나지 못한 것이라고 한다면, 궁극적으로[究竟] '해탈해서 깨끗하다'[解脫淸淨]고 하는 것이 이치에 맞지 않는다.

너는 (다음에서) 무엇을 바라는가? 안이 깨끗해서 궁극적으로 깨끗해진다고 하는가, (아니면) 외부가 깨끗해서 궁극적으로 깨끗해진다고 하는가? 만일 안 때문이라면, 강에서 온몸을 씻어서 깨끗해진다고 헤아리는 것이 이치에 맞지 않는다. (이번에는) 만일 외부 때문이라면, 안의 탐냄[貪]·분노[瞋]·어리석음[癡] 등 모든 때[垢穢]는 제외하고 다만 외부의 때만 없애면 깨끗해진다고 헤아리는 것이 이치에 맞지 않는다.

너는 (다음에서) 무엇을 바라는가? 깨끗한 사물을 지녀서 깨끗해지는가, (아니면) 깨끗지 않는 사물을 지녀서 깨끗해지는가? 만일 깨끗한 사물을 지녀서 깨끗해진다면, 세상에서 모두 개는 깨끗지 않다고 보는데 개(처럼 구는 계)를 지녀서 깨끗해진다고 헤아리는 것이 이치에 맞지 않는다. (이번에는) 만일 깨끗지 않는 사물을 지녀서 (깨끗해지는 것이)라면, (그) 자체自體도 깨끗지 못한데 남을 깨끗하게 한다고 하는 것이 이치에 맞지 않는다.

너는 (다음에서) 무엇을 바라는가? 모든 개(처럼 구는) 등의 계를 지니는 이가 몸 등으로 사악邪惡한 실천을 해서 깨끗해지는가, (아니면) 몸 등으로 '바르고 훌륭한'[正妙] 실천을 해서 깨끗해지는가? 만일 몸 등으로 사악한 실천을 해서 (깨끗해지는 것이)라면, 사악한 실천을 하는 것을 깨끗하다고 하는 것이 이치에 맞지 않는다. (이번에는) 만일 (몸 등으로) 바르고 훌륭한 실천을 해서 깨끗해지는 것이)라면, 개(처럼 구는) 계를 지니는 것은 헛수고[唐捐]인데도 그리하면 깨끗해 질 수 있다고 헤아리는 것이 이치에 맞지 않는다.

지금까시 (밝힌 깃)처럼 욕망에서 떠났다 아직 떠나지 못했다 때문에, 안과 외부 때문에, 깨끗한 깨끗지 못한 (사물을) 지니기 때문에, '비뚠 실천'[邪行] '바른 실천'[正行] 때문에 이치에 맞지 않는다. 그러므로 이 주장은 이치에 맞지 않는 것이다.

4.16 망계길상론妄計吉祥論

4.16.1 주장

'이치에 맞지 않게 상서롭다고 하는 주장'[妄計吉祥論]이란 어떤 사문이나 바라문은 다음과 같은 견해를 갖고 다음과 같은 주장을 하는 것이다. "만일 세상의 해와 달이 (일식이나 월식으로) 빛이 가려지거나 별들[星宿]

이 궤도를 벗어나면, 바라는 일들이 모두 이루어지지 않는다. 만일 그들이 규칙[像]을 따르면, 바라는 것이 모두 이루어진다." 이러한 이치 때문에 부지런히 해·달·별에 공양供養하고, 불에 제사지내면서 주문呪文을 외고, 띠풀을 깔고 옹기 가득 빈라과頻螺果와 향거(餉佉: 소라)를 채운다. 이를 테면 '천문·기상'[曆]을 계산하는[算] 이가 이같이 헤아린다.

질문 무엇 때문에 여러 바라문은 그 같은 견해를 갖고 그 같은 주장을 하는가?

대답 교설[教]과 논리[理] 때문이다. 교설은 앞서 설명한 것과 같다. 논리란 이를테면 그 사문이나 바라문은 본성[性]이 깊이 생각하는 것이라 하는 것처럼 등등 앞서 자세히 설명한 것과 같다.

그는 세상의 정려靜慮를 이루었기 때문에 세상에서는 모두 아라한阿羅漢이라고 이른다. 자기가 부유해지고 편안해지고 싶어 그 결과가 이루어지기를 비는 이는 곧 가서 청하여 묻는다. 하지만 그[바라문]는 업과 결과는 서로 관련하고 조건에서 생기는 이치를 모른다. 다만 세상의 해와 달이 (일식이나 월식으로) 빛이 가려지거나 별이 궤도를 지나는 때, 그때 중생의 깨끗하고 깨끗지 못한 업과 결과[果報]가 성숙되는 것만을 보고서 그는 해와 달 등이 하는 것이라고 헤아린다. 또한 이러한 일을 믿고 즐거워하는 이를 위해 내세워 주장한다.

4.16.2 반론

이제 (이측이) 그에게 묻겠다.

너는 (다음에서) 무엇을 바라는가? 세상의 번성하고 쇠하는 일은 해와 달이 (일식이나 월식으로) 빛이 가려지거나 별이 궤도를 지나는 것이 하는가, (아니면) 깨끗하고 깨끗지 못한 업이 하는가? 만일 해(와 달이 일식이나 월식으로 빛이 가려지거나 별이 궤도를 지나는 것)이 한다고 한다면, 생명이 다할 때까지 지은 복업福業과 복이 아닌 업을 지은 데에 따라 이러한 번성하고, 쇠하고, 괴롭고, 즐거운 결과를 이루는 것을 볼 수 있다는 점에서 (네 주장과는 모순되니) 이치에 맞지 않는다. (아니면) 만일 깨끗하고 깨끗지 못한 업이 한다고 한다면, 해 등이 한다고 헤아리는 것이 이치에 맞지 않는다.

지금까지 (밝힌 것)처럼 해 등이 하기 때문에, 깨끗하고 깨끗지 못한 업이 하기 때문에 이치에 맞지 않는다. 그러므로 이 주장은 이치에 맞지 않는 것이다.

지금까지 (밝힌 것)처럼 열여섯 가지 다른 주장은 (그들의 교설과 논리 등) 두 부문으로 살피기 시작하고, 바른 이치로 살피기를 마무리해보니 모두 이치에 맞지 않는 것이다.

5. 번뇌에 물듦煩惱雜染

물듦[雜染]을 설명한다는 것은 무엇일까? 세 가지에 물듦을 이른다는 것을 알라! 무엇이 세 가지일까? 첫째, 번뇌煩惱에 물듦. 둘째, 업業에 물듦. 셋째, 태어남[生]에 물듦이다.

번뇌에 물듦이란 무엇인지 요약하자면 아래와 같다.

본성[自性], 종류[分別],

원인[因], 단계[位] 및 부문[門],

'강한 종류'[上品], '전도된 것'[顚倒攝],

구별[差別], '여러 잘못'[諸過患].

번뇌에 물듦은 본성[自性], 종류[分別], 원인[因], 단계[位], 부문[門], '강한 종류'[上品], '전도된 것'[顚倒攝], 구별[差別], 잘못[過患]에서 비롯된다는 것을 알라. (또한) 설명도 알라!

5.1 번뇌의 본성

번뇌의 본성[自性]이란 어떤 존재[法]가 생길 때 그 모습[相]이 저절로 고요하지 않게 일어나고 그것이 일어나므로 고요하지 않은 작용[行]이 지속적으로 전개된다. 이를 간략히 번뇌의 본성이라고 한다.

5.2 번뇌의 종류

번뇌의 종류[分別]란 한 가지로 삼기도 한다. 이를테면 번뇌에 물든다는 의미에서이다. 두 가지로 나누기도 한다. '견도에서 올바른 방법을 살펴 끊어지는 것'[見道所斷]과 '수도에서 올바른 방법을 수행해 끊어지는 것'[修道所斷]이다. 세 가지로 나누기도 한다. '욕계에 결박되는 것'[欲繫]. '색계에 결박되는 것'[色繫]. '무색계에 결박되는 것'[無色繫]. 네 가지로 나누기도 한다. '욕계에 결박된 선·불선'[欲繫記]. '욕계에 결박된 중립인 것'[欲繫無記]. '색계에 결박된 중립인 것'[色繫無記]. '무색계에 결박된 중립인 것'[無色繫無記].

다섯 가지로 나누기도 한다. '괴로움을 살펴 끊는 것'[見苦所斷]. '괴로움이 모인다는 것을 살펴 끊는 것'[見集所斷]. '괴로움이 소멸한다는 것을 살펴 끊는 것'[見滅所斷]. '괴로움을 소멸시키는 올바른 방도를 살펴 끊는 것'[見道所斷]. '괴로움을 소멸시키는 올바른 방도를 수행해 끊는 것'[修道所斷].

여섯 가지로 나누기도 한다. 탐냄[貪], 분노[恚], 으스댐[慢], 무명(無明:

이치에 어두움), 견해[見], 머뭇거림[疑]. 일곱 가지로 나누기도 한다. 일곱 가지 수면(隨眠: 잠재하는 번뇌)을 이른다. 첫째, '욕계의 탐냄 수면'[欲貪隨眠]. 둘째, '분노 수면'[瞋恚隨眠]. 셋째, '색계와 무색계의 탐냄 수면'[有貪隨眠]. 넷째, '으스댐 수면'[慢隨眠]. 다섯째, 무명 수면無明隨眠. 여섯째, '견해 수면'[見隨眠]. 일곱째, '머뭇거림 수면'[疑隨眠]이다.

여덟 가지로 나누기도 한다. 탐냄. 분노. 으스댐. 무명. 머뭇거림. 견해. 그리고 (견취見取, 계금취戒禁取) 두 가지 집착[取]이다. 아홉 가지로 나누기도 한다. 아홉 가지 결(結: 매임)을 이른다. 첫째, '애착 결'[愛結]. 둘째, '분노 결'[恚結]. 셋째, '으스댐 결'[慢結]. 넷째, 무명 결無明結. 다섯째, '견해 결'[見結]. 여섯째, '집착 결'[取結]. 일곱째, '머뭇거림 결'[疑結]. 여덟째, '질투 결'[嫉結]. 아홉째, '인색 결'[慳結]이다.

열 가지로 나누기도 한다. 첫째, 살가야견(薩迦耶見: satkāya-dṛṣṭi: 신견身見). 둘째, 변집견(邊執見: 단斷, 상常 등 두 극단에 집착하는 견해). 셋째, 사견(邪見: 비뚠 견해). 넷째, 견취(見取: 견해에 대한 집착). 다섯째, 계금취(戒禁取: 계와 금지에 대한 집착). 여섯째, 탐냄. 일곱째, 분노. 여덟째, 으스댐. 아홉째, 무명. 열째, 머뭇거림. 백스물여덟 가지로 나누기도 한다. 바로 위의 열 가지 번뇌로 열두 가지 진리[諦]에 대해 헷갈린 집착[執]을 하기 때문에 성립된다는 점을 알라!

무엇이 열두 가지 진리인가? 욕계의 고제(苦諦: 괴로움의 진리), 집제(集諦: 괴로움이 모인다는 진리). 색계의 고제苦諦, 집제集諦. 무색계의 고제苦諦, 집제集諦. 욕계의 뛰어난[增上] '두루한 지혜'[遍智]의 결과인 멸제(滅諦: 괴로움이 소멸한다는 진리), 두루한 지혜가 드러나는 것인 도제(道諦: 괴로움을 소멸시키는 올바른 방도라는 진리). 색계의 뛰어난 두루한 지혜의 결과인 멸제滅諦, 두루한 지혜가 드러나는 것인 도제道諦. 무색계의 뛰어난 두루한 지혜의 결과인 멸제滅諦, 두루한 지혜가 드러나는 것인 도제道諦이다.

이 가운데 욕계의 고제苦諦, 집제集諦 및 욕계의 뛰어난 멸제滅諦, 도제道諦에는 열 가지 번뇌로 '헷갈린 집착'[迷執]이 모두 있다. 색계의 고제苦諦, 집제集諦 및 색계의 뛰어난 멸제滅諦, 도제道諦에는 분노[瞋]를 제외한 나머지 (아홉 가지) 번뇌로 헷갈린 집착이 모두 있다. 무색계도 색계와 마찬가지이다.

욕계의 '번뇌 끊는'[對治] 수행 중에는 여섯 가지 번뇌로 '헷갈린 집착'[迷執]이 있는데, (열 가지 중에서) 사견(邪見: 비뚠 견해), 견취(見取: 견해에 대한 집착), 계금취(戒禁取: 계와 금지에 대한 집착), 머뭇거림[疑]은 제외된 것이다. 색계의 번뇌 끊는 수행 중에는 다섯 가지 번뇌로 헷갈린 집착이 있는데 바로 위의 여섯 가지에서 분노[瞋]를 제외한다. 무색계의 번뇌 끊는 수행 중에도 색계의 번뇌 끊는 수행과 마찬가지이다. 장애障礙도 헷갈린 집착과 마찬가지이다.

5.2.1 살가야견薩迦耶見

살가야견[312]이란 이를테면 불선不善한 이[丈夫]와 '가까이 지내'[親近

---

312) 유가론기 제2권하(대정장 42. p.353b19-25): 혜경惠景 논사에 의하면 살가야견薩迦耶見이란 신견身見이라고 한다. 몸을 대상으로 견해를 일으키기 때문이다. 대상을 따라 이름을 붙인 것이다. 아견我見이라고도 한다. 추리[行解]가 요점이다. (부파 가운데) 정량부正量部에서는 위신견僞身見이라고 한다. 헤아리는 몸이 가짜[虛僞]여서 실제가 아니기 때문이다. 가슴미라국(迦濕彌羅國: 인도 카슈미르 지역)의 비바사사(毘婆沙師: 설일체유부 논사)는 유신견有身見이라고 한다. 대상으로 삼은 몸이 '번뇌가 있기'[有漏] 때문이다. 위신견 쪽으로만

'정법이 아닌 것'[非正法]을 듣고 '이치에 어긋나게 의도하기'[不如理作意] 때문에, 또한 저절로[任運] '기억을 잃었기'[失念] 때문에[313] 추종하며, '다섯 가지 집착된 온'[五種取蘊]에 집착한다. 추리[分別](해서 생긴) 또는 '추리하지 않고 (생긴)'[不分別: 俱生: 생명이 시작되면서부터 있은] '번뇌에 물든'[染汚] 추리선택[慧]을 자체[體]로 삼는다.

5.2.2 변집견邊執見

변집견이란 이를테면 불선한 이와 가까이 지내 정법이 아닌 것을 듣고 이치에 어긋나게 의도하기 때문에, 또한 저절로 기억을 잃었기 때문에, 오취온(五取蘊: 다섯 가지 집착된 온: 유정 개체)을 '나의 본성'[我性]이라고 집착하고서는 추종하며, 끊긴다[斷], 항상하다[常]에 집착하는 것이다. 추리(해서 생긴) 또는 추리하지 않고 (생긴) 번뇌에 물든 추리선택[慧]을 자체로 삼는다.

말하면 있다[有]는 의미를 잃고, 유신견이라고 하면 가짜[僞]라는 의미를 잃는다. 두 뜻을 모두 있게 하려고 (범어를 음사하여) 살가야(薩迦耶: satkāya)라고 이른다. 살가야는 두 의미를 모두 가지고 있기 때문이다. 薩迦耶見者。景云。名身見。緣身起見故名身見。從境得名。亦名我見。行解爲目。如正量部名僞身見。以所計身虛僞不實故。迦濕彌羅國毘婆沙師名有身見。以所緣身是其有漏故。若偏名僞身見失於有義。若言有身見失於僞義。欲在兩義名薩迦耶。薩迦耶名含二義故。

313) 유가론기 제2권하(대정장 42. p.353b25-26): 가까이 지낸다는 것은 견해를 일으키는 계기[遠緣]이다. 이치에 어긋나게 의도하는 것이란 '추리(해서 생긴) 견해'[分別見]를 일으키는 조건이다. 저절로 기억을 잃는다는 것은 구생(俱生: 생명이 시작되면서부터 있은) 견해를 일으키는 조건이다. 由親近等起見遠緣。不如理作意者起分別見緣。及任運失念者起俱生見緣。

5.2.3 사견邪見

사견이란 이를테면 불선한 이와 가까이 지내 정법이 아닌 것을 듣고 이치에 어긋나게 의도하기 때문에, 원인[因]이 없다하고 결과[果]가 없다하고 작용作用도 없다하여 진실한 대상[事]을 파괴하는 것이다. 오직 추리(해서 생긴) 번뇌에 물든 추리선택[慧]을 자체로 삼는다.

5.2.4 견취見取

견취란 이를테면 불선한 이와 가까이 지내 정법이 아닌 것을 듣고 이치에 어긋나게 의도하기 때문에, 살가야견薩迦耶見, 변집견邊執見, 사견邪見 및 근거, 대상, 원인, '항상 함께하는'[俱有], 관련하는[相應] (등의) 존재[法]를 가지고 '남의 견해'[他見]와 비교하고는 추종하며, 최고로 훌륭하기가 첫째라고 집착하는 것이다. 오직 추리(해서 생긴) 번뇌에 물든 추리선택[慧]을 자체로 삼는다.

5.2.5 계금취戒禁取

계금취란 이를테면 불선한 이와 가까이 지내 정법이 아닌 것을 듣고 이치에 어긋나게 의도하기 때문에, 자기네 견해와 자기네 견해를 따라 실천하는 계戒, 금지[禁] 및 근거, 대상, 원인, 항상 함께하는, 관련하는 (등의) 존재[法]에 대해 추종하며, 깨끗하다고[淸淨], 해탈解脫이라고, '(욕망에서) 벗어난 것'[出離]이라고 집착하는 것이다. 오직 추리(해서 생긴) 번뇌에 물든 추리선택[慧]을 자체로 삼는다.

5.2.6 탐냄貪

탐냄이란 이를테면 불선한 이와 가까이 지내 정법이 아닌 것을 듣고 이치에 어긋나게 의도하기 때문에, 또한 저절로 기억을 잃었기 때문에, 외부[外]와 안[內]의 사랑스러운 대상영역에 대해 추리(해서 생긴) 또는 추리하지 않고 (생긴) 집착[染著]을 자체로 삼는다.

5.2.7 분노恚

분노란 이를테면 불선한 이와 가까이 지내 정법이 아닌 것을 듣고 이치에 어긋나게 의도하기 때문에, 또한 저절로 기억을 잃었기 때문에, 외부와 안의 사랑스럽지 않은 대상영역에 대해 추리(해서 생긴) 또는 추리하지 않고 (생긴) '미워 화내기'[憎恚]를 자체로 삼는다.

5.2.8 으스댐慢

으스댐이란 이를테면 불선한 이와 가까이 지내 정법이 아닌 것을 듣고 이치에 어긋나게 의도하기 때문에, 또한 저절로 기억을 잃었기 때문에, 외부와 안의 높고 낮고 뛰어나고 못난 것에 대해 추리(해서 생긴) 또는 추리하지 않고 (생긴 스스로) 높이기[高擧]를 자체로 삼는다.

5.2.9 무명無明

무명이란 이를테면 불선한 이와 가까이 지내 정법이 아닌 것을 듣고 이치에 어긋나게 의도하기 때문에, 또한 저절로 기억을 잃었기 때문에, '알아야 할 대상'[所知事]에 대해 추리(해서 생긴) 또는 추리하지 않고 (생긴) 번뇌에 물든 '알지 못함'[無知]을 자체로 삼는다.

5.2.10 머뭇거림疑

머뭇거림이란 이를테면 불선한 이와 가까이 지내 정법이 아닌 것을 듣고 이치에 어긋나게 의도하기 때문에 '알아야 할 대상'[所知事]에 대해 오직 추리(해서 생긴) '다른 깨우침'[異覺]을³¹⁴⁾ 자체로 삼는다.

5.3 번뇌의 원인

번뇌의 원인[因]이란 이를테면 여섯 가지 원인이다. 첫째, 근거[所依] 때문이다. 둘째, 대상[所緣] 때문이다. 셋째, '가까이 지내서'[親近]이다. 넷째, '비뚠 가르침'[邪敎] 때문이다. 다섯째, '자주 익혀서'[數習]이다. 여섯째, 의도[作意] 때문이다. 이 여섯 가지 원인 때문에 모든 번뇌가 일어난다. (이 가운데) 근거[所依] 때문이라는 것은 수면(隨眠: 잠재한 번뇌)이 모든 번뇌를 일으킨다는 점을 이른다. 대상[所緣] 때문이라는 것은 번뇌를 따라 대상영역[境界]이 바로 '앞에 나타난다'[現前]는 점을 이른다. '가까이 지내서'[親近]라는 것은 불선不善한 이[丈夫]를 따라 배우기 때문이라는 점을 이른다. '비뚠 가르침'[邪敎] 때문이라는 것은 '정법이 아닌 것'[非正法]을 듣기 때문이라는 점을 이른다. '자주 익혀서'[數習]라는 것은 앞서 심어놓은 자주 익히는 세력 때문이라는 점을 일컫는다. 의도[作意] 때문이라는 것은 '이치에 어긋나는 의도'[不如理作意]를 일으키기 때문에 모든 번뇌가 생긴다는 점을 일컫는다.

---

314) 유가론기 제2권하(대정장 42. p.354a10-12): 혜경惠景 논사에 의하면, 의疑가 추리(해서 생긴) '다른 깨우침'[異覺]을 자체로 삼는다는 것은 의疑도 역시 (마음으로) 찾는 것이기 때문에 일반적으로 깨우침[覺]이라고 하고 추리선택[慧]에 의해 구별하기 때문에 다른 깨우침이라고 한다는 것이다. 의에 대한 두 번째 해석이 가능한데, '하나가 아닌'[不一] 결정을 하기 때문에 다른 깨우침이라고 한다는 것이다. 　　景云。疑分別異覺爲體者。疑亦求覓通名爲覺。簡別於慧故云異覺。亦可疑作二解。不一決定。故名異覺。

5.4 번뇌의 단계

번뇌의 단계[位]라는 것은 간략히 일곱 가지가 있다. 첫째, 수면隨眠 단계. 둘째, 전(纏: 얽음) 단계. 셋째, '추리해서 생긴'[分別起] 단계. 넷째, '생명이 시작되면서부터 있은'[俱生] 단계. 다섯째, 약한[奧] 단계. 여섯째, 중간[中] 단계. 일곱째, 강한[上] 단계.

두 가지 조건 때문에 번뇌와 수면隨眠은 '따라다니며 잠들게 하는 것'[隨眠]이다. 첫째, 종자種子가 따르기 때문이다. 둘째, 그것이 '확연해지도록 하는 일'[增上事] 때문이다.

5.5 번뇌의 부문

번뇌의 부문[門]이라는 것은 간략히 두 부문이다. 번뇌는 괴로운 것이므로 전(纏: 얽음) 부문과 수면(隨眠: 잠재한 번뇌) 부문으로 나누는 것이다. (우선) 전纏 부문은 다섯 가지이다. 첫째, 고요하지 않게 머물기 때문이다. 둘째, 선善을 장애障礙하기 때문이다. 셋째, '나쁜 세상'[惡趣]과 악행惡行을 발생시키기 때문이다. 넷째, 지금생[現法]의 '너절하고 쌍스러움'[鄙賤]을 받아들이기 때문이다. 다섯째, (또) 태어남 등의 괴로움을 이룰 수 있기 때문이다. (다음으로) 무엇을 수면隨眠 부문의 괴로움이라고 할까? 이를테면 모든 전纏과 더불어 짓는 근거[所依]이기 때문이다. 그리고 (또) 태어남 등의 괴로움을 유도할 수 있기 때문이다.

모든 번뇌는 일곱 부문으로 견도見道와 수도修道에 장애가 될 수 있음을 알라! 이를테면 비뚤게 알기 때문에, 모르기 때문에, 알거나 모르기 때문에, 비뚤게 알아 '헷갈린 집착'[迷執]을 하기 때문에, 그 '원인이 의지하는 것'[因依處] 때문에, 그 '두려움이 생기는 것'[怖所生] 때문에, 저절로

'나타난 작용'[現行]을 하기 때문에이다.[315]

5.6 번뇌 가운데 강한 종류

무엇을 번뇌 가운데 '강한 종류'[上品]의 모습이라고 하냐면 날카로운 모습과 더욱 무거운 모습을 이른다. 이 모습은 간략히 여섯 가지이다. 첫째, 공격하기[犯] 때문이다. 둘째, 태어나기 때문이다. 셋째, 지속하기[相續] 때문이다. 넷째, 대상[事] 때문이다. 다섯째, 악업惡業을 일으키기 때문이다. 여섯째, 궁극적[究竟]이기 때문이다.

(이 가운데) 공격하기[犯] 때문이라는 것은 이 번뇌와 전纏 때문에 모든 (부처님 가르침을) 배우는 곳을 '비난하고 공격하는'[毀犯] 것을 이른다. 태어나기 때문이라는 것은 이러한 실천으로 말미암아 욕계의 괴로운 '나쁜 세상'[惡趣]에 태어나는 것을 이른다. 지속하기[相續] 때문이라는 것은

---

315) 유가론기 제2권하(대정장 42. p.354a18-24): 앞의 여섯 가지는 견도見道의 장애이고 마지막 한 가지는 수도修道의 장애이다. 유가사지론 제59권(대정장 30. p.628a10-26)에 이르듯이 살가야견, 변집견, '비뚠 견해'[邪見]는 비뚫게 안다고 한다. 사제(四諦: 苦, 集, 滅, 道 등 네 가지 진리)에 대해 헷갈리기 때문이다. 무명無明은 모른다고 한다. 머뭇거림[疑]은 알거나 모른다고 한다. (견취見取, 계금취戒禁取 등) 두 가지 집착과 탐냄[貪], 분노[瞋], 으스댐[慢] 등 견도에서 끊어지는 것 모두는 비뚫게 알아 헷갈린 집착을 하는 것이다. 지금까지의 네 가지 부문은 견도에서 끊어지는 번뇌 모두를 포함한 것이다. 고제苦集諦와 집제集諦에 대해 헷갈리는 것을 그 '원인이 의지하는 것'[因依處]에 대해 헷갈리는 것이라고 한다. 멸제滅諦와 도제道諦에 대해 헷갈리는 것을 그 '두려움이 생기는 것'[怖所生]에 헷갈리는 것이라고 한다. 수도에서 끊는 번뇌를 저절로 '나타난 작용'[現行]이라고 한다. 　　前六見道障。後一修道障業。五十九云。身邊邪見名邪解了。迷四諦故。無明名不解了。疑是解了不解了。二取及貪瞋慢見所斷者。一切皆是邪了迷執。上來四門總攝一切見斷惑盡。此等迷苦集諦者是迷彼因依處行。迷滅道者是迷彼怖畏生行。若修斷煩惱名任運現行。

탐냄[貪] 등을 실천해 '모든 근'[諸根]이 성숙한 젊은이[少年]로 장성하여서 열반涅槃에 이르게 하는 규범[法]이 없는 이를 이른다. 대상[事] 때문이라는 것은 '존경해야할 곳'[尊重田],[316] '훌륭한 결과를 내는 능력을 (기르는) 곳'[功德田],[317] '(아직은 공양)받을 만한 실천을 하지는 않는 곳'[不應行田][318]을 대상으로 일으키는 것을 이른다. 악업惡業을 일으키기 때문이라는 것은 이 번뇌와 전纏 때문에 더욱 기쁜 마음[心]으로 (악한) 동작[身業]과 말[語業]을 하는 것을 이른다. 궁극적[究竟]이기 때문이라는 것은 이 (번뇌와 전纏)의 본성[自性]은 '강한 종류'[上品]에 속하는 것을 이르는데, '최초의 약한'[最初耎] '번뇌를 끊는 (수행)도'[對治道][319]에서 끊는 대상이기 때문이다.

5.7 전도된 것

'전도된 것'[顚倒攝]이란 것은 일곱 가지 거꾸로 된 것을 이른다. 첫째, 개념형성[想]이 전도된 것. 둘째, 견해[見]가 전도된 것. 셋째, 마음[心]이

---

316) 유가론기 제2권하(대정장 42. p.354a25): 존중전尊重田을 대상으로 한다는 것은 부모에 대해서이다.　謂緣尊重田者。於父母處。

317) 유가론기 제2권하(대정장 42. p.354a26): 공덕전功德田을 대상으로 한다는 것은 (부처님[佛], 교법[法], 승단[僧] 등) 삼보三寶에 대해 일으키는 것이다.　若緣功德田者。於三寶境起。

318) 유가론기 제2권하(대정장 42. p.354a26-27): 불응행전不應行田을 대상으로 일으킨다는 것은 '계를 지키는 이'[持戒者]와 '능력 있는 이'[有德者]에 대한 것이다.　若緣不應行田而起者。於持戒者及有德者。

319) 유가론기 제2권하(대정장 42. p.354a27-28): 궁극적이라는 것은 '성도聖道의 맨 앞'[견도]에서 궁극까지 (완전히) 없애는 것이다.　究竟者。最初聖道究竟所害。

전도된 것. 넷째, 무상無常한 것에 대해 항상하다[常]고 전도된 것. 다섯째, 괴로움에 대해 즐거움이라고 전도된 것. 여섯째, '깨끗지 못한 것'[不淨]에 대해 깨끗하다[淨]고 전도된 것. 일곱째, '나라고 할 만한 것이 없는데'[無我] 나[我]라고 전도된 것.

(이 가운데) 개념형성[想]이 전도된 것이란 무상無常하고, 괴롭고[苦], '깨끗지 못하고'[不淨], '나라고 할 만한 것이 없는'[無我] 데에서 항상하고[常], 즐겁고[樂], 깨끗하고[淨], 나[我]라고 '이치에 어긋나게 생각하고 추리하는 것'[妄想分別]을 이른다. 견해[見]가 전도된 것이란 '이치에 어긋나게 생각하고 추리하는 것'[妄想分別]을 인정하고[忍可] 의욕하여[欲樂] (견해로) 세워 집착執著하는 것을 이른다. 마음이 전도된 것이란 그 집착하는 가운데 탐냄[貪] 등의 번뇌를 이른다.

번뇌는 간략하게 세 가지임을 알라! 어떤 번뇌는 '전도된 근본'[顚倒本]이다. 어떤 번뇌는 '전도된 자체'[顚倒體]이다. 어떤 번뇌는 '전도된 뒤이어지는 것'[顚倒等流]이다. (이 가운데) '전도된 근본'[顚倒本]이란 무명無明을 이른다. '전도된 자체'[顚倒體]란 살가야견(薩迦耶見: 신견身見), 그리고 변집견(邊執見: 극단에 집착하는 견해)의 일부분, 견취(見取: 견해에 대한 집착), 계금취(戒禁取: 계戒와 금지에 대한 집착) 및 탐냄[貪]을 이른다. '전도된 뒤이어지는 것'[顚倒等流]이란 사견邪見, 그리고 변집견邊執見의 일부분, 분노[恚], 으스댐[慢] 및 머뭇거림[疑]이다.

이 가운데 살가야견은 '나라고 할 만한 것이 없는데'[無我] 나[我]라고 전도된 것이다. 변집견의 일부분은 무상無常한 것에 대해 항상하다[常]고 전도된 것이다. 견취는 '깨끗지 못한 것'[不淨]에 대해 깨끗하다[淨]고 전도된 것이다. 계금취는 괴로움에 대해 즐거움이라고 전도된 것이다. 탐냄

[貪]은 다음 두 가지에 모두 해당된다. '깨끗지 못한 것'[不淨]에 대해 깨끗하다[淨]고 전도된 것 및 괴로움에 대해 즐거움이라고 전도된 것이다.

5.8 번뇌의 구별

번뇌의 구별[差別]이란 여러 가지 구별임을 알라! 이를테면 결結, 박縛, 수면隨眠, 수번뇌隨煩惱, 전纏, 폭류暴流, 멍에[軛], 집착[取], 결박[繫], 개蓋, 나무그루터기[株杌], 때[垢], '항상 해코지 함'[常害]이다.

(아울러) 화살[箭], 가짐[所有], 근본[根], 악행惡行, 새나옴[漏], 모자람[匱], 애태움[燒], 괴로워함[惱], '언쟁이 있음'[有諍], 불[火], '불길이 거셈'[熾然], '빽빽한 숲'[稠林], 얽매임[拘礙]이다. 이와 같은 번뇌의 구별을 알라!

이 가운데 괴로움과 어우러질 수 있어서 결(結: 매임)이라고 한다. (어떤 이가) 선善을 실천하는 데 의욕대로 되지 않게 해서 박(縛: 묶임)이라고 한다. 모든 세상에서 뛰어난 종자로서 쫓아다니기[隨逐] 때문에 수면(隨眠: 따라 다니며 잠들게 하는 것: 잠재하는 번뇌)이라고 한다. 전도된 번뇌에 물든 마음이므로 수번뇌(隨煩惱: 따라 다니는 번뇌)라고 한다. 자주 일어나 '나타나 작용해서'[現行] 전(纏: 얽음)이라고 한다.

깊어서 건너기 어렵고 물결 따라 떠내려가서 폭류(暴流: 거센 물결)라고 한다. '비뚠 실천'[邪行]의 방법이므로 멍에[軛]라고 한다. '자기 몸'[自身]에 집착하여 지속하니까 집착[取]이라고 한다. 벗어나기[解脫] 어렵게 하므로 결박[繫]이라고 한다. 진실한 의미를 덮기 때문에 개(蓋: 덮개)라고 한다. 선善을 심는 밭을 망치므로 나무그루터기[株杌]라고 한다. 본성[自性]이 물들이는 것이기 때문에 때[垢]라고 한다. 항상 해코지 할 수 있으니까 '항상 해코지 함'[常害]이라고 한다.

고요하지 못한 모습이고 먼 데서부터 따라다니기 때문에 화살[箭]이라고 한다. 의지하는 대상을 포함할 수 있으므로 가짐[所有]이라고 한다. 불선不善이 의지하는 것이기 때문에 근본[根]이라고 한다. '비뚠 실천'[邪行]이 본성[自性]이므로 악행惡行이라고 한다. 그 마음을 흘러나오게 하기 때문에 새나옴[漏]이라고 한다.

(어떤 이가) '받아쓰는 것'[受用]에 만족을 못하게 할 수 있기 때문에 모자람[匱]이라고 한다. (어떤 이가) 욕망하는 것에 항상 '불만족을 느끼게 하기'[匱乏] 때문에 애태움[燒]이라고 한다. '줄어드는 것'[衰損]을 유도할 수 있으므로 괴로워함[惱]이라고 한다. 소송으로 다투고 언쟁을 할 수 있으므로 '언쟁이 있음'[有諍]이라고 한다.

쌓아놓은 여러 선근善根이라는 땔감을 불살라버리기 때문에 불[火]이라고 한다. 큰 열병과 같으므로 '불길이 거셈'[熾然]이라고 한다. 여러 가지 '자기 몸'[自身]이라는 큰 나무가 모여 있기 때문에 '빽빽한 숲'[稠林]이라고 한다. 중생으로 하여금 여러 가지 훌륭한 '욕망의 대상영역'[欲塵]에 즐겨 집착하게 할 수 있고 '세상을 벗어나는 존재'[出世法]를 '경험하는 것'[證得]을 막을 수 있으므로 얽매임[拘礙]이라고 한다.

지금까지가 여러 번뇌의 구별인데 부처님 박가범佛薄伽梵께서 더욱 강한 것에 따라 번뇌를 여러 번뇌의 부문 속에서 구별하셨다.

결(結: 매임)은 아홉 가지이다. '애착 결'[愛結] 등을 이른다. 앞[320]에서 자세히 설명한 것과 같다. 박(縛: 묶임)은 세 가지이다. 탐냄[貪], 분노[瞋: 恚], 어리석음[癡: 無明]을 이른다. 수면(隨眠: 잠재하는 번뇌)은 일곱 가

---

320) 이 책 p.267

지이다. '욕계의 탐냄 수면'[欲貪隨眠] 등을 이른다. 앞[321]에서 자세히 설명한 것과 같다. 수번뇌(隨煩惱: 따라 다니는 번뇌)는 탐냄[貪], 분노[瞋: 恚], 어리석음[癡: 無明]을 이른다.

전(纏: 얽음)은 여덟 가지이다. '(자신에게) 안 부끄러워함'[無慚], '(남에게) 안 부끄러워함'[無愧], '(정신이) 흐릿하게 가라앉음'[惛沈], 잠[睡眠], '(마음이) 요동함'[掉擧], 후회[惡作], 질투嫉妬, 인색[慳悋]을 이른다. 폭류(暴流: 거센 물결)는 네 가지이다. 욕계[欲] 폭류, '색계·무색계'[有] 폭류, 견해[見] 폭류, 무명無明 폭류를 이른다. 멍에[軛]도 폭류와 마찬가지이다. 집착[取]은 네 가지이다. '욕망 집착'[欲取], 견취(見取: 견해에 대한 집착), 계금취(戒禁取: 계戒와 금지에 대한 집착), 아어취(我語取: 내 말에 대한 집착)[322]를 이른다.

결박[繫]은 네 가지이다. '탐냄으로 몸을 결박함'[貪身繫], '분노로 몸을 결박함'[瞋身繫], '계와 금지에 대한 집착으로 몸을 결박함'[戒禁取身繫], '이것이 실제라고 집착해서 몸을 결박함'[此實執取身繫][323]를 이른다. 개

---

321) 이 책 p.267

322) 유가론기 제2권하(대정장 42. p.355a23-25): 아어我語는 곧 아견(我見: 나라는 견해)이다. 아견에서 헤아리는 나[我]는 도무지 자체가 없고 단지 말[語言]만 있는 것을 밝혀 아어라고 한 것이다. 아어에 대한 탐냄[貪]을 아어(에 대한) 집착[取]이라고 한다.   我語則是我見。明彼我見所計之我都無有體但有語言故名我語。緣我語貪名我語取。

323) 유가론기 제2권하(대정장 42. p.355b5-10): 네 가지 결박[繫] 가운데 '이것이 실제라고 집착한다는 것'[此實執取]은 '견해에 대한 집착'[見取]이다. 존재[法]가 진실이라고 집착한다. …… (탐貪, 진瞋과 계금취, 견취는) '선정 상태의 마음'[定心] 자체[自性]라는 몸을 장애할 수 있으므로 '몸을 결박한다'[身繫]고 한다. 육신[色身]을 장애하는 것이 아니다. 처음 두 가지는 욕계에만, 나중 두 가지는 (삼계) 모두에 해당된다.   四繫中。此實執取即是見取。執法以爲眞

(蓋: 덮개)는 다섯 가지이다. 탐냄[貪欲] 개, 성냄[瞋恚] 개, '(정신이) 흐릿하게 가라앉고 잠드는'[惛沈·睡眠] 개, '(마음이) 요동하고 후회하는'[掉擧·惡作] 개, 머뭇거림[疑] 개를 이른다.

나무그루터기[株杌]는 세 가지이다. 탐냄, 분노, 어리석음을 이른다. 때[垢], '항상 해코지 함'[常害], 화살[箭], 가짐[所有], 악행惡行도 나무그루터기[株杌]와 마찬가지이다. 근본[根]이란 세 가지 불선근(不善根: 불선의 근본)을 이른다. 탐냄 불선근, 성냄 불선근, 어리석음 불선근이다. 새나옴[漏]은 세 가지이다. '욕계의 새나옴'[欲漏], '색계·무색계의 새나옴'[有漏], '무명의 새나옴'[無明漏].

모자람[匱]은 세 가지이다. 탐냄, 분노, 어리석음을 이른다. 애태움[燒], 괴로워함[惱], '언쟁이 있음'[有諍], 불[火], '불길이 거셈'[熾然], '빽빽한 숲'[稠林]도 모자람과 마찬가지이다. 얽매임[拘礙]은 다섯 가지이다. 첫째, 자기 몸을 그리워 함. 둘째, 여러 욕망[欲]을 그리워 함. 셋째, 즐거움[樂]과 서로 물들어 머묾. 넷째, 가르침에 따르지 않음. 다섯째, 자그마한 선善을 행하고는 기뻐 만족함.

5.9 번뇌의 잘못

번뇌의 잘못[過患]이란 모든 번뇌는 한없는 잘못이 있다는 것을 알아야 하는데, 이를테면 번뇌가 일어날 때에는 우선 마음을 혼란스럽게 한다는 것이다. 다음으로 대상[所緣]에 대해 (마음이) 전도되게 한다. 모든 수면隨眠으로 하여금 모두 견고하게 한다. '뒤이어지는 작용'[等流行]으로 하여금 계속 전개되게 한다. 자기를 해코지함을 유도할 수 있고, 남을 해코

實。…… 能障定心自性之身故名身繫。非障色身。初二唯欲界。後二種通。

지함을 유도할 수 있고, (나와 남) 모두를 해코지함을 유도할 수 있다. 지금생[現法]의 죄를 발생하고, 내생[後法]의 죄를 발생하고, (지금생과 내생) 모두의 죄를 발생해 태어난 몸과 마음으로 하여금 고민[憂苦]을 겪게 한다. (또) 태어남 등 여러 가지 커다란 괴로움을 유도할 수 있고, (또 태어남이) 계속되어 열반涅槃의 즐거움을 멀리하게 할 수 있다. 여러 뛰어난 선법善法으로부터 뒤로 물러서고 (선법을) 잃게 할 수 있다. 자산[資財]이 줄고 (자산을) 잃게 할 수 있다. 대중 앞에 섰을 때 '두려움 없음'[無畏]을 이루지 못해 두려워하고 위력이 없게 할 수 있다. '너절하고 악한'[鄙惡] 이름이 사방으로 퍼져 나가게 할 수 있다. 항상 '지혜로운 이'[智者]에게 비난을 받는다. 죽을 때가 되었을 때 큰 근심과 후회를 하게 한다. 몸이 붕괴되고 나서 여러 '나쁜 세상'[惡趣]에 떨어지고 나락[那落迦]에 태어나게 한다. 스스로에게 뛰어난 이익[義利]을 경험하지[證得] 못하게 한다. 이와 같이 (번뇌의 잘못은) 한도 끝도 없다.

6. 업에 물듦業雜染

업에 물듦이란 무엇인지 요약하자면 아래와 같다.

본성[自性], 종류[分別],
원인[因], 단계[位] 및 부문[門],
'강한 종류'[增上品], 전도[顚倒],
구별[差別], '여러 잘못'[諸過患].

업에 물듦은 본성[自性], 종류[分別], 원인[因], 단계[位], 부문[門], '강한 종류'[上品], '전도된 것'[顚倒攝], 구별[差別], 잘못[過患]에서 비롯된다는 것을 알라. (또한) 설명도 알라!

6.1 업의 본성

'업의 본성'[業自性]이란 만일 존재[法]가 생길 때 '짓는 모습'[造作相: 思]이 일어나고 이것이 일어나기 때문에 동작[身行], 말[語行]이 아울러 그 뒤에 지어지고 전개되는 것을 업의 본성이라고 한다.

6.2 업의 종류

'업의 종류'[業分別]가 무엇일까? 두 가지 모습 때문이란 것을 알라! 첫째, 보특가라補特伽羅 모습의 종류 때문이다. 둘째, '존재 모습'[法相]의 종류 때문이다.[324]

(업의 종류에는) 다른 두 가지가 있다. (각각) 선善, 불선不善한 열 가지 업도業道이다. 이른바 살생殺生과 '살생에서 떠남'[離殺生]. '주지 않는 것을 가짐'[不與取]과 주지 않는 것을 가짐에서 떠남. '비뚠 성행위'[欲邪行]와 비뚠 성행위에서 떠남. 거짓말[妄語]과 거짓말에서 떠남. '이간질하는 말'[離間語]과 이간질 하는 말에서 떠남. '추악한 말'[麁惡語]과 추악한 말을 떠남. '꾸며대는 말'[綺語]과 꾸며대는 말에서 떠남. 탐냄[貪欲]과 탐냄에서 떠남. 분노[瞋恚]와 분노에서 떠남. '비뚠 견해'[邪見]와 비뚠 견해에서 떠남.

---

324) 유가론기 제2권하(대정장 42. p.356a14-16): 처음의 두 가지에서 보특가라의 종류 때문이라고 한 것은 업을 일으키는 사람을 설명하려고 했기 때문이다. 법의 종류 때문이라고 한 것은 '업 자체'[業體]가 다른 것을 바로 설명하려고 했기 때문이다. 初二者欲明起業之人故云由補特伽羅差別. 正辨業體不同故云由法差別.

6.2.1 보특가라補特伽羅모습의 종류

보특가라 모습의 종류란 경經에서 말씀 하신 것을 이르는 것이니 여러 '살생하는 이'[殺生者] 내지 자세한 설명까지이다.

⑴ 불선不善한 업도業道

(첫째 여기에서) '살생하는 이'[殺生者]란 제목[總句]이다.

가장 포악暴惡하다는 것은 살해하려는 마음이 바로 '앞에 나타났기'[現前] 때문이다. 피를 손에 묻혔다는 것은 살해를 하여 (살생하는 이) 몸의 모습이 변했기 때문이다. '살해하고, 아주 해치고, 집착한다'[害極害執]는 것은 어떤 대상의 생명을 끊고, '사지四肢를 끊고'[解支節], 생계를 삼는다는 의미이다.[325] 부끄러움이 없다는 것은 스스로 죄가 생기는 것을 이른다. '불쌍히 여기지'[哀愍] 않는다는 것은 어떤 대상을 사랑스러워하지 않는 것을 유도하는 것이다.

어떤 무계無繫라는 '출가한 외도外道'[자이나교도]가 있는데 그는, "'백유선나踰繕那'[725km] 안에 있는 중생에 대해서(만) 율의(律儀: 규범에 적합함)와 불율의(不律儀: 규범에 적합하지 않음)가 있다."라고 주장하였다. 이를 교정하기 위해 (부처님께서는,) "중생이 머무는 곳 모두"라고 말씀 하셨다. 그 외도는 다시 다음과 같이 주장하였다. "나무 등의 외부 사물도 생명이 있다." 이를 교정하기 위해 (부처님께서는,) "진짜[眞實] 중생이

---

325) 유가론기 제2권하(대정장 42. p.356a24-25): 대상의 생명을 끊기 때문에 살해한다고 이른다. 사지四肢를 끊기 때문에 아주 해친다고 이른다. 생계를 꾀하기 때문에 집착한다고 이른다. 살생을 꾀하고 이에 집착하여 생계로 삼기 때문이다.　斷彼命故謂害。解支節故謂極害。計活命故謂執。計執殺生而活命故。

머무는 곳"이라고 말씀하셨다. 이는 진실한 복덕(福德: 즐거움을 불러들이는 능력)으로 '(욕망을) 멀리하여'[遠離] '(번뇌를) 없애는 것'[對治]을 보여주고, 아울러 진실하지 않은 복덕福德으로 (욕망을) 멀리하여 (번뇌를) 없애는 것을 보여주는 것이다.[326]

---

326) 유가론기 제2권하(대정장 42. p.356a25-b10): 출가(수행)하는 외도外道인데 무계無繫 등이라고 하는 이가 있으니 곧 니건자(尼健子: 자이나교도)이다. (자기가) 머무는 곳에서 백 유순由旬 이내에 있는 중생을 살해하지 않으면 율의律儀가 성립되고, 살해하면 불율의不律儀가 성립되며, 백 유순 바깥의 중생에 대해서는 둘 다 성립되지 않는다고 헤아린다. 경經에서는 이를 물리치기 위해 "백 유순 이내 뿐만 아니라 중생이 머무는 곳 모두"라고 말씀하셨다. (또한 본문에서) 그 외도는 다시 다음과 같이 주장하였다는 것은, 그는 초목 모두가 생명이 있어서 살해하면 업도業道가 성립된다고 헤아린다는 것이다. 부처님께서는 이 주장을 물리치기 위해 "초목을 살해하는 것은 업도가 성립되지 않는다. 진짜 중생이 머무는 곳(이라야 한다)."라고 말씀 하셨다. 이는 진실한 복덕으로 (욕망을) 멀리하고 (번뇌를) 없애는 것 등을 보여주는 것이다. 혜경惠景 논사에 의하면 이 (대목)이 나타내는 것은 대체로 모든 중생을 '구해주고 보호하려는 마음'[救護心]을 일으키는 것을 진실한 복덕이라고 한다는 것이다. 이것은 '(번뇌를) 없애는 주체'[能對治]로서 진실한 복덕으로 (욕망을) 멀리하고 (번뇌를) 없애는 것이다. 아울러 나타내는 것은 진실하지 않은 복덕을 보여주는 것인데 그(외도)가 (욕망을) 멀리하고 (번뇌를) 없애는 것이라고 이름하며 집착하는 것을 물리치는 것이다. (그의 주장이 욕망을) 멀리하고 (번뇌를) 없애는 것이 아닌 것은 백 유순 이내의 중생에게만 구해주고 보호하려는 마음을 일으키기 때문인데, (이는) 진실한 복덕이 아닌 '없애야하는 대상'[所對治]이다. (초목 같은) 외부 사물은 생명이 없고 중생은 생명이 있다는 것이 진실한 복덕 등이다. 그 외도는 단지 백 유순 이내에서만 율의가 성립되고, 아울러 외부 사물에 생명이 있다고 밝혔다.　　有出家外道名曰無繫等者。即尼健子。計隨所住處百由旬內所有衆生於彼作不殺成律儀作殺成不律儀。百由旬外彼皆不成。經爲除此說如是言一切有情所。非唯百由旬內。即彼外道復作是說等者。彼計草木皆悉有命殺成業道。佛爲除此說如是言眞實衆生所。殺草木非業道。此顯示眞實福德遠離對治等者。景云。此顯大於一切衆生起救護心名眞實福

이와 같이 '살생하는 이'[殺生者] 부분에서 설명한 모든 구절은 힘써 살해하는 것을 보여주는 것이다. 그리고 아주 작은 것으로는 '군다 개미'[捃多蟻: kunta]³²⁷)에 이르기까지의 중생이 머무는 곳 모두란, 살해하는 것에는 (따로) 선택하는 바가 없다, (즉, 모든 중생은 살해해서는 안 된다는 점을) 보여주는 것이다. 살해하는 일에서 아직 멀리 떠나지 못했다는 것은 조건을 만나면 (살해하는 일에서) 벗어날 수 있음을 보여주는 것이다. 즉, 아직 (살해하는 것에서) 멀리 떠나지 못했다는 것까지는 '살생하는 이'[殺生者]라고 한다.

지금까지 설명의 요점[略義]은 살생하는 모습, 살생 작용, 살생의 원인과 조건, 그리고 살생하는 일(에서 오는) 작용의 종류를 보여주는 것이다. 또한 지금까지의 요점은 이를테면 살생이라는 사실, 살생의 종류, 살해당하는 대상을 살생하는 것이 '살생하는 이'[殺生者]라고 한다는 것을 보여주려고 함이다. 이상의 설명은 살생하는 보특가라의 모습을 나타내는 것이지 살생하는 '존재 모습'[法相: 업 자체]을 나타낸 것은 아니다.

(둘째) '주지 않는 것을 가지는 이'[不與取者]란 제목[總句]이다.

남의 소유란 남이 가지고 있는 재물, 곡식 등의 물건이다. 마을에 있는

德。是能對治眞實福德遠離對治。及顯示不眞實福德對除彼執名遠離對治。非遠離對治者。於百由旬內衆生起救護心非實福德。是所對治。外物無命衆生有命名眞實福等。外道但於百由旬內成律儀等。及明外物有命等。

327) 유가론기 제2권하(대정장 42. p.356b19-21): 현장 삼장玄奘三藏께서 이르기를, "이 말은 두 가지 의미가 있다. '다리 부러진 개미'[折脚蟻]라고 할 경우에는 개미알[蟻卵]이라는 의미를 이루지 못하고, 개미알이라고 번역할 경우에는 다리 부러진 개미라는 의미를 이루지 못한다. 두 가지 의미를 모두 담기 위해 '범어 발음'[梵音]을 놓아두었다."라고 하셨다. 三藏云。此含兩義。若名折脚蟻不得蟻卵。若翻爲蟻卵不得折脚蟻子。欲具收二義故存梵音。

것이란 그 물건을 마을 안에 쌓아 두거나 (마을 안으로) 옮겼다는 것이다. 한적한 곳이란 그 물건이 한적한 곳에서 생기거나 모이거나 옮겨진다는 말이다. 이것이 훔칠 물건이라고 한다는 것은 '주지 않은'[不與], '시여(施與: 보시)하지 않은'[不捨], '버리지 않은'[不棄] 물건이라는 말이다. 스스로 받아 가진다는 것은 가져다 자기가 소유한다는 말이다. 주지 않았는데 가진다는 것은 그가 어떤 때 살림이 없거나 적다고하여 가져다 자기가 소유한다는 말이다. 주지 않은 것을 즐거워한다는 것은 도둑질[偸盜事業]을 즐거이 한다는 말이다. 주지 않은, 시여施與하지 않은, 버리지 않은 것을 바란다는 것은 남의 것을 강도짓해서[劫盜] 자기가 소유하려는 것이다.

만일 물건의 주인이 먼저 건네주지 않았는데 마치 '채권자처럼 (빼앗으면)'[酬債法] 이를 주지 않았다고 한다. 만일 물건의 주인이 가지는 이에게 시여하지 않은 경우라면 시여하지 않았다고 한다. 만일 물건 주인이 여러 중생이 필요한대로 받아쓰라고 버린 것이 아닌 경우는 버리지 않았다고 한다.

자기를 위해 가진다는 것은 주지 않은 것을 가지기 때문이고 주지 않은 것을 즐거워하기 때문이다. '몹시 탐내서'[饕餮][328] 가진다는 것은 주지 않고, 시여하지 않고, 버리지 않은 것을 바라기 때문이다. '맑지 않은 것을 가진다는 것'[不淸取][329]은 물건을 걸고 경쟁하다가 상대방이 이겨서 (치욕

---

328) 유가론기 제2권하(대정장 42. p.356c24-25): 도철饕餮이란, 재물을 탐내는 것을 도饕라 하고 먹을 것을 탐내는 것을 철餮이라 한다.　　饕餮者。貪財爲饕。貪食爲餮。
329) 유가론기 제2권하(대정장 42. p.356c25-26): 논쟁을 할 때 남의 논리가 이겨서 자기의 부끄러움을 씻지 않은 경우 맑지 않은 것을 가진다고 한다.　　於論時中 他理得勝 不自淸雪名不淸取。

을) '맑게 씻지'[清雪] 못했기 때문이다. '깨끗지 못한 것을 가진다는 것'[不淨而取][330]은 비록 상대방을 이기긴 했지만 잘못이 되고 번뇌[垢]에 물드는 것이기 때문이다. 죄를 가진다는 것은 사랑스럽지 않은 지금생[現法]과 내생[後法]에 사랑스럽지 않은 결과를 받을 수 있기 때문이다.

주지 않은 것을 가지는 데에서 아직 멀리 떠나지 못했다는 것은 앞에서 살생하는 모습을 설명한 것과 같다. 나머지 업도業道도 마찬가지라는 것을 알라!

이 (주지 않은 것을 가지는 것)의 요점[略義]은 도둑질하기 때문에 주지 않은 것을 가진다는 것이 성립된다는 것이다. 그 다음 종류로 실제로 강도짓하면 이 강도짓 때문에 잘못이 된다. 그래서 요지[總義]라고 한다. 지금까지의 (설명은) 주지 않은 것을 가지는 이의 모습을 나타낸 것이지 주지 않은 것을 가지는 '존재 모습'[法相: 업 자체]을 나타낸 것은 아니다. 나머지 (뒤의 여덟 경우도) 마찬가지임을 알라!

(셋째) '비뚠 성행위하는 이'[欲邪行[331])者]란 제목이다.

부모 등으로부터 보호받는다[守護]는 것은 예를 들어 부모가 자기 딸을 결혼 시켜야겠기에 열심히 지키고 때때로 살펴 자기 딸이 남과 더러운 짓

---

330) 유가론기 제2권하(대정장 42. p.356c26-27): 비록 다시 논쟁해서 상대방의 재물을 얻었더라도 내 것이 아닌 재물을 논쟁으로 얻은 경우 깨끗하지 못한 것을 가진다고 한다.　　雖復競諍而得彼財。財非己物而諍取之名不淨取。
331) 유가사지론 제59권(대정장 30. p.630b24-26): 욕사행欲邪行 업도의 일이란 여자와 (성교)해서는 안 되는 경우를 이른다. (또한) (성교)해도 되는 경우라도 '비정상적인 갈피'[非支], '비정상적인 장소'[非處], '비정상적인 때'[非時], '비정상적인 횟수'[非量], 또는 남자 및 '남자가 아닌 남자'[不男: 양성인](와 하는 것) 모두는 이치에 맞지 않는다.　　欲邪行業道事者。謂女所不應行。設所應行非支非處非時非量。若不應理一切男及不男。

을 하지 않게 하는 것이다. 만일 부모가 죽으면 또한 형제와 자매가 지킨다. 이들도 없으면 친척이 지킨다. 이들도 없으면 가족이 비난 받을까 두려워 스스로 지킨다. 또는 시부모가 자기 아들을 위하여 열심히 지킨다. 벌로 다스린다는 것은 모든 국왕 또는 '맡아 처리하는 이'[執理者]가 벌로 다스리는 법으로 지키는 것을 이른다. 장애라는 것은 (성)문을 지키는 이가 지키는 것을 이른다.

여기에서 아직 남과 결혼하지 않은 이를 지키는 것을 간략히 세 가지로 말하자면 다음과 같다. 첫째, 웃어른, 형제와 자매, 친척, 자기가 지킨다. 둘째, 왕, 다스리는 것을 담당하는 이가 지킨다. 셋째, (성)문을 지키는 이가 지킨다.

남의 아내란 남과 결혼한 이다. 남에게 속한다는 것은 아직 남과 결혼하지 않아 세 가지로 보호 받는 것을 이른다. 흉악한 꼬임 때문(에 성행위한 경우)란 혼란시켜 비뚤게 성행위하는 것을 이른다. 강제로 (성행위한 경우)란 부모 등에 대항하여 대놓고 억지로 하는 것을 이른다. 숨어서 (성행위한 경우)란 부모 등에 대항하지 않고 몰래하는 것을 이른다. 서로 기뻐하며 바라서 '욕망의 행동을 한다'[行欲行]는 것은 '(여자의) 두 다리와 (남자의) 두 다리가 교차하며 합쳐지는 것'[兩兩交會]을 이른다. 그런데 이 일을 하면서 이치에 어긋난 욕심欲心으로 '비뚤게 성행위한다'[行邪行]는 것은 '도리가 아니게'[非道],[332] '적당한 장소가 아닌데'[非處],[333] '적당하지 않은 때'[非時][334] 자기 부인과 (성행위하는 것)을 이르는데 (이는) 죄를 짓는 잘못이다.

이 (비뚤게 성행위하는 이)의 요점은 그가 행동하는 것, 행동하는 종류, 비뚤게 성행위하는 것을 보여주는 것이라는 점을 알라!

(넷째) 여러 '거짓말하는 이'[妄語者]란 제목이다.

왕은 왕가王家를 이른다. 그가 고용한 이란 '맡아 처리하는 이'[執理家]를 이른다. 다른 이란 장자(長者: 자산가), 거사(居士: 優婆塞: upāsaka: 재가신자 가운데 남자)이다. 무리[衆]란 그 모인 이들이다. 많이 모인 가운데란 사람들이 사방에서 모여 든 곳이다. 이미 알고 있다는 것은 앞의 세 가지를 따라 경험한 말[語言]이다.[335] 이미 보았다는 것은 일찍이 보면서

---

[332] 유가론기 제2권하(대정장 42. p.357a17-19): 비도非道에는 세 가지 의미가 있다. 첫째, 해서는 안 되는 길. '여성의 생식기'[產門] 이외의 갈피[支分] 등을 말한다. 둘째, 도리에 맞지 않는 (성교) 횟수. 최대인 다섯 번을 넘는 것이다. 셋째, 이치에 맞지 않는 것. 이를테면 '예사롭지 않은 방법'[如常法], 그리고 모든 남자 및 '남자가 아닌 남자'[不男: 양성인](와 하기) 때문이다. 非道者此有三義。一非所行路謂支分等非產門。二非道數過極五量。三非理謂如常法及一切男及不男故。

[333] 유가론기 제2권하(대정장 42. p.357a20-22): 비처非處란 (다음을) 말한다. 부처님, 교법[法], 승단[僧]이 평안히 지내는 곳. 부모님 침상. 평평하지 않은 땅 등. 사찰[僧伽藍] 등. 非處者。謂安佛法僧處。父母床席。地不平處等。僧伽藍等是。

[334] 유가론기 제2권하(대정장 42. p.357a22-23): 비시非時란 병 걸렸을 때, 임신[懷孕] 중이거나 애 젖먹일 때 등이다. '세 가지 밝은 때'[三明], '여섯 가지 어두울 때'[六闇] 등이다. 非時者。有病懷孕與兒乳等。三明六闇等。

[335] 유가론기 제2권하(대정장 42. p.357b4-7): 혜경惠景 논사에 의하면 앞의 세 가지를 따라 보고, 듣고서 하는 거짓말이다. 첫째, 왕과 맡아 처리하는 이이다. 둘

경험한 말이다. 자기 원인 때문이라는 것은 두려워해서거나 '그 맛에 애착해서'[味著]이다. 남의 원인도 자기 원인과 마찬가지이다. 두려워해서라는 것은 살해당하거나 구속될까봐, 벌 받을까봐, 내쫓기고 책임을 질까봐 두려워하기 때문인 것이다. '그 맛에 애착해서'[味著]는 재물이나 곡식, 희귀한 보배 등을 위해서이다. 일부러 거짓말한다는 것은 생각을 숨기고 보이고 싶은 대로 말하는 것이다.

여기에서 요점이란 '의지하는 곳'[依處], '다른 설명'[異說], '원인과 조건'[因縁], '못된 생각'[壞想] 때문에 거짓말한다는 것이니 이것을 알라!

(다섯째) '이간질하는 말을 하는 이'[離間語者]란 제목이다.

파괴하려고라는 것은 파괴하려는 의욕[意樂] 때문이라는 것이다. 저쪽 말을 듣고서 이쪽에 퍼뜨리고, 이쪽 말을 듣고서 저쪽에 퍼뜨린다는 것은 듣는 대로 서로 '어그러져 동떨어지게 하는'[乖離] 말을 이른다. 화합和合을 파괴한다는 것[336]은 기뻐서 떠나는 일이 생길 수 있다는 것이다. 따라

째, 다른 이, 곧 장자 등이다. 셋째, 무리 및 많이 모인 곳이다. 이 세 가지를 따라 듣고 느끼고 알고서 하는 거짓말이다.　景云。隨前三處有所見聞而起妄語。第一王及執理家。二別人謂長者等。第三是衆及大集處。隨彼三處聞覺知而起妄語。

336) 유가론기 제2권하(대정장 42. p.357b14-19): 혜경惠景 논사에 의하면 화합화합을 파괴한다는 것은 남이 가르침을 말하는 것을 듣고 떠난다는 것이다. (다음으로) 따라다니며 떠남을 확인한다는 것은 (그가) 도로 화합할까 두려워 그에게 떠남을 좋아하는지 재차 확인 하는 것을 이른다. 화합을 파괴함을 기뻐한다는 것은 그 사람이 이미 떠난 것에 마음이 기쁨에 물드는 것을 이른다. 떠나는 것을 확인함을 즐긴다는 것은 사람을 파괴하고 남들이 '동떨어지는 것'[乖離]을 기뻐한 연후에 떠남을 확인하기를 기쁘고 즐거워 좋아하는 것을 이른다.　景云。破壞和合者下。他聞説教歡喜別離。隨印別離者。謂恐更和合對彼重印別離爲好。喜壞和合者。謂彼人已離散意心喜染汚。樂印別離者。

다니면서 떠남을 확인한다는 것은 서로 어그러뜨리는 기쁨이 다시 생기기 때문이다. 화합을 파괴함을 기뻐한다는 것은 이미 생긴 떠남을 기뻐하는 가운데 마음이 번뇌에 물들기 때문이다. 떠나는 것을 확인함을 즐긴다는 것은 서로 어그러뜨리는 기쁨이 다시 생기는 가운데 마음이 번뇌에 물들기 때문이다. (그 외에) 이간질하는 말을 한다는 것은 (직접) 듣지 않았거나 (눈짓 등의) 다른 방법 때문인 것이다.

여기에서 요점은 이간질하려는 의욕, 이간질이래도 아직 (화합을) 무너뜨리지 못하는 방법, 이간질하여 (화합을) 무너뜨린 방법, 이간질할 때 번뇌에 물든 마음, 그 외에 다른 방법을 보여주려는 것이라는 점을 알라!

(여섯째) '추악한 말을 하는 이'[麁惡語者]란 제목이다.

이 가운데에서 시라(尸羅: śīla: 戒)에 속하기 때문에 말이 흔들림이 없다고 한다. 문구文句가 '아름답고 부드럽기'[美滑] 때문에 '듣기 좋다'[悅耳]고 한다. 더욱 알고 싶게 하고, 거짓이 아니고, 알랑대지 않아서 '마음에 맞는다'[稱心]고 한다. 더 보태지 않고, 때에 맞추어 이익[義利]을 유도하기 때문에 '사랑스럽다'[可愛]고 한다. 열반涅槃이라는 궁전으로 나아가기 때문에 '맨 앞'[先首]이라고 한다. 문구가 '맛이 있어'[可味] '아름답고 훌륭하다고'[美妙]한다. 잘 해석되는 문구여서 분명分明하다고 한다. 취지가 분명해서 쉽게 해석된다고 한다. 정법正法을 머금고 있기 때문에 '수고할 만하다'[可施功勞]고 한다. '사랑스러운 맛을 떠나게 하는 마음'[離愛味心]이 들게 하므로 의지依止하는 것이 없다고 한다. 분량을 넘지 않기 때문에 거슬리지[可厭逆] 않는다고 한다. 갈수록 광대해지므로 한도 끝도 없다고 한다.

謂能破壞人於他乖離喜已後喜樂印別離以之爲好。

맨 앞의 흔들림이 없는 말부터 한도 끝도 없는 말까지는 세 가지로 나눌 수 있음을 알라! 첫째, '규범에 적합한 말'[尸羅律儀所攝語]인데 (처음) 한 가지다. 둘째, '(듣는 이가) 모두 기뻐하는 말'[等歡喜語]인데 (그다음) 세 가지다. 셋째, '교법을 설명하는 말'[説法語]인데 그 나머지다. 끝으로 다른 세 가지로 나눌 수 있음을 알라! 첫째, '취지가 완성된 말'[所趣圓滿語]인데 처음 한 가지다. 둘째, '문사가 완성된 말'[文詞圓滿語]인데 그다음 두 가지다. 셋째, '방법이 완성된 말'[方便圓滿語謂]인데 그 나머지다.

미래에 사랑스럽고 즐거울 것이기 때문에 '사랑스러운 말'[可愛語]이라고 한다. 과거에 사랑스럽고 즐거웠기 때문에 '즐거운 말'[可樂語]이라고 한다. 지금 대상[事]과 느낌[領受]이 사랑스럽고 즐겁기 때문에 '기쁜 말'[欣語], '마음에 드는 말'[可意語]이라고 한다. (듣는 이가) 모두 기뻐하는 말은 무수한 중생이 사랑스러워하고 즐거워하고 기뻐하고 마음에 들어 하는 말이라고 한다는 것을 알라! 교법을 설명하는 말은 '삼마히다 말'[三摩呬多語]이라고 한다. 시라尸羅에 속하는 말은 후회없음[無悔] 등 때문에 점차로 삼마지三摩地를 유도하는 말이라고 한다.

이 가운데 '독이 되는 말'[毒螫語]이란 남을 비난하는 말이라고 하는데 '분노라는 독'[瞋毒]을 내버려 두었기 때문이다. '거칠고 사나운 말'[麁獷語]이란 남의 마음을 괴롭히는 말이라고 하는데 괴로움[苦觸]을 발생시키기 때문이다. 그 외 '추악한 말'[麁惡語]은 앞의 '선한 종류'[白品]와 반대로 (생각하면) 된다고 알라!

(일곱째) 여러 '꾸며대는 말을 하는 이'[綺語者]란 제목이다.

'비뚤어서 죄를 일으킨다'[邪擧罪]고 할 때에는 다섯 가지가 있다. 적절하지 않을 때이므로, 때가 아닌데 말하는 이라고 한다. 사실이 아닌 것을 말하므로, 사실이 아닌데 말하는 이라고 한다. 무의미한 것을 유발시키게 말하므로, 의미가 없는 것을 말하는 이라고 한다. '거칠고 사납게'[麁獷] 말하므로, 규범에 맞지 않게 말하는 이라고 한다. 노기[瞋恚]를 띠고 말하므로, '고요하지 않게'[非靜] 말하는 이라고 한다.

'비뚤게 법을 설명한다'[邪說法]고 할 때에는, 바르게 깊이 생각하지 않고 '공개적으로 말하므로'[宣說], '생각하며 재지'[思量] 않고 말한다고 한다. 듣는 이를 이기려고 공개적으로 말하므로, '고요하지 못한 말'[不靜語]이라고 한다. 때가 아닌데 말하는데다 앞뒤 의미가 이어지지도 않으므로, 뒤섞여 어지러운 말이라고 한다. 부적합한 '이치와 원인'[理因]으로 공개적으로 말하므로 가르침이 없는 말이라고 한다. '관련 없는'[不相應] 비유[譬況]를 들므로 (제대로 된) 비유가 없는 말이라고 한다. '더러운 것'[穢染]을 드러내므로 '규범을 지키지 않는 말'[非有法語]이라고 한다.

노래하고 웃으며 농지거리 할 때와 춤추고 악기 타며 우스개 하는 배우의 공연을 관람할 때에는 무의미한 것을 유도하는 말이 있을 뿐이다.

여기에서 요점은 앞에서 설명한 '세 가지 때'[三時]의 꾸며대는 말을 나타내는 것이다.

(여덟째) 여러 가지 '탐내는 이'[諸貪欲者]란 제목이다.

강하게 탐내기 때문이란 것은 남이 가진 것을 더욱 탐내어 자기가 가지려고 확실하게 집착하기 때문인 것을 이른다. 재물이란 세상의 재물 종류를 이르고, 도구란 받아쓰는[受用] 살림살이[資具]를 이르는데, 이 두 가지 모두 물건이라고 한다. 그가 가진 것 모두를 장차 확실히 내 것으로 만들겠다는 것은 탐욕貪欲이 생기는 작용[行相]을 나타내는 것이다.

여기에서 요점은 탐욕의 본성[自性], 탐욕의 대상[所緣], 탐욕의 작용

[行相]을 보여주려는 것이라는 점을 알라!

(아홉째) '분노하는 마음을 품은 이'[瞋恚心者]란 제목이다.

악의惡意를 품고 추리한다[分別]는 것은 이를테면 분노의 강한 힘 때문에 다른 유정에게 손해損害를 입히려고 확실하게 집착하기 때문이다. 장차 살해하겠다는 것은 그 몸에 상해를 입히려고 하는 것을 이른다. 장차 해코지하겠다는 것은 그 몸이 상하는 괴로움을 주려는 것을 이른다. 장차 줄어드는 손해를 입히겠다는 것은 그의 재물이 손해 보아 없어지게 하는 것을 이른다. 그가 장차 스스로 여러 가지 괴로움을 겪게 하겠다는 것은 그 스스로가 재물을 잃게 하는 것을 이른다.

여기에서 요점은 앞에서와 같이 (분노의 본성, 대상, 작용을 보여주려는 것이라는 점을) 알라!

(열째) 여러 '비뚤 견해를 가진 이'[邪見者]란 제목이다.

'이와 같은 견해'[如是見]란 제 마음에 장차 말할 내용이 욕망에 맞는다고 여기는[忍可] 것을 나타낸다. '이와 같은 주장'[如是論]을 한다는 것은 장차 말할 내용을 남에게 전수하는 것을 나타낸다. 시여(施與: 보시)란 것은 없으며, '사랑스럽게 봉양한다'[愛養]는 것은 없으며, '제사 지낸다'[祠祀]는 것은 없다는 것은 세 가지 의욕[意樂]으로 인한 베풂은 없기 때문이라는 것인데 첫째, 재물 의욕. 둘째, 깨끗해지려는 의욕. 셋째, 하늘에 제사 지내려는 의욕이다. (이 가운데) 화천火天에게 '음식을 바치는 것'[供養]을 제사지낸다고 한다. 그리고 계戒를 수행하는 데서 생기는 선善을 '이루는 방법'[能治]과 '없애야하는 대상'[所治]은 없다는 것을 나타내려고, 아울러 시여에서 생기는 선善을 '이루는 방법'[能治]과 '없애야하는 대상'[所治]은 없다는 것을 나타내려고 다음과 같이 말한다. "'훌륭한 실천'[妙行]도 없고 악행惡行도 없다." 또한 이 세 가지 선善을 '이루는 방법'[能治]과 '없애야하는 대상'[所治]³³⁷⁾과 얻는 결과[果]는 없다는 것을 나타내려고 다음과 같이 말한다. "훌륭한 실천과 악행 등 두 가지 업業의 결과 및 이숙異熟은 없다."

유전流轉하는 데 '의지하는 조건'[依處緣]이 없다는 것을 나타내려고³³⁸⁾ 다음과 같이 말한다. "이 세상[此世]도 없고 저 세상[他世]도 없다." 그리고 '의탁하는 조건'[所託緣]³³⁹⁾ 및 종자조건[種子緣]이 없다는 것을 나타내려고 다음과 같이 말한다. "어머니도 없고 아버지도 없다." 그리고 유전流轉하는 사람[士夫]이 없다는 것을 나타내려고 다음과 같이 말한다. "화생化生하는 유정은 없다." 그리고 유전流轉하는 것을 없애[對治] '(괴로움을) 도로 없애는 것'[還滅]이 없다는 것을 나타내려고 다음과 같이 말한다. "세상에 진짜 아라한阿羅漢은 없다." 이러한 자세한 설명이 있다.

---

337) 유가론기 제2권하(대정장 42. p.358b2-3): 능치能治란 복업사(福業事: 즐거운 결과를 내는 행위)이다. 인색함[慳悋], '계를 어김'[犯戒], '(마음이) 흐트러짐'[散亂] 등 세 가지를 대제(對除: 所治)라고 한다.　　能治者謂福業事。慳悋·犯戒·散亂等三名所對除。
338) 유가론기 제2권하(대정장 42. p.358b3-7): 유전流轉하는 데 '의지하는 조건'[依處緣]이 없다고 (비난)하는 것은, 전생의 찰제리刹帝利 등 '네 계층'[四姓]은 지금생의 찰제리 등과 유전流轉하는 조건이다. 지금생(의 찰제리 등)은 다시 내생(의 찰제리 등)과 유전하는 조건이다. 그런데 이 세상·저 세상은 없으며 (단지) 저 세상의 네 계층(만)이 의지하는 조건이 된다고 비난하는 것이다. 곧 이 세상이 없다고 말하는 것이다.　　非撥流轉依處緣者。前代刹帝利等四姓與此世刹帝利等流轉爲緣。此世復與後代流轉爲緣。謗無此世他世他世四姓等爲流轉依處緣。故言無此世。
339) 유가론기 제2권하(대정장 42. p.358b7-8):　어머니는 '의탁하는 조건'[所託緣]이다. 아버지는 종자조건[種子緣]이다.　　母是所託緣。父是種子緣。

이미 각각의 번뇌 (모두)가 고요해지는 데 다다랐기 때문에 '바르게 이른다'[正至]340)고 한다. 모든 유정에게 '비뚠 실천'[邪行]을 멀리하고 '전도되지 않은 실천'[無倒行]을 하기 때문에 '바른 실천'[正行]341)이라고 한다. 원인인 시기를 '이 세상'342)이라고 하고 결과인 시기를 '저 세상'이라고 한다. 스스로 '사람의 힘'[士夫力]으로 한 것이므로 '스스로 그리한 것'[自然]343)이라고 한다.

신통지혜[通慧]란 여섯째 (신통)이다.344) '이미 경험했다'[已證]는 것은 견도見道 때문이다. '충분히 갖추었다'[具足]는 것은 수도修道 때문이다. '보여준다'[顯示]는 것은 자기가 알고 남을 위해 설명하기 때문이다. '나의 태어남은 이미 다하였다'[我生已盡] 등은 (유가사지론의) 다른 곳345)에서

---

340) 유가론기 제2권하(대정장 42. p.358b8-9): 정지正至란 열반涅槃을 이른다. 正至者。謂涅槃。
341) 유가론기 제2권하(대정장 42. p.358b9): 정행正行이란 (사성제四聖諦 가운데) 도제道諦를 이른다.　　正行者謂道諦。
342) 유가론기 제2권하(대정장 42. p.358b9-10): (예류預流, 일래一來, 불환不還 등) 유학有學이라는 원인[因] 단계에 있을 때에는 '이 세상'[此世間]이라고 한다. 무학無學이라는 결과[果] 단계에 있을 때에는 '저 세상'[彼世間]이라고 한다.　　在有學因中名此世間。在無學果時名彼世間
343) 유가론기 제2권하(대정장 42. p.358b10-12): 스스로 '사람의 힘'[士夫力]으로 한 것이므로 '스스로 그리한 것'[自然]이라고 한다. 아라한阿羅漢은 스스로 사람의 노력 때문에 이 무학과無學果를 이룬 것이기 때문에 '스스로 그리한 것'[自然]이라고 이름하는 것을 말한다.　　自士夫力之所作故名自然者。謂阿羅漢由自士夫功力而得此無學果故名自然。
344) 유가론기 제2권하(대정장 42. p.358b12-13): 신통지혜[通慧]란 여섯째 (신통)이다라는 것은 (육신통六神通 가운데 여섯째인) 누진통(漏盡通: 번뇌가 다하는 신통)을 말한다.　　通慧者謂第六者。謂漏盡通也。
345) 유가사지론 제83권(대정장 30. p.764b28-c7) 참조.

설명한 것과 같음을 알라!

여기에서 요점은 이를테면 원인을 비난하고, 결과를 비난하고, 작용[功用]을 비난하고, '진실한 일'[眞實事]을 비난하는 것을 보여 주려는 것이다. (여기에서) 작용[功用][346]이란 '종자를 심는 작용'[殖種功用], '지니는 작용'[任持功用], '오가는 작용'[來往功用], '태어남을 이루는 업작용'[感生業功用]을 이른다.

또 다른 요점은 원인, 결과, 유전하는 조건,[347] 유전하는 사람[348]을 비난하는 것을 보여주려는 데 있다. 그리고 그가 (유전流轉하는 것을) 없애[對治] '(괴로움을) 도로 없애는 것'[還滅]을 비난하는 것[349]을 나타내는 데 있

---

346) 유가론기 제2권하(대정장 42. p.358b16-19): 작용을 비난하는 것에는 네 가지가 있다. 첫째, 종자를 심는 자체, 곧 아버지가 없다고 주장하는 것이다. 둘째, 지니는 것, 곧 어머니가 없다고 주장하는 것이다. 셋째, 오가는 것, 곧 '이 세상'[지금생]이 없다고 주장하는 것이다. 넷째, 태어남을 이루는 업. 곧 혜경惠景 논사에 의하면 무상천[無想]이나 무색계[無色]에 태어나는 업을 이루는 작용이 없다고 주장하는 것이다. 규기窺基 논사에 의하면 화생化生하는 유정 곧 중유中有가 없다고 (주장하는 것을) 이른다. 謗功用中有四。一殖種體謂無父。二任持謂無母。三往來謂無此世。四感生業。景云。謂謗無無想無色感生業功用。基云。謂無化生有情即中有也。

347) 유가론기 제2권하(대정장 42. p.358b24): 유전하는 조건이란 이 세상·저세상은 없다고 하는 것과 어머니도 없고 아버지도 없다고 하는 것을 이른다. 流轉緣者。謂無此彼世無母無父。

348) 유가론기 제2권하(대정장 42. p.358b24-26): 유전하는 사람[士夫]이란 화생化生하는 유정이 없다는 것을 이른다. 이 가운데 규기窺基 논사의 해석에 의하면 중유(中有: 죽는 순간과 생명이 생기는 순간 사이의 존재)와 생유(生有: 생명이 있는 시기의 존재)를 합해 사람이라고 하였다. 流轉士夫者。謂無化生有情。此中基解。中有生有合名士夫。

349) 유가론기 제2권하(대정장 42. p.358b26): 아라한阿羅漢 등이 없다는 것을 '(번뇌를) 없애'[對治] (괴로움을) '도로 없애는 것'[還滅]을 비난한다고 한

다. 그런데 유전을 비난한다는 것은 원인을 비난하는 것이지 자상(自相: 고유한 모습)을 비난하는 것이 아니라는 것350)을 알라! '(괴로움을) 도로 없애는 것'[還滅]을 비난한다는 것은 공덕(功德: 훌륭한 결과를 내는 능력)을 비난하는 것이지 보특가라補特伽羅를 비난하는 것이 아니라는 것 351)을 알라!

(2) 선善한 업도業道

'선한 종류'[白品] 모두는 앞서와 반대라는 것을 알라! 내가 이제 그 차이점을 설명하겠다.

'비뚤게 성교하는 것'[欲邪行]과 반대되는 것 가운데 여러 '음욕婬欲을 떠난 행동을 하는 이'[梵行者]란 제목이다.

세 가지 청정淸淨 때문에 청정할 수 있다는 것을 알라! 첫째, '지낸 기간 동안 청정하다'[時分淸淨]. 둘째, '남이 믿어서 청정하다'[他信淸淨]. 셋째, '바른 행동으로 청정하다'[正行淸淨]이다. (이 가운데) '수명이 다하도록 실천하기'[盡壽行] 때문에, '아주 오랫동안 실천하기'[久遠行] 때문에 라는 것은 '지낸 기간 동안 청정하다'[時分淸淨]는 것을 나타낸다. '송사訟事를 맡아 처리해 주는 곳'[諍處]에서 치욕을 씻으면[雪] 맑다[淸]고 한다. (실제

다. 　　無阿羅漢等名謗對治還滅。

350) 유가론기 제2권하(대정장 42. p.358b28-29): 세상의 부모 자체를 없다고 비난하여 말하는 것이 아니고, 다만 이 세상에서 저 세상으로 가는 원인이 없다고 비난한다는 의미이다. 부모는 지니는[任持] 원인이 된다는 의미이다. 　　言不謗無世間父母自體。但謗無從此往彼因義。父母等能任持因義。

351) 유가론기 제2권하(대정장 42. p.358b29-c1): 환멸還滅을 비난한다는 것은 또한 (사성제四聖諦 가운데) 멸(滅: 괴로움이 소멸함), 도(道: 괴로움이 소멸하는 방도)의 공덕功德을 비난하는 것이지 이를 수행하는 사람을 비난하는 것이 아니다. 　　謗還滅亦謗滅道功德不謗行此人。

로 계戒를) 어긴 적이 없으면 깨끗하다[淨]고 한다. 이 두 가지는 모두 '남이 믿어서 청정하다'[他信淸淨]는 것을 나타낸다. 이 가운데 '송사에서 이기기'[有淸]는 했지만 실제로 '계를 어긴 적이 있는 경우'[非淨]가 있으므로, '네 가지 경우'[四句]로 살펴야 한다. 첫째, 실제로 어겼지만 송사에서는 이긴[得勝] 경우. 둘째, 실제로 어기진 않았지만 송사에서 진[墮負] 경우. 셋째, 실제로 어기지 않았고 송사에서도 이긴 경우. 넷째, 실제로 어겼고 송사에서도 진 경우이다.

애착에 물든 몸을 여자[母邑]에게 대지 않기 때문에 '태어남의 냄새'[生臭]를 멀리한다[遠離]고 한다. '(여자의) 두 다리와 (남자의) 두 다리가 교차하며 합쳐지는'[兩兩交會] 너절한 일을 하지 않기 때문에 성욕[婬欲]을 멀리한다고 한다. 별도로 손으로 만지는 등의 방법으로 정액(精液: 不淨)을 내보내지 않기 때문에 '너절한 애착'[鄙愛]을 부리지 않는다고 한다. '음욕婬欲을 떠난 행동'[梵行]을 지니기 원하기 때문에 '음란한 것'[猥法]을 멀리한다고 한다. 이와 같은 것을 '바른 행동으로 청정함'[正行淸淨]을 '충분히 갖추었다'[具足]고 한다. 요점은 여기에 있음을 알라!

거짓말[妄語]과 반대되는 것 가운데 '믿을 만하다'[可信]는 것은 '맡길 만하기'[可委] 때문이다. 맡길 만하다는 것은 '부탁하여 맡길만하기'[可寄託] 때문이다. '당연히 내세울 만하다'[應可建立]는 것은 둘 사이가 어그러져 송사할 때 당연히 내세워 '바른 증거'[正證]로 삼을 만하기 때문이다. '거짓이 없다'[無有虛誑]는 것은 맡기는 가운데 거짓이 없기 때문이고, '속임이 없기'[不欺誷] 때문이다. 이 가운데 요점은 세 가지에 포함되는 것을 나타내는 것이다. 첫째, '확연한 의욕'[欲解][352]에 속하는 것. 둘째, '책임을

---

352) 유가론기 제2권하(대정장 42. p.358c12-14): 욕해欲解란 바로 앞에서의 '믿을

맡는'[保任] 데 속하는 것. 셋째, 작용作用에 속하는 것.

6.2.2 존재의 모습法相

'존재 모습'[法相]의 종류란 곧 살생殺生과 '살생에서 떠남'[離殺生] 등을 이른다.

살생殺生이란 무엇인가? 다른 중생에게 죽이려는 욕망[欲樂]을 일으키고, 번뇌에 물든 마음을 일으켜, 그 중생을 죽이는 방법을 써서, 결국 그 중생을 죽이는 '행위를 하는 것'[身業]까지를 이른다.

'주지 않는 것을 가짐'[不與取]이란 무엇인가? 남이 가진 물건에 훔치려는 욕망을 일으키고, 번뇌에 물든 마음을 일으켜, 그로부터 물건을 훔치는 방법을 써서, 결국 그로부터 훔치는 행위를 하는 것까지를 이른다.

'비뚠 성행위'[欲邪行]란 무엇인가? 해서는 안 되는데 '제 길이 아니게'[非道], '적당한 장소가 아닌데'[非處], '적당하지 않은 때'[非時], (성행위하는 것을) 익히고 가까이하려는 욕망을 일으키고, 번뇌에 물든 마음을 일으켜, 비뚤게 성행위하는 방법을 써서, 결국 비뚠 성행위를 하는 것까지를 이른다.

거짓말[妄語]이란 무엇인가? 다른 유정에게 생각을 숨기고 말하려는 욕망을 일으키고, 번뇌에 물든 마음을 일으켜, 그에게 위증僞證하는 방법을 써서, 결국 위증하는 '말을 하는 것'[語業]까지를 이른다.

'이간질하는 말'[離間語]이란 무엇인가? 다른 유정을 파괴하려는 욕망

만하다, 맡길 만하다'이다. 확연한 의욕이기 때문이다. 둘째, 보임保任은 곧 '당연히 내세울 만하다'이다. 믿고 맡길 만하기 때문이다. 셋째, 작용作用은 거짓이 없다, 곧 진실한 말의 작용을 일으키는 것이다. 欲解則前可信可委決定意樂故. 二保任則應建立可委信故. 三作用則無有虛誑則起實語之作用也.

을 일으키고, 번뇌에 물든 마음을 일으켜, 그를 파괴하는 방법을 써서, 결국 파괴하는 말을 하는 것까지를 이른다.

'추악한 말'[麁惡語]이란 무엇인가? 다른 유정에게 추악하게 말하려는 욕망을 일으키고, 번뇌에 물든 마음을 일으켜, 그에게 추악하게 말하는 방법을 써서, 결국 추악하게 말하는 것까지를 이른다.

'꾸며대는 말'[綺語]이란 무엇인가? 꾸며대서 말하려는 욕망을 일으키고, 욕망에 물든 마음을 일으켜 그에게 '어울리지 않게'[不相應] 말을 하는 방법을 써서, 결국 어울리지 않게 말하는 것까지를 이른다.

탐냄[貪欲]이란 무엇인가? 남이 가진 것을 자기가 가지려는 욕망을 일으키고, 번뇌에 물든 마음을 일으켜, 남이 가진 것에 대해 자기가 가지는 욕망을 일으키는 확실한 방법을 써서, 결국 '마음먹는 것'[意業]까지를 이른다.

분노[瞋恚]란 무엇인가? 남을 해코지하려는 욕망을 일으키고, 번뇌에 물든 마음을 일으켜, 남을 해코지하는 욕망의 즐거움을 일으키는 확실한 방법을 써서, 결국 '마음먹는 것'[意業]까지를 이른다.

'비뚠 견해'[邪見]란 무엇인가? 비난하려는 욕망을 일으키고, 번뇌에 물든 마음을 일으켜, 비난하는 욕망을 일으키는 확실한 방법을 써서, 결국 '마음먹는 것'[意業]까지를 이른다.

'살생에서 떠남'[離殺生]이란 무엇인가? 살생에 대해 잘못[過患]이라는 '확연한 의욕'[欲解]을 일으키고, 강한 선심[善心]을 일으켜, 그것을 고요하게 하는 방법을 써서, 결국 그것을 고요하게 하는 '행위를 하는 것'[身業]까지를 이른다. '살생에서 떠남'[離殺生]과 같이 '주지 않는 것을 가짐에서 떠남'[離不與取] 내지 '비뚠 견해에서 떠남'[離邪見]도 마찬가지라고 알라!

이 가운데 구별되는 점은 (앞서 불여취不與取, 욕사행欲邪行은 '행위를 하는 것'[身業]이었고, 망어妄語, 이간어離間語, 추악어麁惡語, 기어綺語는 '말하는 것'[語業]이었고, 탐욕貪欲, 진에瞋恚, 사견邪見은 '마음먹는 것'[意業]이었다. 하지만 그것들에서 떠나는 것은 모두 '마음먹는 것'[意業]이라는 점이다.) 이를테면 '주지 않는 것을 가짐'[不與取]에 대해 잘못[過患]이라는 확연한 의욕을 일으키고 내지 '비뚠 견해'[邪見]에 대해 잘못이라는 확연한 의욕을 일으키고, 강한 선심善心을 일으켜, 그것을 고요하게 하는 방법을 써서, 결국 그것을 고요하게 하는 '마음먹는 것[意業]'까지를 이른다.

지금까지의 열 가지는 간략히 세 가지로 할 수 있다. 이를테면 '행위를 하는 것'[身業], '말하는 것'[語業], '마음먹는 것'[意業]이다. 이 세 가지를 자세히 열 가지로 나열했음을 알라!

6.3 업의 원인

'업의 원인'[業因]이란 무엇인가? 열두 가지 모습이 있다는 것을 알라! 첫째, 탐냄[貪]. 둘째, 분노[瞋]. 셋째, 어리석음[癡]. 넷째, 자기[自]. 다섯째, 남[他]. 여섯째, '남 따라 하기'[隨他轉]. 일곱째, '사랑스러운 맛'[所愛味]. 여덟째, 두려움[怖畏]. 아홉째, '손해를 끼침'[爲損害]. 열째, '놀며 즐기기'[戲樂]. 열한째, '규범이라는 생각'[法想]. 열두째, '비뚠 견해'[邪見].[353]

---

353) 유가론기 제2권하(대정장 42. p.359a22-28): 처음 세 가지는 불선不善한 모습이다. 넷째는 자기 힘 때문이다. 다섯째는 남의 힘 때문이다. 여섯째는 왕 등이

6.4 업의 단계

'업의 단계'[業位]란 무엇인가? 간략히 다섯 가지 모습으로 설명할 수 있다는 것을 알라! 이를테면 '약한 단계'[軟位], '중간 단계'[中位], '강한 단계'[上位], '발생해 있는 단계'[生位], '습기 단계'[習氣位].

약한 불선업不善業 때문에 동물[傍生] 가운데 태어난다. 중간 불선업 때문에 아귀餓鬼 가운데 태어난다. 강한 불선업 때문에 나락[那落迦]에 태어난다. (한편) 약한 선업善業 때문에 사람 가운데 태어난다. 중간 선업 때문에 욕계천欲界天 가운데 태어난다. 강한 선업 때문에 색계色界, 무색계無色界에 태어난다.

무엇을 약한 단계의 불선업이라고 하는가? 탐냄[貪], 분노[瞋], 어리석음[癡] 가운데 '약한 종류'[軟品]를 '원인과 조건'[因緣]으로 삼기 때문이라고 한다. 무엇을 중간 단계의 불선업이라고 하는가? 탐냄, 분노, 어리석음 가운데 '중간 종류'[中品]를 원인과 조건으로 삼기 때문이라고 한다. 무엇

못 견디게 괴롭혀서 (할 수 없이 따르는 것)이다. 일곱째는 이미 자기 물건이 된 것을 탐내는 것이다. 앞에서는 남의 물건을 탐내는 것이었지만 이 경우는 자기 재물을 애착하는 것이므로 구별이 된다. 여덟째는 두려워서 살해하는 업業을 실행하는 것이다. 예를 들자면 남이 두려워 살해하는 것이다. 아홉째는 손해를 끼치는 것이다. 쥐가 물건을 손상하는 것과 같다. 열째는 놀며 즐기려고 살해하는 것이다. 열한째는 '규범이라는 생각'[法想]이 이치가 되는 것이다. 예를 들자면 생명을 해치는 것에 집착하여 정법正法으로 삼는 것이다. 열두째, '비뚠 견해'[邪見]란 '원인과 결과'[因果]가 없다고 주장하기 때문이다. 初三是不善相。四由自力。五由他力。六由王等之所驅迫。七已得自物而生貪欲等前貪他物此愛自財等故成差別。八有所怖畏行殺等業。如畏他而行殺等。九爲有所損害。如鼠損物等。十爲戲樂故行殺等。十一法想將爲道理。如執害生以爲正法等。十二邪見撥無因果故。

을 강한 단계의 불선업이라고 하는가? 탐냄, 분노, 어리석음 가운데 '강한 종류'[上品]를 원인과 조건으로 삼기 때문이라고 한다. (한편) 모든 선업의 경우 각기 알맞게 '탐냄이 없음'[無貪], '분노가 없음'[無瞋], '이치에 밝음'[無癡]을 원인과 조건으로 삼는다는 것을 알라!

무엇을 '발생해 있는 단계'[生位]의 업이라고 하는가? '이미 발생했는데 아직 소멸하지 않아'[已生未滅] '앞에 나타나 있는'[現在前] 업을 이른다. 무엇을 '습기 단계'[習氣位]의 업이라고 하는가? '이미 생겼으나 이미 소멸하여'[已生已滅] '앞에 나타나지 않는'[不現前] 업을 이른다.

6.5 업의 부문

'업의 부문'[業門]이란 무엇인가? 간략히 두 가지이다. 첫째, '결과를 받게 하는 부문'[與果門]. 둘째, '손해와 이익 부문'[損益門].

6.5.1 결과를 받게 하는 부문

'결과를 받게 하는 부문'[與果門]은 다섯 가지임을 알라! 첫째, 이숙과(異熟果: 원인과 다른 결과, 즉 선업과 불선업이 초래한 무기無記의 오온五蘊)를 받게 하는 것. 둘째, 등류과(等流果: 유사한 결과)[354]를 받게 하는 것. 셋째, 증상과(增上果: 확연하도록 도운 결과)를 받게 하는 것. 넷째, 현법과(現法果: 지금생에서의 결과)를 받게 하는 것. 다섯째, '다른 증상과'[他增上果]를 받게 하는 것.

(이 가운데 첫째, 불선업不善業이) 이숙과異熟果를 받게 하는 것이란

---

354) 유가론기 제3권상(대정장 42. p.359b18-19): 원인과 비슷한 결과를 등류과라고 한다. 果似於因名等流果.

이를테면 살생하는 것을 가까이해서 익히고 더욱 익혔기 때문에 나락[那洛迦]에서 '이숙과를 받는'[태어나는] 것이다. 살생과 같이 다른 불선업도 不善業道 역시 마찬가지다. 이를 이숙과를 받게 하는 것이라고 한다.

(둘째, 불선업이) 등류과等流果를 받게 하는 것이란 이를테면 저 세상에서 이 세상으로 와서 태어나 사람들[人同分] 가운데 수명이 짧고, '재산이 불만족스럽고'[匱乏], 아내는 '심성이 곧고 어질지'[貞良] 못하고, 자주 비난을 듣고, 친구는 '떨어져 나가고'[乖離], '불쾌한 소리'[違意聲]를 듣고, 말씨가 점잖지[威肅] 못하고, 강한 탐냄이 늘고, 강한 분노가 늘고, 강한 어리석음이 느는 것이다. 이를 등류과를 받게 하는 것이라고 한다.

(셋째, 불선업이) 증상과增上果를 받게 하는 것이란 가까이해서 익히고 더욱 익힌 여러 불선업의 '강한 힘'[增上力] 때문에, 이루게 된 외양[外分]에 광택이 아주 적고, 과실[果]이 부실한 데다 드문드문 썩었으며, 과실이 찌그러진 데다 시들었으며, 과실이 달지도 않은 데다 꾸준하(게 나)지 않고, 과실이 충분하지도 않은 데다 먹기에 편하지 않으며, 헛수고가 되어 과실이 아예 없기까지 하다. 선업의 경우는 이와는 반대라는 것을 알라!

(넷째,) 현법과現法果를 받게 하는 것이란 두 가지 '원인과 조건'[因緣]으로 선업과 불선업이 지금생에서의 결과를 받게 하는 것이다. 첫째, '확연한 의욕'[欲解] 때문이다. 둘째, 일[事] 때문이다.

(우선) 확연한 의욕은 여덟 가지임을 알라! 첫째, 돌보는 확연한 의욕. 둘째, 돌보지 않는 확연한 의욕. 셋째, '손해를 끼치고 괴롭히는'[損惱] 확연한 의욕. 넷째, '자애롭고 불쌍히 여기는'[慈悲] 확연한 의욕. 다섯째, '미워하고 해치는'[憎害] 확연한 의욕. 여섯째, '깨끗하게 믿는'[淨信] 확연한 의욕. 일곱째, '은혜를 저버리'는[棄恩] 확연한 의욕. 여덟째, '은혜를 아

는'[知恩] 확연한 의욕이다.

 (이 가운데 첫째) 돌보는 확연한 의욕이란 불선업을 지어 지금생의 결과를 받는 이의 경우다. 이를테면 어떤 이가 더욱 확연한 의욕으로 자기 몸을 돌보며 연연해하고, 재물을 돌보며 연연해하고, '모든 것'[諸有]을 돌보며 연연해하며 불선업을 짓는 것이다.

 (둘째) 돌보지 않는 확연한 의욕이란 선업을 지어 지금생의 결과를 받는 이의 경우다. 이를테면 어떤 이가 더욱 확연한 의욕으로 자기 몸을 돌보지 않고, 재물을 돌보지 않고, '모든 것'[諸有]을 돌보지 않으며 선업을 짓는 것이다.

 (셋째) '손해를 끼치고 괴롭히는'[損惱] 확연한 의욕이란 불선업을 지어 지금생의 결과를 받는 이의 경우다. 이를테면 어떤 이가 다른 유정 보특가라補特伽羅에게 손해를 끼치고 괴롭히는 더욱 확연한 의욕으로 불선업을 짓는 것이다.

 (넷째) '자애롭고 불쌍히 여기는'[慈悲] 확연한 의욕이란 선업을 지어 지금생의 결과를 받는 이의 경우다. 이를테면 어떤 이가 다른 유정 보특가라에게 자애롭고 불쌍히 여기는 더욱 확연한 의욕으로 선업을 짓는 것이다.

 (다섯째) '미워하고 해치는'[憎害] 확연한 의욕이란 불선업을 지어 지금생의 결과를 받는 이의 경우다. 이를테면 어떤 이가 부처님, 교법[法], 승단[僧]에 대해, 그리고 일종의 존중할만한 곳의 일을 하며 미워하고 해치는 더욱 확연한 의욕으로 불선업을 짓는 것이다.

 (여섯째) '깨끗하게 믿는'[淨信] 확연한 의욕이란 선업을 지어 지금생의 결과를 받는 이의 경우다. 이를테면 어떤 이가 부처님, 교법[法], 승단[僧] 등에 대해 깨끗하게 믿는 더욱 확연한 의욕으로 선업을 짓는 것이다.

(일곱째) '은혜를 저버리는'[棄恩] 확연한 의욕이란 불선업을 지어 지금생의 결과를 받는 이의 경우다. 이를테면 어떤 이가 부모님 계신 곳에서, 그리고 일종의 (자기에게) 은혜를 베푼 곳을 따르며 더욱 더 '은혜를 등지는'[背恩] 확연한 의욕, 속이는 확연한 의욕, 난폭한 확연한 의욕으로 불선업을 짓는 것이다.

(여덟째) '은혜를 아는'[知恩] 확연한 의욕이란 선업을 지어 지금생의 결과를 받는 이의 경우다. 이를테면 어떤 이가 부모님 등께 더욱 더 은혜를 아는 확연한 의욕, 은혜를 갚는 확연한 의욕으로 선업을 짓는 것이다.

(다음으로) 일[事] 때문이라는 것은 불선업의 경우, '다섯 가지 쉴 새 없는 나락'[五無間](에 떨어질 업)과 이것과 '성질이 같은 것'[同分中] 때문에 지금생의 결과를 받는 이이다.

다섯 가지 무간업無間業이란 첫째, 어머니를 살해하기. 둘째, 아버지를 살해하기. 셋째, 아라한(阿羅漢: 무학위無學位에 든 남자 승려)을 살해하기. 넷째, '출가 승단의 화합을 깨뜨리기'[破僧]. 다섯째, 나쁜 마음으로 여래如來에게서 피나게 하기.

'무간업과 성질이 같은 것'[無間業同分]이란 이를테면 (다음과 같다). 어떤 이가 아라한니(阿羅漢尼: 무학위에 든 여자 승려)나 (자기) 어머니에게 성행위하기[行穢染行]. '부처님 되기 직전인 보살'[最後有菩薩]을 때리기. 또는 사당[天廟], 거리, 시장에서 양을 죽여 (제사 지내는) 방법을 보이고 유행시켜 지속되게 하기. 또는 아주 소중한 것을 얻었을 때 부탁해 맡길만한 친한 친구, 마음을 같이 해 온 오랜 친구 등에게 손해를 끼치고 속이기. 혹은 지독히 가난하고 없이 지내 의지할 데 없고 믿을 데도 없는 이를 거두어 주어 안심시키고는 나중에는 오히려 해코지하고 위협하기. 출가 승단의 물건을 강도짓하기. 또는 '부처님 모신 무덤'[靈廟: stūpa]을 파괴하기 등이다. 이 같은 업을 무간업無間業과 성질이 같은 것이라고 한다.

여러 선업의 경우, 일[事]이 중요하기 때문에 지금생의 결과를 받는 이이다. 이를테면 어떤 이가 '올바른 믿음'[正信]이 없는 어머니를 교화되게 권유하고 제대로 된 믿음이 자리 잡고 정착되게 하는 것과 같다. 올바른 믿음이 없는 것을 제대로 된 믿음으로 (이끄는 것)과 같이, 계戒를 어긴 것을 제대로 된 계로 (이끄는 것), 인색한 것을 제대로 된 보시[捨]로 (이끄는 것), '나쁜 지혜'[惡慧]355)를 제대로 된 지혜[慧]로 (이끄는 것)도 마찬가지이다. 아버지도 어머니의 경우와 마찬가지이다.

때로는 자정慈定을 일으킨 이를 공양하고 받든다. 무쟁정無諍定(을 일으킨 이), 멸진정(滅盡定: 상수멸정)(을 일으킨 이), 예류과預流果(를 이룬 이), 아라한과阿羅漢果(를 이룬 이에게)도 자정慈定을 일으킨 이에게와 마찬가지로 공양하고 받든다. 때로는 직접 부처님께 공양하고 받든다. 유학위有學位 스님과 무학위無學位 스님도 부처님께와 마찬가지로 공양하고 받든다. 만일 이 존중하는 일이 위와 어긋난다면, 손해를 끼치고 해코지하는 원인과 조건 때문에 불선업을 일으켜 지금생의 결과를 받는다.

(다섯째,) '다른 증상과'[他增上果]를 받게 하는 것이란 이를테면 또한 지금생의 결과를 받는 업 때문이다. 예를 들자면 여래如來께서 머무시는 나라나 마을에는 질병이나 재앙이 반드시 없다. 부처님 신통력[神力] 때문에 무수한 중생이 질병도 없고 재앙도 없이 안락하게 머물 수 있다. 전

---

355) 유가사지론 제53권(대정정 30. p.589c17-18)에 의하면 악혜惡慧란 전도된 마음을 계속 전개하여 여러 잘못[過失]에 대해 뛰어난 공덕(功德: 훌륭한 결과를 내는 능력)이라고 보는 것이다.

륜성왕轉輪聖王 및 자정慈定에 든 보살도 부처님 세존佛世尊과 마찬가지다. 어떤 경우에는 여러 보살이 대비심(大悲心: 크게 불쌍히 여기는 마음)으로 가난과 고생의 업[業天] 때문에 괴로워하는 모든 중생을 살피고 음식, 재물·곡식, 창고의 물건을 시여하여 모두들 만족스러워하게 한다. 이 원인과 조건 때문에 모든 중생이 안락하게 머물 수 있다. 이와 같은 종류가 다른 (이가) 증상(增上: 확연하도록 돕는 것)해서 생기는 지금생에 받는 업이라는 것을 알라!

6.5.2 손해·이익 부문

'손해·이익 부문'[損益門]이란 이를테면 모든 유정은 열 가지 불선不善한 업도業道로 여덟 가지 손해를 끼치는 부문을 이루는 것이다. 무엇이 여덟 가지일까? 첫째, 중생에게 손해 입히기. 둘째, 재물에 손해 입히기. 셋째, 아내에게 손해 입히기. 넷째, 거짓으로 증언해서 손해 입히기. 다섯째, 돕는 이에게 손해 입히기. 여섯째, 잘못을 대놓고 말해 손해 입히기. 일곱째, 방종[放逸]을 발생시켜 손해 입히기. 여덟째, 누려움을 발생시켜 손해 입히기. 이와 반대면 십선업도十善業道로 여덟 가지 이익을 주는 부문을 이룬다는 것을 알라!

6.6 업 가운데 강한 것들

'업 가운데 강한 것들'[業增上]이란 무엇인가? 강하고도 아주 무거운 업을 이른다. 이 업은 여섯 가지 모습[相] 때문임을 알라! 첫째, '힘써 하기'[加行] 때문에. 둘째, 습관[串習] 때문에. 셋째, 본성[自性] 때문에. 넷째, 일[事] 때문에. 다섯째, '없애야 할'[所治] 종류이기 때문에. 여섯째, '없애야 할 것'[所治]에 손해를 입히기 때문에.

(이 가운데 우선) '힘써 하기'[加行] 때문이라는 것은 이를테면 어떤 이가 아주 강한 탐냄[貪]·분노[瞋]·어리석음[癡]이라는 전(纏: 얽음) 그리고 아주 강한 '탐냄이 없음'[無貪]·'분노가 없음'[無瞋]·'이치에 밝음'[無癡]에 '힘써 함'[加行] 때문에 모든 업을 발생시키는 것이다. 습관[串習] 때문이라는 것은 이를테면 어떤 이가 '오랜 세월'[長夜] 불선업과 선업을 가까이 해서 익히고 더욱 익히는 것이다.

본성[自性] 때문이라는 것은 이를테면 '꾸며대는 말'[綺語]보다 '추악한 말'[麁惡語]이 더 중대한 죄가 된다. 추악한 말보다 '이간질하는 말'[離間語]이 더 중대한 죄가 된다. 이간질하는 말보다 거짓말[妄語]이 더 중대한 죄가 된다. '비뚠 성행위'[欲邪行]보다 '주지 않는 것을 가짐'[不與取]이 더 중대한 죄가 된다. 주지 않는 것을 가짐보다 살생殺生이 더 중대한 죄가 된다. 탐냄[貪欲]보다 분노[瞋恚]가 더 중대한 죄가 된다. 분노보다 '비뚠 견해'[邪見]가 더 중대한 죄가 된다. '시여하는 성질'[施性]보다는 '계의 성질'[戒性]에서 죄가 없는 것이 더 뛰어난 것이다. 계의 성질보다는 '수행하는 성질'[修性]에서 죄가 없는 것이 더 뛰어난 것이다. '듣는 성질'[聞性]보다 '생각하는 성질'[思性]에서 죄가 없는 것이 더 뛰어난 것이다. 이와 같다.

일[事] 때문이라는 것은 이를테면 어떤 이가 부처님, 교법[法], 승단[僧]에 대해, 그리고 일종의 존중할만한 곳의 일을 하며 손해를 끼치는 것과 이익을 주는 것을 중대한 사업事業이라고 한다. '없애야 할'[所治] 종류이기 때문이라는 것은 어떤 이가 꾸준히 모든 불선업을 실천하고 수명이 다하도록 한시라도 선업(을 짓지) 않는 것을 이른다. '없애야 할 것'[所治]에 손해를 입히기 때문이라는 것은 어떤 이가 없애야 할 모든 불선업을 '끊어 없애고'[斷] 모든 선업으로 '욕망에서 떠나'[離欲] 청정淸淨해지는 것을 이른다.

6.7 업이 전도됨

'업이 전도됨'[業顚倒]이란 무엇인가? 이는 세 가지라는 것을 알라! 첫째, '작용이 전도됨'[作用顚倒]. 둘째, '지님이 전도됨'[執受顚倒]. 셋째, '기뻐 즐김이 전도됨'[憙樂顚倒].

(우선) '작용이 전도됨'[作用顚倒]이란 이를테면 어떤 이가 다른 어떤 중생을 살해하려고 생각했는데 잘못해서 엉뚱한 중생을 살해하는 것이다. 이 경우에는 살생은 했지만 살생한 죄는 없다는 것을 알라! 하지만 '살생한 종류'[殺生種類], 살생과 '유사하게 성질이 같은'[相似同分] 죄는 생긴다. 만일 다른 중생을 살해한 것은 아니지만 '유정물이 아닌 것'[非情: 초목 등 무정물]에 대해 칼로 베고, 몽둥이로 치고서는, "내가 살생하였다."라고 이르는 경우는 살생하지 않은 것이고 살생한 죄는 없다는 것을 알라! 하지만 살생한 종류, 살생과 유사하게 성질이 같은 죄는 생긴다. 살생하는 업도業道와 같은 것이다. 이와 같이 '주지 않는 것을 가짐'[不與取] 등 모든 업도業道는 각자에 맞게 '작용이 전도됨'[作用顚倒]이 있음을 알라!

'지님이 전도됨'[執受顚倒]이란 어떤 이는 다음과 같은 견해를 갖고 다음과 같은 주장을 한다. "시여施與란 것은 없으며, '사랑스럽게 봉양한다'[愛養]는 것은 없다." 등등 (앞서) 자세히 설명한 모든 '비뚠 견해'[邪見]이다. 그는 다음과 같이 집착한다. "궁극적으로 '죽이는 주체'[能殺], '죽임을 당하는 대상'[所殺] 또는 '주지 않는 것을 가짐'[不與取] 내지 '꾸며대는 말'[綺語]이란 것은 없다. 또한 시여施與, '시여를 받음'[受齋], '복 짓는 일을 수행함'[修福], 시라(尸羅: 戒)를 배움이란 것은 없다. 이런 원인과 조건 때문에 죄도 없고 복도 없다."

어떤 이는 다음과 같은 견해를 갖고 다음과 같은 주장을 한다. "만일 어떤 중생이 범梵을 증오하고, 천天을 증오하고, 바라문婆羅門을 증오하면 그 증오하는 중생을 당연히 살해해야 한다. 그를 살해한다는 원인과 조건은 오직 복일뿐, 죄가 아니다. 그 (증오하는 중생)이 주지 않는 것을 가지는 것 내지 (그 중생에게) 꾸며대는 말은 오직 복덕(福德: 즐거움을 불러들이는 능력)을 이룰 뿐이다. 복이 아닌 것이 없다."

'기뻐 즐김이 전도됨'[憙樂顚倒]이란 어떤 이가 불선업도不善業道를 지을 때 노는 것처럼 아주 기뻐 즐기는 것을 이른다.

6.8 업의 구별

'업의 구별'[業差別]이란 무엇일까? 이를테면 '짓는 업'[作業]이 있고 '짓지 않는 업'[不作業]이 있다. '자라게 하는 업'[增長業]이 있고 '자라게 하지 않는 업'[不增長業]이 있다. '고의로 하는 업'[故思業]이 있고 '고의로 하지 않는 업'[不故思業]이 있다.

이와 같이 '이숙이 확정되는 업'[定異熟業], '이숙이 확정되지 않는 업'[不定異熟業], '이숙이 이미 성숙한 업'[異熟已熟業], '이숙이 아직 성숙하지 않은 업'[異熟未熟業]이 있다. 선업善業, 불선업不善業, 무기업(無記業: 도덕적 중립인 업)이 있다. '규범에 적합한 것에 속한 업'[律儀所攝業], '규범에 적합하지 않은 것에 속한 업'[不律儀所攝業], '규범에 적합한 것도 아니고 적합하지 않은 것도 아닌 것에 속한 업'[非律儀非不律儀所攝業]이 있다. '시여 성질의 업'[施性業], '규범을 준수하는 성질의 업'[戒性業], '수행하는 성질의 업'[修性業]이 있다. '복 짓는 업'[福業], '복 짓는 것이 아닌 업'[非福業], '변동 없는 업'[不動業]이 있다. '즐거울 업'[順樂受業], '괴로울 업'[順苦受業], '괴롭지도 즐겁지도 않을 업'[順不苦不樂受業]이 있다. '지금생에 (결과를) 받을 업'[順現法受業], '다음생에 (결과를) 받을 업'[順生受業], '다음다음생 이후에 (결과를) 받을 업'[順後受業]이 있다. '과거의 업'[過去業], '미래의 업'[未來業], '지금의 업'[現在業]이 있다. '욕계에 결박되는 업'[欲繫業], '색계에 결박되는 업'[色繫業], '무색계에 결박되는 업'[無色繫業]이 있다. '배우는 이의 업'[學業], '배울 게 없는 이의 업'[無學業], '배우는 이의 것도 배울 게 없는 이의 것도 아닌 업'[非學非無學業]이 있다. '견도에서 끊어야 할 업'[見所斷業], '수도에서 끊어야 할 업'[修所斷業], '끊지 않을 업'[無斷業]이 있다. '검고 검은 이숙의 업'[黑黑異熟業], '희고 흰 이숙의 업'[白白異熟業], '검고 희고 검고 흰 이숙의 업'[黑白黑白異熟業], '검지도 않고 희지도 않고 이숙도 없는, 업을 모두 없앨 수 있는 모든 업'[非黑非白無異熟業能盡諸業]이 있다. '이치에 맞지 않는 업'[曲業], '꾀죄죄한 업'[穢業], '우둔한 업'[濁業]이 있고. '청정한 업'[清淨業], '고요한 업'[寂靜業]이 있다.

(이상에 대해 상세한 설명을 하자면 우선) '짓는 업'[作業]이란 이를테면 '의사意思로 짓는 업'[思業]인 경우, 그리고 '의사를 하고서'[思已] 일으키는 동작[身業]·말[語業]인 경우이다. '짓지 않는 업'[不作業]이란 이를테면 '의사가 아닌 업'[不思業]인 경우, 그리고 '의사를 하지 않고서 일으키지 않은 동작·말'[若不思已不起身業語業]인 경우이다.

'자라게 하는 업'[增長業]이란 다음의 열 가지를 제외한 업을 (가리킨다). 무엇이 열 가지일까? 첫째, 꿈속에서 지은 업. 둘째, 모르고 지은 업.

셋째, 고의로 하지 않은 업. 넷째, 이익을 위한 것도 아닌 헤아리지도 않고 지은 업. 다섯째, 정신이상 상태에서 지은 업. 여섯째, 기억 못하는 상태에서 지은 업. 일곱째, 즐거이 하고자 하는 것이 아닌데 지은 업. 여덟째, 본성[自性]이 무기無記인 업. 아홉째, '후회해서 줄이는 업'[悔所損業]. 열째, '번뇌를 없애서 줄이는 업'[對治所損業]. 이상 열 가지를 제외한 나머지 모든 업을 '자라게 하는 것'[增長]이라고 한다. '자라게 하지 않는 업'[不增長業]이란 앞서 말한 열 가지 업을 이른다.

'고의로 하는 업'[故思業]이란 '의사를 하고서'[思已] 짓는 업인 경우이거나 자라게 하는 업인 경우를 이른다. '고의로 하지 않는 업'[不故思業]이란 고의로 짓지 않은 업을 이른다. '받을 것이 확정되는 업'[順定受業]이란 고의로 의사를 하고서 짓거나 자라게 하는 업을 이른다. '받을 것이 확정되지 않는 업'[順不定受業]이란 고의로 의사를 하고서 짓기는 했지만 자라게 하지는 않는 업을 이른다.

'이숙이 이미 성숙한 업'[異熟已熟業]이란 이미 결과를 받게 한 업을 이른다. '이숙이 아직 성숙하지 않은 업'[異熟未熟業]이란 아직 결과를 받게 하지 않은 업을 이른다. 선업善業이란 '탐냄이 없음'[無貪]·'분노가 없음'[無瞋]·'이치에 밝음'[無癡]이 '원인과 조건'[因緣]인 업을 이른다. 불선업不善業이란 탐냄·분노·어리석음이 원인과 조건인 업을 이른다. 무기업無記業이란 탐냄이 없음·분노가 없음·이치에 밝음을 원인과 조건으로 하지 않고, 또한 탐냄·분노·어리석음도 원인과 조건으로 하지 않는 업을 이른다.

'규범에 적합한 것에 속한 업'[律儀所攝業]이란 어떤 경우에는 (오계五戒, 십계十戒, 승려의 구족계具足戒 등) '각각 (몸이나 말로 짓는 악업惡

業으로부터) 벗어나는 율의'[別解脫律儀]에 속한 업, 어떤 경우에는 (색계의 네 가지) 정려靜慮나 (무색계의 네 가지) 등지(等至: 선정)의 능력[果]으로 끊는[斷] 율의에 속한 업, 어떤 경우에는 '번뇌 없는'[無漏] 율의律儀에 속한 업을 이른다.

'규범에 적합하지 않은 것에 속한 업'[不律儀所攝業]이란 열두 가지 규범에 적합하지 않은 종류에 속한 모든 업을 이른다. 무엇이 열두 가지 규범에 적합하지 않은 종류일까? 첫째, 양 도살하기. 둘째, 닭 팔기. 셋째, 돼지 팔기. 넷째, 새 잡아들이기. 다섯째, 토끼를 그물로 잡기. 여섯째, 도적질하기. 일곱째, 사형집행하기[魁膾]. 여덟째, '옥을 지키기'[守獄]. 아홉째, 헐뜯기[讒刺]. 열째, '형벌을 집행하기'[斷獄]. 열한째, '코끼리 결박하기'[縛象]. 열두째, '용에 주술걸기'[呪龍].

'규범에 적합한 것도 아니고 적합하지 않은 것도 아닌 것에 속한 업'[非律儀非不律儀所攝業]이란 세 가지 규범에 적합한 업 및 규범에 적합하지 않은 (열 두) 종류의 업을 제외한 그 외 모든 선善, 불선不善, 무기無記의 업이다.

'시여 성질의 업'[施性業]이란 '원인과 조건'[因緣]인 경우, '함께 일어나는'[等起] 경우, '의지하는 곳'[依處]의 경우, 본성[自性]인 경우를 이른다. (우선) 원인과 조건이란 탐냄이 없음·분노가 없음·이치에 밝음을 원인과 조건으로 삼는다. 함께 일어나는 것이란 탐냄이 없음·분노가 없음·이치에 밝음이 함께 작용하여 시여물을 보시하며[捨] 동작[身業], 말[語業]을 일으키는 의사[思]이다. 의지하는 곳이란 시여물 및 '(시여) 받는 이'[受者]를 의지하는 곳이라고 한다. 본성이란 의사[思]로 일으켜 시여물을 보시하는 동작, 말이다.

'시여 성질의 업'[施性業]처럼 '규범을 준수하는 성질의 업'[戒性業], '수행하는 성질의 업'[修性業]도 각각에 알맞게 알라! 이 가운데 '규범을 준수하는 성질의 업'[戒性業]의 원인과 조건, 함께 일어나는 것은 앞서와 같다. 그리고 본성이란 '규범에 적합한 것에 속한'[律儀所攝] 동작[身業], 말[語業] 등이다. 의지하는 곳이란 유정·유정이 아닌 것들[數]인 사물[物]이다.

'수행하는 성질의 업'[修性業]의 원인과 조건이란 정신집중[三摩地: samādhi]의 원인과 조건을 이른다. 곧 탐냄이 없음·분노가 없음·이치에 밝음이다. 함께 일어나는 것이란 그[정신집중]와 함께 작용하며 선정[定]을 발생시키는 의사[思]를 이른다. 본성이란 정신집중[三摩地]이다. 의지하는 곳이란 시방[十方][356]의 괴로움이 없고, 즐거움이 없는 등의 '유정의 영역'[有情界]이다. 아울러 시여[施]·규범[戒]·수행[修]을 갖춘 모습은 다른 곳에서 설명한 모든 것을 알라!

'복 짓는 업'[福業]이란 '좋은 세상'[善趣]의 이숙異熟을 이루게 되고 '다섯 세상'[五趣]을 받을 선업이다. '복 짓는 것이 아닌 업'[非福業]이란 '나쁜 세상'[惡趣]의 이숙을 이루게 되고 다섯 세상을 받을 불선업이다. '변동 없는 업'[不動業]이란 색계色界, 무색계無色界의 이숙을 이루게 되고 색계, 무색계를 받을 선업이다.

'즐거울 업'[順樂受業]이란 복 짓는 업과 세 가지 정려靜慮를 받을 변동 없는 업이다. '괴로울 업'[順苦受業]이란 복 짓는 것이 아닌 업이다. '괴롭지도 즐겁지도 않을 업'[順不苦不樂受業]이란 (욕계, 색계, 무색계 등 삼계三界) 모든 곳의 아뢰야식阿賴耶識이라는 이숙을 얻을 수 있는 업, 그

---

356) 시방[十方]: 열 가지 방향. 동, 서, 남, 북, 동남, 동북, 서남, 서북, 상, 하. 곧 모든 방위를 가리킨다.

리고 제사정려第四靜慮 이상의 '변동 없는 업'[不動業]이다.

'지금생에 (결과를) 받을 업'[順現法受業]이란 지금생에 결과를 이룰 수 있는 업이다. '다음생에 (결과를) 받을 업'[順生受業]이란 '(지금생에서) 바로 이어지는 생'[無間生]에서 결과를 이룰 수 있는 업이다. '다음다음생 이후에 (결과를) 받을 업'[順後受業]이란 그 (바로 이어지는 생의) 다음 생에서 결과를 이룰 수 있는 업이다.

'과거의 업'[過去業]이란 습기단계[習氣位]에 머물러 어떤 경우에는 '이미 결과를 받게 하고'[已與果], 어떤 경우에는 '아직 결과를 받게 하지 않은'[未與果] 업이다. '미래의 업'[未來業]이란 아직 생기지도 않고 소멸하지도 않은 업이다. '지금의 업'[現在業]이란 이미 짓고, 이미 의사하였으나[思], 아직 소멸하지[謝滅] 않은 업이다.

'욕계에 결박되는 업'[欲繫業]이란 욕계의 이숙을 이루어 욕계에 속하게 될 수 있는 업이다. '색계에 결박되는 업'[色繫業]이란 색계의 이숙을 이루어 색세에 속하게 될 수 있는 업이다. '무색계에 결박되는 업'[無色繫業]이란 무색계의 이숙을 이루어 무색계에 속하게 될 수 있는 업이다.

'배우는 이의 업'[學業]이란 이생(異生: 범부凡夫: 성자聖者 전 단계인 이), 또는 '이생이 아닌 이'[무학위無學位 전 단계인 성자]로서 배움이 지속되는 가운데의 선업이다. '배울 게 없는 이의 업'[無學業]이란 무학無學 단계가 지속되는 가운데의 선업이다. '배우는 이의 것도 배울 게 없는 이의 것도 아닌 업'[非學非無學業]이란 앞서 두 가지를 제외한 나머지가 지속되는 가운데의 선업, 불선업, 무기업無記業이다.

'견도에서 끊어야 할 업'[見所斷業]이란 '나쁜 세상'[惡趣]을 받을 불선 등의 업이다. '수도에서 끊어야 할 업'[修所斷業]이란 '좋은 세상'[善趣]을 받을 선업, 불선업, 무기업無記業이다. '끊지 않을 업'[無斷業]이란 세상[世]과 '세상을 벗어난 데'[出世] 속한 '번뇌 없는'[無漏] 업이다.

'검고 검은 이숙의 업'[黑黑異熟業]이란 복 짓는 것이 아닌 업이다. '희고 흰 이숙의 업'[白白異熟業]이란 변동 없는 업이다. '검고 희고 검고 흰 이숙의 업'[黑白黑白異熟業]이란 복 짓는 업에 있는 불선업이 '반대 성질의 짝'[惡對]을 이루고 있기 때문이다. 아직 복 짓는 것이 아닌 업을 끊지 못했을 때, 복 짓는 업을 한 묶음으로 해서 성립하기 때문이다. '검지도 않고 희지도 않고 이숙도 없는, 업을 모두 없앨 수 있는 모든 업'[非黑非白無異熟業能盡諸業]이란 '세상을 벗어나는'[出世間] 모든 '번뇌가 없는 업'[無漏業]이다. 앞서의 세 가지 업을 '끊어 없애기'[斷對治] 때문이다.

'이치에 맞지 않는 업'[曲業]이란 모든 외도外道의 선업, 불선업이다. '꾀죄죄한 업'[穢業]이란 이치에 맞지 않는 업을 꾀죄죄한 업이라고도 한다. 또한 꾀죄죄한 업은 '부처님 가르침'[聖教]을 배우는 '부처님 교법'[此法]의 이생異生 가운데 전도된 견해를 갖는 이, 자기 견해에 대해 집착하는 이, '비뚠 결정'[邪決定]을 하는 이, '깨달음에 대해 망설이는'[猶預覺] 이의 선업과 불선업이다.

'우둔한 업'[濁業]이란 곧 이치에 맞지 않는 업, 꾀죄죄한 업인데 우둔한 업이라고도 하는 것이다. 또한 우둔한 업은 부처님 가르침을 배우는 '부처님 교법의 이생異生 가운데 '결정하지 않는'[不決定] 이, 깨달음에 대해 망설이는 이의 선업과 불선업이다.

아울러 다른 구별이 있다. 외도의 법에만 이 세 가지 업이 있다는 것인데, '비뚤게 해석하고 실천한다'[邪解行]는 의미에서 '이치에 맞지 않는다'[曲]고 한다. 이것에 근거해 모든 공덕(功德: 훌륭한 결과를 내는 능력)

이 생기는 것을 장애할 수 있다는 의미에서 꾀죄죄하다[穢]고 한다. 진여眞如에 통달하는 것을 장애할 수 있다는 의미에서 우둔하다[濁]고 하는 것을 알라!

'청정한 업'[淸淨業]이란 부처님 가르침을 배우는 부처님 교법의 이생異生 가운데 올바르게 결정하는 이, 깨달음에 대해 망설이지 않는 이의 선업이다. '고요한 업'[寂靜業]이란 '부처님 교법'[此法]에 머무는 이생이 아닌 이, 모든 성자聖者의 '배우는 이의 업'[學業]과 '배울 게 없는 이의 업'[無學業]이다.

6.9 업의 잘못

'업의 잘못'[業過患]이란 무엇일까? 간략히 말해 일곱 가지 잘못이 있음을 알라! 살생하는 이는 살생이 원인이 되어 '자기를 해코지할'[自害] 수 있고, 남을 해코지할 수 있고, 자기와 남 모두를 해코지할 수 있고, 지금생[現法]의 죄가 생기고, 다음생[後法]의 죄가 생기고, 지금생과 다음생의 죄가 생기고, 그로부터 생긴 몸과 마음의 괴로움을 겪는다.

자기를 해코지할 수 있다는 것은 무엇일까? 생명을 해코지하는 방법을 발생시키다가 이 때문에 돌연 자기가 해코지당해서 결박당하거나 물리침을 당하거나 비난을 당한다. 하지만 남에게 손해를 끼치는 것은 아니다.

남을 해코지할 수 있다는 것은 무엇일까? 이렇게 발생시키는 방법 때문에 남에게 손해를 끼칠 수 있는 것이다. 이 때문에 자기가 해코지 당하거나 내지 비난을 당하는 것은 아니다.

자기와 남 모두를 해코지할 수 있다는 것은 무엇일까? 이렇게 발생시키는 방법 때문에 남에게 손해를 끼칠 수 있고, 이 때문에 반대로 남에게 해코지당하거나, 결박 되거나 내지 비난을 받는다.

 지금생의 죄가 생긴다는 것은 무엇일까? 자기를 해코지할 수 있다는 것과 같다. 다음생의 죄가 생긴다는 것은 무엇일까? 남을 해코지할 수 있다는 것과 같다. 지금생과 다음생의 죄가 생긴다는 것은 무엇일까? 자기와 남 모두를 해코지할 수 있다는 것과 같다. 그로부터 생긴 몸과 마음의 괴로움을 겪는다는 것은 무엇일까? 생명을 해코지하는 방법을 발생시켰지만 (앞서 말한) 여섯 가지 잘못을 달성할 수 없는 것이다. 또한 욕망대로 살해하는 일을 완수할 수 없어서 욕망하는 것에 맞추지 못한 것 때문에 생긴 몸과 마음이 괴로운 것이다.

 아울러 열 가지 잘못이 있는데, 시라(尸羅: 戒)를 어기는 것에 근거한다. 경經에서 자세히 설명한 것을 알라! 그리고 네 가지 불선업[不善業道][357]이 있으며, 모든 음주飮酒는 다섯째 (불선업)이다. (이는) 선남자善男子의 학처(學處: 배울만한 곳: 계율)를 어기는 것에 근거한다. 부처님 박가범佛薄伽梵께서는 많은 잘못에 대해 설명하셨으니 그에 대해 알라! 『천지가경闡地迦經』[358]에서 자세하게 설명하신 것과 같다.

---

357) 유가론기 제3권상(대정장 42. p.364c3-4): 네 가지 불선업이란 다섯 가지 근사계(近事戒: 재가신자가 준수해야 할 것) 가운데 앞의 네 가지 계戒이다. 몸으로 세 가지, 말로 한 가지의 업으로서 성계(性戒: 본질적인 계)이다. 음주는 차계(遮戒: 본질적이진 않지만 다른 성계를 어기는 것을 유도하므로 막는 계)이므로 따로 설명하였다. 四種不善業道者。則五近事戒中前四支戒身三語一。業道性戒。飮酒是遮故此別説。

358) 유가론기 제3권상(대정장 42. p.364c5): 천지가闡地迦란 재가신자의 이름이다. 번역할 수 없어 범본梵本(에 쓰인)대로 놓아둔다. 闡地迦者近事之名。此無所譯故存梵本。

7. 태어남에 물듦生雜染

'태어남에 물듦'[生雜染]은 무엇일까? 네 가지 모습 때문이라는 것을 알라! 첫째, 구별[差別] 때문에. 둘째, '힘들고 고생스럽기'[艱辛] 때문에. 셋째, '정해지지 않기'[不定] 때문에. 넷째, 유전(流轉: 존재의 인과가 계속됨) 때문이다.

7.1 태어남의 구별

'태어남의 구별'[生差別]이란 (세분해서) 다섯 가지가 있음을 알라! 첫째, '영역 구별'[界差別]. 둘째, '세상 구별'[趣差別]. 셋째, '머무는 곳 구별'[處所差別]. 넷째, '뛰어나게 태어남 구별'[勝生差別]. 다섯째, '자기 몸·세상 구별'[自身·世間差別]이다.

(이 가운데) '영역 구별'[界差別]이란 욕계欲界 및 색계色界·무색계無色界의 태어남이 구별됨을 가리킨다. '세상 구별'[趣差別]이란 '다섯 세상'[五趣], '네 가지 태어남'[四生]이 구별됨을 가리킨다. '머무는 곳 구별'[處所差別]이란 욕계에서는 서른여섯 곳의 태어남이 구별되고, 색계에서는 열여덟 곳의 태어남이 구별되고, 무색계에서는 네 곳의 태어남이 구별되는 것을 가리킨다. 모두 쉰여덟 가지의 태어남이 있다.

'뛰어나게 태어남 구별'[勝生差別]이란 욕계의 사람은 세 가지 뛰어나게 태어남이 있다. 첫째, '검고 뛰어나게 태어난 중생'[黑勝生[359]生]

---

[359] 유가론기 제3권상(대정장 42. p.364c7-8): 흑승생黑勝生이란 타고난 일이 나쁘면 검다[黑]라고 한다. 여기는 사람세상[人趣]이므로 (나락, 아귀세상, 동물세상보다는) 뛰어나다[勝]고 한다. 또는 너무 검어서 검은 게 뛰어나다고 한다.　　黑勝生者。姓業惡名黑。是人趣故名勝。或黑中之極故名黑勝。

이다. 어떤 이가 전도라(旃荼羅: caṇḍāla)[360] 집, 또는 복갈사(卜羯娑: paulkasa)[361] 집, 또는 수레 만드는 집, 또는 죽제품[竹作] 집에 태어나는 것을 가리킨다. 또는 그 외 신분이 낮고 가난하고 재물·음식이 적은 집에 태어나는 것을 가리킨다. 이들을 사람 가운데 복덕(福德: 즐거운 결과를 내는 능력)이 엷은 이라고 한다. 둘째, '희고 뛰어나게 태어난 중생'[白勝生生]이다. 어떤 이가 찰제리刹帝利인 크게 부귀한 집, 또는 바라문婆羅門인 크게 부귀한 집, 또는 장자(長者: 자산가)인 크게 부귀한 집에 태어나는 것을 가리킨다. 또는 그 외 아주 부귀하여 재물·곡식, 창고의 물건이 많은 집에 태어나는 것을 가리킨다. 이들을 사람 가운데 복덕이 뛰어난 이라고 한다. 셋째, '검지도 않고 희지도 않은, 뛰어나게 태어난 중생'[非黑非白勝生[362]生]이다. 어떤 이가 앞서 두 가지 태어나는 곳이 아닌 중간의 집에서 (태어나는 것을) 가리킨다.

욕계천欲界天 가운데에도 세 가지 뛰어나게 태어남이 있다. 첫째, 비천(非天: asura)으로 태어남. 둘째, 땅에 의지하여 태어남. 셋째, 허공의 궁전에 의지하여 태어남. 또한 색계 가운데 세 가지 뛰어나게 태어남이 있다. 첫째, 이생(異生: 범부凡夫)으로서 무상천無想天에 태어남. 둘째, 유상천有想天에 태어남. 셋째, 정거천淨居天에 태어남. 또한 무색계 가운

---

360) 유가론기 제3권상(대정장 42. p.364c9): 전도라旃荼羅는 도살업자이다.　旃荼羅者。屠兒也。
361) 유가론기 제3권상(대정장 42. p.364c9-10): 복갈바(卜羯婆: 卜羯娑)는 보갈바補羯婆라고도 한다. 분뇨를 수거하는 일을 하는 집이다.　卜羯婆者。亦云補羯婆。除糞穢家也。
362) 유가론기 제3권상(대정장 42. p.364c10-11): 비흑비백승생非黑非白勝生이란 곧 폐사(吠舍: vaiśya: 농경 등 생산을 담당하는 계층) 등이다.　非黑非白勝生者。則吠舍等。

데 뛰어나게 태어남이 있다. 첫째, 무량상천無量想天에 태어남. 둘째, 무소유상천無所有想天에 태어남. 셋째, 비상비비상천非想非非想天에 태어남.

'자기 몸·세상 구별'[自身·世間差別]이란 시방[十方]의 수많은[無量] 세계世界 가운데에서 무수한 유정의 무수한 태어남이 구별되는 것임을 알라!

7.2 태어남의 힘들고 고생스러움

'태어남의 힘들고 고생스러움'[生艱辛]이란 박가범薄伽梵께서 설명하신 것과 같다. "너희들은 오랫동안 생사生死로 치달리며 흘린 피는 네 큰 바다보다 많다. 왜 그러냐면 너희들은 오랫동안 코끼리, 말, 낙타, 당나귀, 소, 양, 닭, 사슴 등의 '성질이 비슷한'[衆同分] 가운데 태어나, 몸통과 팔다리를 많이 베이고 잘려 너희들 피를 아주 많이 흘렸다. 사람들 가운데에서도 코끼리 등의 성질이 비슷한 가운데에서와 마찬가지였다. 또한 너희들은 오랫동안 수없는 부모·형제·자매·친척을 잃고 여러 가지 '귀한 재물'[財寶]과 여러 '살림 도구'[資生具]를 잃어 너희들 눈물을 아주 많이 흘렸는데 앞서의 피의 양과 같았다. 마신 모유母乳의 양도 피와 눈물과 마찬가지 였음을 알라! 이와 같은 종류가 '태어남이 힘들고 고생스러움'[生艱辛]의 괴로움인데 무수한 구별이 있음을 알라!"

7.3 태어남의 정해지지 않음

'태어남의 정해지지 않음'[生不定]이란 박가범薄伽梵께서 설명하신 것과 같다. "예를 들어 땅에 난 모든 초목의 뿌리, 줄기, 가지, 잎사귀 등을 잘라 가느다란 '셈하는 가지'[籌]를 '손가락 넷을 합한 폭의 길이'[四指量] 만큼 만들어 너희들이 오랫동안 계속 거쳐 온 부모를 계산할 경우, '이 중생은 나의 어머니였었다. 나도 오랫동안 그의 어머니였었다. 이 중생은 나의 아버지였었다. 나도 오랫동안 그의 아버지였었다.'라고 하면서 손가락 넷을 합한 폭의 길이 만큼의 셈하는 가지는 빠르게 없앨 수 있다. 하지만 나는 너희들이 오랫동안 거쳐 온 부모의 총 수효는 이루 다 말할 수 없(을 정도로 많)다."

아울러 설명하셨다. "너희들 유정은 스스로 '자세히 살핀대로'[觀察] 오랫동안 계속 가장 극심한 괴로움을 겪었다가 이제 '끝을 맺었다'[得究竟]. 나도 이러한 큰 괴로움을 겪었고, 즐거움도 괴로움과 마찬가지였음을 너희들은 알라!"

아울러 설명하셨다. "내가 땅을 살펴보니 작은 곳이라도 너희들이 오랫동안 무수한 생사를 겪어오지 않았던 곳이 없다."

아울러 설명하셨다. "내가 세상의 유정을 살펴보니 오랫동안 유전流轉하면서 너희들의 어머니·아버지·형제·자매나 궤범사(軌範師: 규칙의 모범인 스승: 계사戒師 스님)나 친교사(親敎師: 은사恩師 스님)나 '다른 존중할 곳'[餘尊重]이나 '존중할 곳과 동등한 곳'[等尊重]이 돼보지 못한 (이를) 보기 쉽지 않다."

아울러 설명하셨다. "만일 어떤 보특가라補特伽羅가 일겁一劫 동안 받았던 몸과 뼈를 어떤 사람이 그를 위해 삭아 무너지지 않게 쌓아 놓는다면 그 모인 높이는 왕사성王舍城 옆의 광박협산廣博脇山[363]과 같을 것이

---

363) 유가론기 제3권상(대정장 42. p.364c13-14): 광박협산廣博脇山은 예전에는 비부라산毘富羅山이라고 했다. 그 모습이 비천협(非天脇: 아수라의 갈빗대와 비

다."

7.4 태어남의 유전流轉: 연기緣起

무엇이 '태어남의 유전'[生流轉]인가? 자기 몸에 있는 연기(緣起: 조건이 일어남)를 이른다. 이는 곧 유전流轉이라고 설명한다는 것을 알라! 연기란 무엇인지 요약하자면 아래와 같다.

체성[體], 부문[門], 의미[義], 구별[差別],
차례[次第], 비판[難], 풀이[釋詞],
'조건의 성질'[緣性], '조건의 설명'[分別緣].
'모든 경을 포함함'[攝諸經]은 끝으로 한다.

7.4.1 연기의 체성

무엇이 연기緣起[364]의 체성[體]일까? 간략히 말해 세 가지 모습으로 연기를 설명한다. 전생[前際]을 따라 지금생[中際]이 생기고, 지금생을 따라 내생[後際]이 생기고, 지금생이 생기고서는 유전에 다다르든지 '청정한 궁극'[清淨究竟]에 다다른다. (우선) 무엇을 전생을 따라 지금생이 생기고, 지금생이 생기고서는 유전에 다다른다고 하는가? 이를테면 어떤 이가 전생을 잘 모르는 것은 '이치에 어두운 것'[無明]인데, 이치에 어두운 것이

숱한 모습을 한 절벽)과 같다. 廣博脇山者。舊云毘富羅山。其形如非天脇也。

364) 연기의 세목[支]은 열두 가지인데 차례로 나열하면 다음과 같다. 무명(無明: 이치에 어두움) - 행(行: 실천) - 식識 - 명색(名色: 意根과 불실로 된 五根) - 육처(六處: 六根) - 촉(觸: 접촉) - 수(受:느낌) - 애(愛: 애착) - 취(取: 집착) - 유(有: 존재함) - 생김[生] - 늙어죽음[老死].

조건이 되어 '복 짓는'[福], '복 짓는 것이 아닌'[非福] 및 '변동이 없는'[不動] 동작[身業]·말[語業]·의도[意業]를 짓기도 하고 기르기도 한다. 이 때문에 업業을 따르는 식識이 생명이 끝날 때까지 유전하여 끊이지를 않고 '나중 존재에 지속되는 식'[後有相續識]의 원인이 된다. 이 식識이 결과를 생기게 하려 할 때 안[內]과 외계[外]의 탐애貪愛가 바로 '앞에 나타나 있기'[現在前] 때문에 보조[助伴]가 되어 과거에 생명을 버리고서 지금 세상에 자체自體가 생길 수 있다. 어머니의 복중腹中에서 '원인이 되는 식'[因識]이 조건[緣]이 되어 '결과로서의 식'[果識]이 지속되어[相續] 전후로 차례로 생겨나고 갈라람羯羅藍 등의 단계까지 구별되어 전개된다. 모태母胎에서 지속된 '결과로서의 식'[果識]과 명색名色[365]이 함께하여 노쇠할 때까지 점점 자란다. 이때 '(다음)생에 받을 업'[生受業]의 명색名色, 그리고 이숙과異熟果가 이루어진다[感].

이 '이숙인 식'[異熟識]은 명색名色에 의지해 전개되는 것은 반드시 육의六依에 의탁依託해서 전개되기[366] 때문에 경經에서, "명색名色은 식識에 조건[緣]이 된다."라고 말씀하셨다. 구유의(俱有依: 항상 함께하는 근거)인 근根을 색色이라고 하고, 등무간멸의(等無間滅依: 지속시키는 근거)인 근根을 명名이라고 한다. 각각 알맞게 육식六識이 의지하는 대상으

---

365) 유가론기 제3권상(대정장 42. p.368a7-8): 경經의 설명에 의하면 명名이란 '물질이 아닌'[非色] (수受, 상想, 행行, 식識 등) '네 가지 온'[四蘊]을 가리킨다. 색色이란 (태아의 최초 단계인) 갈라람(羯羅藍: kalala) 등 (물질)을 가리킨다.   經說名謂非色四蘊色謂羯羅藍等者.
366) 유가론기 제3권상(대정장 42. p.365b8-9): 반드시 육의六依에 의탁해서 전개된다는 것은 곧 명색에 포함된 육근六根을 가리킨다.   由必依託六依轉者. 即名色中所攝六根.

로 삼는 그[명·색]에 의지하기 때문에 생명이 끝날 때까지 모든 식이 유전流轉한다. 그리고 '다섯 가지 물질로 된 근'[五色根], 어떤 경우에는 근이 의지하는 대종大種, 어떤 경우에는 근根의 처소處所, 어떤 경우에는 그 (근 처소를) 생기게 하는 대종大種을 색色이라고 한다. 그 나머지는 명名이라고 한다.

식識이 '받아 지니기'[執受] 때문에 '모든 근'[諸根]은 '지속되는 존재'[相續法]에 속하게 되어 유전流轉하게 된다. 그렇기 때문에 이 두 가지[명과 색]는 식에 의지하여 지속되고 끊이지를 않는다. 이러한 이치 때문에 지금 세상[지금생]에 '식은 명색을 조건으로 삼고'[識緣名色], '명색은 식을 조건으로 삼는다'[名色緣識]. 마치 갈대 묶음 같아서 생명이 끝날 때까지 서로 의지해서 전개된다.

이와 같은 것을 전생을 따라 지금생의 제행(諸行: 모든 변천하는 존재)의 연기緣起가 생기고, 지금생이 생기고서는 유전이 끊이지 않는다고 한다.

지금까지는 '태에서 생겨나는'[胎生] 이의 유전하는 차례를 설명했음을 알라! '알에서 생겨나는'[卵生] 이와 '습한 데서 생겨나는'[濕生] 이의 경우는 모태母胎에 드는 것을 제외하고는 앞서와 같다. '모습이 있는'[有色] 유정 무리 가운데, 욕계와 색계의 '변화로 생겨나는'[化生] 이의 경우에는 모든 근이 결정되고 완성되어[圓滿] 태어나므로 앞서와 구별된다. 무색계의 경우에는 명名에 의지하고 색色의 종자種子에 의지하여 식識이 발생할[生起] 수 있고, 식을 의지해서 명名과 색色의 종자가 전개된다. 이 종자로부터 색이 비록 끊어졌다고 해도 나중에 다시 생길 수 있으므로 앞서와 구별된다.

'복 짓는 업'[福業] 때문에 욕계의 사람·천天으로 태어나고, '복 짓는 것이 아닌 업'[非福業] 때문에 모든 '나쁜 세상'[惡趣]에 태어나고, '변동 없는 업'[不動業] 때문에 색계와 무색계에 태어나는데, 무엇을 '태어나지 않는다'[不生]고 하는가? 태어나지 않기 때문에 '청정한 궁극'[清淨究竟]에 다다르는 것이다.

무엇을 지금생을 따라 내생의 제행諸行의 연기緣起가 생긴다고 하는가? 이를테면 지금 이미 태어난 보특가라補特伽羅는 두 가지 '앞선 업'[先業]의 결과를 받는다. 안[內]의 이숙과異熟果를 받고, 대상영역[境界]에서 생긴 증상과(增上果: 확연하도록 도운 결과)를 받는다. 이 보특가라는 '정법이 아닌 것'[非正法]을 들었거나 전생의 습관 때문에 두 결과에 대해 어리석다. 안의 이숙과에 대해 어리석기 때문에 '나중 존재'[後有]에 생길 괴로움을 사실대로 모른다. 나중 존재에 대해 헷갈린 내생 무명(無明: 이치에 어두움)의 '강한 힘'[增上力] 때문에 앞서와 같이 제행諸行을 짓기도 하고 기르기도 한다.

이 새로 짓는 업 때문에 이 식을 업을 따르는 식이라고 한다. 곧 지금생 가운데 무명無明을 조건을 삼아 행(行: 작용)이 생기고, 행行을 조건으로 삼아 식識이 생긴다고 이른다. 이 식을 지금생 가운데 '원인이 되는 식'[因識]이라고 하는데, 내생[後生]의 '결과로서의 식'[果識]을 받아들일[攝受] 수 있기 때문이다.

종합하여 모든 식에 의해 설명하자면 육식신六識身이라고 한다. 곧 이 식을 '나중 존재'[後有]의 명색名色 종자種子가 따르고, 이 명색 종자를 나중 존재의 육처(六處: 육근) 종자가 따르고, 이 육처 종자를 나중 존재의 촉(觸: 접촉) 종자가 따르고, 이 종자인 촉觸을 나중 존재의 수(受: 느낌)

종자가 따른다. 이와 같은 것을 종합적으로 지금생 가운데 나중 존재를 유도하는 원인이라고 한다. 이 유도하는 식識 때문에 한 평생의 몸을 받는 이치를 알라!

'앞선 이숙과'[先異熟果]에 대해 어리석어 '나중 존재'[後有]를 유도하고 나서, 둘째로 대상영역[境界]에서 생긴 '수의 결과'[受果]에 어리석기 때문에 대상영역의 수受를 조건으로 삼아 애(愛: 애착)를 일으킨다. 이 애愛 때문에 어떤 경우에는 '욕망을 추구하는 것'[欲求]을 발생시키기도 하고, 또는 '존재를 추구하는 것'[有求]을 발생시키기도 하고, 또는 욕망집착[欲取]을 가지기도 하고, 또는 견취(見取: 견해에 집착), 계금취(戒禁取: 계戒와 금지에 대한 집착), 아어취(我語取: 내 말에 대한 집착)를 가지기도 한다.

이 애愛와 취(取: 집착)가 어우러져 성숙하여 앞의 유도하는 원인이 전개되도록 하면 유(有: 존재함)라고 한다. 곧 '나중 존재'[後有]를 생기게 하는 원인에 속한다. 이로부터 지속하여[無間] 생명이 다하면 앞서 유도하는 원인을 따르고 유도되는 식識 등 수受가 마지막이 된다.

이 제행諸行이 '생기는 것'[生]은 점차[漸]이기도 하고 갑자기[頓]이기도 하다. 이와 같이 지금생[現法] 가운데 무명無明과 촉觸에서 생긴 수受가 조건[緣]이 되어서 애愛가 있고, 애愛가 조건이 되어서 취取가 있고, 취取가 조건이 되어서 유有가 있고, 유有가 조건이 되어서 생(生: 태어남)이 있고, 생生이 조건이 되어서 노(老: 늙음)·병(病: 병듦)·사(死:죽음) 등 '모든 괴로움'[諸苦]의 구별이 있는데, 어떤 경우에는 태어난 곳[生處]에 차례로 앞에 나타나기도 하고, 또는 다시 종자種子로 따르기도 한다. 이와 같이 지금생 가운데에서 무명無明은 행行에 조건이 되고, 수受는 애愛에 조건이 되는 등이 '원인과 조건'[因緣]이 되기 때문에 내생의 제행諸行이 생긴다는 것을 알라!

앞서 모은 식량[資糧]이 있어 지금생[現法]에 다른 이로부터 소리[音]를 듣고, 두 가지 결과[안의 이숙과異熟果와 대상영역으로부터 생긴 증상과 增上果]인 제행(諸行: 고苦)에 대해 그 원인[因: 집集], 소멸[滅], '소멸에 다다르는 수행'[趣滅行: 도道]을 '이치에 맞게 의도하고'[如理作意], 이치에 맞게 의도하는 것을 조건으로 해서 정견(正見: 바른 견해)이 생길 수 있다. 이로부터 차례로 학學·무학無學의 청정淸淨한 지견智見[367]을 얻으며, 이 지견 때문에 무명과 애애는 영원히 끊어져 남은 것이 없다. 이것이 끊어지기 때문에 대상[所緣]에 대해 사실대로 알지 못하는 무명과 촉觸에서 생긴 수受도 영원히 끊어진다. 이것이 끊어지기 때문에 영원히 무명에서 떠나 지금생에 혜해탈慧解脫을 경험하며, 또는 무명과 촉觸에서 생긴 수受와 관련하는[相應] 마음속에 있는 탐애貪愛가 곧 이 마음에서 '결박을

---

367) 유가사지론 제86권(대정장 30. pp.780c28-781a15)에 의하면 智와 見은 모두 추리선택[慧]에 속한다. 그러면서도 다음과 같은 점에서 구별된다. 첫째, 지는 과거와 미래의 대상을 '비추어 보고'[照], 견은 지금의 대상을 비추어 본다. 둘째, 지는 인식대상[所取]이 대상이고, 견은 인식주체[能取]가 대상이다. 셋째, 지는 '듣는 것'[聞]과 생각[思]으로 완성되고, 견은 수행[修]으로 완성된다. 넷째, 지는 번뇌를 끊은 뒤 해탈解脫을 (스스로) 경험하고, 견은 번뇌를 끊는다. 다섯째, 지는 '고유한 모습'[自相] 영역을 대상으로 삼고, 견은 '공통된 모습'[共相] 영역을 대상으로 삼는다. 여섯째, 지는 세상의 이치 작용으로써 아는 영역을 대상으로 삼고, 견은 자상·공상을 인식한다. 일곱째, 지는 '모든 존재'[諸法]를 찾고[尋求], 견은 찾고 나서 모든 존재를 세밀하게 관찰한다[伺察]. 여덟째, 지는 '추리를 안 하는'[無分別] (상태에서 떠오른) 영상影像을 대상으로 삼고, 견은 '추리를 하는'[有分別] (상태에서 떠오른) 영상影像을 대상으로 한다. 아홉째, 지는 '보이는 것이 없는'[無色] 대상의 영상을 대상으로 삼고, 견은 '보이는 것이 있는'[有色] 대상의 영상을 대상으로 삼는다.

풀기'[離繫] 때문에, 탐애가 '영원히 소멸'[永滅]하고 지금생에 심해탈心解脫을 경험한다.

무명이 영원히 끊어지지 않는다면, 수受를 마지막으로 하는 식識 등에 의해 제행諸行이 내생에도 당연히 생기게 되겠지만, 무명을 소멸했기 때문에 다시는 생기지 않고 '다시는 태어나지 않는 법'[無生法]을 얻는다. 그러므로 무명이 소멸하므로 행行이 소멸된다는 차례로 이숙생異熟生의 촉觸이 소멸하므로 이숙생의 수受가 소멸한다는 데에 이른다.

지금생에 무명이 소멸하므로 무명에 대한 촉(觸: 접촉)이 소멸하고, 무명에 대한 촉이 소멸하므로 무명에 대한 촉에서 생긴 수受가 소멸하고, 무명에 대한 촉에서 생긴 수受가 소멸하므로 애愛가 소멸하고, 애愛가 소멸하므로 앞서와 같이 '다시는 태어나지 않는 법'[無生法]을 얻는다. 그러므로 뇌(惱:괴로움)를 마지막으로 하는 취取 등의 제행諸行이 영원히 소멸한다고 설명한다.

이와 같이 지금생에 제행諸行이 전개되지 않으면, 이 때문에 지금생에 유여의계(有餘依界; 몸이 있는 영역)에서 '지금생의 열반'[現法涅槃]을 경험한다. 그는 이때 나머지 '청정한 식'[清淨識]은 명색名色을 대상으로 삼고, 명색名色은 식識을 대상으로 삼아, '식이 있는 몸'[有識身]이 있는 동안 항상 '결박에서 풀려난 느낌'[離繫受]을 받지 '결박당한 느낌'[有繫受]은 받지 않는다. 이 '식이 있는 몸'[有識身]은 앞선 업이 유도한 수명의 양까지 항상 계속 머물며 수명의 양이 다하면, 곧 식을 지닌 몸을 버리고 이 수명[命根] 후에 있을 수명[命根]까지도 남김없이 영원히 소멸해 '다시 성숙'[重熟]하지 않는다.

이 식識과 모든 수受는 저절로 소멸하기 때문에, 그 외 '원인과 조건'[因

緣]도 앞서 이미 소멸했기 때문에, 다시는 계속되지 않고 영원히 소멸하여 남김이 없는 것을 무여의열반계(無餘依涅槃界: 의지할 데, 즉 몸이 없는 깨달음의 영역)의 '궁극적으로 고요한 곳'[究竟寂靜處]이라고 한다. 또한 열반에 다다르기를 추구하는 이가 세존世尊 계신 곳에서 '음욕婬欲을 떠난 행동'[梵行]이 확립되어 궁극적으로 열반했다고 한다.

이제까지 세 가지 모습으로 연기緣起를 설명하였다. 전생을 따라 지금 생이 생기고, 지금생을 따라 내생이 생기고, 지금생이 생기고서는 유전流轉에 다다르든지 '청정한 궁극'[淸淨究竟]에 다다르는 것을 이른다. 이를 연기의 체성體性이라고 한다.

7.4.2 연기의 부문

연기緣起의 부문[門]이란 무엇일까? 여덟 부문으로 연기하여 유전流轉하는 것을 가리킨다. 첫째, 안[內]의 식識이 생기는 부문. 둘째, 외계[外]에서 심고[稼] 성숙시키는 부문. 셋째, 유정세상[有情世間]이 죽고 사는 부문. 넷째, 기세간器世間이 '조성되고 붕괴되는'[成壞] 부문. 다섯째, 음식으로 유지하는[任持] 부문. 여섯째, 자기가 지은 업業의 강한 힘을 받아서[受用] 업에 따라 사랑스럽고 사랑스럽지 않은 결과를 얻는 부문. 일곱째, 힘[威勢] 부문. 여덟째, 청정淸淨 부문.

7.4.3 연기의 의미

연기緣起의 의미[義][368]란 무엇일까? 이를테면 '유정에서 떠난다'[離有

---

368) 유가론기 제3권상(대정장 42. p.366c20-21): (연기에 대한 설명 가운데) 셋째인 연기의 의미는 『대승아비달마잡집론大乘阿毘達磨雜集論』 제4권(대정장 31. p.712b7-19)과 『연기경緣起經』을 자세히 살펴보면 각각 열한 가지의 의미

情]는 것[369)]이 연기의 의미이다. 유정에서 떠난다는 의미로부터 다시 무상無常하다는 것[370)]이 연기의 의미이다. 무상으로부터 다시 '잠깐 머문다'[暫住]는 것[371)]이 연기의 의미이다. 잠시 머문다로부터 다시 '다른 것에 의한다'[依他]는 것[372)]이 연기의 의미이다. 다른 것에 의한다로부터 다시

로 해설하고 있다.　　卷第四第三義中。案對法及緣起經。各十一義釋。

369) 유가론기 제3권상(대정장 42. p.366c21-23): 첫째, 유정에서 떠난다는 의미는 『대승아비달마잡집론大乘阿毘達磨雜集論』에 의하면 '스스로 그리 (이루어진)'[自然] 나[我]는 없다는 것이다. 본문의 이 문장은 승론(勝論: vaiśeṣika), 독자부犢子部 등이 나[我]를 지은이[作者]라고 주장하는 것을 논파한다. (연기는) 그들이 주장하는 유정(有情: 我)을 떠나기 때문이다.　　一離有情義者。對法云。無自然我故。已上論文此破勝論犢子部等我爲作者離彼有情故。

370) 유가론기 제3권상(대정장 42. p.366c23-25); 둘째, 무상無常하다는 의미는 항상하지 않다는 것이다. 이는 수론(數論: sāṃkhya)이 자성(自性: prakṛti: 근본물질)은 항상 머물러 만물의 근본이 된다고 주장하는 것을 논파한다. 조건으로 삼아 사물이 완성되므로 무상함을 나타낸다. 또한 대중부大衆部, 화지부化地部 등이 십이연생十二緣生은 무위법(無爲法: 이루어짐이 없는 존재)이라고 주장하는 것을 논파한다.　　二無常義者。以非恒故。此破數論自性常住爲萬物本。爲緣成物故顯無常。亦破大衆部化地部等十二緣生是無爲法。

371) 유가론기 제3권상(대정장 42. p.363c25-28): 셋째, 잠깐 머문다는 의미는, (어떤 존재가) 생기면 잠깐 머무는 것도 없다는 것이다. 『대승아비달마잡집론大乘阿毘達磨雜集論』에서는 '찰나 동안만 존재'[有刹那]한다고 한다. 이는 정량부正量部가 색色·수명[命根] 등 모든 연생緣生한 존재의 한 주기 '네 가지 모습'[四相]은 찰나가 아니라고 주장하는 것을 논파한다.　　暫住義者。生時過已無暫住故。對法論名有刹那義。此破正量部色命根等。諸緣生法一期四相非刹那故。

372) 유가론기 제3권상(대정장 42. p.366c28-29): 넷째, 다른 것에 의한다는 의미는 많은 조건에 의탁한다는 것이다. 이는 자연외도自然外道가 임시의 원인으로 생기는 것이 아닌, '스스로 그리 (이루어진)'[自然] 존재[有]를 주장하는 것을 논파한다. 따라서 (어떤 존재는) 다른 것에 의(해 생긴)다.　　四依他起義者。託衆緣故。此破自然外道法自然有非假因生。故依他起。

'작용에서 떠난다'[離作用]는 것[373]이 연기의 의미이다. 작용에서 떠난다로부터 다시 '인과가 지속되어 끊이지 않는다'[因果相續不斷]는 것[374]이 연기의 의미이다. 인과가 지속되어 끊이지 않는다로부터 다시 '인과가 유사하게 전개된다'[因果相似轉]는 것[375]이 연기의 의미이다. 인과가 유사

---

373) 유가론기 제3권상(대정장 42. pp.366c29-367a2): 다섯째, 작용에서 떠난다는 의미는 여러 조건의 작용은 비어있다[空]는 것이다. 이는 살바다부[薩婆多: 설일체유부]가 실제 작용이 있어서 연생緣生하는 본성이 된다고 주장하는 것을 논파한다. 지금 (의미)는 힘써도[功能] 작용은 없다는 것을 나타낸다.　　五離作用義者。衆緣作用空故。此破薩婆多有實作用爲緣生體。今顯功能無作用故。

374) 유가론기 제3권상(대정장 42. p.367a2-6): 여섯째, 인과가 지속되어 끊이지 않는다는 의미는, 원인이 찰나 동안에 소멸하고 결과가 찰나 동안에 생기는데 시간 때문에 원인과 결과가 지속된다는 것이다. 이는 단견외도斷見外道가 인과는 지속되지 않는다고 주장하는 것을 논파한다. 또한 경량부[經部] 논사가 과거와 미래는 없다고 주장하는 것을 배제하는 것이다. 이숙인異熟因과 이숙과異熟果가 동시[같은 찰나에 존재함]가 아니라면 결과와 원인은 단절되기 때문이다.　　六因果相續不斷義者。因利那滅果利那生。時分等故因果相續。此破斷見外道因果不續。亦遮經部師無去來世。異熟因果仍不同時。果因斷故。

375) 유가론기 제3권상(대정장 42. p.367a6-10): 일곱째, 인과가 서로 비슷하게 전개된다는 의미는 모든 것에서 모든 것이 (서로 한꺼번에) 생기는 것이 아니기 때문에 원인과 결과는 유사하다는 것이다. 이는 살해[害]를 정법正法으로 삼는 이가 양 등을 살해하는 것을 원인으로 삼으면 내생에는 천상에 태어난다고 헤아리는 것을 논파하는 것이다. (살해를 정법으로 삼는 이의 주장에 의하면) 곧 모든 '좋은 결과'[善果]는 불선不善한 것을 원인으로 삼는데 인과가 유사하지 않기 때문이라는 것이다. 지금 (의미)은 '선한 원인'[善因]은 '좋은 이숙'[善異熟]을 얻고 '악한 원인'[惡因]은 '나쁜 이숙'[惡異熟]을 얻어 인과가 유사하다는 것을 나타낸다.　　七因果相似轉義者。不從一切一切生故因果相似。此破害爲正法者計殺羊等爲因後生天上。即諸善果以不善爲因。因果不相似故。今顯善因得善異熟惡因得惡異熟因果相似。

하게 전개된다로부터 다시 '자기가 업을 지은 바'[自業所作]라는 것[376]이 연기의 의미이다.

질문 어떤 의미를 나타내려고 연기를 설명하는가?

대답 '원인과 조건'[因緣]에 속하는 '번뇌에 물듦'[染汚]과 청정淸淨이라는 의미를 나타내기 위해서이다.

7.4.4 연기의 구별

연기緣起의 구별[差別]이란 무엇일까? 전생[前際]에 대한 무지無知 등인데 경經에서 자세히 설명한 것과 같다.

(첫째) 전생에 대한 무지란 무엇일까? 과거의 제행諸行에 대해 이치에 맞지 않게 '추리하는 것'[分別]을 가리킨다. 이를테면 "나는 과거에 있었을까, 없었을까? 어떤 체성體性이었으며, 어떤 종류種類였을까?"라고 하는 무지이다.

(둘째) 내생[後際]에 대한 무지란 무엇일까? 미래의 제행諸行에 대해 이치에 맞지 않게 '추리하는 것'[分別]을 가리킨다. 이를테면 "나는 미래에 있게 될까, 없게 될까? 어떤 체성體性이겠으며, 어떤 종류種類이겠을까?"라고 하는 무지이다.

---

376) 유가론기 제3권상(대정장 42. p.367a10-12): 여덟째, 자기가 업을 지은 바라고 하는 의미는 다른 것이 지속되어 결과를 받는 것이 아니라는 것이다. 자기의 업을 자기가 받는 것이다. 이는 인과란 없으며 업은 생기지 않는다는 여러 '공하다는 견해의 주장'[空見論]을 논파하는 것이다. 또한 남이 지은 것을 내가 결과를 받는다는 의미를 논파한다. (자재천이 세상의 결과를 만든다는 등의) '고르지 않은 원인이라는 주장'[不平等因論]이 헤아리는 것을 가리킨다. 八自業所作義者。於餘相續不受果故。自業自受。此破無因果非是業起諸空見論。亦破他作我受果義。謂諸不平等因論計。

(셋째) 전생과 내생에 대한 무지란 무엇일까? 안[內]에 대해 '이치에 맞지 않게 '망설이는 것'[猶豫]을 가리킨다. 이를테면 "무엇이 나이고, 나는 무엇일까? 지금 이 유정有情은 어디에서 와서, 여기에서 죽은 뒤에는 어디로 가게 될 것인가?"라고 하는 무지이다.

(넷째) 안[內]에 대한 무지란 무엇일까? 각기 다른 제행諸行에 대해 이치에 맞지 않게 '의도하는 것'[作意]을 가리킨다. 이를테면 "그것을 나라고 하는가?"라고 하는 무지이다.

(다섯째) 외계[外]에 대한 무지란 무엇일까? 외부의 '유정들이 아닌'[非有情數: 초목 등 무정물] 제행諸行에 대해 이치에 맞지 않게 '의도하는 것'[作意]을 가리킨다. 이를테면 "내 것이다."라고 하는 무지이다.

(여섯째) 안과 외계에 대한 무지란 무엇일까? 다른 지속되는 제행諸行에 대해 이치에 맞지 않게 '추리하는 것'[分別]을 가리킨다. 이를테면 "원수다, 친지親知다, 그 중간이다."라고 하는 무지이다.

(일곱째) 업業에 대한 무지란 무엇일까? 모든 업에 대해 이치에 맞지 않게 '추리하는 것'[分別]을 가리킨다. 이를테면 "지은이[作者]가 있다."라고 하는 무지이다.

(여덟째) 이숙異熟에 대한 무지란 무엇일까? 이숙과異熟果에 속한 제행諸行에 대해 이치에 맞지 않게 '추리하는 것'[分別]을 가리킨다. 이를테면 "받는 이[受者]가 있다."라고 하는 무지이다.

(아홉째) 업業과 이숙異熟에 대한 무지란 무엇일까? 이를테면 업 및 결과果에 대해 이치에 맞지 않게 추리하는[分別] 무지이다.

(열째) 부처님에 대한 무지란 무엇일까? 이를테면 '부처님의 깨달음'[佛菩提]에 대해 생각하지 않거나, '비뚤게 사유하거나'[邪思惟], 방종하거나

[放逸], 의심하거나[疑惑], 비난하는[毁謗] 무지이다.

(열한째) 교법[法]에 대한 무지란 무엇일까? 이를테면 정법正法을 '잘 설명한 성질'[善說性]에 대해 생각하지 않거나, 비뚤게 생각하거나, 방종하거나, 의심하거나, 비난하는 무지이다.

(열두째) 승단[僧]에 대한 무지란 무엇일까? 이를테면 승단의 '바른 수행'[正行]에 대해 생각하지 않거나, 비뚤게 생각하거나, 방종하거나, 의심하거나, 비난하는 무지이다.

(열셋째) 괴로움[苦]에 대한 무지란 무엇일까? 이를테면 괴로움이란 '괴로운 성질'[苦性]이라는 데 대해 생각하지 않거나, 비뚤게 생각하거나, 방종하거나, 의심하거나, 비난하는 무지이다.

괴로움에 대해서처럼 (열넷째) '괴로움이 모임'[集], (열다섯째) '괴로움이 소멸함'[滅], (열여섯째) '괴로움이 소멸하는 방도'[道]에 대해서도 마찬가지라는 것을 알라!

(열일곱째) 원인[因]에 대한 무지란 무엇일까? 이를테면 이치에 맞지 않게 추리해[分別] 어떤 경우에는 원인이 없다고 헤아리고, 또는 자재세自在世의 본성[性], 사람[士夫], 중간中間 등 '고르지 않은'[不平等] 원인[377]을 헤아리는 무지이다.

(열여덟째) 원인으로부터 생긴 제행諸行에 대한 무지도 원인에 대한 무지와 마찬가지이다.

---

377) 유가론기 제3권상(대정장 42. p.367a26-27): 자재세의 본성, 사부, 중간 등을 헤아린다는 것은 자재 천명(天冥: 天)의 본성, 사람[士夫]이라는 신아神我, 대범大梵은 중간 선정에 머물기 때문에 중간이라고 한다. 배열한대로 해석하라. 計自在世性士夫中間等者。自在天冥性。士夫神我。梵王居中間禪故名中間。如次配釋。

죄가 없기 때문에 선善이라고 하고, 죄가 있기 때문에 불선不善이라고 한다. 이익利益이 있기 때문에 '수행해야 하는 것'[應修習]이라고 하고, 이익이 없기 때문에 수행하지 말아야 할 것이라고 한다. 검기[黑] 때문에 '죄가 있다'[有罪]고 하고, 희기[白] 때문에 '죄가 없다'[無罪]고 하고, 섞였기[雜] 때문에 '부분으로 나뉘어져 있다'[有分]고 한다.

(열아홉째) '여섯 가지 접촉하는 곳을 사실대로 통달하는 것'[六觸處如實通達]에 대한 무지란 무엇일까? 이를테면 '이루지 못한 것을 이루었다고 착각하여 으스대는'[增上慢] 이가 '경험한 것'[所證]에 대해 전도되게[顚倒] 생각하는 무지이다.

지금까지 열아홉 가지 무지를 간략히 설명하였다.

무지를 일곱 가지로도 나눈다. 첫째, '세상에 어리석음'[世愚]. 둘째, '대상에 어리석음'[事愚]. 셋째, '옮겨 전개됨에 어리석음'[移轉愚]. 넷째, '가장 뛰어난 것에 어리석음'[最勝愚]. 다섯째, '진실에 어리석음'[眞實愚]. 여섯째, '번뇌에 물듦과 깨끗함에 어리석음'[染淨愚]. 일곱째, '증상만으로 어리석음'[增上慢愚].

앞서 열아홉 가지 무지와 지금의 일곱 가지 무지는 서로 어떻게 해당하는가? (열아홉의) 처음 세 가지 무지는 (일곱의) 첫째에 해당한다. 그다음 세 가지 무지는 둘째에 해당한다. 그다음 세 가지 무지는 셋째에 해당한다. 그다음 세 가지 무지는 넷째에 해당한다. 그다음 네 가지 무지는 다섯째에 해당한다. 그다음 두 가지 무지는 여섯째에 해당한다. 마지막 한 무지는 일곱째에 해당한다.

아울러 다섯 가지 어리석음[愚]으로도 나눈다. 첫째, '의미에 어리석음'[義愚]. 둘째, '견해가 어리석음'[見愚]. 셋째, '방종한 어리석음'[放逸

愚]. 넷째, '진실한 의미에 어리석음'[眞實義愚]. 다섯째, '증상만으로 어리석음'[增上慢愚].

앞서의 열아홉 가지 무지와 지금의 다섯 가지 어리석음은 서로 어떻게 해당되는가? (둘째인) '견해가 어리석음'[見愚]은 (열아홉 가운데) '처음 여섯'[첫째-여섯째], 원인[열일곱째], 원인에서 생긴 존재[열여덟째]에 대한 무지에 해당된다. (셋째인) '방종한 어리석음'[放逸愚]은 업業[일곱째], 이숙異熟[여덟째], 그리고 둘 모두에 대한[아홉째] 무지에 해당된다. (넷째인) '진실한 의미에 어리석음'[眞實義愚]은 '부처님에 대해서부터 도제道諦에 대한 무지까지'[열째-열여섯째]에 해당된다. (다섯째인) '증상만으로 어리석음'[增上慢愚]은 마지막[열아홉째] 무지에 해당된다. (첫째인) '의미에 어리석음'[義愚]은 (앞서 열아홉가지) 모두에 해당됨을 알라!

'알지 못함'[無知], '견해가 없음'[無見], '앞에 나타난 것을 자세히 살피지 못함'[無有現觀], 깜깜함[黑闇], 어리석음[愚癡] 및 '이치에 어두워 깜깜함'[無明闇] 등 여섯 가지 무명無明의 구별은 앞서 설명한 일곱 가지 무지한 일의 차례와 일치함을 알라! (다만 일곱 가지 구별 중에) 마지막 두 가지 무지한 일은 하나로 합쳐서 (여섯 가지 구별의) 마지막인 '이치에 어두워 깜깜함'[無明黑闇]이 된다.

(여섯 가지 무명에 관한) 또 다른 구별[差別]이 있다. (우선) 문聞·사思·수修로 완성되는 세 가지 지혜로 '없애야 할 대상'[所治]의 구별이다. 차례대로 앞의 세 가지에 해당한다. 그리고 없애야 할 대상의 '약한 종류'[軟品]·'중간 종류'[中品]·'강한 종류'[上品]의 구별이 있는데 뒤의 세 가지에 해당한다. 이와 같이 없애야 할 대상이 구별되고, 그 본성이 구별되기 때문에 여섯 가지로 구별함을 알라!

'몸으로 실천함'[身行]이란 무엇일까? 동작[身業]을 가리킨다. 욕계 또는 색계 가운데, 아래[욕계]에 있으면 '복 짓는 업'[福]·'복 짓는 것이 아닌 업'[非福]이라고 한다. 위[색계]에 있으면 '변동이 없는 업'[不動]이라고 한다. '말로 실천함'[語行]이란 무엇일까? 말하는 것[語業]을 가리킨다. 나머지는 앞서와 같은 줄 알라! '마음으로 실천함'[意行]이란 무엇일까? '마음먹는 것'[意業]을 가리킨다. 욕계에 있으면 '복 짓는 업'[福]·'복 짓는 것이 아닌 업'[非福]이라고 한다. 위 '두 영역'[색계와 무색계]에 있으면 '변동이 없는 업'[不動]이라고만 한다.

안식眼識이란 무엇일까? 장차 안근眼根에 의지해 '보이는 대상영역'[色境]을 식별하는[了別] 식識이다. 복 짓는·복 짓는 것이 아닌·변동이 없는 업[行]이 '배어 발생하는'[熏發] 종자식種子識 및 그 종자에서 생긴 결과식[果識]이다. 안식이 이런 것처럼 의식意識까지 마찬가지임을 알라! 근거[所依] 및 대상영역[境界]에서 생기는 식별[了別]의 구별을 알라! 이[식]는 욕계에서는 여섯 가지를 모두 갖추고, 색계에서는 네 가지만, 무색계에서는 한 가지만 갖춘다.

수온(受蘊: 느낌)이란 무엇일까? 받아들이는[領納] 모든 종류를 가리킨다. 상온(想蘊: 개념형성)이란 무엇일까? '비슷한 모습을 분명히 아는'[了像] 모든 종류를 가리킨다. 행온(行蘊: 의지작용)이란 무엇일까? 마음이 지은[造作] 마음먹는[意業] 모든 종류를 가리킨다. 식온識蘊이란 무엇일까? 식별하는[了別] 모든 종류를 가리킨다. 이와 같이 모든 온(蘊: 생멸이 있는 만들어진 존재)은 모두 (욕계, 색계, 무색계 등) 삼계三界에 공통이다.

네 가지 대종大種이란 무엇일까? 지地, 수水, 화火, 풍風 영역[界]을 가리킨다. 이들은 모두 삼계에 공통이다. 네 가지 대종으로 '만들어지는 물질'[所造色]이란 무엇일까? 열 가지 '물질 영역'[色處] 및 '존재 대상영역에 속한 물질'[法處所攝色]을 가리킨다. 욕계에서는 열 가지 및 '존재 대상영역에 속한 임시 물질'[法處所攝假色]을 모두 갖추고,[378] 색계에서는 여덟 가지 및 '존재 대상영역에 속한 물질'[法處所攝色]이 있지만 모든 것(을 갖추는 것)은 아니다.[379]

(이와 같이) 여기[명색名色]에는 또한 두 가지가 있다. 식의 종자에 속한 종자명색 및 그[종자]에서 생긴 결과명색이다.

눈[眼處]은 무엇일까? 안식이 의지하는 '깨끗한 물질'[淨色]을 가리킨다. 이것 때문에 '보이는 것'[色]을 보았고, 보고 있고, 보게 될 것이다. 눈이 이러하듯 의[意處]까지도 각각 알맞게 모두 알라! 모든 것[處]에서 (과거, 지금, 미래 등) 세 시기 업작용[業用]의 구별을 설명하라!

여기[處]에는 또한 두 가지가 있다. 명색名色 종자에 속한 종자육처 및 그[종자]에서 생긴 결과육처이다. (앞의) 다섯 (처處)는 욕계와 색계에만

---

378) 유가론기 제3권상(대정장 42. p.367c25-27): 욕계에는 열 가지 및 법처소섭가색法處所攝假色을 모두 갖춘다는 구절에서, 존재 대상영역의 실제 물질은 뛰어난 선정의 결과라고 한다. 그런데 욕계에는 선정이 없기 때문에 없다고 한다. 대체로 임시의 것이므로 서로 구별하는 것이다. 색계와 무색계에는 임시의 것과 실제가 모두 있다.　　欲界具十及法處所攝假色者。法處實色謂勝定果。欲界無定故説爲無。多分有假故爲簡別。上界之中假實通有。
379) 유가론기 제3권상(대정장 42. p.367c27-29): 모든 것(을 갖추는 것)은 아니라는 것은 불율의(不律儀: 규범에 적합하지 않은 것)와 별해탈(別解脱: 각각 벗어나는 계)이 없기 때문이다. '거울에 비친 모습'[鏡像], '물에 비친 달'[水月](같은 실제가 아닌 것)도 없기 때문이다.　　然非一切者。無不律儀及別解脱故。鏡像水月彼亦無故。

있고, 여섯째(인 의처意處)는 삼계三界에 공통이다.

안촉(眼觸: 눈이 접촉함)이란 무엇일까? (근根, 경境, 식識 등) 세 가지가 어우러져 생기는 것을 가리킨다. '깨끗하고 훌륭하게'[淨妙] 대상영역[境界]을 인식한다[能取]는 등의 의미이다. 이처럼 나머지 접촉함[觸]을 각기 다른 대상영역에 따라 설명한 것을 알라!

여기[觸]에는 또한 두 가지가 있다. 육처六處 종자에 속한 종자촉觸 및 그[종자]에서 생긴 결과촉觸이다. 욕계에서는 여섯 가지 모두 갖추고, 색계에서는 네 가지, 무색계에서는 한 가지만 갖춘다.

'즐거운 느낌'[樂受]이란 무엇일까? 즐거우려는 모든 근根과 대상영역[境界]을 조건으로 생긴, '충분히 기쁜'[適悅] 느낌을 가리킨다. 느낌[受]에 속한다. '괴로운 느낌'[苦受]이란 무엇일까? 괴로우려는 (모든 근과 대상영역 등) 두 가지를 조건으로 생긴, '충분히 기쁘지 않은'[非適悅] 느낌을 가리킨다. 느낌[受]에 속한다. '괴롭지도 않고 즐겁지도 않은 느낌'[不苦不樂受]이란 무엇일까? 괴롭지도 않고 즐겁지도 않으려는 (모든 근과 대상영역 등) 두 가지를 조건으로 생긴 '충분히 기쁘지도 않고, 충분히 기쁘지 않은 것도 아닌'[非適悅非不適悅] 느낌을 가리킨다. 느낌[受]에 속한다. 욕계에서는 세 가지 (느낌이 모두 있고), 색계에서는 두 가지 (느낌만 있고), (색계의) 제사정려第四靜慮이상 비상비비상처非想非非想處까지는 세 번째인 '괴롭지도 않고 즐겁지도 않은'[不苦不樂] 느낌만 있다.

여기[受]에는 또한 두 가지가 있다. 촉觸 종자에 속한 종자수受 및 그[종자]에서 생긴 결과수受이다.

욕애欲愛란 무엇일까? 욕계의 제행(諸行: 모든 변천하는 존재)을 조건으로 생긴 욕계의 행行에 물들기[染汚]를 바라는 것이다. 이 때문에 욕계의 '괴로운 결과'[苦果]를 생기게 할 수 있다. 색애色愛란 무엇일까? 색계의 제행諸行을 조건으로 생긴 색계의 행행에 물들기를 바라는 것이다. 이 때문에 색계의 괴로운 결과를 생기게 할 수 있다. 무색애無色愛란 무엇일까? 무색계의 제행諸行을 조건으로 생긴 무색계의 행행에 물들기를 바라는 것이다. 이 때문에 무색계의 괴로운 결과를 생기게 할 수 있다.

욕망집착[欲取]이란 무엇일까? 모든 욕망[欲]에 있는 욕탐(欲貪:욕계의 탐냄)이다. 견취(見取: 견해에 집착)이란 무엇일까? 살가야견(薩迦耶見: 신견身見)을 제외한 나머지 견해에 있는 욕탐欲貪이다. 계금취(戒禁取: 계戒와 금지에 대한 집착)란 무엇일까? '비뚠 바람'[邪願]에서 생긴 계금戒禁에 있는 욕탐欲貪이다. 아어취(我語取: 내 말에 대한 집착)란 무엇일까? 살가야견薩迦耶見에 있는 욕탐欲貪이다. 처음 것은 욕계의 '괴로운 결과'[苦果]만 생기게 하지만, 나머지 세 가지는 공통적으로 삼계三界의 괴로운 결과를 생기게 한다.

'욕계의 존재'[欲有]란 무엇일까? 욕계의 전시유前時有,[380] 업유業有, 사유死有, 중유中有, 생유生有, 그리고 나락유[那落迦有], 동물유[傍生有], 아귀유餓鬼有, 인유人有, 천유天有를 가리킨다. 한꺼번에 '욕계의 존재'[欲有]라고 이른다. 이는 앞서[先] 지은 제행 번뇌를 받아들여 '배어 발생'[熏發]한 것이다. '색계의 존재'[色有]란 무엇인가? (욕계의 존재 가운데) 나락유[那落迦有], 동물유[傍生有], 아귀유餓鬼有, 인유人有를 제외한 나머지가 색계의 존재임을 알라! '무색계의 존재'[無色有]란 무엇일까?

---

380) 유가론기 제3권하(대정장 42. p.368b17-18): 전시유前時有란 '생기는 찰나'[生刹那] 후부터 '죽는 찰나'[死刹那] 전까지 두 찰나의 사이이다.　　前時有者。生刹那後死刹那前兩之中間也。

(색계의 존재 가운데) 다시 중유를 제외한 나머지가 무색계의 존재임을 알라!

질문 무슨 의미로, 이를테면 나락유[那落迦有], 동물유[傍生有], 아귀유 餓鬼有, 인유人有, 천유天有, 그리고 업유業有, 중유中有 등 칠유七有를 내세우는가?

대답 짓는 것이 세 가지이기 때문이다. 첫째, '유도하는 유'[能引有]인데 (칠유 가운데 업유) 한 가지이다. 둘째 '존재에 다다르는 유'[趣有有]인데 (중유) 한 가지이다. 셋째, '결과를 받아쓰는 유'[受用果有]인데 (나머지) 다섯 가지이다.

생겨남[生]이란 무엇일까? '태胎에서 생겨나는'[胎生] 경우와 '알에서 생겨나는'[卵生] 경우에서 처음으로 '생명을 의탁할'[託生] 때를 가리킨다. '생겨남과 동등함'[等生]이란 무엇일까? 태나 알에서 몸은 완성되었지만 [圓滿] 아직 나오지 않았을 때를 가리킨다. 나아감[趣]이란 무엇일까? 태나 알에서 나오는 것을 가리킨다. 솟음[起]은 무엇일까? 나온 후 점점 자라는 것을 가리킨다. 나타남[出現]이란 무엇일까? '습한 데서 생겨나는'[濕生] 경우와 '변화로 생겨나는'[化生] 경우에서 몸이 갑자기 솟는 것을 가리킨다.

'온이 이루어짐'[蘊得]이란 무엇일까? 모든 '생겨나는 단계'[生位] 가운데 오취온(五取蘊: 다섯 가지 집착된 온: 유정 개체)이 전개되는 것을 가리킨다. '영역이 이루어짐'[界得]이란 무엇일까? '모든 온'[諸蘊: 五取蘊]의 '원인과 조건'[因緣]에 속한 성질을 가리킨다. '작용이 강한 것이 이루어짐'[處得]이란 무엇일까? 모든 온의 '나머지 조건'[餘緣]에 속한 성질을 가리킨다. '모든 온이 생겨나 솟음'[諸蘊生起]은 무엇일까? 모든 온이 날마다 음식의 도움으로 자라는 것을 가리킨다. '수명이 나타남'[命根出現]이란 무엇일까? 모든 온이 남은 수명의 힘 때문에 지속해서 머무는 것을 가리킨다.

이러한 생겨남의 세목의 간략한 의미는 '생겨남의 본성'[生自性], '생겨남의 단계'[生處位], '생기는 것'[所生], '원인과 조건에 속함'[因緣所攝], '맡아 지니는 것이 유도됨'[任持所引], '언제나 함께해 의지됨'[俱生依持]이다. 이를 간략한 의미라고 한다.

쇠함[衰]이란 무엇일까? 몸이 약하기 때문에 떨리는 것을 가리킨다. 늙음[老]이란 무엇일까? 머리카락 색깔이 (허옇게) 세는 것을 가리킨다. 쥠[攝]이란 무엇일까? 피부가 늘어지고 주름 잡히는 것을 가리킨다. 무름[熟]이란 무엇일까? '화 영역의 힘'[火力]이 줄어들어 다시는 '욕망의 대상 영역'[欲塵]을 받아쓸 힘이 없는 것을 가리킨다. '기력이 줄어듦'[氣力損壞]이란 무엇일까? 체질이 질병이 많기 때문에 사업事業할 힘이 없는 것을 가리킨다.

'검버섯이 몸에 핌'[黑黶間身]이란 무엇일까? 검버섯이 피어 외모가 손상되는 것을 가리킨다. '등이 굽고 숨을 자주 몰아쉼'[身脊傴曲喘息奔急]이란 무엇일까? 걸어 다닐 때의 모습을 나타낸 것인데 이 때문에 몹시 헐떡이며 기침하는 것을 가리킨다. '앞으로 굽은 모습'[形貌僂前]이란 무엇일까? 앉아 있을 때 머리를 수그리는 것을 가리킨다. '지팡이에 의지함'[憑據杖策]이란 무엇일까? 서 있을 때 지팡이 힘에 의지해 서 있는 것을 가리킨다. 혼미함[昏昧]이란 무엇일까? 누워 있을 때 자주 곤하게 자는 것을 가리킨다.

약함[羸劣]이란 무엇일까? 이 단계는 빨리 깨달을 힘이 없는 것을 가리킨다. 줄어듦[損減]이란 무엇일까? 기억력[念慧]이 쇠퇴하는 것을 가리킨다. 쇠퇴衰退란 무엇일까? 기억력이 약하기 때문에 선법善法이 '나타나 작용'[現行]하게 할 수 없는 데에 이른 것을 가리킨다. '모든 근이 늙어빠짐'[諸根耄熟]이란 무엇일까? 몸이 약하고 야윈 것을 가리킨다. '공용(功用: 몸, 말, 마음의 기능)이 망가짐'[功用破壞]이란 무엇일까? 그가 대상 영역에 대해 다시는 밝고 예리하지 못한 것을 가리킨다. '제행이 말라 삭음'[諸行朽故]이란 무엇일까? 그가 나중에 (생명을) 마치려할 때를 가리킨다. '그 모습이 부패함'[其形腐敗]이란 무엇일까? 수명의 양이 다하려 하고 몸의 형태가 무너지려고 해서 모든 사업에 다시는 힘쓰지 못하는 것을 가리킨다.

이러한 늙음의 세목의 간략한 의미는 '몸이 변하여 망가짐'[依止變壞], '수염과 머리카락이 변하여 망가짐'[鬚髮變壞], '가득한 기쁨이 변하여 망가짐'[充悅變壞], '화 영역의 힘이 변하여 망가짐'[火力變壞], '건강이 변하여 망가짐'[無病變壞], '외모가 변하여 망가짐'[色相變壞], '동작이 변하여 망가짐'[威儀變壞], '모습이 없는 모든 근이 변하여 망가짐'[無色諸根變壞], '모습이 있는 모든 근이 변하여 망가짐'[有色諸根變壞], '시간이 지나갔음'[時分已過], '수명의 양이 다하려 함'[壽量將盡]이다. 이러한 간략한 의미를 알라!

'이러저러한 유정'[彼彼有情]이란 무엇일까? 나락[那落迦] 등을 가리킨다. 유정종류[有情種類]란 무엇일까? 그[유정] 모두를 가리킨다. 마침[終]이란 무엇일까? 여러 유정이 팔다리가 풀려 죽는 것을 가리킨다. 다함[盡]이란 무엇일까? 여러 유정이 팔다리가 풀리기 때문에 죽는 것을 가리킨다. 뭉개짐[壞]이란 무엇일까? 식識이 몸에서 떠나는 것을 가리킨다. 끝남

[沒]이란 무엇일까? 모든 '물질로 된 근'[色根]이 소멸하는 것을 가리킨다. '수명을 버림'[捨壽]이란 무엇일까? 기운[氣]이 다하려는 단계를 가리킨다. '온기를 버림'[捨煖]이란 무엇일까? 움직이지 않는 단계로 '모든 온'[諸蘊]을 버리는 것을 가리킨다. '수명이 소멸함'[命根謝滅]이란 무엇일까? 죽는 때를 가리킨다. 죽음[死]이란 무엇일까? 횡액을 만나 제때에 죽지 못하는 것을 가리킨다. '시운이 다함'[時運盡]이란 무엇일까? 죽어 오래지 않은 단계를 가리킨다. 또한 '죽음의 마라'[死魔]가 '하는 일'[業]을 시운이 다했다고 한다.

이러한 죽음의 간략한 의미는 죽음, '죽음의 과정'[死法], 죽음의 구별, 죽은 뒤의 단계이다. 이를 간략한 의미라고 한다.

지금까지를 연기의 구별[差別]이라고 함을 알라!

7.4.5 연기의 차례

질문 어째서 무명無明 등 모든 (연기의) 세목[支]을 이와 같은 차례로 설명하는가?

대답 여러 어리석은 이는 우선 알아야 할 대상에 어리석고, 다음으로 그(대상)에 대해 '비뚠 실천'[邪行]을 발생시킨다. 비뚠 실천때문에 '마음이 전도된다'[心顚倒].[381] 마음이 전도되기 때문에 '생명이 맺혀'[結生] 지속된다[相續].[382] 생명이 지속되기 때문에 '모든 근'[諸根]이 완성된다

---

381) 유가론기 제3권하(대정장 42. p.369a18-19): 현장 삼장玄奘三藏께서 이르기를 중유中有의 '마지막 마음'[末心](의 찰나)를 전도되었다고 한다고 하였다.   三藏云。中有末心名爲顛倒。
382) 유가론기 제3권하(대정장 42. p.369a20-21): 결생상속은 명색名色이다.   結生相續等者名色也。

[圓滿].$^{383)}$ 근이 완성되기 때문에 두 가지가 대상영역[境]을 받아쓴다[受用].$^{384)}$ 대상영역을 받아쓰기 때문에 '좋아 애착하기'[耽著]도 하고 바라기[希求]도 한다.$^{385)}$ 바라기 때문에 (그 대상을) 찾을 때에는 번뇌가 도움을 받아 자란다.$^{386)}$ 번뇌가 도움을 받아 자라기 때문에 '나중 존재'[後有]의 '사랑스럽고 사랑스럽지 않은 업'[愛非愛業]$^{387)}$을 발생시킨다. 발생한 업이 도움을 받아 자라는 힘 때문에 '다섯 세상'[五趣]의 태어남과 죽음 가운데 (우선) '괴로운 결과'[苦果]가 생긴다[生]. 괴로운 결과가 생긴 뒤에는 '늙고 죽는'[老死] 등의 괴로움이 있다. 이를테면 몸[內身]이 '변하는 것'[變異]에 유도된 늙고 죽는 괴로움. 그리고 대상영역[境界]이 변하는 것에 유도된 '근심하고 탄식하는'[憂歎] 괴로움, '심하게 괴로워하는'[熱惱] 괴로움이다. 그렇기 때문에 세존世尊께서 이와 같은 차례로 '열두 세목'[十二支]을 설명하셨다.

---

383) 유가론기 제3권하(대정장 42. p.369a21): 제근원만이란 (연기 세목 가운데) 육처(六處: 六根) 세목을 가리킨다.　　諸根圓滿謂六處支。

384) 유가론기 제3권하(대정장 42. p.369a21-22): 두 가지가 대상영역을 받아쓴다는 것은 촉(觸: 접촉) 세목과 수(受: 느낌) 세목을 가리킨다. 촉觸은 수受를 유도하여 함께 대상영역을 받아쓰기 때문이다.　　二受用境謂觸受支。觸引受生俱受用境故。

385) 유가론기 제3권하(대정장 42. p.369a25-26): 탐착耽著은 지금을 조건으로 삼아 애착[愛]하는 것이고 희구悕求는 미래를 조건으로 삼아 애착[愛]하는 것이다. 합해서 애(愛: 애착) 세목이라고 한다.　　耽著者緣現在愛。悕求者緣未來愛。合名愛支。

386) 유가론기 제3권하(대정장 42. p.369a26): 번뇌가 도움을 받아 자란다는 것은 취(取: 집착) 세목을 가리킨다.　　煩惱滋長謂取支。

387) 유가론기 제3권하(대정장 42. p.369a26): 여기에서는 업業만을 유(有: 존재함) 세목이라고 한다.　　此中但説業爲有支。

다른 연기 차례[次第]의 구별이 있다. 두 가지 조건에 의해 연기의 차례를 설명하는 것이다. 첫째, 몸[內身]이라는 조건. 둘째, '대상영역을 받아쓴다'[受用境界]는 조건. 몸이라는 조건에는 앞의 여섯 가지 세목이 속하고 대상영역을 받아쓴다는 조건에는 뒤의 여섯 가지 세목이 속한다. 우선 몸에서 '나라는 집착'[我執] 등 어리석음[愚]을 일으키고 이 때문에 여러 업을 유도하는 괴로운 결과인 이숙異熟을 잘 알지 못해 여러 업업을 발생시킨다. 발생시키고 나면 그 업을 따라 자주 '깊이 생각한다'[尋思]. 업과 식識이 (서로) 보조가 되기 때문에 미래 세 가지 괴로운 결과를 이루게 된다. (곧) 근근이 처음 생기는 데 속하는 괴로운 결과, 근이 완성되는 데 속하는 괴로운 결과, 대상영역을 받아쓰는 데 속하는 괴로운 결과를 가리킨다. 이는 명색名色이 맨 앞이고 촉觸이 맨 뒤이다.

지금생[現法]에는 촉觸에 의하고 수受를 조건으로 애애를 발생시키고, '대상영역을 받아쓰는 것'[受用境界]을 조건으로 널리 추구追求한다. 어떤 경우에는 '사업하는 부문'[事業門]에서, 또는 '이익 보는 부문'[利養門]에서, 또는 '계금 부문'[戒禁門]에서, 또는 '해탈하는 부문'[解脫門]에서 '욕망을 추구하고'[欲求], '몸을 추구하고'[內身求], '비뚠 해탈을 추구한다'[邪解脫求]. 이와 같이 추구할 때 앞서 생긴 번뇌 및 업에 유도된 '다섯 세상'[五趣]에서 태어나고 죽는 결과가 생긴다. 생기고 나면 늙어죽음[老死]이 뒤쫓는다.

또 다른 연기 차례[次第]의 구별이 있다. 세 가지 유정모임[有情聚]에 의한 것을 가리킨다. 첫째, '세상을 벗어난'[出世] 청정淸淨을 즐기는 것이다. 둘째, 세상[世間]의 청정을 즐기는 것이다.[388] 셋째, 대상영역[境界]에

---

388) 유가론기 제3권하(대정장 42. p.369c16-17): 세상의 청정을 즐긴다는 것은 '세

집착함[著]을 즐기는 것이다.

맨 앞의 (유정)모임[聚]은 모든 연기緣起를 소멸시키고 '선하고 깨끗한 종류'[白淨品]를 늘린다.

둘째 유정모임[有情聚]은 '모든 진리'[諸諦]의 이치를 사실대로 알지 못한다. 만일 '바른 유념'[正念]에 머물면 어떤 경우에는 '복 짓는 업'[福業]을 짓고, 어떤 경우에는 '번뇌 있는 수행'[有漏修]에 유도된 '변동 없는 업'[不動業]을 짓는다. 만일 '바른 유념'[正念]에 머물지 못하면 곧 '복 짓는 것이 아닌 업'[非福業]을 발생시켜 어떤 경우에는 '지난 일을 후회함'[追悔]에 유도된 마음이, 어떤 경우에는 지난 일을 후회하지 않는 기쁨에 유도된 마음이 일어나 지속해서 머문다.[389] 그는 또한 앞서와 같이 아래·중간·위의 태어나는 곳 차례로 내생[當來]의 세 가지 괴로운 결과를 이루게 된다. 이를테면 명색名色이 맨 앞이고 촉觸이 마지막이다.

셋째 유정모임[有情聚]은 지금 '대상영역을 받아쓰는 것'[受用境界]에서 생긴 수受에 의해 지금생[現法]에서 앞서와 같은 차례로 뒤 '여섯 가지 세목'[六支]을 일으킨다. 이를테면 수受가 맨 앞이고 늙어죽음[老死]이 마지막이다.

상을 벗어남'[出世]을 즐기지 않고 사람세상[人]·천계[天]를 즐기기 때문이다. 청정하다고는 하지만, 어리석음으로 복 짓는 것이 아닌 업을 짓는다.　　樂世間清淨者。不樂出世而樂人天故名清淨。然愚癡故亦造非福。

389) 유가론기 제3권하(대정장 42. p.369c19-20): 혜경惠景 논사의 해석에 의하면 이는 중유中有가 후회하고 후회하지 않는 식識이 지속적으로 머물면 행行으로부터 식識을 생기게 한다는 것이다.　　景師釋。此在中有有悔不悔。識相續住從行生識也。

7.4.6 연기에 대한 비판

질문(1) 어째서 역으로 차례를 매길 때 늙어죽음[老死]을 맨 앞으로 해서 모든 연기를 설명하는가?

대답(1) 진리[諦]의 이치를 '분명히 말하기'[宣說] 위해서이다. 생김[生] 및 늙어죽음[老死]은 고제(苦諦: 괴로움이라는 진리)를 나타낸다. 세존世尊께서, "'새로운 명색'[新名色: 내생의 명색]이 소멸함[滅]을 '맨 앞'[上首]의 존재[法]로 삼는다."라고 말씀하신 것과 같다.

질문(2) 어째서 모든 무명無明이 소멸함[滅]을 맨 앞으로 삼는다고 말씀하지 않으셨는가?

대답(2) 심해탈心解脫한 이를 놓고 설명하기 때문이다. 그는 지금생[現法]에 '괴로움의 종자'[種子苦] 및 내생[當來]의 괴로운 결과가 생기지 않고 소멸한다. 그래서 명색名色을 맨 앞으로 하고 수受를 마지막으로 하여 궁극적인[究竟] 소멸[滅]을 이룬다고 설명한다. 또한 지금생에 모든 수受를 느낄 때에 애애와 수면隨眠을 '영원히 제거하여'[永拔] 다시는 일어나지 않는 것을 소멸[滅]이라고 한다. 그것이 소멸했기 때문에 그것을 맨 앞으로 삼아 나머지 세목[支]도 소멸한다. 이와 같은 종류로 연기의 차례를 '분명히 말했음'[宣說]을 알라!

7.4.7 연기에 대한 풀이

질문 어째서 '조건이 생김'[緣起]을 연기緣起라고 하였는가?

대답 번뇌에 결박되어[繫縛] 여러 세상[趣]에 가서 자주 생기기 때문에 연기라고 한다. 이는 글자로 명칭을 풀이한 것이다. 또한 '여러 조건'[衆緣]에 의해 빠르게 사멸(謝滅: 쇠퇴하여 소멸함)하고 이어서 어우러져 생기기 때문에 연기라고 한다. 이는 찰나刹那라는 의미로 풀이한 것이다. 또한 '여러 조건'[衆緣]은 지나간다 해도 '버리고 떠나지'[捨離] 않고 스스로 지속해서[相續] 생기므로 연기라고 한다. "이것이 있기 때문에 저것이 있고, 이것이 생기기 때문에 저것이 생기지 다른 것이 아니다."라고 말씀하신 것과 같다. 이 의미로 명칭을 풀이한 것임을 알라! 또한 자주 사멸謝滅하고 다시 지속해서 생기기[起] 때문에 연기라고 한다. 이는 자주 허물어지고[壞] 자주 소멸한다[滅]는 의미로 풀이한 것이다. 또한 과거에 '조건의 성질'[緣性]을 깨닫고 매한가지로 지속적으로 일어나기[起] 때문에 연기라고 한다. 세존世尊께서 "내가 깨닫고 나서 바르게 '분명히 말한다'[宣說]. 곧 이 때문에 계속 설명을 전해준다고 한다."라고 말씀하신 것과 같다. 그래서 연기緣起라고 한다.

7.4.8 조건의 성질緣性

질문(1) 무명無明은 행行에 대해[望] 몇 가지 조건[緣]이 되는가?

대답(1) (신행身行, 어행語行 등) 모든 '물질의 행'[色行]에 대해서 증상연(增上緣: 확연하도록 돕는 조건)이 된다. '물질이 아닌 행'[無色行]에 대해서는 세 가지 조건[緣]이 된다. 등무간연(等無間緣: 지속시키는 조건), 소연연(所緣緣: 대상 조건), 증상연增上緣을 이른다. 다른 세목[支]에 대해서 조건이 되는 것이 많고 적음도 이와 같은 것을 알라!

이를테면 '물질로 된 세목'[有色支]은 물질로 된 세목에 대해[390] 증상연

---

390) 유가론기 제3권하(대정장 42. p.370c12-15): '물질로 된 세목'[有色支]은 '물질로 된 세목'[有色支]에 대해서 라는 것은, 명색名色 가운데 '물질로 된 것'[色]이 (육처 가운데) 오처(五處: 안眼, 이耳, 비鼻, 설舌, 신身 등 五根)를 대하는 것이고, 업유業有가 '물질로 된 것'[色]의 생김[生]을 대하는 것이고, '물질로 된

增上緣 한 가지가 되고, 물질이 아닌 세목에 대해서는 소연연所緣緣과 증상연增上緣이 된다. '물질이 아닌 세목'[無色支]의 경우는 물질로 된 세목에 대해서는 오직 한 가지 조건[緣]이 되고, 물질이 아닌 세목에 대해서는 세 가지 조건이 된다. 등무간연等無間緣, 소연연所緣緣, 증상연增上緣을 이른다.

질문(2) 어째서 모든 세목이 서로 대하는 데에 (사연四緣 가운데 하나인) 인연(因緣:원인 조건)은 없는가?

대답(2) 인연(因緣:원인 조건)은 자체自體 종자種子의 조건[緣]을 나타내는 것이기 때문이다.

질문(3) 만일 모든 세목이 서로 대하는 데에 (사연四緣 가운데 하나인) 인연(因緣:원인 조건)이 없다면 어째서 '원인과 결과'[因果]의 체성體性에 의해 연기를 성립한다고 설명하는가?

대답(3) 증상연增上緣에 속하는 인발인(引發因: 직접적으로 유도하는 원인), 견인인(牽引因: 간접적으로 유도하는 원인), 생기인(生起因: 생기게 하는 원인)에 의해 원인[因]이 된다고 한다.

질문(4) 몇 가지 세목이 '인발인·견인인'[引因]에 속하는가?

대답(4) 무명無明부터 (행行, 식識, 명색名色, 육처六處, 촉觸) 수受까지

것'[色]의 생김[生]이 물질로 된 늙어죽음[老死]을 대하는 것이다. '물질이 아닌 것'[無色支]이 '물질로 된 것'[有色支]에 대해서 라는 것은 무명無明이 (신행身行, 어행語行 등의) 행行을 대하는 것이고, (名色 가운데) 명(名: 意根)이 (六處 가운데) 오처五處를 대하는 것이고, '물질이 아닌'[無色] 생김[生]이 '물질로 된'[色] 늙어죽음[老死]을 대하는 것이다.　有色望有色者。謂名色中色望五處。業有望色生。色生望色老死。無色望有色者。無明望行。名望五處。無色生望色老死。

(7가지)이다.

질문(5) 몇 가지 세목이 생기인[生因]에 속하는가?

대답(5) 애愛부터 (취取,) 유有까지 (세 가지)이다.

질문(6) 몇 가지 세목이 생기인[生因], '인발인·견인인'[引因] 등 두 가지 원인의 결과에 속하는가?

대답(6) 지금생[現法], 그리고 내생[後法] 가운데에서 (받는) 식識 등부터 수受까지, 그리고 생김[生]·늙어죽음[老死] 단계에 속하는 모든 세목이다.

7.4.9 조건緣의 설명

질문(1) 만일 무명無明이 '이치에 맞지 않는 의도'[不如理作意]가 원인이라면 무슨 이유로 연기에 관한 가르침에서 (이치에 맞지 않는 의도가) 맨 처음이라고 설명하지 않는가?

대답(1) 그것[不如理作意]은 끊임없는 원인이지, 물들이는[雜染] 원인이 아니기 때문이다. 왜 그러냐면 어리석지 않은 이는 이러한 의도[作意]를 일으키지 않으며, 연기의 가르침은 물들이는 원인에 의해 설명한다. 무명의 본성[自性]은 '물들이는 것'[染汚]이다. 이치에 맞지 않는 의도의 본성[自性]은 물들이는 것이 아니다. 따라서 그것[不如理作意]은 무명을 물들일 수 없다. 무명의 힘 때문에 물드는 것이다.

'생김에 물듦'[生雜染]은 업業과 번뇌의 힘으로 발생한 것인데, 업이라는 맨 처음 원인을 맨 처음 연기라고 이른다. 그래서 '이치에 맞지 않는 의도'[不如理作意](가 연기의 맨 처음이)라고 설명하지 않는다.

질문(2) 어째서 자체自體는 자체를 조건으로 삼는다고 설명하지 않는가?

대답(2) 자체는 다른 조건을 얻지 못하면 자체를 물들이는 것이 자랄 수도 없고 줄 수도 없다. 그래서 그렇게 설명하지 않는다.

질문(3) '복 짓는 업'[福行]과 '변동 없는 업'[不動行]은 바르게 선택하는[簡擇] 힘[功力]이 일어나기 때문인데 무슨 이유로 무명을 조건으로 삼는다고 설명하는가?

대답(3) '세상의 괴로움'[世俗苦]을 분명히 알지 못한다는 원인[因]이 조건[緣]이 되어 '복 짓는 것이 아닌 업'[非福行]을 짓는다. '뛰어난 의미의 괴로움'[勝義苦]을 분명히 알지 못한다는 원인이 조건이 되어 '복 짓는 업'[福行]과 '변동 없는 업'[不動行]을 짓는다. 그래서 그것[福行, 不動行]은 무명을 조건으로 삼는다고 설명한다.

질문(4) 경經에서 모든 업은 탐냄[貪], 분노[瞋], 어리석음[癡]을 조건으로 삼는다고 설명했는데 어째서 여기에서는 오직 어리석음[癡: 無明]만을 조건으로 삼는다고 설명하는가?

대답(4) 여기에서는 '복 짓는 업'[福業], '복 짓는 것이 아닌 업'[非福業], '변동 없는 업'[不動業] 모두에 공통되는 조건을 설명한 것이다. 탐냄, 분노, 어리석음을 조건으로 삼는 것은 오직 '복 짓는 것이 아닌 업'[非福業]을 생기게 하는 것이기 때문이다.

질문(5) 신업(身業: 동작), 어업(語業: 말하는 것)은 의사[思]에서 발생하는 것이다. 곧 (의사[思]의) 행[작용]도 역시 행[身行·語行]의 조건이다. 그런데 어째서 단지 무명만 행行의 조건이라고 설명하는가?

대답(5) '모든 행'[身行·語行·意行]을 발생한 조건만을 설명하기 때문이다. 그리고 (중립[無記]의 의사의 행[작용]은 빼고) '선한 의사'[善思]와 '물든 의사'[染汚思]를 생기게 하는 조건만을 설명하기 때문이다.

질문(6) 식識識은 명색名色도 조건으로 한다. 어째서 단지 행행行만을 조건으로 한다고 설명하는가?

대답(6) 행행行은 식識識을 '물들이는 조건'[雜染緣]이어서 '나중 존재'[後有]라는 결과를 유도하고, 생기게 할 수 있기 때문이다. 명색名色이 단지 근거[所依], 대상[所緣]이 되어 생기는 조건인 것과는 다르기 때문이다.

질문(7) 명색名色은 대종大種으로 만들어지고 또한 촉촉觸 때문에 생긴다. 어째서 단지 식識識만 조건으로 삼아 설명하는가?

대답(7) 식識識은 '새로 생기는'[新生: 내생의] 원인이 될 수 있기 때문이다. 대종과 촉은 그[識]가 생기고 난 뒤나 바로 생길 때 그[識]와 함께 '성립시키는 원인'[建立因]이 될 수 있을 뿐이다.

질문(8) 경經에서 설명한 것과 같이 '여섯 영역'[六界]을 조건으로 삼아 모태母胎에 든다고 했다. 어째서 여기에서는 오직 '식 영역'[識界]만을 설명하는가?

대답(8) 만일 '식 영역'[識界]이 있으면 반드시 모태에는 정혈精血, 대종大種, 자궁[腹穴]이 있기 때문이다. 또한 '식 영역'[識界]이 뛰어나기 때문이다. 또한 모든 생김[生], 모든 존재[有]는 '생긴 때'[生時]를 기준으로 설명하기 때문이다.

질문(9) 육처(六處: 六根)는 음식도 조건으로 삼는데 어째서 이 가운데 명색名色만 조건으로 삼아 설명하는가?

대답(9) 이 가운데 명색이 그[六處]를 '생겨나게 하는 원인'[生因]이라고 설명하기 때문이다. 그[六處]가 생기고 난 뒤에는 음식도 '맡아 지니는 원인'[任持因]으로 삼는다.

질문(10) 촉촉觸은 (근근根, 경경境, 식識識 등) 세 가지가 어우러지는 것을 조건으로 삼는다. 어째서 이 가운데 육처六處만 조건으로 삼는다고 설명하는가?

대답(10) 만일 육처가 있으면 반드시 (경境, 식識등) 나머지 두 가지도 있기 때문이다. 또한 육처가 뛰어나기 때문이다. 또한 육처가 (나머지) 두 가지를 포함하기 때문이다.

질문(11) 스스로 억눌리거나, 남이 억누르거나, '사철의 기후'[時候]가 변하거나, 앞선 업業이 유도하거나 간에 수(受: 느낌)가 생기게 된다. 어째서 이 가운데 단지 촉觸만을 나타내어 그[受]의 조건으로 삼는가?

대답(11) 촉觸은 그[受]의 '가까운 원인'[近因]이기 때문이고, 촉이 유도한 것이기 때문이다. 다른 조건으로 생긴 수受도 촉으로부터 생기기 때문이다. 반드시 촉에서 떠나지 않으므로 (촉을) 강조해서 설명한다.

질문(12) 경經에서 설명하기를 무명이 조건이 되어 애愛가 생기게 하고 애愛를 따르는 대상영역[境界]도 조건이 될 수 있다고 한다. 어째서 이 가운데 단지 수受만을 조건으로 삼는다고 설명하는가?

대답(12) 수受의 힘 때문에 유사한[相似] 대상영역[境]에 대해 어우러지려고도 하고 동떨어지려고도 한다. 어리석음[愚癡]의 힘 때문에 단지 모든 수受가 생기고 사라지는 모습을 사실대로 알지 못하므로 그 마음을 제어하지 못하(고 애愛가 생기)는 것이다.

질문(13) 수면隨眠을 아직 끊지 못하고 '모든 존재'[諸法]를 따르기 때문에 모든 취(取: 집착)가 생길 수 있다. 어째서 이 가운데 단지 애愛만 취取의 조건으로 삼는다고 설명하는가?

대답(13) (취取는) 바람[希望]으로 말미암아 생기기 때문에 추구할 때 수면을 발생시키고 (오히려) 그[諸法]를 따르는 존재[法]를 유도한다.

제 3 유심유사지등 삼지有尋有伺等三地 357

질문(14) 앞에서 이미 무명이 조건이 되어 업유業有를 발생시킨다고 설명하였다. 어째서 취取가 유有의 조건이라고 하는가?

대답(14) 취取의 힘 때문에 업(유)가 여기 저기 '생기는 곳'[生處]에서 식識, 명색名色 등의 결과를 유도할 수 있기 때문이다.

질문(15) 생김[生]은 정혈精血 등도 조건으로 삼는다. 어째서 이 가운데 유有만 생김의 조건이라고 설명하는가?

대답(15) 유有가 있기 때문에 반드시 다른 조건도 있다. 또한 유有가 뛰어나기 때문에 그[有]가 조건이 된다고 설명한다.

질문(16) 멀리 여행한다든지, 고르지 못한 (행동을) 한다든지, 남이 억누른다든지 하는 것도 조건이 되어 늙어죽음[老死]을 이룰 수 있다. 어째서 이 가운데 단지 생김[生]만 늙어죽음의 조건이라고 설명하는가?

대답(16) 여러 조건 때문이라고 하더라도 반드시 생김이 근본이 되기 때문이다. 다른 조건이 없더라도 단지 생김을 조건으로 삼아 반드시 늙어죽음이 있기 때문이다.

질문(17) 열두 가지 세목 가운데 몇 가지가 번뇌도煩惱道이고, 몇 가지가 업도業道이고, 몇 가지가 고도苦道인가?

대답(17) (무명, 애, 취 등)[391] 세 가지가 번뇌도煩惱道이고, (행, 유 등) 두 가지가 업도業道이고, (식, 명색, 육처, 촉, 수, 생, 노사 등) 나머지 (일곱 가지는) 고도苦道이다.

질문(18) 몇 가지가 원인[因]이기만 하고, 몇 가지가 결과[果]이기만 하

---

391) (17)부터 (67)까지의 대답, 그리고 7.4.10 경經 설명에서 (1)부터 (20)까지의 대답의 괄호 안에 적어 넣은 구체적인 세목의 명칭은 유가론기 제3권하(대정장 42. pp.372a4-377a21)를 참고하였다.

고, 몇 가지가 '원인이자 결과'[通因果]인가?

대답(18) 맨 처음 한 가지[무명]가 원인이기만 하고, 마지막 한 가지[老死]가 결과이기만 하고, 나머지 (열 가지)는 원인이자 결과이다. 또한 이 질문에 다른 대답을 할 수 있다. (무명, 애, 취 등) 세 가지는 원인이기만 하고, (생, 노사 등) 두 가지는 결과이기만 하고, (행, 식, 명색, 육처, 촉, 수, 유 등) 나머지 (일곱 가지)는 원인이자 결과이다.

질문(19) 몇 가지가 '단일한 모습'[獨相]이고, 몇 가지가 '섞여있는 모습'[雜相]인가?

대답(19) (무명, 애, 취 등) 세 가지가 단일한 모습이고, 행行 등 (나머지 아홉 가지)는 섞여있는 모습이다.

질문(20) 어째서 행行과 유有는 섞여있는 모습인가?

대답(20) 두 가지 때문이다. 이를테면 사랑스럽고 사랑스럽지 않은 결과를 유도할 수 있기 때문이고, 세상[趣]의 구별을 생기게 할 수 있기 때문이다.

질문(21) 어째서 식識, 명색名色, 육처六處의 일부는 '섞여있는 모습'[雜相]이 있는가?

대답(21) 세 가지로 설명하기 때문이다. 이를테면 (전도된 식이 종자를 배는) '섞여 물드는 때'[雜染時](를 식識이라고 하고), (식의 종자가 애愛와 취取를) '축축하게 하(여 처음으로 생명을 맺)는 때'[潤時](를 명색名色이라고 하고), '(육처가) 전개되는 때'[轉時]를 (육처라고 하지만 이 세 가지 단계에는 모두 식이 섞여 있으므로 이를) 기준으로 하기 때문이다.

질문(22) 어째서 식識부터 수受까지 및 늙어죽음[老死]은 '섞여있는 모습'[雜相]이 있는가?

대답(22) 두 가지로 설명하기 때문이다. 이를테면 각각 따로 괴로운 모습을 나타내기 때문이고, 유도함[引]과 생김[生]의 구별을 나타내기 때문이다.

아울러 연기緣起에서 '자주 간다'[數往]는 의미는 무엇인가? 생겨나고는 머물지 않는다는 의미이다. 어우러짐[和合]의 의미는 무엇인가? '여러 조건'[諸緣]이 모인다는 의미이다. 일어남[起]의 의미는 무엇인가? 여러 조건이 어우러져 유도하고 포함하는 것이 새록새록 생긴다는 의미이다. 연기緣起는 무엇이고 연생緣生은 무엇인가? '모든 변천하는 존재가 생기는'[諸行生起] '존재의 성질'[法性]을 '조건이 일어남'[緣起]이라고 하고, (연기에서) 생겨난 것을 '연기에서 생긴 것'[緣生]이라고 한다.

질문(23) 몇 가지 세목이 고제苦諦에 포함되어 지금생[現法]에 괴로움이 되는가?

대답(23) 두 가지인데 생김[生] 및 늙어죽음[老死]이다.

질문(24) 몇 가지 세목이 고제苦諦에 포함되어 내생[當來]에 괴로움이 되는가?

대답(24) 식識부터 受까지의 종자성질[種子性]이다.

질문(25) 몇 가지 세목이 집제集諦에 포함되는가?

대답(25) (앞서 대답한 세목) 이외의 세목이다.

질문(26) 무명無明과 행行은 '항상 함께하는 조건'[俱有緣]을 짓는가? '잇따르는 찰나마다 소멸하는 조건(즉 지속시키는 조건)'[無間滅緣]을 짓는가? '오랫동안 소멸해 있는 조건'[久遠滅緣]을 짓는가?

대답(26) 둘은 함께 세 가지 조건을 (모두) 지음을 알라! 이를테면 무지(無知: 無明)로 말미암아 따르는 '모든 변천하는 존재'[諸行法] 가운데에서 '항상 함께 있으면서 덮는 조건'[俱有覆障緣]이 되어 이러저러한 대상[事]에 제행諸行을 발생시킨다. 그리고 '악한 견해'[惡見]·방종[放逸]과 함께하는 무지無知로 말미암아 '잇따르는 찰나마다 소멸했다 생기는 조건'[無間滅生起緣]이 되어 제행諸行을 발생시킨다. 그리고 무지無知로 말미암아 '오랫동안 소멸했다가 발생을 유도하는 조건'[久遠滅引發緣]이 되기 때문에 내생[當生]에 지속됨[相續]을 따르는 것을 성립시킨다.

질문(27) 행행이 식식識에 대해 세 가지 조건이 된다는 점을 어떻게 이해해야 하는가?

대답(27) (행행은) 그것[識]의 종자種子를, '배게 해 발생시킬'[熏發] 수 있기 때문에 '항상 함께하는 조건'[俱有緣]이 된다. 그런 뒤 그 세력으로 말미암아 전개되기[轉] 때문에 '잇따르는 찰나마다 소멸했다 생기는 조건'[無間滅生起緣]이 된다. 그 내생[當來]의 결과가 생겨나기 때문에 '오랫동안 소멸했다가 발생을 유도하는 조건'[久遠滅引發緣]이 된다. 행행이 식식識에 대한 것처럼 식식識이 명색에 대한 것, 명색이 육처에 대한 것, 육처가 촉觸에 대한 것, 촉觸이 수受에 대한 것도 마찬가지이다.

질문(28) 수受가 애愛에 대해 세 가지 조건이 된다는 점을 어떻게 이해해야 하는가?

대답(28) 그것은 '집착을 즐김'[樂著]을 일으키기 때문에 '항상 함께하는 조건'[俱有緣]이 된다. 이로부터 잇따라[無間] 그 세력으로 말미암아 추구하는 등의 작용을 일으켜 전개시키기 때문에 '잇따르는 찰나마다 소멸했다 생기는 조건'[無間滅生起緣]이 된다. 내생[當來]을 성립시켜 그것이 지속되는 것에서 벗어나기 어렵게 하므로 '오랫동안 소멸했다가 발생을 유도하는 조건'[久遠滅引發緣]이 된다.

질문(29) 어떻게 애愛가 취取에 대하여 세 가지 조건이 되는가?

대답(29) '욕계의 탐냄'[欲貪]과 함께 하여 취取를 따르는 존재[法] 가운데 욕망[欲樂]하는 대로 성립하므로 '항상 함께하는 조건'[俱有緣]이 된다. '잇따르는 찰나마다 소멸하는'[無間滅] 세력이 전개되기 때문에 '생기는 조건'[生起緣]이 된다. 내생[當來]을 성립시켜 그것이 지속되는 것에서 벗어나기[解脫] 어렵게 하므로 '오랫동안 소멸했다가 발생을 유도하는 조건'[久遠滅引發緣]이 된다.

질문(30) 어떻게 취取가 유有에 대하여 세 가지 조건이 되는가?

대답(30) 그것과 함께하여 업업이 여러 세상[趣]의 결과를 불러들이기 때문에 '항상 함께하는 조건'[俱有緣]이 된다. 또한 그 힘으로 말미암아 지금생에서 식識 등을 유도할 수 있기 때문에 '잇따르는 찰나마다 소멸했다 생기는 조건'[無間滅生起緣]이 된다. 또한 저 영역[彼界: 내생]의 작용[功能]을 유도하여 발생 시킬 수 있기 때문에 '오랫동안 소멸했다가 발생을 유도하는 조건'[久遠滅引發緣]이 된다.

질문(31) 어떻게 유有가 생김[生]에 대하여 세 가지 조건이 되는가?

대답(31) 그 종자를 '배게 해 발생시키므로'[熏發] '항상 함께하는 조건'[俱有緣]이 된다. 그 세력으로 말미암아 잇따라[無間] 전개되므로 '생기는 조건'[生起緣]이 된다. 비록 오랫동안 (작용이) 소멸해 있다가도[滅] 결과를 전개하므로 '발생을 유도하는 조건'[引發緣]이 된다. 유有가 생김[生]에 대한 것처럼 생김이 늙어죽음[老死]에 대한 것도 마찬가지임을 알라!

유有 세목을 성립시키는 데에는 두 가지가 있다. 첫째, 뛰어난 부분으로 성립시키는 것이다. 취取에 포함되는 업업을 가리키는데 앞서 설명한 것과 같다. 둘째, 전체로 성립시키는 것이다. 업 및 식識부터 수受까지의 종자를 가리킨다. 취取에 포함되는 것 (모두)를 들어 유有로 삼음을 알라!

질문(32) 모든 세목은 오직 차례대로 (무명無明이) 행行과 함께 조건이 되는 것만 있는가, (아니면) 또 늙어죽음[老死](의 세목에 까지 영향을 주는) 또 다른 업작용[業用]이 있는가?

대답(32) (지금 묻는 또 다른) 업작용 및 ((37)에서 (42)까지에서 설명한, 각 세목이) 각각 다른 대상영역[세목]에 대해 실행하는 (업작용을) 알라! 이것[지금 물은 또 다른 업작용]을 둘째 업작용이라고 한다.

질문(33) 무명無明은 오직 행行과 함께만 조건이 되는가? 아니면 다른 세목하고도 조건이 되는가?

대답(33) 무명은 늙어죽음[老死]의 세목까지의 조건이 된다. 앞에서는 (무명이) 오직 행行과만 조건이 된다고 했는데 (이는) 단지 '가까운 조건'[近緣]이라는 의미에서 설명한 것이다. 이와 같이 나머지 (세목의 조건 관계)도 모두 알아야 한다.

아울러 뒤 세목은 앞 세목의 조건이 아니다. 왜 그러냐면 예를 들어 뒤 세목을 끊기 위해 앞 세목을 끊는 것에 부지런히 힘쓰면, (이번에는) 앞 세목이 끊어졌기 때문에 뒤 세목도 따라서 끊어진다. 앞 세목을 끊기 위해 뒤 세목을 끊는 것에 부지런히 힘쓰지는 않는다. 그러므로 오직 이것(此: 앞 세목)이 저것(彼: 뒤 세목)의 조건임을 알라!

질문(34) 어째서 (부처님께서는) 이것[此]이 있기 때문에 저것[彼]이 있다고 말씀하셨는가?

대답(34) 아직 끊지 못한 조건 때문에 다른 것이 생겨날 수 있다는 의미이다.

질문(35) 어째서 이것[此]이 생기기 때문에 저것[彼]이 생기는가?

대답(35) 무상無常한 조건 때문에 다른 것이 생겨날 수 있다는 의미이다.

질문(36) 어째서 "생김[生]이 있기 때문에 늙어죽음[老死]이 있고 생김이 조건이기 때문에 늙어죽음이 있다. 이와 같이해서 무명無明이 행行을 대하는 것에까지 이른다."라고 하는가?

대답(36) 이는 '교법의 이치'[敎道理]로 말하는 것이다. '실제가 아닌'[無實] 작용作用을 조건으로 해서 나머지가 생겨날 수 있다는 의미이다.

질문(37) 어째서 "생김[生]이 있기 때문에 늙어죽음[老死]이 있고 생김이라는 조건을 떠나서는 늙어죽음이 있는 것이 아니다. 이와 같이해서 무명無明이 행行을 대하는 것에까지 이른다."라고 하는가?

대답(37) 이는 '교법의 이치'[敎道理]로 말하는 것이다. 스스로 지속하는 조건으로부터 스스로 지속하는 나머지가 생겨날 수 있다는 의미이다.

질문(38) 어떤 존재[法]가 무명無明을 조건으로 삼는다면 그 존재는 바로 행行인가? 그 존재가 바로 행行이라면 무명無明을 조건으로 삼는가?

대답(38) 네 가지 경우로 살펴야 한다. (첫째) 행行이기는 하지만 무명을 조건으로 삼지 않는 경우가 있다. '번뇌 없는'[無漏] 그리고 '덮이지도 않고 (도덕적으로) 중립'[無覆無記]인 동작[身行]·'말하는 것'[語行]·'마음먹는 것'[意行]을 가리킨다. (둘째) 무명을 조건으로 삼기는 하지만 행行이 아닌 경우가 있다. 행行에 포함되는 세목을 제외한 (연기의) 나머지 세목이다. (셋째) 무명을 조건으로 삼고 행行이기도 한 경우가 있다. 복짓는 [福], '복 짓는 것이 아닌'[非福], '변동 없는'[不動] 동작[身行]·'말하는 것'[語行]·'마음먹는 것'[意行]을 가리킨다. 이와 같은 세 가지 모습을 제외한 것이 넷째 경우이다.

질문(39) 만일 행행을 조건으로 삼는다면 그것은 역시 식識인가? 식識이라면 행행을 조건으로 삼는가?

대답(39) 네 가지 경우로 살펴야 한다. (첫째) 행행을 조건으로 삼기는 하지만 식識이 아닌 경우가 있다. 식識에 포함되는 세목을 제외한 (연기의) 나머지 세목을 가리킨다. (둘째) 식識이기는 하지만 행행을 조건으로 삼지 않은 경우가 있다. '번뇌없는 식'[無漏識] 및 '덮이지도 않고 (도덕적으로) 중립'[無覆無記]인 식識을 가리킨다. (여기에는 이숙異熟이 아닌) '이숙에서 생긴 것'[異熟生]은 제외된다. (셋째) 식識이면서 행행을 조건으로 삼는 경우가 있다. '나중 존재'[後有]의 '종자로서의 식'[種子識] 및 '결과로서의 식'[果識]을 가리킨다. 이와 같은 세 가지 모습을 제외한 것이 넷째 경우이다. 이와 같은 이치로 촉觸이 수受의 조건이 되는 것에 이르기까지 알맞게 네 가지 경우로 살피라!

질문(40) 수受가 조건이 된다면 이는 모두 애愛인가? 애愛라면 모두 수受를 조건으로 삼는가?

대답(40) 네 가지 경우로 살펴야 한다. (첫째) 愛이기는 하지만 수受를 조건으로 삼지 않는 경우가 있다. '뛰어난 해탈'[勝解脫]을 추구하는 경우와 '선한 애'[善愛]에 의지하기만 하고 나머지 애愛는 버린 경우를 가리킨다. (둘째) 수受를 조건으로 삼지만 애愛가 아닌 경우이다. 무명에 접촉되어[觸] 생긴 수受를 조건으로 삼는 나머지 세목의 존재[法]에서 생긴 것을 가리킨다. (셋째) 수受를 조건으로 삼으면서 애愛인 경우가 있다. 무명에 접촉되어[觸] 생긴 수受를 조건으로 삼아 물든[染汚] 애愛가 생기는 것을 가리킨다. 이와 같은 세 가지 모습을 제외한 것이 넷째 경우이다.

질문(41) 애愛가 조건이 된다면 이는 모두 취取인가? 취取라면 모두 애

愛를 조건으로 삼는가?

대답(41) 이 (두 질문) 가운데에서 '뒤의 (질문을) 따르는 대답'[順後句]을 해야 함을 알라! (곧 뒤의 질문처럼) 취取는 모두 애愛를 조건으로 삼지만, 애愛가 조건이 되어주는 것이 취取가 아닌 경우가 있다. 취取를 제외한 나머지 세목 및 '선한 애'[善愛]를 조건으로 삼아 정진하는[勤精進] 등 여러 선법善法에서 생긴 것을 가리킨다.

질문(42) 취取가 조건이 된다면 이는 모두 유有인가? 유有라면 모두 취取를 조건으로 삼는가?

대답(42) 이 (두 질문) 가운데에서 '뒤의 (질문을) 따르는 대답'[順後句]을 해야 한다. (곧 뒤의 질문처럼) 유有는 모두 취取를 조건으로 삼지만, 취取가 조건이 되어주는 것이 유有가 아닌 경우가 있다. 유有를 제외한 나머지 세목을 가리킨다.

질문(43) 유有가 조건이 된다면 이는 모두 생김[生]인가? 생김이라면 모두 유有를 조건으로 삼는가?

대답(43) 모든 생김[生]은 모두 유有를 조건으로 삼지만, 유有가 조건이 되어주는 것이 생김이 아닌 경우가 있다. 생김을 제외한 나머지 늙어죽음[老死]이라는 마지막 세목을 가리킨다.

질문(44) 생김[生]이 조건이 된다면 이는 모두 늙어죽음[老死]인가? 늙어죽음이라면 모두 생김을 조건으로 삼는가?

대답(44) 늙어죽음은 모두 생김을 조건으로 삼지만, 생김이 조건이 되어주는 것이 늙어죽음이 아닌 경우가 있다. 질병疾病, '미워하는 이와 마주침'[怨憎合會], '사랑하는 이와 헤어짐'[親愛別離], '바라는 것을 이룰 수 없음'[所求不遂] 및 생겨난 '한탄하며 울고'[愁歎] 근심하는[憂] 괴로움

[苦], 여러 가지 '심한 괴로움'[熱惱]을 가리킨다.

질문(45) 여러 세목 가운데 몇 가지가 (사성제 가운데) 도제[道支]에 속한 '바른 견해'[正見]를 뛰어나게 장애障礙하는가?

대답(45) 무명無明 및 무명에서 일어난 '마음먹는 것'[意行]이다. 유유의 일부분도 뛰어나게 장애할 수 있다. '바른 견해'[正見]에 대한 것처럼 '바른 사유'[正思惟] 및 '바른 정진'[正精進]에 대해서도 그러하다. '바른 말'[正語], '바른 행동'[正業], '바른 생활'[正命]에 대해서는 동작[身行]과 '말하는 것'[語行] 및 유유의 일부분이 뛰어나게 장애한다. '바른 유념'[正念], '바른 선정'[正定]에 대해서는 나머지 세목이 뛰어나게 장애함을 알라!

질문(46) 여러 세목 가운데 몇 가지가 '물드는 종류'[雜染品]이기만 하고, 몇 가지가 물드는 종류와 '청정한 종류'[清淨品]에 공통되는가?

대답(46) (무명, 애, 취 그리고 식 등) 네 가지는 '물드는 종류'[雜染品]이기만 하고, 나머지는 물드는 종류와 청정한 종류에 공통된다.

질문(47) 어째서 생김[生] 세목은 (물드는 종류와 청정한 종류) 두 가지에 공통되는가?

대답(47) 만일 '나쁜 세상'[惡趣] 및 '어려운 곳'[難處]에 태어나면 번뇌에 물드는 것들이기만 하다. 만일 '사람세상'[人], 천계[天] 및 어렵지 않은 곳에 태어나면 '물드는 종류'[雜染品]와 '청정한 종류'[清淨品]에 공통된다. 나머지 세목도 모두 각각에 알맞게 두 가지 것들에 공통됨을 알라!

질문(48) 어떤 무명無明이 있지 않기 때문에 행행이 있지 않으며, 어떤 무명無明이 소멸하기 때문에 행행이 소멸하는가?

대답(48) (업業을) 발생시키는[發起] 무명, 전(纒: 얽음: 드러난 작용을 하는 번뇌) 무명, 수면(隨眠: 잠재한 번뇌) 무명 등 세 가지가 있다. 이 무명[수면隨眠]이 소멸하기 때문에 저 무명[전纒, 발기發起]이 소멸하고, 저 무명이 소멸하기 때문에 행행도 따라서 소멸한다.

질문(49) 어떤 행행이 있지 않기 때문에 식식識이 있지 않으며, 어떤 행행이 소멸하기 때문에 식식識이 소멸하는가?

대답(49) 모든 행행은 스스로 지속하는 가운데 '이미 지어지고 이미 소멸하고'[已作已滅] 또한 아직 (번뇌) 제거하기[對治]가 일어나지 않고 있다. 또한 '마음먹는 것'[意行]이 있기 때문에 동작[身行]·'말하는 것'[語行]을 일으킨다. 이것[意行]이 있기 때문에 저것[身行·語行]이 있다. 저것이 없기 때문에 저것이 식식識의 조건이 되는 것도 없다. 이것이 모두 소멸하면 식식識도 따라서 소멸함을 알라!

질문(50) 어떤 식식識이 있지 않기 때문에 명색名色이 있지 않으며, 어떤 식식識이 소멸하기 때문에 명색名色이 소멸하는가?

대답(50) '종자로서의 식'[種子識]이 없기 때문에 '결과로서의 식'[果識]이 없다. 이들이 모두 소멸하기 때문에 명색名色도 함께 소멸한다. 식識의 명색名色에 대한 이치처럼 수受까지의 나머지 세목도 각각에 알맞게 마찬가지임을 알라! 무명이 행행의 조건이 되는 이치처럼 애애愛가 취取의 조건이 되고 취取가 유유有의 조건이 되는 이치도 마찬가지임을 알라! 행행이 식식識의 조건이 되는 이치와 같이 유유有가 생김[生]의 조건이 되는 것도 마찬가지임을 알라! 식識이 명색의 조건이 되는 이치처럼 생김[生]이 늙어 죽음[老死]의 조건이 되는 것도 마찬가지임을 알라!

질문(51) 어떤 수受가 있지 않기 때문에 애애愛가 있지 않으며, 어떤 수受가 소멸하기 때문에 애애愛가 소멸하는가?

대답(51) 행행이 식識의 조건이 되는 이치와 마찬가지임을 알라!

질문(52) 앞서 설명한 여덟 가지 '연기의 부문'[緣起門]³⁹²⁾에서 몇 가지 부문[門]이 '열두 세목'[十二支]의 연기를 나타내는가? 몇 부문이 나타내지 않는가?

대답(52) 세 부문이 연기를 나타낸다. 두 부문은 (연기 열두 세목 가운데) 일부분만 나타낸다. 한 부문은 (연기의 열두 세목) 전체를 나타낸다. 나머지 (다섯) 부문은 (연기를) 나타내지 않는다. 즉 어떤 두 부문이 (연기 열두 세목 가운데) 일부분만 나타낸다는 것이냐면 (첫째 부문인) 안[內]의 식識이 생기는 부문과 (여섯째 부문인) 자기 업業으로 짓는 부문이다. 어떤 한 부문이 (연기의 열두 세목) 전체를 나타낸다는 것이냐면 (셋째 부문인) 유정세상[有情世間]이 전개되는 부문이다.

질문(53) 연기의 이치를 사실대로 알지 못하는 이는 몇 가지 잘못[過患]이 있는가?

대답(53) 다섯 가지가 있다. (첫째) 아견(我見: 나라는 견해)을 일으키고, (둘째) 전생[前際]에 함께 작용했던[行] 견해[見]를 발생시키고, 전생에 함께 작용했던 견해처럼 (셋째) 내생[後際]에 함께 작용할 견해와 (넷째) 전생·내생[前後際]에 함께 작용하는 견해도 마찬가지이다. 아울러 그 견해를 강하게 주장하며 집착하기[取]도 하고, 두려워하기[怖]도 하여 지금생

---

392) 첫째, 안[內]의 식識이 생기는 부문. 둘째, 외부[外]에서 심고[稼] 성숙시키는 부문. 셋째, 유정세상[有情世間]이 죽고 사는 부문. 넷째, 기세간器世間이 '조성되고 붕괴되는'[成壞] 부문. 다섯째, 음식으로 유지하는[任持] 부문. 여섯째, 자기가 지은 업業의 강한 힘을 받아써서[受用] 업에 따라 사랑스럽고 사랑스럽지 않은 결과를 얻는 부문. 일곱째, 힘[威勢] 부문. 여덟째, 청정淸淨 부문이다. 이 책 p.332 참조.

[現法]에 반열반般涅槃하지 못한다. 이것이 다섯째 잘못이다.

질문(54) 사실대로 아는 이는 몇 가지 뛰어난 이익이 있는가?

대답(54) 앞서의 다섯 가지를 반대로 하면 뛰어난 이익도 다섯 가지가 있음을 알라!

아울러 열두 세목 연기에서 몇 세목이 실제[實有]냐면 아홉 가지이다. 몇 세목이 실제가 아니냐면 (유有, 생生, 노사老死 등) 나머지 (세 가지)이다. 몇 세목이 한 가지 일[事]로 본성[自性]을 삼느냐면 (무명, 식, 촉, 수, 애 등) 다섯 가지이다. 몇 세목이 한 가지가 아닌 일로 본성을 삼느냐면 나머지 (일곱 가지)이다. 몇 세목이 소지장(所知障: 알아야할 것을 장애함)의 원인이냐면 (무명) 한 가지이다. 몇 세목이 괴로움을 생기게 하냐면 (무명, 행, 애, 취, 유 등) 다섯 가지이다. 몇 세목이 태아[胎藏]일 적의 괴로움이냐면 (식識, 명색名色, 육처六處, 촉觸, 수受 등) 다섯 가지이다. 몇 세목이 오직 괴로움이기만 하냐면 (생生, 노사老死) 두 가지이다.

몇 세목을 '원인 부분'[因分]이라고 설명하느냐면 무명부터 촉觸에 이르기까지의 앞쪽 여섯 가지 및 애愛, 취取, 유有 세 가지를 원인 부분이라고 한다. 몇 세목을 '결과 부분'[果分]이라고 설명하냐면 (생生, 노사老死) 마지막 두 가지를 결과 부분이라고 설명한다. 몇 세목을 원인과 결과가 섞인 부분이라고 하냐면 수受 세목을 '섞인 부분'[雜分]이라고 설명한다. 왜 그러냐면 두 가지 수受가 있어서 섞인 부분이라고 한다. 첫째, 촉觸(의 종자)를 조건으로 삼아 내생[後法]에 대해서는 원인[因]인 (지금생의) 수受(의 종자)가 된다. 둘째, 지금생[現法]에서는 애愛의 조건이 되어 (전생의) 결과[果]인 수受가 된다. 이 두 가지가 섞인 것을 촉觸이 수受의 조건이 된다고 한다.

몇 세목이 '사랑스러운 사랑스럽지 않은'[愛非愛] 대상영역[境界]이라는 결과[果]가 생기게 하고, 몇 세목이 자체自體라는 결과를 생기게 하느냐면 이를테면 (수受보다) 앞선 여섯 가지 세목이 결과를 생기게 하고, (수受보다) 뒤에 오는 세 가지 세목이 결과를 생기게 한다. (수受) 한 가지 세목은 두 가지 결과를 모두 생기게 한다.

몇 가지 세목이 '즐거운 느낌'[樂受]과 함께 작용[行]하느냐면 (수受, 노사老死) 두 가지를 제외한 나머지 (열 가지) 세목이다. 몇 가지 세목이 '괴로운 느낌'[苦受]과 함께 작용하느냐면 그것[즐거운 느낌과 함께 작용하는 열 가지 세목] 및 앞에서 제외된 (수受, 노사老死) 가운데 한 가지인 (수受)이다. 몇 가지 세목이 '괴롭지도 즐겁지도 않은 느낌'[不苦不樂受]과 함께 작용하느냐면 '즐거운 느낌'[樂受]에서의 이치와 같은 줄 알라! 몇 가지 세목이 수受와 함께 작용하지 않느냐면 (즐거운 느낌의 경우에서) 제외된 두 가지 가운데 한 가지(인 수受)이다.

몇 가지 세목이 '망가지는 괴로움'[壞苦]에 포함되느냐면 '즐거운 느낌'[樂受]과 함께 작용하는 세목 및 수受와 함께 작용하지 않는 세목(인 수受)의 일부분이다. 몇 가지 세목이 '괴로움 그 자체'[苦苦]에 포함되느냐면 '괴로운 느낌'[苦受]과 함께 작용하는 세목 및 수受와 함께 작용하지 않는 세목(인 수受)의 일부분이다. 몇 가지 세목이 '변천하는 괴로움'[行苦]에 포함되느냐면 '망가지는 괴로움'[壞苦]과 '괴로움 그 자체'[苦苦]의 세목이 '변천하는 괴로움'[行苦]의 세목이기도 하다. 어떤 경우에는 '변천하는 괴로움'[行苦]에 포함되기만 하고 다른 두 가지 괴로움에 포함되지 않는 것이 있는데 '괴롭지도 즐겁지도 않은 느낌'[不苦不樂受]과 함께 작용하는 세목 및 수受와 함께 작용하지 않는 세목(인 수受)의 일부분이다.

질문(55) 모든 '생기는 곳'[生處] 및 삼마발저三摩鉢底 가운데에는 모든 세목이 '나타나 작용'[現行]할 수 있는가?

대답(55) 그럴 수 없다. 무상천無想天 가운데 및 멸진정滅盡定, 무상정 無想定 가운데에서는 '물질로 된 세목'[有色支][393]은 나타나 작용할 수 있다. 그러나 '물질이 아닌 세목'[無色支]은 그렇지 않다. 무색계無色界에 태어나면 '물질이 아닌 세목'[無色支]은 나타나 작용할 수 있다. 그러나 '물질로 된 세목'[有色支]은 그렇지 않다.

질문(56) 혹시 세목에 의해 세목을 떠날 수 있는가?

대답(56) 떠날 수 있다. '위 영역'[上地]의 세목에 의해 '아래 영역'[下地]의 세목을 떠나는데 이는 단지 일부분이고 전체(를 떠나는 것)은 아니다. 잠시일 뿐이고 궁극적(으로 떠나는 것)은 아니다.

질문(57) 몇 가지 세목이 물들고[染汚], 몇 가지 세목이 물들지 않는가?

대답(57) (무명無明, 애애, 취取 등) 세 가지가 물들고, 나머지 (아홉 가지 세목)은 (물들고, 물들지 않는) 두 가지에 공통이다. 그런데 물들지 않는 경우는 선善 및 무부무기無覆無記가 다르기 때문에 두 가지로 나누어야 함을 알라!

질문(58) 몇 가지 세목이 욕계欲界에 결박[繫]되는가?

대답(58) 모든 세목이다. 어우러져[和合] '함께 일어나기'[等起] 때문이다.

질문(59) 몇 가지 세목이 색계色界에 결박되는가?

대답(59) 모든 세목의 일부분씩이다.

질문(60) '늙음'[老]을 어떻게 이해해야 하는가?

---

393) 이 책 pp.352-353 '질문의 대답(1)'을 참조.

대답(60) 제행(諸行: 모든 변천하는 존재)은 망가지고[朽壞] 삭는[腐敗] 성질 때문에 (늙음이 있는 것이다). '색계에 결박되는 것'[色界繫]과 같이 '무색계에 결박되는 것'[無色界繫]도 마찬가지임을 알라!

질문(61) 몇 가지 세목이 학(學: 有學位인 이)에 해당되는가?

대답(61) 없다.

질문(62) 몇 가지 세목이 무학(無學: 無學位인 이)에 해당되는가?

대답: 역시 없다.

질문(62) 몇 가지 세목이 학學도 아니고 무학無學도 아닌가?

대답: 모든 세목이다.

질문(63) 선善인데 '번뇌가 있는'[有漏] 세목은 어째서 학學이 아닌가?

대답(63) 유전流轉하는 데 속하기 때문이다. 학學의, 선善인데 '번뇌가 있는 존재'[有漏法]인 경우는 유전流轉과 서로 어긋나기 때문에 그리고 '이치에 밝음의 작용'[明用]을 조건으로 삼기 때문에 세목이 아니다.

질문(64) (學에 속하는) 예류과預流果는 몇 가지 세목을 이미 끊었다고 말해야 하는가?

대답(64) 모든 세목의 일부분씩을 끊었고 전체씩을 끊은 이는 없다. 예류과처럼 일래과一來果도 마찬가지이다.

질문(65) (學에 속하는) 불환과不還果는 몇 가지 세목을 이미 끊었다고 말해야 하는가?

대답(65) 욕계의 모든 세목이며 색계와 무색계의 세목은 정해져 있지 않다.

질문(67) 아라한(阿羅漢: 無學)은 몇 가지 세목을 이미 끊었다고 말해야 하는가?

대답(67) 삼계三界의 모든 세목이다.

7.4.10 경經의 설명

여러 경經에서 몇 가지 말씀하는 이치로 연기를 설명하셨는가? 간략히 여섯 가지 말씀하는 이치로 설명하셨다. 첫째, (무명으로부터 늙어죽음까지 세목의) 차례를 따라 설명하셨다. 둘째, (늙어죽음으로부터 무명까지 세목의) 차례를 거슬러 설명하셨다. 셋째, 일부 세목을 설명하셨다. 넷째, (열두 가지) 세목 모두를 갖추어 설명하셨다. 다섯째, (유전流轉하는 방향으로 고苦·집集 등 두 진리를 자세히 살피는) '물드는 종류'[黑品]을 설명하셨다. 여섯째, (환멸還滅하는 방향으로 멸滅·도道 등 두 진리를 자세히 살피는) '청정한 종류'[白品]을 설명하셨다.

질문(1) 세존世尊께서는 연기緣起가 '매우 깊다'[甚深]고 설명하셨다. 이 매우 깊다는 의미를 어떻게 이해해야 하는가?

대답(1) 열 가지 모습[相]으로 연기의 매우 깊은 의미를 이해해야 한다. 이를테면 무상無常의 의미, 고苦의 의미, 공空의 의미, 무아無我의 의미 등을 기준으로 (열 가지 모습을) 설명한다. 무상無常의 의미를 기준으로 한다는 것은 (다음과 같다.) '자기 종자'[自種子]에서 생겨서 '다른 조건'[他緣]도 기다린다. 또한 다른 조건에서 생겨서 자기 종자도 기다린다. 또한 자기 종자와 다른 조건에서 생겼지만, 종자와 조건은 이 생기는 일에는 작용作用이 없고 전개됨[運轉]도 없다. 또한 이 두 가지 '원인의 성질'[因性]의 힘[功能]은 없는 것이 아니다. 또한 모든 세목이 아득한 옛날부터 그 모습[相]을 완성했다고는 하지만, 찰나찰나刹那刹那 모습이 새록새록 전개된다. 또한 연기의 세목은 찰나 간에 소멸하지만, 머물러 운동運動하는 모습처럼 나타난다.

고苦의 의미를 기준으로 한다는 것은 연기의 세목은 '한 맛'[一味]으로 괴로운 모습인데도 세 가지 모습과 비슷하게 나타난다는 것이다.

공空의 의미를 기준으로 한다는 것은 연기의 세목은 유정인 '지은 이'[作者], '받는 이'[受者]를 떠난 것인데도 떠나지 않는 것과 비슷하게 나타난다고 설명하는 것이다.

무아無我의 의미를 기준으로 한다는 것은 연기의 세목은 자유롭지 못하고 실제로 '나의 모습'[我相]이란 없는데도 나의 모습과 비슷하게 나타난다는 것이다. '뛰어난 의미의 진리'[勝義諦]에 의해서는 '모든 존재'[諸法]의 본성[自性]을 설명할 수 없는 것이지만, 모든 존재의 본성은 설명할 수 있다고 말한다.

질문(2) 몇 가지 지혜[智]로 연기를 이해해야 하는가?

대답(2) 두 가지이니 법주지法住智와 진실지眞實智로써 (이해하는 것이다). 법주지로써란 무엇일까? 부처님께서 설명하고[施設] 보여주신[開示] 것처럼 제대로[無倒] 이해하는 것이다. 진실지로써란 무엇일까? 학(學: 有學位인 이)이 '자취를 보는 것'[見跡: 見道에 듦]처럼 '매우 깊은 의미'[甚深義]를 살피는 것이다.

질문(3) 세존世尊께서 말씀하시기를, "모든 연기는 내가 만든 것도 남이 만든 것도 아니다. 왜냐하면 부처님이 세상에 나오든 나오지 않든 법성(法性: 존재의 본성)으로, 법주(法住: 존재의 머묾)로, 법계(法界: 존재의 영역)로 편안하게 머문다. 무엇이 법성法性이고, 무엇이 법주法住고, 무엇이 법계法界인가?"라고 하셨다.

대답(3) 모든 연기는 아득한 옛날부터 이치[理]로서 이룬 본성[性]인데, 이를 법성法性이라고 한다. 이룬 본성과 같이 '제대로 된'[無顚倒] 문구文

句로 표현하면[安立], 이를 법주法住라고 한다. 이 법주는 법성으로 원인을 삼으므로, 법계法界라고 한다.

질문(4) 경經에서 말씀하신 바와 같이 생김[生]이 만일 없다면 근[六根: 處]도 없을 것이고, (각) 단계[位]도 없을 것이다. 생김은 있다고 할 수 있다. 만일 모든 종류의 생김이 없다면 생김이 늙어죽음[老死]의 조건이 될 수도 없어야한다. 그런데 어째서 여기에서는 본성[自性]이 본성의 조건이 된다고 설명하는가?

대답(4) '자기 종자'[自種子]에 의해 결과[果]가 생긴다고 설명하기 때문이다. 식識부터 수受 세목까지는 생김의 종자이기 때문에 의미로 보아 생김이라고 설명한다. 이것이 있기 때문에 나중의 이 '결과 세목'[果支]을 두고 유有는 생김의 조건이라고 한다. 이와 같이 나머지 세목도 경經에서 설명한 것과 같이 각각 알맞게 모두 알아야 한다.

질문(5) 앞에서 모든 세목은 서로 조건이 되지 않는다고 설명하였다. 그런데 어째서 명색名色은 식識과 서로 조건이 된다고 하는가?

대답(5) 식識은 지금생[現法]에서는 명색名色을 조건으로 삼고, 명색名色은 다시 내생[後法]에서는 식識을 조건으로 삼기 때문이다. 왜냐하면 어머니의 배 안에서 지속될[相續] 때는 서로 조건이 된다고 하기 때문이다. (즉) 식識이 조건이 되어, 어머니의 배 안에서 모든 정혈精血이라는 색(色: 물질로 된 五根)은 명(名: 意根)에 포함되어 어우러져 함께 갈라람羯羅藍의 본성을 이룬다. 이를 명색名色이 조건이 된다고 한다. 다시 식識은 여기에 머물 수 있게 된다.

질문(6) 어째서 보살이 '물드는 종류'[黑品]을 살필 적에 식識 세목까지만 이르러 그 의意를 되돌리고는[轉還] (식識을 지나쳐) 나머지 세목에는 이르지 않는가?

대답(6) 두 세목만 서로 조건이 되기 때문이다. 식識이 명색名色의 조건이 되는 것처럼 명색名色도 식識의 조건이 된다. 그래서 '마음으로 살펴'[觀心] 식識에 이르면 되돌린다. 다른 세목에는 이러한 되돌리는 이치가 없다. 이 한 곳에서만 서로 조건이 되는 이치를 나타낸다. 그래서 되돌린다[轉還]고 한다. 환멸품(還滅品:도로 소멸시키는 종류: 白品)에서는 명색名色이 '나중존재 식'[後有識]을 환멸還滅시키는 원인[因]이 아니다. 이 때문에 다시 (식識을) 지나쳐서 살핀다.

질문(7) 어떤 이유로 연기의 세목은 자기가 지은 것도, 남이 지은 것도, 함께 지은 것도, 원인 없이 생기는 것도 아니라고 설명하는가?

대답(7) '생기는 것'[生者]이 없기 때문이고, 조건[緣]은 작용作用이 없기 때문이고, '조건의 힘'[緣力]으로 생기기 때문이다.

질문(8) 연기 가운데 무엇이 '괴로움의 싹'[苦芽]이고, 무엇이 괴로움의 싹을 키우며, 무엇이 '괴로움의 나무'[苦樹]가 되는가?

대답(8) 무명과 행행이 조건이 되어 유도하는 식識부터 수受까지를 괴로움의 싹이라고 한다. 수受가 인연이 되어 유도하는 애愛부터 유有까지를 괴로움의 싹을 키우는 것이라고 한다. 생김과 늙어죽음을 괴로움의 나무라고 한다는 것을 알라!

질문(9) 몇 가지 연기의 세목을 심지[炷]와 같다고 이해해야 하는가?

대답(9) 식識부터 수受까지이다.

질문(10) 몇 가지 세목을 기름[膏]같다고 이해해야 하는가?

대답(10) 무명, 행行, 그리고 애愛, 취取, 유有이다.

질문(11) 몇 가지 세목을 불꽃[焰]같다고 이해해야 하는가?

대답(11) 생김[生], 늙어죽음[老死]임을 알라!

질문(12) 무엇 때문에 연기의 '물드는 종류'[黑品: 流轉品] 교설[教]에서는 늘어난다[增益]고 설명하는가?

대답(12) 모든 세목은 '순전히 아주 괴로운 무더기'[純大苦聚]가 결과[後果]이기 때문이다. 또한 모든 세목은 앞의 앞 것을 조건으로 삼아, 뒤의 뒤 것이 따르기 때문이다.

질문(13) 무엇 때문에 '청정한 종류'[白品: 還滅品] 교설[教]에서는 줄어든다[損減]고 설명하는가?

대답(13) 모든 세목은 앞의 앞 것이 영원히 끊어지면, 뒤의 뒤 것은 줄어들기 때문이다. 또한 '순전히 아주 괴로운 무더기'[純大苦聚]를 줄게 하는 원인[因]이기 때문이다.

질문(14) 몇 가지 연기 세목을 '원인이 있는 존재'[有因法]라고 하는가?

대답(14) 앞의 (무명, 행, 식, 명색, 육처, 촉, 수 등) 일곱 가지이다.

질문(15) 몇 가지 연기 세목을 '원인이 있는 괴로움'[有因苦]이라고 하는가?

대답(15) 나머지 (애, 취, 유, 생김, 늙어죽음 등) 다섯 가지이다.

질문(16) 몇 가지 세목이 소멸하면 '번뇌가 다함'[漏盡]이 드러나는가?

대답(16) (무명, 애, 취 등) 세 가지이다.

질문(17) 몇 가지 세목이 소멸하면 '조건이 다함'[緣盡]이 드러나는가?

대답(17) 바로 앞의 (무명, 행, 식 등) 세 가지이니 이들은 나머지 세목의 조건이기 때문이다.

질문(18) 몇 가지 세목이 소멸하면 수受가 다함이 드러나는가?

대답(18) 한 가지이다. 번뇌의 (觸이) 끊어졌기 때문이다. 근거[所依: 觸]

가 소멸할 때 모든 수受는 모두 영원히 소멸하기 때문이다.

질문(19) 무엇 때문에 연기에 의지해서 칠십칠지七十七智를 성립시키는가?

대답(19) '원인이 있는 물듦'[有因雜染: 무명無明이외의 열한 가지 세목]에 대한 지혜[智] (즉, 생김이 조건이 되면 늙어죽음이 있고, 생김이 조건이 되지 않으면 늙어죽음은 없다고 두 가지로 살펴보는 것)을 나타내기 위해서이다. 즉, '스스로 지속 되는 것'[自相續: 지금]에 대해 자기가 짓는 물듦에 대한 (두 가지로 살피는) 지혜를 나타내기 위해서이다. 또한 전생[前際]의 모든 세목은 '아득한 옛날부터'[無始時]임을 (두 가지로 살피는 것을) 나타내기 위해서이다. 또한 내생[後際]의 모든 세목은 물듦[雜染]과 '도로 소멸함'[還滅]이 모두 가능함을 (두 가지로 살피는 것을) 나타내기 위해서이다. 또한 세목에 속하지 않는 '번뇌가 있는 지혜'[有漏慧]로써 (세상에 존재하는 모든 세목을) '두루 안다'[遍知]는 의미를 나타내기 위해서이다. (이와 같이 열 한 가지인 무명無明을 제외한) 하나하나의 세목에서 일곱 가지 지혜를 구성하여 모두 칠십칠지七十七智임을 알라!

질문(20) 무엇 때문에 연기에서는 사십사지四十四智를 성립시키는가?

대답(20) (무명無明을 제외한) 하나하나의 세목에 대해 사성제四聖諦에 의해 관찰하는 이치를 나타내기 위해서이다. 그래서 모두 사십사지四十四智이다.

만일 욕계欲界에 태어나면 욕계의 몸으로 '위 영역'[上地]의 눈이나 귀를 발생시켜 '아래 영역'[下地]인 '자기 영역'[自地]의 '보이는 것'[色]이나 소리[聲]를 보거나 듣는다. 또한 이 몸으로 삼계三界의 의意 및 '결박되지 않은'[不繫] 의意를 일으켜 바로 '앞에 나타나 있게'[現在前] 한다. 만일 색계色界·무색계無色界에 태어나면 아래 영역은 제외하고 모든 것을 '앞에 나타나게'[現前] 하기를 욕계에서 있듯[在] 한다.

  세 가지 물듦[雜染]인 '번뇌에 물듦'[煩惱雜染], '업에 물듦'[業雜染], '태어남에 물듦'[生雜染]을 끊으려고 여섯 가지 현관(現觀: 나타난 것을 살핌)을 수행한다. 어떤 것이 여섯 가지라고 알아야 하는가? 사현관思現觀, 신현관信現觀, 계현관戒現觀, '(비안립제非安立諦를) 현관하는 지혜라고 (이름하는) 진리를 현관함'[現觀智諦現觀]. '(안립제安立諦를) 현관하는 두루한 지혜라고 (이름하는) 진리를 현관함'[現觀邊智諦現觀], '궁극의 현관'[究竟現觀]이다.

신현승

고려대학교 철학과를 졸업하고
동국대학교 불교학과에서 원시불교사상으로 석사학위를,
유식 사상으로 박사학위를 취득하였다.

논문   原始佛敎의 在家生活 原理 硏究
　　　『成唯識論』의 말나식 존재증명에 대한 검토
　　　『成唯識論』의 말나식 연구

현장삼장 한역
유가사지론 瑜伽師地論 1 (제1권 - 제10권)

역주 신현승

2020년 10월 1일 1판 1쇄 펴냄
펴낸이   신현승
편집디자인   신영철
펴낸곳   도서출판 묘광
주소   서울특별시 강남구 테헤란로 147 성지하이츠2 1513호
전화   02) 547-3952
E-mail   myogwangbooks@gmail.com
출판등록   제2020-000233호

ⓒ 신현승 2020

ISBN 979-11-971681-0-9

값 28,000원

이 책은 저작권법에 의해 보호를 받는 저작물이므로 무단 전재와 무단복제를 금합니다.
출판사명에 쓰인 글꼴은 서울시 마포구에서 제공한 무료글꼴인 Mapo애민체입니다.